【大岳丛书之十三】

中国PPP示范项目报道

北京大岳咨询有限责任公司
深圳市大岳基础设施研究院
◎编著

经济日报出版社

编　委　会

序

发挥第四部门在PPP工作中的作用

政府和社会资本合作（Public-Private-Partnership，简称“PPP”）模式在中国不是新事物，20世纪80年代中期就已开始应用。30多年来，PPP在中国的发展经历了多个阶段，有高低起伏也出现过反复。随着2013年年底全国人大决定立法，中央政府特别是财政部和发改委等开始力推，PPP模式作为我国提供（准）公共产品/服务、改进政府管理方式等的重要手段之一，被赋予了新的历史使命，具有重要意义。

2014年10月，李克强总理主持召开国务院常务第66次会议，并在会上明确提出“积极推广PPP模式”。财政部、发改委相继发布配套政策法规文件，财政部30个和发改委80个PPP项目陆续推出，PPP模式在我国全面升温。作为一名20年专注于PPP研究与教学的学者，在为自己的领域得到国家重视而高兴的同时，对当前的PPP热潮也有一些担心。如果各地一窝蜂地上PPP项目，不认真总结和吸取过去30多年的经验教训，不能理性看待和科学运用PPP模式，不能公平分担和控制风险，就有可能重复犯过去犯过的错误或又走弯路，引入社会资本后几十年的运营和维护就有可能出问题，不仅不能提高效率和服务水平、保护公众利益，甚至项目失败，造成社会不和谐，那么PPP所能发挥的作用会大打折扣，社会各界寄予的厚望恐怕也会落空。

有此担心的肯定不止我一个人，大岳咨询金永祥总经理也在多个场合表达了类似意见。我和金总认识多年，我们俩基本是同期（20 世纪 90 年代）开始与 PPP 结缘，我主要从事 PPP 研究和教学，他则基本上以 PPP 项目实践为主，他和他的团队完成了许多国内经典的 PPP 案例，积累了很多宝贵经验，对我国 PPP 的发展也提出了不少真知灼见。我们平时的交流也很多，我的学生也专门到金总的公司做过调研，了解第一手资料。

这次金总请我为他们即将出版的新书《中国 PPP 示范项目报道》作序，我欣然答应。因为推广 PPP 的正确理念和做法，做好 PPP 项目是相关从业人员的共同使命。这本书从过去的几千个 PPP 项目中挑选出有代表性的十几个示范项目，汇总呈现了国内主要媒体的相关报道。这些项目有的是刚刚完成的示范项目，有的引起过社会的广泛关注，有的为行业树立了标杆。我在工作中也常与记者打交道，他们对社会敏感和热点的把握，对新事物的探究精神令人佩服。记者的这些采访报道时间跨度长，角度多样，思考深入，对于总结我国 PPP 的经验教训，对这一轮的 PPP 推广应用具有很好的参考价值。

有一种说法，媒体是立法、司法、行政之后的第四部门；也有人说，智库（含咨询和学术机构）是立法、司法和行政之后的第四部门。无论媒体也好，智库也罢，充分发挥第四部门的作用都能对我国 PPP 的健康发展大有裨益。特别是在全国各地如火如荼上马 PPP 项目的当前，这本结合媒体和智库之力的书籍出版，可谓恰逢其时，事半功倍。因此，我向大家隆重地推荐此书，期待书中的理念、做法和总结能给读者带来启示、思考和争辩，也期待着第四部门和我们广大的从业者一起，共同为 PPP 在中国的健康和顺利发展尽一份绵薄之力！

清华大学国际工程项目管理研究院副院长　王守清博士

2015 年 3 月 7 日于清华园

自序

总结经验教训，推动PPP模式创新

2014年，对PPP来说是一个特殊的年份，PPP的环境发生了天翻地覆的变化。继产业资本之后，金融资本对PPP表现出强烈的兴趣，参与方的变化对PPP的影响不可小觑。发改委和财政部接连出台了一系列与PPP相关的政策法规，法律环境更加有利于PPP发展的同时也对PPP形成了更加完善的约束。有收益的项目越来越少，没收益的项目越来越急迫。PPP从比较集中应用于公用基础设施领域，扩展到社会基础设施，甚至基础设施以外的行业。土地财政不断收紧，高速城市化的遗留问题需要补课，包括环境问题和地下设施的建设等。面对变化，创新成为推进PPP的必然选择，没有模式创新就无法完成PPP的使命。

2014年10月中旬，李克强总理和刘延东副总理访问了俄罗斯，在俄期间，我向领导递交了《关于当前形势下做好PPP工作的建议》，十点建议中的第一点是“总结过去PPP项目的经验教训并推广”。李克强总理在2014年10月24日召开的国务院常务会议上积极鼓励推广政府与社会资本合作的“PPP模式”，他指出“一些地方政府已经有过类似的探索，有关部门要注重总结其中的经验、教训，积极推广试点经验，在更大范围内拓展广泛的投资空间”。应该说，总理的要求非常明确，做好PPP工作首先应该重视经验教训的总结。无论PPP面临的环境如何变化，其本质是不会变的，总结经验教训就是要抓住 PPP 的本质和灵魂。在国外，运作 PPP 项目广泛聘请专业中介机构，其本质也是要利用中介机构在 PPP 项目中的经验积累。

2014 年底，财政部推出的 30 个 PPP 示范项目之一的池州市主城区污水处理及市政排水购买服务项目签约了，业内把这个项目称为“池州模式”。之所以叫“模式”是因为以前没有污水管网 PPP 的先例，池州项目实现了突破，成功地将无收费项目做成了 PPP。不仅通过政府购买服务引入了社会资本，在池州项目里还体现了混合所有制，政府在 SPV 公司中持有了 20% 的股份。大岳咨询作为池州项目的顾问，在项目推进过程中把以往项目的很多经验教训都吸收进了池州项目中，包括项目的组织、运作流程、重大问题的解决方案和项目文本等内容。这个案例的成功证明，PPP 项目的创新不是割断历史、另起炉灶，更不是为了创新而创新的玩花活，而是在总结以往 PPP 项目经验教训的基础上，充分与市场互动对接而做出的反映项目特点的结构和规则设计。总结 PPP 项目经验教训是 PPP 模式创新的基石。

经验教训从何而来呢？去年财政部推出 30 个 PPP 示范项目，引起了行业巨大轰动，国家发改委还要推示范项目。财政部的目的很明确，就是要通过这些示范项目来总结经验教训，形成一些可复制的模式。这些示范项目产生经验教训需要几年的时间，受限于示范项目的数量，其经验教训也不会很多，而且在做示范项目的同时各地都在推 PPP 项目，根本等不及示范项目的经验教训总结出来后再运用。实际上，截至 2013 年底，我国已经完成约 8000 个 PPP 项目，在这些项目中各地交了大量的学费，也形成了非常丰富和宝贵的经验教训，也许这就是总理重视经验、教训的原因。在新的示范项目形成经验教训之前，可以把具有典型代表意义的一些老项目作为示范项目来看待，让它们的经验教训先发挥示范的作用，可以获得事半功倍的效果。

媒体一向是很敏感的。2014 年我接受主流财经媒体采访超过 150 次，其中大部分与 PPP 项目有关（包括中央电视台的两次采访）。我读过记者就有些项目写的报道，他们有非同寻常的选题和独特的视角，一般都会提到正反两方面的内容。比如，《经济观察报》记者杜涛写北京第十水厂 PPP 项目的文章，非常有深度，使我们这些项目的亲历者读后都有新鲜感，有收获。我们把主流财经媒体关于 PPP 项目的报道进行整理，出版了这本《中国 PPP 示范项目报道》供读者参考。也许这些报道本身不代表任何一个 PPP 示范项目的全部，但记者的视角至少可以为我们总结经验教训提供重要的线索。

在未来五到十年，PPP 在我国经济活动中将会无处不在。但 PPP 是把双刃剑，做得好能助力经济社会的发展，做得不好可能会给经济社会发展带来麻烦，搞不好风险还会越来越大，控制好 PPP 项目风险是 PPP 从业人员的重要使命。做好 PPP 项目和进行 PPP 模式的创新，需要智慧，更需要从 PPP 的历史中汲取养分，相信记者高屋建瓴的眼界会拓展我们的视野，增加我们的智慧。

2015 年 2 月 4 日，国家发改委下发了《国家发改委办公厅关于征集政府和社会资本合作典型案例的通知》，向各省征集建成并运营两年以上的 PPP 项目案例经验，供有关各方学习借鉴。很明显，总结 PPP 项目经验教训已经成为政府工作的组成部分。期待我们编辑出版的这本书能为国家发改委的工作提供支持，为推动我国 PPP 健康发展做出贡献。

大岳咨询公司总经理　金永祥

目　录 Contents

1 记者采访感言

1 记者采访感言

1.1 认识 PPP，从金总开始

文/金微

因本家的原因，我习惯称金永祥为金总，认识金总是从 PPP 开始。

2014 年初，PPP 方兴未艾，PPP 对大多数普通国人来说还很陌生。那时我是财经媒体财税口的一名普通记者，尚无法理解这对地方政府和中国城镇化的意义，也没有想到 PPP 后来的风靡一时。

国家决定正式大规模推广 PPP 或是在 2013 年底的全国财政工作会议上，财政部长楼继伟专门召开 PPP 专题会议，要求“组织 PPP 专题业务培训，实实在在把这件事开展起来”。其后财政部开始组织专题培训，财政部副部长王保安在组织的 PPP 培训班上透露，预计 2020 年城镇化率达到 60%，由此带来的投资需求约为 42 万亿元。

我对此进行了报道，官方首次确认 42 万亿的建设资金，这引起舆论的广泛关注。

在地方财政吃紧、土地成交下滑、融资平台清理等系列因素下，42 万亿的资金来源成为关键，按王保安的说法，PPP 将成为解决城镇化建设资金的重要环节。但究竟 PPP 能够解决多少城镇化建设的资金，我第一次就 PPP 问题采访金总。

大岳咨询公司的网站对金永祥这样介绍：中国财政学会 PPP 专业委员会常务委员、大岳咨询总经理，早在 20 世纪 90 年代就已介入国内 PPP 项目运作并有大量成功案例，被业内称为 PPP 最佳运作模式和规则的主要践行者，其所在公司已成功为 30 余个直辖市、省会城市和副省级城市数百个项目提供了咨询服务。

金总在采访时说，公司每年运作的 PPP 项目达上百个，累计已完成 500 多个 PPP 项目。他驳斥了世界银行关于中国只有 1000 多个 PPP 项目的说法，看得出，他对 PPP 有自己独到的认识，不盲从于权威的说法。

谈及 PPP 的推广难点，金永祥说，相比于 PPP 的法律法规，政府的商业意识和契约精神到位更加重要。此次采访写成报道《PPP 专家金永祥：推广 PPP 更需契约精神》引起广泛转载，虽然只有几百字，但似乎抓住了问题的核心，很多 PPP 企业在其后也抱怨政府的信用问题，也成为政策层面亟待解决的问题。

作为一种新鲜事件，PPP 不时引起风波。2014 年 4 月，兰州因自来水污染事件而受到媒体广泛关注，事情的主角之一是威立雅，其外资背景的身份使得 PPP 再次站在风口浪尖。我采访金总，他说相比于以往 PPP 引起的争议，现在 PPP 的舆论氛围好得多，为外资 PPP 辩护一不小心会被扣上卖国贼的帽子。印象较深的是，他提到一个观点是“PPP 与公众利益不一定冲突”。

从 5 月份开始，由中国财政学会 PPP 专业委员会与大岳咨询合办的每月 PPP 沙龙在北京开讲，金总是每次演讲的点评嘉宾。第一期是关于北京地铁 4 号线，对于 4 号线我再熟悉不过，因为每天我上班就坐这条线。但是对于 4 号线 PPP 的背景，我还是第一次认识到：如果说 4 号线完全由政府投资运营可能需要 500 亿元，而采用 PPP 则节省了 100 亿元，极大程度地减轻了财政压力。

更为重要的是，PPP 不仅在于融资带来钱这么简单，更重要的是其后的运营和管理。用港铁负责人的说法，4 号线模式打破了原有机制，引入透明的市场竞争机制，同时植入了很多港铁的运营理念。

作为全程参与4号线项目策划和运作的人士，金总说，北京地铁4号线PPP模式解决了公益性和逐利性的问题，同时4号线在北京地铁行业产生了“鲶鱼效应”，激活了地铁原有的体制，对行业带来的影响远远超过事情本身。现在北京“14号线”“16号线”均开始采用PPP模式。

在国家层面，国务院四月份推出了80个PPP项目，铁路港口均在列，各地也陆续推出千亿级的PPP项目。PPP开始逐渐升温，有关PPP的讨论也越来越热闹。

PPP沙龙也以每月一期、每一期一主题的方式推出，按金总的说法，在法制不健全的情况下，成功案例的分享对PPP运作有重要的意义。在我参加的PPP沙龙活动上，认识了形形色色的人，既有政府官员也有企业界人士，还有投资界金融界人士，在他们看来，42万亿的投资资金或会形成一个新的蓝海。不过，PPP法规方面似乎并没有准备好。

有一次采访身边坐着的环保企业老总，他说，你不用采访我，因为现在企业没有参与PPP，无经验可谈。他谈到PPP操作层面的法规不明确，“作为企业，我们最关注的还是与投资有关的问题，像资金进入的渠道，合作的流程，签订合同等，现在好像都是空白，企业不知如何下手”。

无论是否准备好，在政策的推动下，PPP大潮涌动。九月份，各种PPP的政策迎来高峰，以9月23日财政部首个PPP文件——《关于推广运用政府和社会资本合作模式有关问题的通知》（财金76号文）为标志，中央政府层面发布的直接涉及PPP内容的文件不少于10个，包括国发43号文、45号文、60号文，财预351号文，发改投资2724号文，财金112、113号文，还有每个省出台的PPP实施意见，甚至后来召开的APEC会议，PPP也成为峰会的重要议题。

对于记者而言，每每有关于PPP的重要政策或重要会议，自然会报道PPP议题。记得当时每次给金总打电话，他大多在出差，用他的话说，2014

年全都是 PPP，每天接电话是 PPP，每天做梦也是 PPP。“到处讲课，给书记、市长讲，给市长学院讲，给会计学院讲，给财政系统、水利系统、卫生系统等等系统讲，给金融机构讲，给清华的大学生讲。”

金总将自己定位于 PPP 的实践先行者，每次谈到 PPP 的具体项目，金总总是如数家珍，无论是北京地铁 4 号线、兰州威立雅水务、合肥王小郢等等，几乎所有的著名案例都留下了他的身影，PPP 受几次宏观政策影响的潮起潮落，他有着更深的体会，在国家推四万亿 PPP 全线退潮时，他仍坚守在 PPP 的岗位上，这种执着精神值得钦佩。

作为一项新生事物，不仅是地方政府，哪怕是在中央层面，对 PPP 未来发展方向的规划也存在争议和分歧。最明显的是 PPP 的政策法规设计，既有发改委推动的《特许经营法》，又有财政部的《政府与企业合作法》。2014 年 12 月初，财政部和发改委同时发布了 PPP 的文件，其中财政部发布的《关于印发政府和社会资本合作模式操作指南（试行）的通知》，发改委发布的《关于开展政府和社会资本合作的指导意见》，引起不少地方做 PPP 的企业人士的担忧，对 PPP 两部法律有不同的解释，不知究竟该采用哪条。

像政府采购法和招标法就是前车之鉴，两个部门为了各自的利益争一部法，产生各种问题，因此，两个打架的法律不仅对国家不利，也不利于 PPP 的发展。

针对不同部门的不同法律法规，记得金总有次在 PPP 沙龙时总结说，政府不同的部门有不同的意见和做法不是坏事，说明他们从各自角度进行思考，是有作为的表现。有冲突才能揭示出问题，才能为解决问题创造条件。

在他看来，PPP 项目规范性是第一位的，法律的完善性是次要的，后者是一个漫长的过程。“当前重要的是从现有几千个 PPP 项目中寻找营养，我们做 PPP 不能一直停留在小学阶段，100 个小学不等于上一所大学。”

而财政部推出 30 个 PPP 示范项目，或许也正是基于此，通过示范项目为 PPP 制度体系建设提供参考。

国务院出台43号文，有一种说法是43号文在很大程度上改变中国，很大程度上改变影响中国数十年的“市长经济”。这背后的逻辑是，融资平台终结后，地方政府将会把PPP作为重要的资金来源渠道。

目前，各省都在实施PPP项目，仅八个省就推出了万亿的PPP项目，地方政府热情很高，但社会资本却望而却步。2015年，将是PPP实践的元年，因为楼市不景气，土地质押不行，平台公司在清理，而一季度又是各地谋划一年资金计划的时间，那只有上PPP。可以说，2015年或是今年很长一段时间，PPP都有很多故事要讲。

记得2014年底年会的时候，金总邀请我们这些记者们吃饭，在吃饭前，他讲了半个多小时，涉及PPP的问题和方向共有十几条，他说到，随着PPP的大量上马，要么成功要么失败，如果失败，届时中国各地将出现大量PPP的烂摊子。

我们希望，PPP模式不是一时热、一阵风，也希望长期致力于PPP的金总，从实践中来，到实践中去，在中国的PPP推广事业中发挥更多的作用。

（作者为《每日经济新闻》记者）

1.2 金永祥：城市PPP项目好导师

文/兰亚红

算起来，和大岳咨询总经理金永祥先生认识，得有五年多的时间了，但前几年从来没有像在刚刚过去的一年里互动这么频繁。

早在2009年在上一家工作单位时，为了帮助北京市房山区新开发的主力区域长阳做宣传，打响Funhill品牌，我策划了一期《房山地脉探“金”》的报道。而彼时大岳咨询正是长阳镇政府的基础设施建设投融资顾问，因此自然少不了对金总的采访。

从那以后，碰到合适的采访话题时，会偶尔“骚扰”下金总。感觉带着眼镜的他没有老板的架子和气势，更像是一个“儒士”。

时间转眼到了 2014 年，我也到新的工作单位快两年了。这一年全国两会上，PPP 模式突然一下子火了起来。对于这个总理支持搞、财政部大力往前推、国家发改委牵头立法的“新东西”，社会各界广泛关注，但很多人那时还是“云里雾里”的，搞不清楚 PPP 是啥东西，有啥大作用。

因为几年来我一直负责城市开发建设方面的报道，再加上记者的本性就是喜欢探索新事物、学习新知识，因此从去年 3 月份起我就开始策划做 PPP 的专题报道。我在学习“备课”的基础上，写了一个简短的策划报道方案，找到了清华大学参与国家发改委 PPP 立法的王守清老师，请他帮忙修改把关。

在他的建议下，我花了一个多月的时间，采访了学术专家、顾问机构、律师、企业、政府等各方面的人士，最后做出了一组《PPP 诱惑》的专题报道。从国家推广 PPP 模式的背景、重要目的、政府信用、企业法则等各方面进行了阐述，并采写了北京地铁 4 号线 PPP 项目案例。

而大岳咨询正是北京地铁 4 号线 PPP 项目的咨询顾问，因此和金总的接触开始多了起来。我做上边的报道时，还鲜有其他媒体就 PPP 模式做过系统的报道，因此虽然报道不尽善尽美，但是也得到了各位采访过的老师的赞誉。金总更是把我拉进他们的“中国 PPP 沙龙”微信群里。

还有 PPP 项目法律顾问徐向东律师，对我的采访也提供了大量的帮助，不但亲自到我单位附近的茶楼接受采访，还负责“买了单”，至今我“回请吃饭”的承诺还未兑现。因为在过去的一年里，无论是金总还是徐律师，都是忙得不可开交，几乎连好好坐下来吃一顿饭的时间都成了奢侈。

还记得在大岳咨询研究院的成立仪式上，金总在总结 2014 年 PPP 方面的工作时表示，总体感觉就是一个字“忙”。在这一年里他全面参加了中央政府部门的顶层设计，向总理提交了《关于当前形势下做好 PPP 工作的建议》，广泛参与了中央和地方的 PPP 培训，联合财政部财科所 PPP 专委会举办了多次 PPP 沙龙，出版的新书《城镇化和 PPP》发行超过 2 万册，接受媒体采访 150 余次，新签约 PPP 项目超过 100 个（比去年增加了一倍以上）。

但是在给地方做 PPP 培训和 PPP 项目的过程中，金总也发现当前不少地方平台公司和地方政府仍然迷茫，虽然听了大大小小多场 PPP 知识的培训，但还是不知道该怎么实操项目，并且想通过 PPP 模式“圈钱”的地方政府还真不少。

因此，在和金总的多次交流中，他一直强调 PPP 输不起。因为我国各地政府过往以 BOT、TOT 等模式做的七八千个 PPP 项目中，经验和教训已经蛮多，无论是政府还是企业都交了很多的“学费”。因此，金总呼吁我们有必要对过往的成功和失败的经典 PPP 项目案例进行深度的研究和总结，而不是一味地鼓励地方开展新的 PPP 试点。

在金总看来，当前各地推广 PPP 模式，避免失败比加速推进还重要，如果再走弯路重复交学费就太可惜了。金总说，大岳咨询的使命是“提高城市建设和管理效率，影响中国经济和社会发展”，他的志向是不满足于仅做项目，而是要培养更多为市长、省部长甚至总理做顾问的专家。他要把大岳研究院建成 PPP 领域世界知名的中国智库机构。

和金总接触多了，我并不觉得他说的是空话大话，他稳重实干的工作作风也深深地影响了我。我最近邀请金总写了一篇《PPP 输不起》的评论文章，并接受他的建议，计划就地方有代表性的 PPP 项目持续做一系列的深度案例报道。

作为主流媒体，我们的报道是影响人的思维和行为的。媒体记者不仅要当变革的观察者和记录者，更应成为“城市让生活更美好”的正确引导者和积极建设者。我期待，和大岳咨询金总一起努力，为中国 PPP 模式的健康推广保驾护航。

（作者为《财经国家周刊》高级记者、《国家城市评论》编辑总监）

1.3 PPP 腾飞元年的惊喜与冷思考

文/胡健

2014 年金秋季节，安徽合肥万达的会议大厅特别热闹，一个叫王小郢的污水处理厂项目成为当天的主角。

目前，PPP 模式在全国方兴未艾，仍处探索阶段。而数年前率先“吃螃蟹”的诸多项目极具借鉴意义。位于安徽合肥的王小郢污水处理厂，是中国第一个试水污水 TOT 模式的 PPP 项目。

所谓 TOT 模式，是指政府部门或国有企业将建设好的项目的一定期限的产权和经营权，有偿转让给投资人，由其进行运营管理。投资人在一个约定的时间内通过经营收回全部投资和得到合理的回报，并在合约期满之后，再交回给政府部门或原单位的一种融资方式。

笔者有幸参加了王小郢项目 10 周年生日，作为民间资本一方，柏林水务中国控股有限公司总经理梁军告诉我，经过 10 年经营，项目资本金已经基本收回，开始走入盈利轨道。

大岳咨询是这个项目合肥市的招标顾问公司，在王小郢污水厂喜获盈利的庆功派对上，大岳老总金永祥也在感慨 PPP 迅猛发展。

去年一年，PPP 真正迎来腾飞，它出现在不少省份的新政策中。河北、江苏、湖南等多个省份都出台了自己的 PPP 指导意见。在土地财政收入减少、地方债受到规范等背景下，PPP 作为化解存量债务以及今后城镇化基础设施和市政公用事业建设的重要融资渠道，被各界寄予厚望。

在 2014 年 10 月的一次国务院常务会议上，总理还亲自为 PPP 鼓劲，当时会议就称，要加快实施引进民间资本的铁路项目，鼓励社会资本参与港口、内河航运设施及枢纽机场、干线机场等建设，投资城镇供水供热、污水垃圾处理、公共交通等。市政基础设施可交由社会资本运营管理。支持农民合作社、家庭农场等投资生态建设项目。鼓励民间资本投资运营农业、水利工程，与国有、集体投资享有同等政策待遇。

其实，“公私合作模式”在全世界范围已经经历了数10年的发展，而在国内，这还是一种新兴事物。对于这种模式，各地应该结合本地实际，因地制宜探讨实施方法，发挥这种模式的最大效果，通过政府和企业的合作，进一步激活地方经济、提高效率，盘活资金，探索地方经济发展的新方式。

中国也并非刚刚有PPP项目落地，但以往的零敲碎打始终没有被架上地方政府这个重型火炮的推动，因而并非成势。

金永祥是PPP圈的名人，很早就开始默默助推这种模式在我国不断生根落地。我们这些关注宏观经济的记者基本都知道他，随着PPP的渐上轨道，一些省部级高官也需要来向老金取取经。

老金始终有心办一个以PPP为主题的智库，并在行业中深耕多年，他对PPP既有火热的感情，也有冷静的思考。

“现在我们进入第五阶段，是全新的阶段。”老金说，目前PPP发展进入到了一个新的阶段。去年十八届三中全会后，提出市场在资源配置中发挥决定性作用，提供了理论基础。去年财政工作会议后，部长专门做了有关PPP的报告，从而点燃了PPP的火焰，国家发改委、住建部、财政部、国际组织全都开始参与进来。

但是还有许多问题尚需厘清，老金列举出的问题包括很多，比如怎么规避PPP运作中的腐败问题等，我也深有感触。泉州刺桐大桥是中国十分早的PPP项目，那时候还不流行PPP这个词。

现在这座大桥仍然在泉州由一家民营企业经营着，但却没有了往昔的风采，盛夏时节，我在泉州待了一个礼拜，专门研究刺桐大桥的经验和教训。

经营这座大桥的陈庆元是一个典型的福建商人模样，小胡子格外特别，当他谈起这座他主导建设的桥时，更多是叹息。事情十分简单，1994年，泉州跨海大桥只有一座，地方政府又囊中羞涩，陈庆元就以 BOT 模式接下了这座桥的建设和经营权，大桥刚刚通车时的风采从照片中还可以感觉到。

但几年之后，中国大规模基础设施建设高峰期涌来，刺桐大桥就受到了政府所建多座桥的夹攻，随着政府桥梁相继免费，刺桐大桥便成为一个十分尴尬的存在，连接市区和晋江最便捷的通道是刺桐大桥，但是车辆却更喜欢走位于它旁边的田安大桥。

这件事给我感触很深，PPP 固然有极高的热情在推动，但它实实在在要以一个规则和规范作为前提。每一个 PPP 项目都有很长的经营周期，需要判断并且设计出各种可能的存在。从这个角度看，PPP 项目简直比黄金、美元和石油更难操作，漫长的回报周期，需要民营企业的眼光和智慧，更有赖于政府的诚信和公平。

回到开篇提及的王小郢项目，这个项目我也有幸亲赴现场参观学习。正基于前述的几点，这个项目取得了成功，变为可以推广的经验。

梁军和我很直白地说，PPP 项目兼具融资和管理功能，由于可优化空间少，TOT 项目盈利空间没有 BOT 项目大，而且这类市政基础设施项目本来收益就不高。王小郢污水处理厂的经验主要就在于双方将保底水量、价格调整方案等设计责任和分担风险的边界厘清。

2015 年是全面深化改革的关键之年，也是 PPP 功败垂成的关键之年，在经历腾飞元年的躁动之后，需要一些冷观察和冷思考。现在各个地方积极性很高，签订项目动辄数十亿，这些项目是不是能够总结出一些规律，然后进行因地制宜的推导，在这个项目执行过程当中，哪一些地方政府做法是值得肯定的，或者哪一些规则是大家最关注的。

我想，如果可以定期总结，然后自主推广开来，对于 PPP 的推进是非常有利的。

（作者为《每日经济新闻》记者）

1.4　PPP 的大时代：2015 年 PPP 示范项目将全面开花

文/周潇枭

2015 年，PPP 示范项目将在全国范围内全面开花。

从 2013 年年末全国财政工作会议上，套开了 PPP 的专题研讨会以来，PPP 开始引起各方热烈关注。如果说 2014 年，地方各级政府、社会资本或许还有所迟疑，但 2014 年各方各种规范性、指导性文件的出台，为 PPP 示范项目在各级政府进行试点做了比较充分的准备。

从 2015 年年初密集召开的地方两会上，可以看到苗头。31 个省 2015 年政府工作报告中，几乎都提到了在经济增速下行的压力下，投资对“稳增长”仍起到非常关键的作用，而随着地方举债方式的规范，在城镇化资金缺口巨大的背景下，创新投融资方式显得非常必要。

创新投融资方式中，加强政府投资和社会资本合作，PPP 是必不可少的一环。如海南省提到要研究出台 PPP 实施意见，开展 PPP 项目试点；浙江省提到要推广 PPP 模式，探索利用社会资本建设大项目的体制机制；四川省提到要运用 PPP 等多种投融资模式，加强重大水利、交通、能源、环保等领域的项目建设，增加公共产品有效供给。

在 31 个省的 2015 年预算报告中，无一例外推进 PPP 试点，均为 2015 年财税改革的重要事项。

在 2014 年末到 2015 年初，四川、河南、浙江等多省，发布了该省的首批 PPP 示范项目。不仅是省级政府，一些省会城市也渐次公布其示范项目，向社会资本抛出橄榄枝，如长沙、南昌等。一些地级市，甚至一些区县，也在积极行动，出台地方办法，并梳理一批试点项目，如浙江的温州、嘉兴、温岭、常山等地。

2015 年覆盖的地方政府将进一步增加，这得益于 2014 年各方的准备。

如 2014 年以财政部和发改委牵头起草的多项 PPP 操作指南、合同文本、指引性文件等出台，规范的 PPP 运作流程是怎样的、各方如何分担风险、哪些项目适合采用 PPP 模式、核心的定价机制如何安排等，有关 PPP 项目运作的框架浮出水面，并成为各地试点的基础指引。

作为关注并报道 PPP 的媒体记者，在跟踪各省 PPP 信息动态时，发现随着时间推移，不仅仅是示范项目增多，更多积极信号也释放出来。

比如，地方政府变得更理性，明确表示 PPP 不能一哄而上，要保障 PPP 示范项目的质量。2014 年，PPP 之所以受到广泛关注，一个直接动因来源于地方背负的高额债务。一些地方政府在不熟悉 PPP 运作流程的前提下，大力推广 PPP，更多是急于寻找政府融资的新出路。所以，当时业界很多专业人士反复强调，融资功能只是 PPP 的一方面，不可过于强调。

但到 2015 年初，不少省份在推广 PPP 模式时，也强调要量力而为，不可“一哄而上”，要结合地方实际的财政承受能力。

如 2014 年 12 月份发布了目前省级政府数量最多的首批 PPP 示范项目的四川省，共发布了 264 个项目、总投资额达到 2500 亿元。四川财政厅强调，并不是所有的项目都适宜采用 PPP 模式，要稳步推进防止一哄而上；各级政府在选择 PPP 项目时，要结合本地实际，通盘考虑 PPP 项目规模上限与政府财力状况的关系。

再如，2015 年 2 月 11 日发布的浙江省财政厅《关于推广运用政府和社会资本合作模式的实施意见》，浙江省财政厅相关负责人接受媒体采访时表示，政府内部对 PPP 项目未设推进时间表，不会因“急于完成任务”而降低社会资本参与 PPP 项目的门槛，确保每一个公共服务项目的合作都公开公正公平；PPP 项目将规定合作纠纷协调处理机制、合作中途退出机制等系列保障机制，重在市场化运作。

当然，无论有关 PPP 的原则讲得多么天花乱坠，终究只是停留在纸面上，最终效果还是要看具体项目的落地情况。目前进入实操层面的示范项目还比较少，所以具体成效还有待时间检验。

得益于中国财政学会公私合作研究专业委员会和大岳咨询搭建的平台，我们一帮财税记者得以参观具体的 PPP 项目。通过参观一些 PPP 项目，能切实体会到 PPP 模式的成功运用将带来的多方共赢局面。

PPP 模式的成功运用，核心就是“专业的事交给专业人员”带来的积极结果。如合肥的王小郢污水处理厂，此处“专业的事”为污水处理厂的具体经营管理，交给对市场更为敏感、成本意识更强的、专业的市场化企业来运营，要比由原完全财政补贴的事业单位更有效率；通过合同约束，将政府对公共服务的要求，即污水处理标准进行规定，既能保障优质公共服务的提供，又能节省财政成本——最终实现公众、社会资本、政府三方满意的局面。

随着 PPP 示范项目的推进，不仅仅能实现单个项目效益的提升，更长远地能实现社会治理的改良——更优质的公共服务，更少的财政负担，更有效的决策机制。

此处要特别感谢以大岳咨询的金永祥金总为代表的专业人士。因为任何一个 PPP 的落地，都有大量诸如合同起草、条款谈判、现金流计算、项目设计规划等专业工作，离开这些细致的工作，PPP 项目都只是空架子。这些内容，对于一个跟踪报道 PPP 的记者而言，非常关键。

随着 PPP 热潮的兴起，以金总为代表的专业人士，一方面要忙碌地穿梭各地，向社会资本、金融机构、地方政府官员等讲解 PPP 的运作，另一方面还非常热诚地对媒体分享具体项目推进的工作心得，为媒体记者了解报道 PPP 提供了非常多的帮助。

各地 PPP 示范项目的增多，更多 PPP 项目的落地，为社会资本、专业机构提供了很多机会，也为地方政府改善公共服务提供了工具。未来，这其中会有问题，也会有值得推广的经验，PPP 的大时代，愿与各位一同推进 PPP 事业。

（作者为《21 世纪经济报道》记者）

1.5 PPP 之路：从边缘走向舞台中心

文/赵婧

PPP 的出场，就像林黛玉在《红楼梦》中的出场一样，从一个不怎么起眼的角色一步一步走向舞台的中心。

最初注意到这个词，是在财政部官网上，那时引起我的注意竟然是因为文章的作者是同样跑财税的一个媒体朋友，而不是内容。那时我只以为，PPP 这个时髦新词的出现，无非是创造一个概念来讲空话。我怎么也不会想到，仅仅一年多后，PPP 这个词不仅成了整个财政系统的热词，也成了国务院常务会议反复提及的热词，在我国改革的进程中真正走向了前台。

随后的日子里，我参加了几次财政部举办的关于 PPP 的研讨会，以及亚行等机构组织的 PPP 相关会议。我逐渐意识到这个时髦的新词或许不会稍纵即逝，于是我开始给予其更多关注。

在我的记忆中，PPP 首次高调出场是在 2014 年 3 月初的中国发展论坛上。那次论坛上，我对亚洲开发银行行长中尾武彦进行了专访，专访的核心内容是化解地方债务。中尾武彦在回答债务问题如何处理时几乎句句不离 PPP。尽管我此前就知道亚行和我国财政部有合作，开展智力支持，其中近期几个重要课题就是关于公私合作伙伴关系。然而作为行长的中尾武彦如此大力推崇 PPP 模式，无疑给我留下了深刻印象。

也就是这次专访后，我开始研究 PPP 在国际上的发展路径，也才了解到原来 PPP 绝不是一个流行词那样浅薄，事实上它在世界各国已经有了许多成熟、成型的，符合不同国家国情的发展模式。自 20 世纪 90 年代，PPP 模式取得了很大进展，广泛适用于世界各地的公共管理领域。在欧洲尤其是英国，PPP 适用的领域涉及交通运输、公共服务、燃料和能源、公共秩序、环境和卫生、娱乐和文化、教育和国防等。在大多数国家，PPP 模式主要适用于基础设施建设领域，包括收费公路、铁路、桥梁、地铁、轻轨系统、机场设施、隧道、电厂、电信设施、学校建筑、医院、监狱、污水和垃圾处理等。从区域看，欧洲的 PPP 市场最为发达。从国别看，英、澳、美、西班牙、德、法等发达国家 PPP 项目的规模和管理水平较高。目前，已有不少国家对 PPP 或 PFI 模式专门立法，比如欧洲的英、法、葡萄牙、希腊，亚洲的日、韩，南美的巴西、阿根廷，还有美国的 18 个州。

在此背景上，我意识到 PPP 绝不是一个为造概念而推出的概念。4 月 22 日，我以《财政部推 PPP 模式纾困地方融资》为题，采写了关于 PPP 的第一篇比较重要的稿件。我从黑龙江省获得了一些来自地方的一手素材，又从财政部相关人士处获得了政策方面的计划和安排，并采访了贾康、刘尚希等财政专家，从而完成了这篇将 PPP 定位于解决城镇化进程中地方融资难的处女稿。稿件反响之好超出我的预期。而这个时候，社会上对于 PPP 这个词还很陌生，甚至于我的编辑、领导都基本是第一次听到这个词汇，对其深远的意义还没有真正认可。而其他媒体也并没有对其给予太多重点关注和报道，即便是我自己，也并没有对这个公私合作的改革能走多远、能多大程度上从概念落到实地产生太大的信心。

也就是在这之后，我通过采访认识了财政部财科所的孙洁老师，随后通过微信公众号了解到了 PPP 沙龙，之后在参加 PPP 沙龙时认识了大岳咨询总经理金永祥先生，这两位都是不遗余力大力推进 PPP 在中国发展的重要人物。此处不得不说，PPP 沙龙绝对是一个值得尊重的组织，它目前为止组织了六期活动，每一期都会介绍一个来自地方的具体的 PPP 案例，通过分享、剖析案例，加之专家的观点对撞，给那些对 PPP 感兴趣的人以启发。我曾在 PPP 沙龙上遇到河南省财政厅一位副厅长，他表示此次来京专为参加沙龙，了解 PPP，从而摸索河南省 PPP 发展之路。到这个时候，PPP 已经风生水起，成为财政、金融、民间资本等社会各界热议的话题。而各个媒体也对其进行了不同角度的报道，我这个最早期就开始写 PPP 的记者好像此刻已然落后了。

在我看来，在中国，PPP 这个概念得到最广泛的传播始于 2014 年 11 月 APEC 会议。这次 APEC 是时隔 13 年后这一重要国际会议重返中国，无疑得到了全中国各界的高度关注。我作为上会报道记者，在报道领导人会议、双部长会议、工商领导人会议之外，自然也参与报道财政部长会议。在这次财政部长会议上，APEC 各个成员达成多项共识，《APEC 区域基础设施 PPP 实施路线图》作为会议成果文件向社会发布，这标志着 PPP 作为亚太地区各国基础设施建设的重要手段得到各界认同，标志着解决亚太区域基础设施筹资难、推进亚太区域互通互联迈出实质性步伐。

如果说上述关于 PPP 的采访经历大都在会场，通过接触 PPP 的各界人士间接获得素材，那么我身赴 PPP 项目的工地现场，与项目建设者沟通交流，获得一手采访素材的一次经历无疑是我最难忘的一次 PPP 采访。

那是在 2014 年 12 月，湖南省发布 PPP 示范项目和操作指南，我前往报道。这次活动中，国中水务旗下子公司湘潭国中污水处理有限公司作为社会资本方参与的 PPP 项目作为湖南省的示范项目在大会上介绍经验。我们不仅采访了湖南省财政厅副厅长，也采访到了湘潭国中污水处理有限公司的项目参与人员。同时，我也来到了项目的建设工地。那里是湘潭经济开发区北部，还是一片荒凉之境，而据工程项目蓝图显示，未来这里将一片欣欣向荣。该项目是建设污水处理厂，污水处理标准将达到最高环保等级。我的眼前是一个巨大的“地坑”，里面一根一根粗壮无比的污水处理管道正在装接，而我的身后，一座座厂房正在拔地而起。施工人员告诉我：“将来垃圾处理场建好后将埋于地下，上面会种上花草绿植，因此不像传统的垃圾处理场一般臭味熏天，而会是一个如公园般环境优美的所在。”现场人员看起来神采奕奕，似对未来满怀憧憬。

这次现场采访让我切身体会到了 PPP 对于调动社会资本积极性所产生的积极效应，社会资本在污水处理领域有所长，有其参与，要比纯粹政府独自担纲进行污水处理更专业、更高效。

正如大岳咨询有限公司总经理金永祥所表示的那样，“2014 年是搞研讨、搞培训、写文章非常热闹的一年，总体处于研究阶段，启动的项目并不多。2014 年底，地方政府在讨论明年要怎么做的时候，很多具体的 PPP 项目逐步启动，总体讲 PPP 从务虚走向务实，可以说 2015 年将成为我国践行 PPP 模式真正意义上的元年”。

而 2015 年，全国的 PPP 实践究竟会走向何方、究竟能走多远、究竟能发挥多大的作用，让我们拭目以待。

（作者为《经济参考报》记者）

1.6 2014 我们写“3P” 2015 继续

文/杜涛

“春江水暖鸭先知。”也许用鸭来比喻这群在 PPP 市场里的淘金者们，有些打趣的意思，但却很明确和直接，PPP 的火热与他们相关，而他们也是这样做的。大岳咨询就是这里面的佼佼者。

PPP 也就是 Public-Private-Partnership，俗称 3P。要是评 2014 年的热词，PPP 绝对可以上列。

2013 年年底的全国财政工作会议，财政部提出推动 PPP 在中国的发展，之后便在学界迅速讨论起来。

发改委的政策法规司当时加速了对于特许经营法的立法进度，虽然后来“难产”，但是足见此事的重要。

之后财政部加速了自己系统内部推动 PPP 发展的进度：成立 PPP 领导小组；金融司牵头负责 PPP 协调机构；金融司新成立金融五处，专门负责 PPP 的发展；在清洁发展机制基金管理中心加挂 PPP 中心的牌子；将 PPP 纳入政府采购和购买服务的范畴。

整个财政部从政策到法规推动 PPP 发展，金融司、预算司、经建司、国库司、条法司、清洁发展机制基金管理中心等单位先后参与进来。

从预算管理到地方债务以及财政部发出的加强 PPP 在中国发展的文件，可以看出，2014 年 PPP 贯穿了财税改革的脉络，是财税改革的重要支脚。

不仅仅是财政部，发改委、住建部、水利部等等，许多部委也在研究 PPP，特别是负责具体业务的部委，希望可以利用 PPP 来促进内部改革的推进。

2014 年，笔者开始记录发改委的特许经营法，记录财政部推动 PPP 的每一个动作、每一个脚步，记录市场人士对于 PPP 发展的每一个观点、看法。

其中，大岳咨询总经理金永祥先生就是2014 年积极推动 PPP 发展中的市场化人士的典型代表。

金永祥，大岳咨询的总经理，圈内称其为“老金”。老金戴着一副眼镜，对待别人永远一副很客气礼貌的样子。

2014 年的老金真的是很忙，老金参与了发改委、财政部、住建部等部门的 PPP 政策的研讨规划，给总理上书 PPP 的意见，还亲自操刀了财政部、住建部联合主推的第一个示范项目——池州市污水处理及市政排水设施政府购买服务项目。

老金在 2014 年不仅仅做了池州一个项目。北京的污水处理厂的 PPP 项目也吸引了众多社会资本，其中包括桑德环境、碧水源、北控水务、中节能水务、首创股份和北京排水公司等。与此同时，2014 年，北京大岳咨询有限公司在在北京做了四个垃圾处理厂的项目，其中进入的社会资本有绿动力、北控环保、首钢集团和北京环卫集团。

PPP 的发展，让老金的公司业务最少翻了一番。给员工涨了两次工资，还发了上涨的年终奖。

这些，都建立在 2014 年全国推动 PPP 市场的蓬勃发展之上。

PPP 从 2014 年年底已经逐步从研讨、政策制定转入落地阶段。当一件事情进入实际操作的阶段，显示的问题可能会很多，有市场的因素，也可能有人为的因素。

我们要做的就是推动 PPP 在中国健康、有序、有规则的发展。

2015 年，继续“3P”！

（作者为《经济观察报》记者）

1.7 让正确的 PPP 理念传播更广、深入人心

文/吴建华

政府与社会资本合作，简称 PPP 模式，无疑是 2014 年财经新闻最热的词汇之一。从年头到年尾，政府在讲、社会资本在讲、研究咨询机构在讲，投融资机构也在讲，各种意见、声音纷纷通过媒体发表出来，百花齐放，好不热闹。

这其中，有着 20 多年 PPP 项目经验，做过几百个项目咨询的大岳咨询总经理金永祥先生，可能是讲得最多、最专业、最受欢迎的。

受这股 PPP 热潮的影响，笔者所在的《华夏时报》，2014 年也先后发出过七八篇报道，为 PPP 鼓与呼，也为 PPP 可能存在的风险敲几下警钟。这些报道从选题策划、重要新闻点、专业性把关上，都得到金总的无私帮助和大力支持，笔者心存感激。如今大岳有意把媒体去年发表过的文章和大岳自身的研究成果结集出书，以传播正确的 PPP 理念，说一句“功在当代，利在千秋”不算过誉吧。

众所周知，PPP 模式是一个舶来品，有 BT、BOT、TOT 等众多具体实施模式，80 年代末期进入中国以来，由于不同主管部门的推动，已经掀起过三四波热潮。当前这一波热潮牵头的推动者是财政部，由于强调“利益共享、风险共担、长期合作”的理念，简单满足地方政府融资需求的 BT 模式被排除出了 PPP 大家族。

此次热潮的兴起，有其势所必然。瞻望未来，“新型城镇化”任务艰巨，融资缺口巨大；审视当下，地方政府为基础设施建设负债累累，无序举债的风险日益浮出水面。要解决“新四化”的难题，实现高水平的公共服务均等化，必须有新的投融资模式，开辟新道路。

十八届三中全会历史性地提出，市场要在资源配置中起决定性作用。基础设施和公用事业领域怎样更好发挥市场的作用，提升供给效率，而不仅仅是从市场融资，是各方关注的重大课题。PPP 成为重要的政策选择。

在十八届三中全会《决定》的精神指引下，中央政府力推 PPP 模式。财政部、国家发改委、住建部去年先后发文十余次，为 PPP 建章立制，有的时候，竟然是两个部委同一天发出 PPP 相关文件，PPP 热潮中中央部委的“三国演义”也回味悠长。

这些 PPP 模式重要政策文件的调研、起草、讨论过程，金永祥先生都身与其事，为各部门提供了大量的智力支持，而且基本都是免费的。大岳表现出的辛苦奉献和高风亮节，在民营咨询机构中并不多见。据笔者了解，大岳咨询目前已成立了 PPP 研究院，立志做中国领先、世界知名的城镇化与基础设施研究智库，其理想抱负，令人倾佩。

去年，大岳咨询还联合财政学会 PPP 专业委员会举办了六次 PPP 沙龙，政、企、学、研各方都热情参与，场场火爆，令人印象深刻。笔者关于 PPP 模式的一点专业知识，很多来源于沙龙嘉宾的知识讲解和案例分享。

PPP 是什么，不是什么？各界一直争议纷纭，令人欣慰的是经过一年多的讨论、碰撞，各方已具初步共识，PPP 模式中政府承担什么角色，社会资本承担什么角色，理论上都有了比较清晰的界定，而逐步出台的政策文件也已日益细化明确。

简而言之，PPP 不是一种简单的融资模式，而是公用事业领域增强市场竞争，提升服务质量的重要途径。它不是像以往一样，要么立足于政府的融资需求，要么突显了社会资本参与的收益。它寻求这两者之间的长期的平衡，目的是更好地实现第三方——社会公众的利益。

有人说，PPP 是一场长久的婚姻，而不仅仅是一次华丽的婚礼。“利益共享、风险共担、长期合作”就成为最为关键的守则，政府与社会资本双方能否在一个个具体的项目中，做到守法、守信，精诚合作，肝胆相照，是“婚姻”成功与否的关键，成败与否，有待今年大量上马的 PPP 项目的实践去检验。

更为重要的是，这次 PPP 浪潮势能巨大，举国上下倾力出动。正如金永祥所说，只能成功，不能失败，因为一旦失败，没有任何一方可以兜底收场。

本书关于 PPP 的正确理念，是在同各种对 PPP 的误解的交锋中得出的，也汇集了以往 PPP 项目操作的众多经验教训，来之不易，弥足珍贵。虽然还不能称为金科玉律，我们也希望它传播得更远，深入人心。

（作者为《华夏时报》记者）

1.8　专而不骄

文/杜鹃

属于他的时代已经来临，不早不晚，恰恰就在此时。

此时，PPP 模式正在全国掀起新一轮的投资热潮，他受邀为各省市长实战授课，一个个具有政府背景的项目慕名而来，所有种种都源于他彼时的积累。从 20 世纪 90 年代开始，他潜心研究 PPP 模式在基础设施项目上的运用，转眼已经过去 20 年时间，如今，他已成为行业的翘楚，随着财政部和发改委对 PPP 的力推，2014 年，PPP 成就了他事业又一个顶峰。

他就是北京大岳咨询有限公司总经理金永祥，几乎在所有媒体上，金永祥的名字都被贴上了“PPP 专家”的标签。

不过比起大岳咨询有限公司总经理的头衔，金永祥更愿意别人称呼他为金院长。2014 年年终，金永祥筹划多时的大岳研究院终于在深圳挂牌成立，对他来说，虽然几经波折，但立志筹备智库的愿望终于实现，下一个目标就是为中国城镇化建设贡献自己的绵薄之力。

作为一名财经记者，我和金永祥最初认识源于 2011 年一次水务工作会议，此次会议是王小郢项目首次对媒体公开介绍，不过限于论坛环节设置，该项目中体现的 PPP 盈利模式并未有过多的阐述。

因缘际会，三年之后，王小郢项目在合肥专门召开媒体发布会，在金永祥的推荐下，我作为受邀的八家媒体之一参会，在和项目负责人面对面沟通后，第一次比较全面了解了王小郢模式的盈利和运作情况，也因此对政府推广 PPP 有了比较深的认识。

默默付出，总有收获。用在金永祥身上再合适不过。

自 2011 年和金永祥认识以后，他对中国城镇化建设过程中的融资问题，以及运用基础设施建设等话题的关注都颇多见解，其在实践中积累的经验成为媒体争相报道的重点，对于媒体记者们的“骚扰”，他从不拒绝，不论何时、何地，只要一个电话，但凡自己知道的领域，他几乎都是来者不拒。“晓之以情、动之以理”，每一段采访背后都可以娓娓道来一段朋友圈的故事。

第一次听到“西二环到东六环的故事”，很难想象那是一个身价上亿的人会屈尊的事情，顿觉他为人竟如此低调和朴实，让人肃然起敬。

话说那是年底和媒体记者的一次聚会，聚会地点选在繁华的金融街，饭毕，有记者随口玩笑说要搭顺风车，不料他竟一口答应，10 分钟后代驾司机赶来，本来大家指定的地点是国贸，不曾想代驾不识路，错过了出路口，一路向东竟然把这群记者送到了家，最终的坐标位置是东六环，时间是晚上 11 点，而他所谓的顺风车却也是做好事，这时他才说，其实他家的坐标离聚会地点只有 5 分钟的路程……

听到这里，大家被金永祥的低调和热心感动，或许是有几分东北人的憨厚和爽快，他和记者已经超越了采访和被采访的关系，大家更像是朋友，一起为 PPP 的未来勾画蓝景。

对人如此，对待工作也是，他对PPP的情结似乎很难用语言形容。

对他而言，2014年最疯狂的一个举动就是他自费到俄罗斯陪总理恰谈PPP项目，回来后上书总理智库报告，用他自己的话说，2014年PPP迎来了史上最辉煌的一年，在各地纷纷上马项目后，2015年将是一个收获年，这种收获不仅仅是业务的扩展，更是人生阅历的一个洗礼。

（作者为《中国经营报》记者）

1.9 PPP模式推广任重道远

文/陈益刊

据说，在李克强总理访欧时，当地高层向他力荐政府和社会资本合作（PPP）模式和其带来的创新。后来，这个模式被看作是政府一个非常重要的创新方向，迅速在中国推行。

财政部是大力推广PPP模式的部委之一。最近一年，财政部内部成立了推进PPP工作的领导小组，PPP中心也挂牌成立。PPP操作指南、合同规范等系列指导意见也相继出台，而30个PPP示范项目也相继启动。

不仅如此，不少地方上也相继拿出动辄千亿的PPP项目。可以说，一场PPP大潮已经汹涌而来。

PPP模式是在基础设施及公共服务领域建立的一种长期合作关系。通常模式是由社会资本承担设计、建设、运营、维护基础设施的大部分工作，并通过“使用者付费”及必要的“政府付费”获得合理投资回报；政府部门负责基础设施及公共服务价格和质量监管，以保证公共利益最大化。

PPP模式之所以被寄予厚望，是因为这个模式可以缓解地方融资难题，满足新型城镇化建设资金饥渴，并可以解决部分地方政府债务。另外，PPP模式分清政府和市场边界，让双方在各自擅长的领域发挥最大效益，使得社会效益最大化。这对提升国家治理能力和构建现代财政制度都有重要意义。

社会资本通过 PPP 模式介入地方政府的存量项目，可以化解部分地方政府背负的存量债务，缓解地方偿债压力，比如重庆就通过 PPP 模式化解了千亿地方债。

更重要的是，社会资本介入这些项目后，可以充分发挥市场机制的作用，使得项目运作效率大大提高，解决了政府低效运作的问题。而政府就可以更好地履行监督能力，改变既当运动员，又当裁判员的怪相。政府和社会资本发挥各自长处，使得社会效益最大化。

比如，合肥王小郢污水处理厂移交给柏林水务之后，无论是日污水处理的能力，还是污水处理后的质量都有明显的提高。而当地政府则履行好日常监督职能，保证工厂按双方合同来运作，保证居民利益。

不过，PPP 项目想要成功地运作可并不简单，可以说，相当复杂。

首先，要筛选出适合用 PPP 模式的项目并不简单。这需要财政部门会同行业主管部门，从定性和定量两方面开展物有所值评价工作。尤其是定量评价，这需要通过对 PPP 项目全生命周期内政府支出成本现值与公共部门比较值进行比较，计算项目的物有所值量值，判断政府和社会资本合作模式是否降低项目全生命周期成本。

这是一项技术活，对于尚未熟悉 PPP 模式的基层政府来说，有很大的挑战。

即使筛选出了适合做 PPP 模式的项目，在项目风险如何在政府和社会资本间分配、项目运作方式、交易结构、具体合同签订等方面都极大考验地方政府和社会资本的能力。

另外，以前中国部分 PPP 项目失败原因之一就是政府不履行契约。此次地方政府推出万亿级的 PPP 项目后，能否在后续操作中遵守合同，践行契约精神也有待观察。

尽管财政部和国家发改委都出台了系列部门规章和指导意见，来支持 PPP 模式发展，保障投资者的合法权益，但《基础设施与公用事业特许经营法》（即 PPP 法）还在起草过程中，这部 PPP 领域的母法尚未出台，也让社会投资者心有余悸。

PPP 模式想要顺利推广，不能仅仅依靠政府和社会投资者，还需要民众的参与，毕竟这些公共服务项目的对象就是普通老百姓，项目实施中，他们的意见也很重要。

除此之外，在政府和社会资本 PPP 项目合同管理全过程中，法律、投资、财务、保险等专业咨询顾问机构的力量也非常重要，他们可以提升 PPP 项目合同的科学性、规范性和操作性，充分识别、合理防控项目风险。

像从事基础设施投融资等领域咨询工作的大岳咨询公司，参与过不少 PPP 项目，有着丰富的 PPP 模式运作经验。

PPP 模式任重道远，期待 30 个 PPP 示范项目能顺利实施推广，希望中国能走出一条适合自己的 PPP 模式创新之路。

（作者为《第一财经日报》记者）

1.10 地产新常态下的 PPP 新机遇

文/纪睿坤

从 2010 年开始算起，和大岳结缘的时间已经长达五年，已经过去的 2014 年，无疑是金总以及大岳团队最忙碌的一年。

媒体约访、地方邀请授课亦或是培训，2014 年的金总几乎没有双休日，天南地北只有一个主题——PPP。

每周都有各地政府、机构来大岳考察。2014 年一年，大岳的咨询业务量呈几何倍增长。

仅是和金总联系较为紧密，写过几篇报道的记者，我都接到四波慕名或地方政府或开发区或机构的请求，希望对接大岳学习，洽谈 PPP 业务咨询。

有次，金总在大岳的微信公共账号上发文署名“PPP，我有点累了”，亦调侃连做梦都是 PPP。

的确，不管是理论研究还是实践，北京大岳咨询无疑是国内最懂 PPP 的咨询机构，没有之一。在 PPP 领域内，北京大岳咨询已经深入研究 20 多年，不完全统计，大岳旗下实操的 PPP 案例也将近 600 多个，其中不乏北京地铁 4 号线、合肥王小郢等国内知名 PPP 案例。

有时和大岳的朋友打趣，雷军有句话，在风口上，猪都能飞起来。对于大岳来说，这个风口即是 PPP。

2013 年底至今，国家层级力推 PPP，国务院、财政部、发改委、住建部亦出台了一系列的 PPP 文件，31 省份地方政府工作报告中至少有 25 份提及 PPP 模式，至少有 27 份提及政府购买服务。

其实，“风口”不只是偏向大岳，而是面向这个市场，但放眼望去，大岳无疑是飞得最高的一个，细细想来，除了机遇之外，还有长年累月的积累。

PPP 并非一直这般火爆，市场各方尤其是地方政府也远不如今日重视，但在此前的数年中，金总带领下的大岳团队依旧坚守市场规则和 PPP 的契约精神，在数百个 PPP 咨询业务中，坚守 PPP 规则。了解这个行业的人无不清楚，哪怕有一次不坚持，大岳也无法获取今日的成就。

作为一个媒体人、旁观者，我也以金总、大岳的团队为敬！坚持不易，面对诱惑仍然坚持更不容易。

2014 年，不过是大岳再次飞腾的一个起点，在中国经济新常态的背景下，PPP 也将逐渐走上正轨，中国 PPP 的第一咨询机构——北京大岳咨询有限责任公司；中国 PPP 第一人——金永祥，也将面临更广阔的市场前景。

2011 年入职《21 世纪经济报道》时，就一直关注地产，彼时，并未想到，如今的中国地产和地方政府会面临如此困局。

国家统计局数据显示，2005 年末至 2009 年末，全国商品房待售面积均未突破 2 亿平方米，其中，2005 年末，商品房待售面积仅为 1.4 亿平方米。

而 2014 年末，全国商品房待售面积高达 6.21 亿平方米，创历史新高，相当于2008年一年全国商品房销售面积。

在商品房待售面积处于历史高位之时，商品房的供应步伐仍处于上升阶段。但与之相对的是房地产的需求出现下降趋势。

首先是人口拐点的到来，作为刚需主力的婚龄人口和作为改善性需求主力的劳动力人口趋于下降。1964～1970年以及1985～1991年有两轮生育高峰，目前第一轮生育高峰带来的购房需求已经基本释放完毕，而第二轮生育高峰的许多购房需求（“85后”）也已经释放掉一部分，下一个需求“高峰”需要等到1985～1991年的人群达到财富高峰时再释放，但这一波需求将远远小于第一轮生育高峰对楼市的拉动。

其次，目前中国的城镇化率仅为54%，仍有上升空间，但新型城镇化速度放缓，基本上全国各线城市的常住人口净增量都在下降，也将进一步减缓房地产刚需。

第三，在房地产市场由增量市场向存量市场转变之时，房地产行业的投资性需求也在下降。

也因此，中国的房地产也正式迈入过剩行列，这也决定了，房地产市场也将由过去的高速增长时期进入平稳增长阶段，且在中短期来看，开发商将要做好打一场“去库存持久战”的准备，地方政府也将迎来土地财政持续萎缩的新常态。

有两个朋友的例子：

张是南方某三线城市的开发商，2013年，该市的楼盘销售就逐渐紧张，融资的成本和难度也逐渐紧张，市场困境在2014年下半年激发，该三线城市的前10大开发商中，有两大开发商跑路，为确保当地楼市的稳定，该市的所有在售、在建楼盘的开发商都被纳入政府和银行的监管行列中。

以张为例，他出省哪怕是三天就会收到银行或者当地市政府专职人员的核实电话。

受大环境影响，张虽然在市里的核心地段有两栋商住楼作为抵押，也很难募资。从风险管控的角度考虑，抵押物位置再好，再值钱，但在市场整体下行之下，不动产不能流通，即是无效资产。

另外一个例子更极端，2014 年下旬，一位律师朋友打了个电话，爆了个料，说北方某市的 100 个企业家想联名状告当地市政府，原因是政府拖欠各种资金，让这 100 个企业濒临崩溃。

让当地政府财政紧张，严重拖欠资金的一个重要原因就是地产下行。

很简单的道理，房子卖不出去，地也卖不出去，没有税费、没有地价，再加上传统产业过剩以及此前累积的巨额债务，当地政府的财政状况不堪一击。

作为经济的四驾马车之一，地产下行直接的后果就是投资下滑，GDP 下行，其实，GDP 下行并不可怕，可怕的是经济下行带来的并发症，是极有可能引起社会不稳定的失业。

在投资保 GDP 的背景下，地产下行的一个重要保障即是加大基建的投资。

但是基建投资的资金如何解决？土地财政萎缩之下，这也将倒逼地方政府转型，绞尽脑汁的思考如何吸引外来资本。

有人说，2014 年是 PPP 的元年，的确，在 2014 年，地方政府对 PPP 的热情开始升温。

但是这还不够，PPP 模式的一个重要方向是倒逼地方政府坚守契约精神。在工作中接触不少投资方，在拿到某个地方的项目时，虽然项目规模、收益都非常可观，但是经过论证，依然选择放弃的一个重要原因，即是各地方政府不坚守契约精神的历史。

在 PPP 的浪潮下，讲规则，尊重市场主体无疑也是地方政府吸引民间资本的重要竞争力。反之，那些不遵守契约精神的市场主体也将迟早被市场淘汰。

在塑造 PPP 市场规则，促进市场双方平等方面，大岳咨询无不是最关键的一环。

2014 年，中共中央办公厅、国务院办公厅印发了《关于加强中国特色新型智库建设的意见》，提出将统筹整合现有优质资源，重点建设 50 到 100 个国家亟须、特色鲜明、制度创新、引领发展的专业化高端智库。

在 PPP 领域，大岳上接部委，下接地方政府，实操案例，不只有理论基础，又结合中国以及各地方的实际，无疑也将发挥不一般的智库效益，拭目以待！

（作者为《21 世纪经济报道》记者）

2 池州市污水处理购买服务试点项目报道

2 池州市污水处理购买服务试点项目报道

2.1 关注政府和社会资本合作：2014年内首个PPP示范项目签约

CCTV13《新闻直播间》 2014年12月24日

主持人：

在投融资领域，近来越来越火的要数PPP了，也就是政府和社会资本合作模式。人们都期望这样的模式能够解决眼下基础设施领域急需的资金问题，也能缓解地方政府债务。一个月前财政部推出了30个PPP示范项目，涉及1800亿元的投资规模，现在这一融资方式已经有了最新进展，示范项目当中刚刚出现了首个签约的项目。

记者：

在安徽池州街头，目前部分地下管网正在进行施工。现在负责施工的还是当地的住建部门，但是从明年1月1号起，这些城市地下管网将全部移交给社会资本进行运营。

池州市住建委主任 贾瑄：

现在我们已经形成了三份比较重要的合作协议，一份就是我们的股东协议，第二就是资产转让，协议最重要的一份就是这本特许经营协议。（今后）我们政府不再为管网和污水厂及其以后的新建或者扩建或者提标进行新的投入。

记者（本台记者 王楠 郝毅杰 报道）：

在财政部公布的30个示范项目中，安徽池州的污水处理及市政排水设施购买服务项目是为数不多包括无收费设施的项目之一，简单来说这个项目是把污水处理厂和地下管网厂网一体打包卖给社会资本，项目总资产七个多亿，特许经营期 26 年，政府以购买服务的方式向社会资本支付污水处理服务费和排水设施服务费。在运作模式上，国有独资的池州市自来水公司与中标的社会资本深圳水务公司组建成立池州市排水公司，也就是项目公司来负责污水处理厂和地下管网日常的维护运营。

池州市住建委主任　贾瑄：

以后新建的项目也由这家公司去按照企业行为到市场去进行融资、进行设计、进行建设。政府通过购买服务的方式，26 年以后这些资产再无偿地、完好地交还给政府。

关注政府和社会资本合作：吸引社会资本　促进政府角色转变

主持人：

说到地下管线，实际上是城市发展过程当中的一块欠账，而地下建设费时费力成本又高，以往很少有社会资本进入，可以说是一块硬骨头。池州把污水处理厂和地下管线打包卖给了企业运营，那这种做法能否改变现状呢?

记者（本台记者　王楠　郝毅杰　报道）：

在池州 PPP 示范项目中，根据协议，社会资本最高有 8% 的收益率，26 年的运营期将形成稳定的收益。所以在当初招标的时候，吸引了北京排水集团、深圳水务集团等四家公司竞标，最终深圳水务拿到了这个项目。实际上深圳水务投资公司早在 10 多年前就已经和池州市自来水公司合资成立了供排水公司，负责当地水厂的运营。

池州供排水有限责任公司董事长　钟诚：

关于服务费的计算，实际上就包含了整个运营管理的成本，包括存量资产的购买成本以及将来有可能的增量资产重新计入成本的精确的计算方式，所以对运营的企业来说实际上已经不存在骨头和肉的问题了。就是它是全成本核算加上合理回报。单从企业角度来讲，这正是我们追求的一个发展的方向。

记者：

对于社会资本来说，基础设施项目收益稳定，适合养老金、主权财富基金等机构投资者的资产配置选择。像在英国希斯罗机场的六家投资者中就有中投公司和加拿大的养老基金。实际上今年10月24号，国务院常务会议已经明确提出要大力创新融资方式，积极推广政府与社会资本合作模式，鼓励社会资本投资城镇供水、供热、污水、垃圾处理等，并明确市政基础设施可交由社会资本运营管理。

池州市住建委主任　贾瑄：

在现在这个经济新常态的情况下它有很大的意义。能够解决我们在新型城镇化当中需要大量的资金去做这个城市基础设施这方面的融资的难题。

记者：

不仅如此，贾瑄说PPP模式还能提高效率，促进政府决策的转变，从明年开始，池州750公里的排水主干管、2座污水处理厂和7座污水泵站都将由项目公司也就是池州市排水公司来负责。

池州市住建委主任　贾瑄：

原来都是政府自己在做，政府基本上又是运动员又是裁判员。那么这样做呢政府完全从一个监管者的角度，政府花钱购买了社会的服务，对这一件工作进行日常的加强监管，从一个运动员完全变成了一个裁判员。

中国财政学会PPP专业委员会常务委员　金永祥：

在这种新的状态下，政府管理社会的行为也会发生变化，它会从原来一个万能的从投资、从建设、从运营全包的一个政府，转向一个服务型的监管型的政府。

关注政府和社会资本合作：PPP 将有助于化解政府性债务

主持人：

对于政府部门来说，基础设施建设是很大一块财政支出，PPP 模式的引入将会缓解财政的压力，同时对化解政府的存量债务也将发挥重大的作用。

记者（本台记者　王楠　郝毅杰　报道）：

根据双方协议，池州每年财政预算中要安排 8000 万元左右的污水处理服务费和排水设施服务费，虽然这和政府自己进行建设管理每年要支出的 1300 万相比多了不少，但是财政局的负责人算了一笔细账。

池州市财政局副局长　莫助国：

首先我收回来六七个亿资金，（平均）一年四五千万是没有问题的，加上项目公司的税收和我们分红的资金应该在 1500 万左右。另外我们每年花的钱大约 1300 万就是正常支出，加这 5000 万再加上 1500 万仍然是大致覆盖的概念。

记者：

莫助国说在 PPP 模式下更关键的是盘活了存量资产，化解了政府债务。

池州市财政局副局长　莫助国：

这个资产本来在地下，但是现在把它卖掉了，我欠银行的钱也好，我的项目是贷款也好，我有资金可以马上还上了，我的债务化解了，就把你应当（一次）支付的资金通过未来很多年逐年来支付，缓解压力，相当于分期付款。

记者：

根据全国政府性债务审计结果，截至 2013 年 6 月底，地方政府负有偿还责任的债务 10.89 万亿元，虽然我国政府性债务的总负债率为 39.43%，低于国际通常的60%的参考值，但是由于在最近三五年间要集中偿付，对地方政府财政形成了较大的压力。

中国财政学会PPP专业委员会常务委员　金永祥：

PPP最大的一个好处就是新增的这部分资金需求能够解决了。减少了地方债务的增加，如果这三五年的债务我们能解决好，未来的事情基本上就解决了，所以控制住新增债务，把最近三五年的问题解决好，对缓解地方债务就会非常有利。

关注政府和社会资本合作：监管！将成PPP模式成败关键

主持人：

实际上PPP模式并不是一个新鲜事物，据不完全统计，在2002年以后我国就出现了大约七八千个这样的项目，但是没有统一的规范，也就造成了不少失败的案例。那么池州的这个示范项目如何来确保监管呢。

池州市财政局副局长　莫助国：

合资公司包括股权设置，我们池州政府方是20%，对方是80%。

池州市住建委主任　贾瑄：

政府不是为了在企业中逐利，它是为了在企业运营当中了解企业发生的一些安全生产及重大的应急响应，同时也对企业的日常运营有一个初步的了解，确保在企业运营遇到一些风险的时候，政府有一个及时的预案和一些监管。

记者：

除了通过混合所有制来加强监管，政府部门也制定了严格的考核程序，像如果井盖丢失，那么企业必须在六个小时之内换好，如果老百姓投诉监督的次数多了也会和考核挂钩。

池州市住建委主任　贾瑄：

一个季度有一个综合考核，考核分数出来，那服务费不是百分之百都能拿到，有扣分就会扣钱，这个钱我扣的是理直气壮，因为你没有达到标准，所以按照这样考核，企业就专心按照我们的标准去干他的活。

中国财政学会 PPP 专业委员会常务委员　金永祥：

示范最大的意义就是可复制，（池州）在项目的操作程序上、在文本上、在一些问题的解决方式上，都能够为其它地区提供一些借鉴。

记者：

金永祥是这次池州示范项目的首席顾问，他说对于今后国内将出现的更多的 PPP 项目来说，监管仍然是项目成败的关键，也挑战了政府的能力。

中国财政学会 PPP 专业委员会常务委员　金永祥：

在选择社会主体的过程中，会不会出现道德问题，谁来监管这个事情，这是一大挑战。社会资本是干嘛的？它是商业主体，一定是以盈利为目的的，怎么样能够监管到位，这又是一种挑战。所以对地方政府可能是一种脱胎换骨的变化，怎么样来提升地方政府的治理能力、运作 PPP 项目的能力、管控 PPP 的能力非常重要。

2.2　池州污水厂网打包项目入选国家首批 PPP 示范　“池州模式”呼之欲出

E20 环境平台　李晓佳　2014-12-11

目前，中央部委对 PPP 的法规建设工作在加速推进，作为推广 PPP 的两个重要部门，财政部和发改委分别发文力推 PPP，力度可谓空前。财政部公布的 30 个政府和社会资本合作模式（PPP）示范项目，总投资约达 1800 亿元，更调动了市场的积极性。有专家预测，2015 年将是 PPP 项目大量涌现的年头。

PPP 示范项目实施是推广运用规范 PPP 模式的重要抓手，旨在形成可复制、可推广的实施范例，形成一套有效促进 PPP 规范健康发展的制度体系。首批发布的 30 个示范项目，涉及供水、供暖、污水处理、体育等多个领域，池州市污水处理及市政排水设施政府购买服务项目入选为首批示范项目。据北京大岳咨询有限责任公司总经理金永祥透露，目前这一项目签约在即。

该项目将分两期实施，一期项目以主城区为试点，二期项目包括青阳、东至、石台三县及江南产业集中区。现阶段一期项目采用“厂网一体”运营模式，将污水处理厂和排水管网项目整合，正式开启“厂网打包”PPP 项目的“池州模式”。

项目按照“以市带县”方式，将市区及各县区项目整体打捆，包括污水处理厂、市政排水管网、泵站，总投资约 41.45 亿元。据了解，池州项目管网长度 750 公里，两个污水处理厂日处理污水 10 万吨，项目通过公开招标寻找社会资本合作方，有四家企业参与竞标，竞争充分，最终深圳水务中标该项目。

金永祥介绍，该项目中，污水处理厂的具体经营模式是 TOT，管网的模式是政府购买服务，特许经营期为 26 年。期满终止时，项目公司将设施的所有权、使用权无偿交还政府。政府每年支付污水处理服务费和排水设施服务费。

据介绍，池州市污水处理及市政排水设施政府购买服务项目是国内首个由财政部和住建部共同推出的示范项目。住建部积极推动市政管网领域发展 PPP 模式，得到了财政部经建司的支持。据报道，两部委发文关于市政建设 PPP 的指导意见也即将出台，在城市污水处理领域，厂网一体的 PPP 模式将在项目的新建、改扩建和运营中大力推广。此次两部委的大力推动，也为“池州模式”的稳定运营和推广提供了保障。

目前，该项目已确定获得安徽省 2950 万元补贴，据透露，其中有 700 万元的管网维护补贴，这部分补贴将每年都有。

由于投资规模巨大，公益性强，此前水务领域一般只把水厂单独拿出来做 PPP，厂网打包 PPP 项目非常少。安徽池州污水厂项目尝试“厂网打包”运营，能否开启 PPP“池州模式”令人期待。

2.3 明年项目融资规模达 1.5 万亿 PPP 扛旗民间 4 万亿

华夏时报 吴建华 2014-12-11

“纸上得来终觉浅，绝知此事要躬行。”这是 11 月 25 日，财政部金融司司长孙晓霞在第三期全国财政系统 PPP 培训班上引用的诗句。

《华夏时报》记者了解到，这次培训班的学员包括了地方财政负责 PPP 工作的处长、分管局长、科长、部分分管厅长，以及融资平台公司的财务负责人。孙晓霞直言，这次培训与前两期有所不同，重于实务，旨在帮助大家尽快进入 PPP 实践操作阶段。

十天之后，12 月 4 日，财政部、发改委同日发布 3 份 PPP 文件：财政部《政府和社会资本合作模式操作指南（试行）》（下称“操作指南”)、30 个 PPP 示范项目清单以及国家发改委《关于开展政府和社会资本合作的指导意见》(下称“指导意见”)，为 2015 年的 PPP 项目落地打响了发令枪。

多位 PPP 领域专业人士接受本报记者采访时表示，明年中国各地将掀起一番 PPP 的热潮。大量的基础设施和公用事业项目，将采用 PPP 模式尝试创新融资，引入社会资本。

中债资信公共机构首席分析师霍志辉预计，城市基础设施融资总需求额将近 10 万亿元，而根据城市基础设施投资额以及可以进行 PPP 模式融资的项目进行测算，明年全国 PPP 项目融资规模约 1.5 万亿元。

发令枪响

财政部 PPP 示范项目即将签出第一单。

12 月 8 日晚 8 点半，大岳咨询总经理金永祥临时建起一个微信群，兴奋地宣布：安徽池州污水厂网打包 PPP 项目即将于 12 月 10 日正式签约。10 日当天，记者获得消息显示，签约将推迟几天。

“该项目是财政部和住建部共同推出的示范项目，住建部希望推动市政管网领域发展 PPP 模式，得到了财政部经建司的支持。”金永祥说。大岳咨询是该项目的政府方顾问。

据金永祥透露，池州项目管网长度 750 公里，资产价值 5.9 亿元，两个污水处理厂日处理污水 10 万吨，作价 1.2 亿元，合计 7.1 亿元，通过公开招标寻找社会资本合作方，最终深圳水务以上述价格中标。“污水处理厂的具体经营模式是 TOT，管网的模式是政府购买服务——委托经营，特许经营期为 26 年”。

目前，该项目已确定获得安徽省 2950 万元补贴大礼包，其中有 700 万元管网维护补贴，这一礼包今后每年都有。

然而，据记者了解，由于投资规模巨大，公益性强，此前水务领域一般只把水厂单独拿出来做 PPP，厂网打包 PPP 项目非常少。安徽池州污水厂项目能否开启 PPP “池州模式”令人期待。

除了金永祥以外，本报记者近日联系多位 PPP 项目参与者，几乎不约而同地回复正在外地出差，洽谈项目。而为 PPP 项目打响发令枪的无疑要属财政部、国家发改委近日推出的具体操作性文件。

从 7 月份立项，前后经过近五个月数十稿修改，并在部内司局和地方财政部门多次征求意见之后，操作指南在 12 月 4 日正式下发。同日公布的还有财政部 30 个 PPP 示范项目清单，指导意见也在国家发改委官网挂出。

12 月 8 日，国家发改委投资司巡视员欧鸿指出，目前国家发改委正在会同有关部门，制定多个涉及 PPP 模式的细则。

济邦咨询董事总经理张燎 12 月 9 日对《华夏时报》记者表示，操作指南解决了前期发布的一些文件操作性不强，具体参与方不知道如何动手的问题；第一次对 PPP 项目进行了全方位的指导，而“示范项目清单则打响了 PPP 模式的发令枪，释放了信号弹”。

据张燎介绍，财政部首批 30 个 PPP 示范项目，包括 8 个新建项目、22 个存量转型项目，是从全国申报的近 70 个新建项目和 80 多个存量转型项目中通过初步筛选、专家评审、集体会商后确定的，保留下来的项目仅占申报量的 20%，“地方在申报之前还需经过省级政府筛选一遍”。

按照 10 月 30 日财政部 PPP 领导小组工作简报记录，财政部已会同相关部门、地方政府，按照价格调整机制相对灵活、市场化程度相对较高、投资规模相对较大、需求长期稳定等标准，征集适宜采用 PPP 的项目，各地上报 200 多个项目，总投资金额近 5000 亿元。

除了地方政府积极，记者近日在中国财政学会 PPP 专委会的沙龙上发现，券商、基金、资管、私募等行业人士对开展 PPP 融资业务积极性很高。“只要项目好、运作规范，根本不愁融资。”金永祥说。

投资新“钱途”

清华大学建设管理系教授王守清从事 PPP 相关研究长达 20 余年，他认为，2014 年是中国 PPP 模式开启的元年。

如果以新政的出台分量和数量而论，确实如此。据记者不完全统计，自 9 月 23 日财政部首个 PPP 文件——《关于推广运用政府和社会资本合作模式有关问题的通知》（财金 76 号文）下发以来，中央政府层面发布的直接涉及 PPP 内容的文件不少于 7 篇，包括国发 43 号文、45 号文、60 号文，财预 351 号文，以及发改投资 2724 号文，财金 112、113 号文。

其中，国务院的三个文件分别从地方政府性债务管理、预算管理制度改革、创新重点领域投融资机制三个不同角度强调了 PPP 模式的意义和定位。

而如果以具体项目落地而言，PPP 模式元年则要到 2015 年。“目前，我们的舆论宣传、理论培训、项目筛选工作，已经开展快一年了，PPP 政策框架也已基本成型，下一步就要‘真枪实弹’地干。”孙晓霞在培训班上称。

在张燎看来，明年肯定是 PPP 项目大量涌现的年头，因为地方政府的融资模式将发生很大变化，“国发 43 号文明确了地方政府融资的两个新方向，一个是 PPP，另一个就是自发自还的地方债。今年四季度已经出现首批 PPP 项目进入项目准备及采购等实施阶段的明显趋势，随着明年地方政府基建项目计划的制定，PPP 项目肯定会大量涌现”。

记者注意到，今年 8 月份以来，重庆、江苏、安徽、福建、青海等地先后发布了首批 PPP 试点项目计划，各省计划投资额都在千亿左右级别。

毋庸讳言，2015 年，中国经济下行压力仍然较大，各界预期正在召开的中央经济工作会议将调低明年经济增长目标。霍志辉预计，明年基础设施投资仍将是拉动经济增长的重要因素。在此背景下，PPP 所能拉动的基建投资被寄予厚望。

10 月 26 日，李克强总理在相关文件上批示，“财政部要会同相关方面继续在营造环境、规范管理、增进信心上下功夫，助推更多项目落地，实现稳增长、调结构、惠民生和企业发展的多赢”。

霍志辉为记者算了笔账：“2015 年城镇基础设施（扣除电力、铁路等）和保障房建设投资需求约分别为 8.60 万亿元和 1.00 万亿元，扣除资本金后，新增融资需求 5.70 万亿元，再加上 2015 年全国政府融资平台到期债务规模约为 4.20 万亿元，整体上预计 2015 年城市基础设施融资总需求额将约为 9.90 万亿元。”

“我们预计地方政府债券发行规模 8000 亿元左右，剩余资金缺口仍很大，虽然 PPP 模式融资规模将大幅增长，但仍很难完全满足基础设施投融资需求。”霍志辉说。

地方跟进难度大

政策东风虽然已经具备，项目落地仍有不确定因素。

虽然财政部、各地政府也组织了大量培训，但地方财政部门，尤其是基层并没有类似的项目管理经验。一位直辖市财政局 PPP 相关人士对本报记者坦言，目前该市尚未制定明年的 PPP 项目计划，“我们觉得还是很复杂，需要想清楚了再推进”。

在 PPP 工作全国领先的江苏，这次财政部 30 个示范项目独获 9 个。一位接近省财政厅的人士对记者表示，PPP 的方向是对的，但仍需要更高层面的法律对 PPP 的规则、参与各方的权利义务加以明确，目前的文件层级较低，难以打消社会资本疑虑，“个人感觉，目前社会资本对参与 PPP 还不是很活跃，很多还在观望”。

据了解，目前财政部、发改委主导的特许经营立法工作仍处于前期阶段，短期难以推出。

“作为起步阶段，部委、地方政府为 PPP 提供一些支持政策‘扶上马’是可以的，但长期来看，还得靠 PPP 模式自身的生命力和可持续性。”上述江苏省人士表示，“PPP 模式本身也是调节政府与市场关系的一种方式，如果政府政策倾斜太大，可能有违 PPP 初衷”。

据金永祥透露，财政部发布 30 个示范项目时并未明确具体的支持政策，可能采取一事一议。

此外 PPP 主管部门之间的协调似乎也存疑云。对于 12 月 4 日财政部和发改委同一天颁布针对 PPP 的操作指南和指导意见，张燎认为，一方面相关部委竞相落实三中全会决议和国务院领导指示，部委之间有一定程度的竞争也是好事；另一方面证实了市场此前的一种担忧，即如果缺乏协调，不同部委发出的声音难免有乱调、重音现象，可能让地方政府无所适从，亟待政府高层协调。

事实上，社会资本参与 PPP 的合理回报率确定目前仍是难题，回报太低社会资本不愿参与，回报太高可能损害公众利益，政府方无法接受。

多位专家认为，PPP 项目周期动辄二三十年，回报与风险之间的对应关系很难事前完全确定，必须有良好的调整机制，更重要的是引入充分竞争，让市场而非主管领导给社会资本制定合理回报。

中国投资协会会长张汉亚对本报记者表示，政府与社会资本合作，跟国有企业混合所有制改革存在相似的困境，民间资本能不能在合作中取得主导权是问题的关键，如果只是跟着跑龙套，民间资本的积极性不会很高。

PPP 是指政府公共部门与民营部门合作过程中，让非公共部门所掌握的资源参与提供公共产品和服务，从而实现政府公共部门的职能并同时也为民营部门带来利益。其管理模式包含与此相符的诸多具体形式。通过这种合作和管理过程，可以在不排除并适当满足私人部门的投资营利目标的同时，为社会更有效率地提供公共产品和服务，使有限的资源发挥更大的作用。

2.4　PPP 模式将撬动万亿社会资本　下个“吃螃蟹”是谁？

中国环保在线　2014-12-12

两部委一天发三文

自十八大以来，PPP 模式在各行各业异军突起。2013 年年末，财政部部长楼继伟明确提出：推广 PPP 模式是适应国家治理现代化要求、适应市场起决定性作用要求、适应加快转变政府职能要求、适应建立现代财政制度要求和适应推动城镇化健康发展要求的一项重大改革举措。作为中国新一轮城镇化建设中的重大改革举措，PPP 近来在我国得到了极大关注。

12 月 4 日，财政部、发改委同日发布三份 PPP 文件：财政部《政府和社会资本合作模式操作指南（试行）》（下称“操作指南”）、30 个 PPP 示范项目清单以及国家发改委《关于开展政府和社会资本合作的指导意见》（下称“指导意见”），为 2015 年的 PPP 项目落地打响了发令枪。多位 PPP 领域专业人士表示，明年中国各地将掀起一番 PPP 的热潮。大量的基础设施和公用事业项目，将采用 PPP 模式尝试创新融资，引入社会资本。

近年来，随着经济下行压力的逐渐加大，以政府主导的环保产业似乎阻力不断，在经过之前一系列的改革和试水之后发现，传统改革模式在环保产业并没有能够充分得到完善，而如今在政策不断利好的大环境下，环保 PPP 模式也“登堂入室”，成为行业焦点。

PPP 模式将撬动万亿社会资本

北京大学光华管理学院客座教授王玲燕认为，PPP 适合价格调整机制相对灵活、市场化程度相对较高、投资规模相对较大、需求长期稳定的项目，反映到具体项目范围，则主要包括城市供水、供暖、供气，轨道交通、污水处理和垃圾处理地下综合管廊、保障性安居工程、医疗和养老服务设施等行业项目，这些项目除了商业模式清晰，且收费定价机制透明，有稳定的现金流。

随着政策逐渐明晰，国内机构纷纷展开对这一模式的探索。在前日的华中首届 PPP 发展论坛上，中建三局相关负责人表示，正积极探索 PPP 模式。而中信银行也表示，正在全国开展 PPP 模式试点工作，服务内容涵盖 PPP 项目的咨询、设计、融资，以及项目的实施、运营、维护等。

中债资信公共机构首席分析师霍志辉预计，城市基础设施融资总需求额将近10 万亿元，而根据城市基础设施投资额以及可以进行 PPP 模式融资的项目进行测算，明年全国 PPP 项目融资规模约 1.5 万亿元。据银河证券的报告预计，PPP 模式将会带动万亿社会资本，预计未来 10 年我国 PPP 项目有望达到 10 万亿元规模。

PPP 项目签出第一单

12 月 8 日晚 8 点半，大岳咨询总经理金永祥临时建起一个微信群，兴奋地宣布：安徽池州污水厂网打包 PPP 项目即将于 12 月 10 日正式签约。10 日当天，有消息显示，签约将推迟几天。

“该项目是财政部和住建部共同推出的示范项目，住建部希望推动市政管网领域发展 PPP 模式，得到了财政部经建司的支持。”金永祥说。大岳咨询是该项目的政府方顾问。

据金永祥透露，池州项目管网长度 750 公里，资产价值 5.9 亿元，两个污水处理厂日处理污水 10 万吨，作价 1.2 亿元，合计 7.1 亿元，通过公开招标寻找社会资本合作方，最终深圳水务以上述价格中标，“污水处理厂的具体经营模式是 TOT，管网的模式是政府购买服务——委托经营，特许经营期为 26 年”。

目前，该项目已确定获得安徽省2950万元补贴大礼包，其中有700万元管网维护补贴，这一礼包今后每年都有。

然而，据了解，由于投资规模巨大，公益性强，此前水务领域一般只把水厂单独拿出来做PPP，厂网打包PPP项目非常少。安徽池州污水厂项目能否开启PPP“池州模式”令人期待。

环保PPP，下一个“吃螃蟹”的是谁?

机会永远属于第一个吃螃蟹的人，这一点在经营企业上面尤为重要。在政府大力推行新政、新标，同时更多为企业服务的背景下，环保PPP对于环保企业来讲无异于产业内的新生事物。

随着在以北京地铁4号线、上海竹园污水处理厂为代表的几个典型PPP项目成功的案例的实现，以及日前安徽池州污水厂网即将签订的PPP示范项目，专家认为，环保PPP模式或将成为未来环保领域内一种趋势，环保企业在进行观望的同时不妨尝试去做“第一个”吃螃蟹的人。而面对环保行业政策红利不断，多家机构普遍认为，明年环保行业有望在“十二五”的收官之年扭转颓势，从而成为撬动未来环保产业巨大潜力和资本市场的杠杆。

2.5 首个PPP项目签约 混合所有制成亮点

中国经营报 杜丽娟 2014-12-13

30个项目，1800亿元投资规模。近日，财政部首次推出了PPP（Public-Private-Partnership，政府和社会资本合作模式）示范项目的类别和规模。

在财政部印发的《财政部关于政府和社会资本合作示范项目实施有关问题的通知》（以下简称《通知》）文件中，30个项目包括天津新能源汽车公共充电设施网络等示范点，内容涉及供水、供暖、污水处理、垃圾处理等多个领域。

而财政部公布文件不到10天，PPP就迎来了第一个落地项目的签约。据

《中国经营报》记者独家获悉，12 月 12 日当周由住建部和财政部共同主导的首个 PPP 项目将进入签约阶段，这个被称为“池州模式”的安徽池州污水处理项目，以混合所有制管理模式，充分发挥了市场竞争的因素，实现社会资本和政府补贴的有效结合。

北京大岳咨询有限公司总经理金永祥认为，在公布的 30 个项目中，“池州模式”或成为今年唯一一个签约项目，此外，池州项目在解决社会资本进入门槛以及融资难等问题上，都有很好的先行经验，这或将成为其他 29 个项目可参考的一个模板，也足见政府对于推进 PPP 的决心和重视程度。

试点先行

“不同于其他的 PPP 项目，池州项目公司中采取中标单位持股 80%，池州自来水公司持股 20% 的形式，组成混合所有制公司，调动了政府的积极性，这是项目的一大特点。”金永祥坦言。

作为住建部推荐的项目顾问，金永祥和他的团队，从今年 5 月份开始介入池州污水处理项目，主要负责为池州市政府提供方案制定、文件编写、标书起草等方面的咨询工作。目前，安徽省已经为该项目提供了 2950 万元的财政资金支持，在 26 年的特许期内，政府将每年提供 700 万元的资金支持。

安徽省财政厅金融处相关人士表示，列入财政部示范的项目，不仅可获得财政部及下属 PPP 中心提供的业务指导和政策支持，还能增强社会资本的投资信心，吸引更多的优质社会资本参与项目建设。

根据党的十八届三中全会《中共中央关于全面深化改革若干重大问题的决定》重要举措分工方案，财政部是落实“允许社会资本通过特许经营等方式参与城市基础设施投资和运营”改革举措的第一责任部门。

按照党中央、国务院的统一部署，财政部在基础设施及公共服务领域大力推广运用 PPP 模式，从制度建设、机构能力、政策扶持、项目示范等方面开展了一系列工作。

今年5月份，财政部经建司和住建部城建司共同起草PPP指导意见，草案经过多个部门审议后，因受到现行机制以及金融难题等方面的制约，最终并未出台。

对此，一位接近住建部的人士坦言，虽然两个部门在指导意见上没有出台统一性的文件，但是却在实践中找到了新的示范项目。“在起草指导意见的同时，住建部和财政部还同时对池州污水处理做了调研。如今看来，两部委更多是想通过试点项目来发现问题，从而为PPP指导意见的出台提供更多的实践经验。”

记者了解到，此次财政部公布的30个示范项目是经过两轮审查后的结果。第一次是从66个项目中选出20个项目，随后这20个项目又和90多个新项目一起进行第二轮的审查，最后从110多个项目中，选出30个项目作为此次示范项目。

参与了第二轮审查工作后，金永祥感叹，PPP逐渐规范化后，需要对项目的审查有一个专门机构。“这既是对这些项目负责，也是未来PPP能否做好的关键。”

在此背景下，12月3日，财政部政府和社会资本合作中心（以下简称“PPP中心”）正式获批，主要承担PPP工作的政策研究、咨询培训、信息统计和国际交流等职责。

模式市场化

混合所有制模式成为社会资本对“池州模式”青睐的另一个原因。

“目前要求对这个项目提供贷款的金融机构已经在排队了，这是以前PPP项目中不曾出现的场面，主要还是这个项目市场化程度比较高，实现了充分竞争的因素。”池州当地一位不愿具名的政府工作人员表示。

金永祥认为，池州模式之所以出现社会资本踊跃投资的现象，更多还是其完善的体制。“首先这个项目是财政部和住建部唯一一个合作项目，剩下的29个项目都是财政部为主，其次就是政府持股20%，对管网服务进行购买，最后就是做到了公开招标，参与企业充分竞争。”

数据显示，目前全国有 8000 多个 PPP 项目，其中公开招标的项目占比 10%，多数项目仍然没有公开招标。在此背景下，池州项目的公开招标加速了其项目的市场化程度。本报记者了解到，在此次池州项目的招标过程中，参加竞标的公司主要有四家，分别是北京排水集团、深圳水务集团、北京首创股份有限公司和安徽国祯集团股份有限公司。在经过多轮举牌后，最终深圳水务集团成功中标。

不仅如此，作为住建部在全国推行的首个管网项目，池州项目从上到下都引起了各部门的重视。

上述接近住建部人士说，在出售招标文件前，住建部副部长陈大卫曾亲自率队到池州进行调研，并听取了项目前期的工作汇报。开标后，池州市主管副市长还专门向住建部部长陈政高做了项目汇报。此后，项目得到了财政部经济建设司的支持。在两部委共同努力下，池州项目成为了第一个吃螃蟹的示范项目。

对此，北京某融资平台公司项目经理陈方认为，如果 PPP 项目依然完全是由政府主导，对民营资本和外资来说，仍然无法参与竞争。但是在开启混合所有制模式以后，社会资本可以参与进更多的市场中。“对金融机构或者社会资本来说，这种模式既能保证稳定的收益，又有政府做担保，实现了收益和风险最低化，真正打破了社会资本进入难的问题。”

有消息显示，在财政部公布的 30 个 PPP 示范项目名单中，中信银行提供融资的贵阳市南明河综合治理项目二期成功入围。中信银行也成为首家为财政部 PPP 模式示范项目提供融资的商业银行。

金永祥认为，健全的 PPP 项目并不存在融资难的问题，关键还是看其是否按照 PPP 模式做设计。“预计 2015 年将是 PPP 发展的重头戏，目前很难预测这 30 个项目的示范效果，主要还是看其实施细则。”

2.6 财政部 PPP 示范项目首次签约　主推混合所有制模式

每日经济新闻　金微　2014-12-17

近日，财政部推出的 30 个 PPP（政府和社会资本合作模式）示范项目迎来首次签约，安徽池州污水 PPP 项目成为第一个签约的示范项目。

据记者了解，12 月 12 日，由住建部和财政部共同主导的首个 PPP 项目已正式签约，这个称为“池州模式”的安徽池州污水处理项目中，中标的社会资本持股 80%，池州自来水公司持股 20%，采用混合所有制管理形式实现社会资本和政府补贴的有效结合。

不同于其他多数项目由财政部主推，这个项目是由财政部与住建部共同主导。接近住建部的人士透露，在出售招标文件前，住建部副部长陈大卫曾亲自率队到池州进行调研，并听取了项目前期的工作汇报。开标后，池州市主管副市长还专门向住建部部长陈政高做了项目汇报。项目同时得到了财政部经济建设司的支持。

上述人士表示，住建部推此项目主要是基于现实考虑，过去 10 年的城市化地上发展很快、很光鲜但地下欠账太多，传统融资模式无法用于地下设施建设，PPP 模式则提供了工具。

据悉，项目按照“以市带县”方式，将市区及各县区项目整体打捆，包括污水处理厂、市政排水管网、泵站，总投资约 41.45 亿元。由于投资规模巨大、公益性强，此前水务领域一般只把水厂单独拿出来做 PPP，厂网打包 PPP 项目非常少。安徽池州污水厂项目的成功运作也开启了 PPP 的“池州模式”。

污水处理厂的具体经营模式是 TOT（移交—经营—移交），管网模式是政府购买服务，特许经营期为 26 年，期满终止时，项目公司将设施所有权、使用权无偿交给政府，政府每年支付污水处理服务费和排水设施服务费。同时，安徽省已经为该项目提供了 2950 万元的财政资金支持，在 26 年的特许期内，政府将每年提供 700 万元的资金支持。

北京大岳咨询有限公司总经理金永祥和他的团队从 2014 年 5 月份开始介入池州污水处理项目。据金永祥介绍，这等于池州管网以后全归企业，特许经营期是 26 年，这 26 年如果需要扩建都是企业的事，但政府需要审查，企业按合同协议办事。池州项目在解决社会资本进入门槛以及融资难等问题上，都有很好的先行经验，这成为其他 29 个项目可参考的一个模板。

这个项目最大的亮点在于社会资本与政府的合作。金永祥说："不同于其他的 PPP 项目，池州项目公司中采取中标单位持股 80%，池州自来水公司持股 20% 的形式，组成混合所有制公司，调动了政府的积极性，这是项目的一大特点。"

据当地政府人士介绍，在"池州模式"出来后，社会资本对其格外青睐，不少金融机构争相对其贷款。据了解，这些贷款主要用于政府 20% 的出资项目以及后续项目上。

安徽池州住建部门人士向记者表示，"池州模式"的推进，不仅在于政府吸引社会资本进入公共建设领域，更重要的是促进政府职能的转型。

2.7 PPP 助力盘活万亿水务市场　成功经验可复制

中国证券报　王颖春　2014-12-29

PPP 项目将迎来大发展期。在水务领域，上万亿元水务资产有望被置换出来，部分项目将通过各种渠道进入二级市场，直接 IPO 或成为上市公司的并购对象，从而给水务领域带来可观的投资机会。

成功经验可复制

业内人士表示，目前地方政府和地方国企拥有大量水务资产，总规模上万亿元。桑德国际副总经理董智明认为，地方政府的考核标准调整后，原来政府主导的项目将推向市场，吸收社会资本，给桑德这样的企业带来了机遇。

个别上市公司已采取行动。巴安水务22日发布公告称，将联合贵州水投水务有限责任公司、贵州水业产业投资基金组建贵州水务股份有限公司。贵州水投控股股东是贵州省水利集团，实际控制人是贵州省水利厅，承担贵州省城市水务经营以及城镇污水处理设施的投资、建设、运营。在此次合作中，贵州水投作为水务资产输出方，以23个水务资产进行注入，同时联合项目资金主要输出方贵州水业产业投资基金、技术工程经验输出方巴安水务组建贵州水务股份有限公司，三者的股权比例分别为51%、39%、10%。

业内人士认为，传统的水务工程领域投资模式主要由政府主导，但随着政府债务压力增大，政府主动寻求社会资本进入。BT、BOT等企业垫资模式成为市政领域的主要解决方案，企业资金实力成为制约工程类企业发展速度的核心因素。

除贵州水务的模式外，另一个值得关注的是池州模式。PPP领域资深专家，大岳咨询总经理金永祥介绍，污水处理厂地下管网一直是短板，池州模式可资借鉴。池州率先将城市污水管网实行市场化特许经营。污水管网实行政府购买服务模式，新增管网和旧网改造均采取此模式。项目公司（SPV）实行混合所有制，社会资本持股比例达80%，政府指定机构持股20%；项目公开招标，四家投标人参加竞标，实现充分竞争。项目采用项目融资，不要担保，融资成本上相对较低。未来这一模式如果被复制，将使更多存量优质水务资产进入市场。

PPP不应是过渡形态

董智明认为，PPP不应是一种过渡形态。

在许多人看来，PPP模式应担负城镇化融资和化解政府性债务风险的重任，实质上，PPP模式更应侧重经济发展模式，而不仅是融资功能。PPP模式的重点投资对象是具有一定收益的公用事业，这使地方政府未来举债发展的重点是没有收益的公用事业。因而，PPP模式可以实现政府资源与社会资本的合作分工。

金永祥认为，狭义的PPP应具备两个基本特点：要有运营，目的是为了提高效率；政府要通过持股来进行监管。董智明认为，PPP模式在合资合营方面要有突破。在PPP模式下，政府与民营企业双方的地位是不平等的，政府需要依法执政、科学执政。

合资之后面临的问题是企业和政府的分工。中央多个部门近期发布的文件提出，社会资本要更多地在项目建设、运营方面承担责任，政府则应在政策法规方面承担责任。董智明认为，合资涉及利益再分配，项目的价格形成、收费方式等的协商难度不小。

2.8 国家首个PPP试点元旦“开张”

中国经济导报　赵超霖　2014-12-31

日前，安徽省池州市主城区污水处理及市政排水设施购买服务项目正式签订资产转让协议和特许经营协议。这一项目是财政部在2014年12月4日公布的30个国家PPP（公私合作伙伴关系）试点中第一个签约的项目，将于2015年1月1日起正式运营。

作为住建部推荐的项目顾问，北京大岳咨询有限公司总经理金永祥和他的团队，从2014年5月份开始介入，对于池州项目有着充分的了解。他对中国经济导报记者说，“池州项目在解决社会资本进入门槛以及融资难等问题上，都有很好的先行经验，被称为‘池州模式’，这或将成为其他29个项目可参考的一个模板”。

而具体来看，“池州模式”的特点主要体现在以下几个方面：

政府重视

金永祥指出，与其他大多数试点项目不同，池州项目是由财政部与住建部共同主导。因此，在出售招标文件前，住建部副部长陈大卫就曾亲自率队到池州进行调研，并听取了项目前期的工作汇报。开标后，池州市主管副市长还专门向住建部部长陈政高做了项目汇报。此外，安徽省作为国家发展改革委的试点省，因此项目也得到了国家发展改革委的重视。

安徽省和池州市对项目的推动同样基于高度重视。截至目前，安徽省已经为该项目提供了2950万元的财政资金支持，而在今后，政府将每年提供700万元的资金支持。

“厂网一体”市场化运营

池州项目是按照“以市带县”方式，将市区及各县区项目整体打捆，包括污水处理厂、市政排水管网、泵站等，通过“厂网一体”实现排水管理行政权力归集和运营主体合一。该项目总投资7.12亿元，将池州市目前两座污水处理厂污水、雨水750公里排水管网、7座污水泵站打包作为一个整体，授予项目投资公司特许经营权。

金永祥指出，由于投资规模巨大、公益性强，以往在水务领域一般只把水厂单独拿出来做PPP，厂网打包PPP项目非常少。而安徽池州污水厂项目的成功运作可谓探索了一条新路。

政府购买服务

池州污水处理厂的具体经营模式是TOT（移交—经营—移交），管网模式是政府购买服务，特许经营期为26年。在此期间，投资公司负责运营维护污水处理及排水设施和建设新项目，期满终止时，将设施无偿交还给市政府。而池州市政府每年以支付污水处理服务费和排水设施服务费的方式，购买市政公用设施运营维护管理服务。

金永祥表示，这样的运作方式意味着池州管网以后将全归企业负责，在特许经营期内如果需要扩建都是企业的事，但政府需要审查，企业则按合同协议办事。

项目公司（SPV）实行混合所有制

根据协议，池州项目由池州市水业投资有限公司与深圳市水务（集团）有限公司共同投资成立的池州市排水有限公司全程运作。

金永祥分析指出，“不同于其他的PPP项目，池州项目中采取中标单位持股80%，池州自来水公司持股20%的形式，组成混合所有制公司，来实现社会资本和政府补贴的有效结合。这样的做法，既充分体现了社会资本与政府的合作，也调动了社会资本与政府的积极性，堪称该项目的一大亮点”。

据了解，在池州项目出台之后，社会资本对其格外青睐，不少金融机构争相对其贷款。而这些贷款主要用于政府20%的出资项目以及后续项目上。

公开招标，实现市场化竞争

金永祥指出，有数据显示，目前全国有8000多个PPP项目，而其中公开招标的项目占比仅为10%左右。在此背景下，池州项目采取公开招标加速了其项目的市场化程度。

他介绍说，在此次池州项目的招标过程中，参加竞标的公司主要有四家，分别是北京排水集团、深圳水务集团、北京首创股份有限公司和安徽国祯集团股份有限公司。在经过多轮举牌后，最终深圳水务集团成功中标。

“PPP模式”启动后，池州市盘活了多年存量资产，减轻了政府的债务负担，并通过专业公司做专业服务、政府出资购买服务的方式，把过去政府相关部门“既当裁判员，又当运动员”的状况，转变为“不当运动员，只当裁判员”，从而使政府部门腾出时间和精力，专注于做好监管和督查，进一步提升建设、运营效益。

2.9 第一个PPP示范项目（池州污水处理项目）值得关注

上海商报　2014-12-31

目前池州的污水处理项目，若干年后是否会涨价收费。随着工缴成本和通胀，污水处理价不是不能涨，然而如何防止资本在垄断项目中过分追逐利润的本能，也是PPP示范项目在实践中需要注意的。

财政部推出的30个PPP（政府和社会资本合作）项目中的第一个签约项目，也是唯一同时被财政部和住建部列入试点的污水处理类PPP项目——安徽池州市主城区污水处理及市政排水设施购买服务在今年结束前的三天，正式签订资产转让协议和特许经营协议。

今年APEC财长会议曾发出联合声明，各国基础设施建设要更多地采用PPP模式。今年10月，李克强总理主持国务院常务会议提出，要大力创新融资方式，积极推广政府与社会资本合作（PPP）模式，使社会投资和政府投资相辅相成。本月初，财政部印发《关于政府和社会资本合作示范项目实施有关问题的通知》，公布了总投资规模1800亿的30个PPP示范项目。可见中国政府推进PPP模式的急迫心情。

中国经济下行压力严重，虽然尽量在控制加大政府投资量，但是不加大相当的投资量，经济发展速度下降到我们可以忍受程度以下的可能始终存在；不过，过大的政府投资量可能造成的后遗症在上一次应对国际金融危机的“4万亿救市计划”中，也已经领教过。解决这个两难问题，最好的办法就是吸引社会资本尤其是民营资本到基础设施建设项目中来，也就是实行PPP模式。

吸收社会资本参加基础设施建设，不仅可以减少政府投资数量，而且可以大大提高基础设施建设投资利用的质量。多年来，有些政府投资的大型基础设施建设项目，在社会效益不高的前提下，其经济效益也很低，有些甚至没有效益。这在社会资本尤其是民营资本看来是不可想象的。相比之下，社会资本尤其是民营资本，市场敏感性很强，很少做无用功。因此，一般说来，以PPP模式投资建设的基础设施项目大多不但对拉动当下的经济发展有助推作用，且有相当的投资回报率。

然而时至今日，中国向社会资本、民营资本开放的国有项目甚至国有垄断项目，社会资本、民营资本似乎对此不大热心，包括这次财政部 30 个 PPP 示范项目中的第一个——安徽池州污水处理项目，社会对其关注度仍不太热烈。

至今为止，中国向社会资本、民营资本开放的国有项目，几乎只有两种情况。一种是该项目已是夕阳产业，吸收社会资本、民营资本进来，明显有借外来资本救自己之嫌；另一种是国有资本在项目中占绝对控股地位，外来的社会资本、民营资本很少有发言权——纯粹是出钱“陪太子读书”。社会资本、民营资本对此敬谢不敏是完全可以理解的。

但是，这次安徽池州的污水处理 PPP 项目，它是一项自然垄断项目，预期的利润是有保障的，更重要的是，该项目的社会资本中标者——深圳水务集团占该项目股份的 80%，而池州自来水公司仅持股 20%。因此，财政部第一个 PPP 项目理应受到社会资本、民营资本以及全社会的更多关注。这个项目完全是有可能成功吸引社会资本的典型，可以开创 PPP 项目的大规模展开，可以吸引更多的社会资本、民营资本投资基础设施建设和其他国有项目中去。

当然，吸引民营资本到基础设施建设项目尤其是一些自然垄断项目中来，不是没有问题的。民营资本固然市场敏感度很强，但其急功近利的秉性有时也够令人头疼。高速公路本是有利于整个国民经济于长远的，方便人们出行和有利降低物流成本的。可是，民资投资建设的高速公路往往急于在短期内收回成本，多赚利润，不仅收费高且时间长。这就有违当初基础设施建设的初衷了。

目前池州的污水处理项目，若干年后是否会涨价收费。随着工缴成本和通胀，污水处理价不是不能涨，然而如何防止资本在垄断项目中过分追逐利润的本能，也是 PPP 示范项目在实践中需要注意的。

这一切，都使我们有理由更多地关注财政部第一个 PPP 示范项目。

2.10 政府和社会资本合作 PPP项目要防止“新瓶装老酒”

经济日报 崔文苑 2015-01-07

2015年1月1日，安徽省池州市主城区污水处理及市政排水设施购买服务正式运行。这是财政部在2014年底推出的30个PPP（政府和社会资本合作）项目中的首个签约项目，同时也是被财政部和住建部共同列入试点的PPP项目。PPP项目2015年将如何推动？会不会出现“一哄而上”现象？如何避免PPP成为新的“融资平台”？就此《经济日报》记者采访了财税专家和业内人士。

直面短板把好事办好

如果说2014年是我国PPP模式的探路之年，那么2015年将成为各级政府和社会资本合作的元年。2014年12月财政部对外公布了总投资规模约1800亿元的30个政府和社会资本合作（PPP）示范项目，涉及供水、供暖、污水处理、新能源汽车等多个领域。从地方来看，各省份纷纷推出大规模发展PPP项目计划。比如，安徽发布42个PPP项目，总投资710亿元；福建公布28个试点项目，总投资1478亿元；青海第一批80个项目，总投资1025亿元。

专家表示，大力发展PPP模式是各级政府缓解财政不可持续压力的一种途径。在“土地财政”难持续的背景下，地方政府将主要依靠两个渠道获取融资：发债和发展PPP模式。前者存在规模上的限制，后者则有较大的发展空间。

如何将PPP“好事”办好？从之前的探索来看，失败的原因主要包括：开发成本过高、项目准备不够充分。因此，如何解决这两方面的问题成为推进PPP模式发展的首要任务。

首先，需要政府做好PPP项目“物有所值”的判断，财政可承受能力的评估。“有些项目根本与 PPP 不沾边，主要是出于融资考虑都被拉上马。筛选尺度太松散，会导致后期项目落实有困难。”一位业内人士告诉记者。

其次，各级政府应该更多地做好项目引导规划。“从项目设计、招标、签合同到监管等各个环节，政府部门不仅要考虑如何将政策融入规划中发挥指引作用，还需要考虑如何提高每个环节的公开透明度。”上海市财政局有关人士表示。

防止“新瓶装老酒”

中央财经大学财经研究院院长王雍君表示，目前财政部力推 PPP 模式，既有化解地方债风险的考虑，也有筹措基础设施建设资金的需求。比如，在 PPP 模式中可以将政府债务转化为企业债，有助于化解存量债务；再比如，在 PPP 项目中，政府资金撬动社会资本，用于建设高速公路、机场等项目，有持续的经营性收益，不仅可盘活政府资产，还能促进民生工程建设。

数据显示，为了化解地方融资平台债务风险，财政部披露的首批 30 个 PPP 示范项目中，地方融资平台存量项目占到 22 个。不过也有专家提醒，虽然 PPP 模式具有促进政府治理等功能，但是大部分还是用于融资，因此避免 PPP 模式成为新的地方融资平台至关重要。对此，财政部发文明确规定，禁止地方政府所属融资平台公司及其他控股的国有企业参与 PPP 项目，以防止 PPP 成为地方政府新的隐性债务通道。

“规范”是首要任务

2015 年，PPP 模式将在我国全面铺开。其成长之路注定要迈过几道槛。

在规范性和透明度上达标被认为是首要任务。我国现有的 PPP 项目大多从项目筛选到后期执行，都由地方政府负责，流程不合理、合同不规范、纠纷难以调解等问题时有发生。财政部统一发布操作指南后，项目的征集、备案、技术支持等都有了统一的标准，将有助于提高 PPP 项目推进效率。大岳基础设施研究院院长金永祥认为，做好 PPP 项目的重点要放在规范运作上，“这要有一整套涉及权责论证、收益风险共担及激励监管的制度设计体系”。

他说。

收益风险也是PPP模式要突破的难点。财政部财政科学研究所金融室副主任马洪范表示，大力推行城镇化PPP模式面临诸多考验，其中就包括如何达到利益共享、风险分担目标，坚持公共利益最大化原则，形成有效激励约束机制，确保PPP项目社会效益和经济效益都有所提高；同时形成科学的定价机制，实现项目利益分配“盈利但不暴利”。此外，消除PPP模式的法律、政策层面的障碍，设立专职管理机构，也将是较为漫长但不可或缺的一项工作。

与此同时，跨部门协调管理也同等重要。PPP模式项目监管仍采取多头管理的模式，监管成本大、协调性差，同时也未明确监管层级。“未来PPP模式在我国有很大的发展空间，成立一个跨部门协调管理机构非常必要，这样可以把管理集中起来，提高PPP执行效率，也可以结束目前的多头并管现象。”王雍君指出。

2.11　污水PPP“池州模式”的五个特点

金永祥　财新博客

我们说池州污水PPP项目是一种“模式”，最主要的原因来自住建部。住建部一直在推污水管网特许经营和污水厂与污水管网打包市场化，这次在池州项目终于取得了突破。在池州项目向投标人出售招标文件之前，住建部陈大卫副部长亲临池州听取项目前期工作的汇报，对前期工作表示满意，城建司陆克华司长和章林伟副司长随行。

项目评标结束后，应住建部要求，池州负责污水项目的副市长向陈政高部长做了专题单独汇报。在项目进行过程中，陆克华司长和章林伟副司长分别向大岳咨询公司的顾问团队了解进展情况，并对具体工作提出指导意见。毫无疑问，“池州模式”将对全国市政污水管网及污水厂的改革起到示范作用，将对体制构建产生深远影响。

总结起来，“池州模式”有以下五个特点：

1. 住建部和财政部两个中央部门的示范项目，是财政部 30 个试点之一，安徽省是国家发改委的试点省，因此池州项目也得到了国家发改委的重视。

2. 城市污水管网第一次实行市场化特许经营，管网和污水厂打包实行市场化特许经营也是第一次。这是住建部城建司主推的模式。

3. 污水管网实行政府购买服务模式，新增管网和旧网改造也实行同样模式。

4. 项目公司（SPV）实行混合所有制，社会资本占 80%，政府指定机构持股 20%。

5. 公开招标的方式有四家投标人参加竞标，分别是北京排水集团、深圳水务、首创和安徽国祯，竞争激烈，实现了充分竞争。

由于池州项目推进顺利，又是财政部公布示范项目名单后第一个签约的项目，安徽省住建厅已经向池州提供了资金补助，包括前期费用补助。

3 北京地铁4号线PPP项目报道

3 北京地铁4号线PPP项目报道

3.1 北京地铁4号线PPP项目点评

——金永祥总经理在中国PPP沙龙第一期上的发言

我是地铁4号线项目的顾问，为了这个项目做了三年半的工作，所以谈不上点评，像后评估工作一样，我们应该是被点评。刚才听了易总的介绍，听了孟部长和王教授的点评，我觉得受益匪浅。

借这个机会，我补充几句，把这个故事讲得稍微完整一点。因为这个项目经历了太多的事情，想完整的知道整个故事，不是很容易的事情。本来今天京投公司郝总要来，但是他有事没有来成，如果他来了可能会更精彩。

第一，地铁4号线PPP项目的成功和出现是一件非常偶然的事件，这里面有一次很重要的转机。刚才易总讲到了从2002年到2005年草签，到2006年签署，有四年的时间。我们从2002年底介入到2004年开始谈判，整整有两年的时间，这两年时间里这个项目几次的死掉，又几次的活过来，真的不容易。一个成功的项目，都要经历非常多的艰难。京投公司原来叫北京地铁集团公司，集团公司下面有地铁建设公司和地铁运营公司。我们介入这个项目的时候，负责这个项目的是集团公司班子里排在最后的一位领导，叫王灏，他来做这件事情，主要领导都在管地铁的建设和地铁的运营。直到今天，我们国内的地铁行业并不是特别地支持地铁的市场化，因素可能比较多，大家在圈内的可能也知道。

地铁 4 号线在初期的时候进展得并不是很顺利，这个项目没有得到地铁集团的支持。转机出现在北京市进行了一次地铁体制改革，将北京地铁建设公司和运营公司，从地铁集团里面分离出来，从子公司变成了兄弟公司，一家公司变成了三家公司。在改制过程当中，主要的领导都选择了地铁建设公司和地铁运营公司，留在地铁集团里面的是领导里面排在最后一位的王灏。首创集团的副总经理王琦到这个公司来担任总经理，这个公司改名叫北京市基础设施投资公司，这是一次非常重要的转机。这个公司改制初期有点像空壳一样，基础设施投资公司做什么呢？当时最大的业务就是地铁 4 号线 PPP 项目，这个项目从此成为了基础设施公司最重要的一项工作。这次转机对地铁 4 号线非常重要，也就是说如果没有改革，也就没有地铁 4 号线的 PPP 项目，这是我们经历的一件事情。改制以后，很多事情就发生变化了，他们把主要的精力转过来了，很多事情再推动就比较顺利了，后来方案获得了通过，谈判开始进入了正轨。

第二，从我们刚才讲到的这四年时间，刚才孟部长说了要节约审批的时间，前期工作等等事情。不管怎么样，前期工作整整有四年的时间，有浪费的成分，有我们审批效率不高的成分，更有非常前期工作花费时间必要的方面。现在我们国内做 PPP 项目，最大的问题就是拿来就做，不做前期工作或者草草地做前期工作，这是挺可怕的事情。在上一轮 PPP 发展最快的时期，就是从 2003 年到 2008 年快速的发展阶段，我们评价这个阶段里面的项目，会发现那些做砸了的项目都是很快上马的项目，基本没有做过前期的研究，有的是把其他项目的文件改了一个名字把它当作自己的项目文件就发出去了，所以有很多项目失败了。失败所带来的问题非常多，甚至打击了我们政府部门，打击了我们行业内有关的人员参与 PPP 的积极性。所以在我们这一轮再推动 PPP 的时候，做好前期工作是非常重要的。做前期工作除了专业以外，还必须要有充分的时间来研究这个事情，在这个世界上没有神仙。

第三，刚才易总讲了项目团队，实际上地铁 4 号线能够顺利的走过来，应该说非常不容易。但是它为什么能够走到底，现在回想起来还是团队非常优秀，一是在北京市政府层面，这对我们运作其他项目有所启示，市政府的副秘书长协调这个项目，协调的力度比较大。秘书长可以协调各个委办局，起了很大的作用。再一个是谈判小组，包括京投公司、交通委、财政和发改，他们这些人在一起使整个谈判的决策和效率比较高。在前期方案的讨论过程中，北京京投公司两位老总跟各个部门的沟通和交流效率比较高，我们做的方案不下十稿，在后期谈判的时候见到了效果。因为大家对前面的事情基本上都清楚了，所以后面的谈判比较顺利。

另外，在这个项目里面，北京市请了很多顾问，我们大岳咨询公司是牵头顾问，同时我们也是这个项目的财务顾问。除了我们以外，请了两家律师事务所，一家是君合律师事务所，是国内最大的律师所之一，还有外国的一家律师事务所叫史密斯。技术顾问也有两家，一家是德国地铁方面的咨询公司，另外一家是北京城建院下面的咨询公司，他们从国内和国外两个角度，为这个项目提供技术支持。在这个项目里面很重要的因素是客流，我们请了香港专门做客流的公司MVA，他们预测2010年每天客流不到60万，从结果上看这个数据是错的，但是对于推动项目，让大家认可这个结果，客流顾问的建议起了非常重要的作用。所以做好一个项目，需要什么样的一个支持体系，从地铁4号线我们能够得到一些体会。

第四，这个项目遇到的特许经营问题香港地铁也没有搞过，我们国内地铁市场化是从4号线刚刚开始。今天来参会的国家发改委王处长领导这件事情知道，深圳地铁4号线同时在进行，没有人搞过特许经营。我们是怎么介入到这个项目里面的呢？在这个项目开始一年多时间以后，有一次京投王灏总经理和北京市当时管第十水厂BOT项目的管委会主任聊天的时候，他们把我推荐给了这个项目，我们从此介入了这个项目的工作。现在回头想想，最初的经验并不是来自于地铁，而是来自于我们在前几年的自来水和污水处理行业的特许经营咨询经验。把这个经验融入到地铁行业的时候，一开始遇到了挺多的麻烦，我们大概经过了两三个月的磨合，现在来看是比较成功的，现在很多做法在行业内已经基本固化下来了，成为了行业惯例。我们以后再做项目的时候，可能也要重视不同地区的项目经验，不同行业的项目经验，吸收其它领域的经验对我们 PPP 项目会有所帮助。

第五，刚才易总讲到了，他们给北京地铁体制带来了什么，他讲到了运营公司从中学到了很多东西。这个项目所带来的冲击现在来看是非常深远的。我觉得几点我们体会很深，刚才我提到了我们给京港地铁公司做顾问，在这个过程当中，我们能够体会到 4 号线的影响有多大。刚才大家从财务上看到了，政府少投了 46 亿，如果政府投资包括这 46 亿，可能一分钱也拿不回，这是一定的。比财务更主要的，我觉得它产生了“鲶鱼效应”，现在北京的每一个新的地铁项目都不是必然是某一家的了，不是说一定要给地铁运营公司，需要竞争，我觉得这个作用非常大。现在地铁 4 号线激活了北京地铁运营公司，他们的管理提升得非常快，不仅仅是学到了一点点，他们学到了很多东西。现在每一个项目，他们都会想尽办法跟港铁地铁进行 PK，同时香港地铁在每一个项目投标的时候，一想到有地铁运营公司跟他们竞争，他们也会报出很好的价格来。现在北京地铁竞争的格局给行业所带来的影响，可能远远超出了刚才讨论的事情，我觉得这一点更能够说明，这个项目是比较好的，因为它的进步意义很大。国内能建地铁的城市，只要能把这个事情管好，只要把这个竞争机制理顺，对国有企业的进步也是非常有帮助的。所以改革就是为了进步，改革并不是为了把国有企业整死，能够解决问题就好。我简单地补充这么几点，谢谢大家。

3.2 4 号线肌理窥探

新理财 秦长城 2014-08-01

从南三环丰台区公益西桥站，到北至海淀区安河桥北站，北京地铁 4 号线几乎横贯整个北京市区。早高峰期间不到两分钟的行车间隔（最快1分43秒，是北京地铁系统中发车间隔最短的线路），或许会让一些乘客觉得这条地铁线路和其他线路相比多少有些不同。即便如此，恐怕也很少人知道，这条线路背后到底隐藏着怎样的运作机理和含义。

A、B资产划分

地铁4号线项目之所以会引入PPP模式，是和当时的大环境有关的。2001年，北京申奥成功后，北京市政府决定大力发展轨道交通项目，并明确了新建200公里、总投资达600多亿元的投资建设任务。但巨额投资从哪儿来，高强度的建设规模、规模化的线路运营如何保障，却成了政府不得不面临的难题。正是基于此，用PPP模式的理念将轨道交通市场化、社会化，便成了一种可行之选。

据了解，在此过程中，市政府先后提出了四条线路——4号线、5号线、9号线、10号线用于市场化融资探索。其中5号线的时间最早，但由于当时投资政策环境并不是很完善，并且提出市场化计划时5号线已经开始动工，对外招商来不及，因此5号线引入PPP模式计划只能作罢；10号线作为奥运线路的一部分，工程意义重大，也不适于对外招商；而9号线由于其客流量较少，对于社会投资者的吸引力并不大。

从路线图来看，4号线穿越丰台、西城、海淀三个人口密集的行政区，沿途不仅经过北京南站这样的人口出入集中地，而且还经过西单、新街口、菜市口这样的繁华商业区，清华、北大、人大这样的文化和体育集中的科教区，中关村这样的高科技园区，以及颐和园这样旅游资源较为丰富的地区，投资条件较为成熟。

按照设计规划，北京地铁4号线项目总投资约153亿元。由于轨道交通的建设，其中一大部分是征地拆迁、洞体结构、轨道建设等土建工程，这部分所需要的资金量较大，划为A部分，由政府出资的投资公司（实际为公司下属的4号线公司）投资建设。而剩下的包括车辆、信号、自动售检票系统等机电设备的投资和建设，则归为 B 部分，由社会投资者负责投资建设。

同时，A、B 部分如此划分，也有轨道交通性质方面的考虑。一般来说，轨道交通项目同时具有公益性和可经营性的特征。对于公益性，从经济责任上来讲，须由政府来承担；对于可经营性，可以由社会投资者参与投资建设及运营管理。

在具体的比例关系上，通过对世界各城市轨道交通运营成本、客流和票价结构的分析研究以及对相关数据统计的分析，项目顾问大岳咨询公司协助京投公司建立了轨道交通项目寿命期现金流量模型。以经营期 30 年、回报率 10% 为假设条件，发现新建地铁项目 30 年财务净现值的总额，约占项目总投资的 30%，也就是说，另外 70% 投资不具市场价值，应作为公益性投资由政府负责。最终，A 部分和 B 部分的基础比例关系被定为 7∶3。也就是说，在 153 亿元的投资总量中，A 部分政府投资额约为 107 亿元，B 部分社会资本投资额约为 46 亿元。

京港地铁组织架构

在 4 号线项目结构模式界定清楚后，大概在 2004 年 11 月底，由北京市交通委牵头成立了 4 号线特许经营项目政府谈判工作组，开始和“港铁—首创联合体”“西门子—中铁工联合体”等社会投资者展开竞争性谈判。其中，“港铁—首创联合体”被列为优先谈判对象。

按照相关规划，对于特许经营公司来说，在 4 号线运行以后，地铁票务收入及站内商业经营收入将成为其主要收入来源。而票务收入的大小，又直接和项目建成之后运营期间的客流量息息相关。因此，对于政府部门和社会投资者双方来说，如何对客流量进行科学预测，并根据预测客流量建立相应的风险公平分担和动态调价机制，便成了一个最为关键的问题。

为使客流量的预测更加科学客观，京投公司在可行性研究报告已经做了客流量测算的基础上，又专门聘请了国际著名的客流预测机构 MVA 公司，对 4 号线专门作了一份独立的专业预测报告。经过充分的协商和沟通，双方最终就预期的客流量达成了一致。

在4号线项目协议达成之后，北京市基础设施投资有限公司（下称“京投”）、北京首都创业集团有限公司（下称“首创”）、香港铁路有限公司（下称“港铁”）共同出资组建北京京港地铁有限公司，负责4号线项目A、B资产的运营，特许运营期限为30年。

作为京港地铁的股东方，港铁是一家香港上市公司，其中香港政府占有76%的股权，有着30多年的管理运营经验。而首创集团则是北京国资委下的一家特大型国有企业，下辖基础设施、房地产、金融服务等多个核心产业，在融资、项目管理方面，经验十分丰富。京投公司则是国有独资公司，承担北京市轨道交通等基础设施项目的投融资和资本运营。

“从股权比例上来看，京投、首创、港铁的占股比例分别为2%、49%、49%。”京港地铁副总经理、财务总监李红薇表示，这样的股权结构，没有绝对的控股方，利于调动股东的积极性，方便发挥各方优势。

可持续性和可复制性

基础设施项目，往往具有投资额度大、回收期长、盈利性弱等特点，地铁4号线项目也不例外。

根据特许经营协议，当初在职能分工上，京港地铁只负责地下运营，并不负责地上物业开发部分。“实际上不仅城市轨道交通，甚至包括我国的高铁项目，在物业开发力度上都普遍不够。”北京地铁4号线PPP项目咨询顾问、大岳咨询总经理金永祥坦言，这涉及政府开发理念和历史局限性的问题。“是把城市轨道交通建设当作一个单纯的交通问题，还是作为城市开发工作的有机组成部分，二者的思路并不一样。如果是作为城市开发的一部分，那么就会从总体的架构来思考问题。形成这样的认识是需要过程的，谁都会有历史局限性。”

在这种情况下，也更加考验企业的管理能力。而京港地铁各股东方的经验优势，以及京港精细化的管理，则为地铁4号线的发展提供了保证，增强了其可持续经营潜力。

李红薇认为，4 号线项目的最大特色或者最大意义在于，它真正引入了公私合营的理念。在 4 号线项目的建设和运营过程中，京港地铁汲取了港铁在城市轨道交通建设及运营等方面的现代化管理先进经验，同时也吸纳了首创集团在项目投资管理、资金运用等方面的良好经验，加之京投公司的参与，强强联合，推动北京的城市轨道交通事业蒸蒸日上。京港地铁公司和政府、合作伙伴以及社会公众，彼此之间也实现了共赢。

在降低政府财力投入方面，京港地铁以 PPP 的形式参与北京的基础设施投资建设及运营，其不仅分担了轨道交通初始的部分投资，减缓了政府重大项目集中财政资金支付的压力，同时还引入适度竞争机制，强化政府管理公共服务的职能，调动企业精细化管理积极性，提升投入资本使用效率，使企业树立起全生命周期的管理理念。

“其更大的意义或许在于，4 号线的出现使得地铁行业产生了‘鲶鱼效应’，激活了北京地铁的运营机制，对地铁行业带来的影响，远远超过 4 号线项目本身。”金永祥表示。北京地铁 4 号线市场化的成功为北京地铁行业引入了竞争机制，具体而言，至少有以下两点影响：

第一，原有的国有运营主体再也不能必然得到政府的后期项目了，原有的企业为了获得新项目将不得不调动优势资源，与京港地铁进行竞争，这无疑提高了传统国企的效率，起到了“鲶鱼效应”。

第二，政府在监管过程中不仅能获得传统企业的数据还可以获得市场化企业的数据，通过对两套数据进行比较，政府的监管工作就会更加有的放矢，从而推动地铁行业效率的提高。

“PPP 项目不仅为社会资本提供了机会，更激活了国有企业的活力，两种体制的竞争，提高了服务质量，降低了投资和运营成本，受益的是市民。”金永祥表示，对于传统国企来说，4 号线的存在，提供了一个公私合营的样板。如果没有引进外部机构，传统企业只能坐井观天，有如此进步是不可能的。4号线在经济效益与社会效益之间达到了一个基本平衡，使得其具备复制和推广价值。

3.3 PPP模式：成熟才能“放肆”

北京参考 彭梁洁 2014-08-04

王守清最近很忙。作为清华大学土木水利学院建设管理系教授，他研究考察PPP（Public-Private-Partnership，公私合营）模式多年。今年以来，各种PPP模式培训的邀请不断，王守清经常奔波于不同城市之间。

这源自去年11月十八届三中全会提出“允许社会资本通过特许经营等方式参与城市基础设施投资和运营制”，各地方政府响应空前。

然而，业内人士均认为，虽然PPP模式具有重要的战略意义，但是在目前各方面条件还没有成熟的前提下，地方政府仍需克制，避免其成为下一个地方政府融资平台。

被时代选中

“蓝图已经绘就，路径已经明确。”财政部副部长王保安放话。今年5月，财政部成立了政府和社会资本合作（PPP）工作领导小组，王保安任领导小组组长。

由于财政部力推，哈尔滨和洛阳成为PPP模式试点城市。据报道，黑龙江、河南、浙江、湖南、福建、上海等多个省市也正在密集展开调研，着手通过PPP模式筹备项目。

PPP模式现在被隆重推出，可以说是被时代选中。

在国家战略层面，作为一种高效融资方式的PPP模式或将为新型城镇化建设注入新鲜血液。

“预计2020年城镇化率达到60%，由此带来的投资需求约为42万亿元，而这42万亿元更多的可能来自社会投资。”王保安表示，原有城镇化建设主要依赖财政、土地的投融资体制弊端已显现，难以持续，亟需建立规范透明的城市建设投融资机制，“PPP 模式抓住了这一关键环节”。

而地方政府也打着自己的小算盘，PPP 模式更像是一根化解地方债务平台危机的救命稻草，来钱才是重点。

实际上，PPP 模式在国内并不是新鲜事物，中国财政学会 PPP 专业委员会常务委员、大岳咨询有限公司总经理金永祥见证了 PPP 模式 20 多年来的沉浮。

20 世纪 90 年代，在地方政府自发探索中 BOT 模式被大规模使用，并在 1997 年达到高潮。但受到 1998 年东南亚经济危机的波及，BOT 模式此后一直处于低谷，直到 2003 年十六届三中全会提出让民营资本进入公共领域，BOT 模式才再度复兴。

再一次冲击是 2008 年。2008 年底政府推出了四万亿元刺激计划，地方政府不差钱了，这让社会投资主体彻底失去议价的资本，PPP 项目的生态环境遭到破坏，有些执行中的项目被政府提前终止。PPP 项目数量再次出现回落。

2010 年，国务院出台了鼓励和引导民间投资的新“国 36 条”，吹响了社会资本重回公共领域的号角。而随着近年来经济体制改革和新城镇化建设的推进，PPP 模式受到了前所未有的关注，在多个层面被寄予厚望。

今年 3 月，国务院总理李克强在《政府工作报告》中指出，在金融、石油、电力、铁路、电信、资源开发、公用事业等领域，向非国有资本推出一批投资项目，制定非公有制企业进入特许经营领域的具体办法。而 PPP 模式，成为社会资本进入这些垄断领域的一个选项。

国家发改委日前发布了首批向社会资本开放的 80 个项目，能源领域与交通基建分获 54 个、24 个项目，成为当中的重头戏。国家发改委表示，鼓励和吸引社会资本特别是民间投资以合资、独资、特许经营（即 PPP）等方式参与建设及营运。

世界银行估计，截至2012年，中国大约有1000多个PPP项目，但金永祥表示："1000个肯定不止，我们做的项目都有500个，我们估计目前有七八千个PPP项目。"

寻找契约精神

普通百姓最关心的问题是，PPP模式将社会资本引入公共领域之后，如何保证公共产品一个"公道"的价格?

以北京地铁4号线为例。根据双方约定，票价方面，如果实际票价低于协议测算的票价水平，政府将给予PPP公司差额补偿，如果实际票价高于测算票价水平，则PPP公司需将差额的70%返还给政府。

就目前的情况来看，北京地铁全部实现票价2元制，而根据测算要达到盈亏平衡的票价是6元，也就是说，北京市政府需要给PPP公司4元每人次的票价补贴，以达到保证公众利益与社会资本获得回报的双赢。

正如财政部长楼继伟曾表示："PPP模式就是微利，但回报稳定，想要暴利的企业别来。"金永祥也指出，虽然由于公共属性很多PPP项目是亏损的，但是政府会用补贴等方式保证投资人不会亏损。

由此可见，政府和投资人之间的协议是保证PPP项目顺利进行的关键，然而，是否履行协议却往往只在双方的一念之间。

"目前最严重的问题还不是法律的缺失，而是各种不规范的现象，政府违约、投资人违约普遍存在，这就是契约精神和规范意识不够。"金永祥表示。

政府违约，在过往PPP项目的实施过程中已不再是小概率事件。据调查，在采用PPP模式比较多的污水处理行业，全国大部分地方政府按月足额支付污水处理费的很少，而如果政府拖延缴费时间太长，企业运营就会出现难题。

"好的PPP项目，应该是政府和企业之间的婚姻而不是婚礼。"王守清表示。而正如在一段婚姻关系中，夫妻之间心照不宣的契约比具有法律效力的一纸证书更有约束力，尽管 PPP 模式终于获得了广阔的空间，政策和法律层面都在发力，地方政府更是热情高涨，但在业内人士看来，政府和企业之间契约精神的的培育并非朝夕。

违约的例子很多，情况也是五花八门。“例如，有的政府没有认识到 PPP 的复杂性，草率启动项目，项目完成之后到了付钱的时候最后拿不出钱，民资只能自己承担损失，这是政府违约的情况。”金永祥举例，“还有的投资人根本没钱，但比如跟政府关系好或者用欺骗政府的手段拿到项目，然后跟政府借钱，让政府出钱”。

目前有些地区，投资人与政府官员协商，由投资人跟政府的一个下属机构成立一个合资公司，然后合资公司不经招标竞争直接做政府推出的一些项目，无疑损害了市场竞争机制。“用这种合资公司做 PPP 项目的，十个项目九个成本高代价大，甚至比传统体制更浪费。”金永祥表示。

然而，虽然地方政府违约现象屡见不鲜，但是投资人还是飞蛾扑火般对 PPP 项目初衷不改。

“这种现象看起来非常矛盾，但实际上从投资人的角度看，尽管地方政府不停违约，在过去 10 到 20 年时间里，参与 PPP 项目的公司总体回报水平是不低的。”金永祥说，从投资人的报表看不出真实的回报水平，可以用同一家公司目前的净资产规模与 10 年前或 20 年前做比较，能够比较真实地反映出他们的发展速度。金永祥估计，年回报在 15% 以上的占大多数。

“因为有些企业为了防止政府违约带来的损失，就会想办法把其他方面的利益转移到自己这里，从中牟取暴利，而这些方法往往都是不规范的。”金永祥表示，“这就把 PPP 扭曲成了高风险高回报的领域，而改变了它低风险低回报的本质”。

王守清也表示，在这种公私合作模式中，人们眼中必然会处于强势的政府实际上很多时候是吃亏的。“毕竟 PPP 比较复杂，投资者不是慈善家，而政府谈判和 PPP 专业能力不如投资者，若选择的特许经营者不当或者所签

PPP 合同不公平，不仅达不到预期的目的，政府和公众利益也会受损。”

不是魔鬼也不是天使

“我过去努力推 PPP，现在要给想利用 PPP 化解地方财务风险的人泼点凉水了。”王守清指出，实际上，PPP 并没有减少政府债务，只是把一次性财政支出转化为长期的支出，本质上没有变化。

还是以 4 号线为例。据报道，如果 4 号线采用传统模式投资，北京市政府的财政支出总额大概是 600 多亿元，采用 PPP 模式则让北京市政府减少财政支出约 100 亿元。

但京投公司曾表示，如今北京市已不再提“4 号线采用 PPP 模式节省了 100 亿元投资成本”的说法，因为高额的票价补贴也是不轻的负担。

地方政府虽然积极，但很多人并不真正理解这种模式。因为 PPP 项目是长期的合同，而且很专业，政府运作 PPP 项目应该高度重视，不能随随便便，否则后果不堪设想。

“要理性看待 PPP 模式，不能为了 PPP 而 PPP。”王守清表示，“因为政府资金有限，如果不用 PPP，就得等政府有钱后才可进行基础设施建设，另一方面，即使政府有钱，也可考虑 PPP，因为如果应用得好，可以降低成本、提高效率和管理水平”。

王守清建议，一个项目要不要应用 PPP，要考虑很多因素，特别是在政府有无资金与要不要项目之间取得平衡，要考虑应用 PPP 是否物有所值。

此外，PPP 的作用相对有限，即使是在积极开展 PPP 的国家，PPP 项目的投资额也不超过全部公共投资的 15%。

地方政府显得比较“放肆”，而民间资本仍然相对克制。对于民资来说，最担心的无疑是自身的权益无法得到保障。“这种项目一般周期很长，有的甚至几十年，谁也不能保证中间会发生什么事。而且在政府面前，民资最担心的还是产权不明晰、没有发言权。”从事轨道交通车载项目研发的贝能达科技公司董事长郑小勇表示。

“虽然有财政部力推，可是整个大的环境没有改善，包括法律、标准、合同、流程这些没有得到实质的改善，并且经济又不那么乐观。于是就形成中央很积极、地方不清楚该怎么做、企业观望这样的局面。想让民营企业进来很难，我估计最后还是让一些国企、中企去干。如果 80 个项目中有 10%能真正由民企主导的话，可能 PPP 就真的成功了。”王守清表示。

3.4 北京地铁 4 号线的样本价值——PPP 运用之一

新理财 乔欣 2014-6-12

说起 PPP 模式在我国的实践，业内人士通常首先会说起北京地铁 4 号线。这个由国家发改委核准的特许经营 PPP 项目，是我国核准的第一个中外合作特许经营城市轨道交通项目。也因此，这个项目一直是业界热衷于关注和研究的代表性案例。日前，参与北京地铁 4 号线 PPP 项目的香港铁路中国事务首席执行官易珉向记者介绍了该项目的具体实施细节。

股权结构

随着北京申办 2008 年奥运会的成功，北京市轨道交通迎来了前所未有的发展机遇。

从所有权与经营权的关系上看，当时北京地铁的运营模式属于典型的国有国营模式。而世界上采用此运营模式的城市地铁没有一家是盈利的。北京地铁也不例外，当时的经营体制无法承担资金重担。

其实，在地铁的运营模式上，有不少可以参考的案例，比如香港的公私合营模式、新加坡的国有民营模式等等。于是，参考这些经验，正如文章开头所言，北京地铁 4 号线成为了我国第一个中外合作特许经营城市轨道交通项目。

按照规划，北京地铁 4 号线途经北京市丰台区、西城区和海淀区，正线长度 28.65 公里，共设 23 座地下车站和 1 座地面车站，平均站间距 1.18 公里，全线采用地下线的敷设方式。

根据初步设计概算，该项目总投资约153亿元。按建设责任主体，将北京地铁4号线全部建设内容划分为A、B两部分。A部分主要为土建工程，投资额约为107亿元，占4号线项目总投资的70%，由已经成立的四号线公司（北京基础设施投资有限公司全资子公司）负责投资建设；B部分主要包括车辆、信号、自动售检票系统等机电设备，投资额约为46亿元，占4号线项目总投资的30%，由社会投资者组建的项目特许经营公司负责投资建设。

北京市政府授权主管部门与特许经营公司签署《特许协议》，授予特许公司4号线项目投资、建设和运营的特许经营权。特许公司与四号线公司签订《资产租赁协议》，在4号线项目竣工验收后，取得A部分资产的使用权。

4号线项目特许期包括建设期和特许经营期，特许经营期为30年。在特许经营期内，北京市政府按照《特许协议》规定，在建设期内将监督四号线公司确保土建部分按时按质完工，并监督特许公司进行机电设备部分的建设。4号线运营票价实行政府定价管理，采用计程票制，在特许期内，北京市政府根据相关法律法规、本着同网同价的原则，制定并颁布4号线运营票价政策，并根据社会经济发展状况适时调整票价。特许公司负责地铁4号线的运营管理、全部设施（包括A和B两部分）的维护和除洞体外的资产更新，以及站内的商业经营，通过地铁票款收入及站内商业经营收入回收投资。

特许经营期结束后，特许公司将A部分项目设施归还给四号线公司，将B部分项目设施完好、无偿地移交给北京市政府指定部门。

运作流程

2003年年底，北京市政府转发北京市发改委《关于本市深化城市基础设施投融资体制改革的实施意见》，明确了轨道交通可以按照政府与社会投资7:3的基础比例，吸引社会投资者参与建设。2003年11月，北京市基础设施投资有限公司作为北京市基础设施投融平台正式成立。成立之后便着手制定了4号线市场化运作的初步方案，并开始与香港地铁等多家战略投资者进行接触，项目前期工作全面展开。在此阶段，形成了项目运作的初步框架，以后各阶段的工作均在此框架基础上拓展。

2004 年 4 月、6 月，北京市发改委分别组织召开了奥运经济市场推介会，北京地铁 4 号线、5 号线、9 号线、10 号线国际融资研讨会等一系列大型招商推介会，面向国内外投资者对以 4 号线为重点的北京地铁项目进行了广泛深入的招商活动。2004 年 9 月形成《北京地铁 4 号线特许经营实施方案》，北京市发改委组织对方案进行了评审并上报北京市政府。11 月，北京市政府批准了特许经营实施方案，4 号线特许经营项目取得实质性进展。

2004 年 11 月底，北京市交通委牵头成立了 4 号线特许经营项目政府谈判工作组，与香港地铁有限公司—北京首创集团有限公司、西门子公司交通技术集团—中国铁道建筑总公司—北京市地铁运营有限公司等社会投资者的竞争性谈判正式开始。2005 年 2 月初，政府谈判工作组与优先谈判对象港铁—首创联合体就《北京地铁 4 号线特许经营协议》等项目条件达成了一致意见。

2005 年 2 月 7 日，北京市交通委代表北京市政府与港铁—首创联合体草签了《北京地铁 4 号线特许经营协议》。2006 年 1 月，北京京港地铁有限公司注册成立，注册资本 13.8 亿元，由北京市基础设施投资有限公司出资 2%，北京首都创业集团有限公司和香港铁路有限公司各出资 49% 组建。2006 年 4 月，北京市交通委与北京京港地铁有限公司正式签署了《北京地铁 4 号线特许经营协议》。经过四年建设，北京地铁 4 号线已于 2009 年 9 月 28 日开通试运营。

平衡机制

易珉介绍，京港公司收入来源首先是票务收入，但是作为轨道交通公司，这样是无法让公司生存长久的，所以它其实在收入来源中占的比例并不是很大。另外还有广告、电信资源、车站零售等等一些其他收入。这些共同构成了 PPP 公司的收入，和港铁不同的是，4 号线没有物业收入。

很多人认为政府把这个领域开放给一家公司，这家公司可能会得到很大收益，但是却经常忽视了公司所承担的风险。风险来源也是多方面的，一方面是政策法律方面，特别是对外资企业而言，出口退税的政策，营改增划分里的一些损失，或者是税收优惠政策的调整，这些都是要由 PPP 公司来承担的。其次是建设成本控制的风险。比如原材料、人员成本的上升，国家银行利率的改变。另外，有的时候成本超预期会带来运营成本风险。还有最重要的是客流风险，我们在做项目分析时要对客流做预估和计算，这其中存在着很大的不确定性。此外还有不可抗力，比如地震灾害、战争等等带来的风险。

企业面对这些风险要设立相应的风险和收益的平衡机制。其中包括票价调整机制。地铁的运营成本随着 CPI、工资、电价等因素而变化，4 号线的特许经营协议中，设定了根据上述三个因素进行周期性测算的票价。如果实际客流连续三年低于预期客流一定比例，政府要向 PPP 公司进行补偿，反之，如果实际客流超过预测客流，PPP 公司有责任把获得的利润跟政府分享，这是双向的约束。这种伙伴制理念实际上是 PPP 的核心，否则 PPP 模式运行不下去。

还有一个层面非常重要，使得 PPP 能够走下去的监管机制。4 号线的政府监管部门分为两类，一类是政府的直接监管，比如交通委对 4 号线的安全、准点率进行监管，财政局对运营的经济效益和财政补贴进行监管等等。同时在 4 号线里起到重要又独特作用的京投公司，它实际上是代表政府进入企业，以股东的身份来监管投融资。总之，监管的层面离不开很多不同的领域。

业界评价

北京地铁 4 号线，几乎已经成为国内 PPP 模式成功经验推广的样本式存在，一直以来，业界通过对这个项目的分析，总结了它的经验和意义，包括重视前期研究，规范运作；开创我国轨道交通建设 PPP 融资模式的先河，缓解了资金压力；引入竞争，提高地铁营运的管理水平，转化政府职能，实现政企分开。

同时，有一群业内人士，他们通过直接接触，对这个项目进行了持续关注和调研，并给出中肯的评价，也让我们听到了关于 PPP 项目实践的不同声音。

结合北京地铁 4 号线在管理和运营过程中的实践，国务院发展研究中心宏观经济部副部长孟春认为，PPP 模式存在着需要进一步探索和完善的地方。

首先，实施调整完善财政的补贴机制和定价机制。他说：北京地铁 4 号线项目利用 PPP 模式融入社会资本 46 亿元，在当时的确是缓解了北京市财政资金的压力，降低了当期政府财政的投入，但是在之后由于地铁 4 号线客流收入低于预期，政府财政又对 4 号线项目逐年进行财政补贴，这就像是把短期负债变成了长期负债。那么可否在 PPP 项目的实施当中采取弹性的定价制，既让私营部门能够盈利，但又不能暴利，而且要根据企业的经营状况适时调整投资的回报率，建立健全绩效评价机制，更好地完善轨道交通业财政补贴机制，实现运用 PPP 模式的初衷。

其次，完善 PPP 项目的税收征管。孟春说：北京地铁 4 号线项目在具体操作过程中，由于社会投资方介入比较晚，机构公司垫付了部分款项，缴纳了部分营业税。这就牵涉到营业税、印花税重复缴纳的问题。特别是营改增之后，又出现了增值税进项抵扣的行为等等问题。PPP 公司目前主要采取和国税总局协商，特事特办的方式处理。随着 PPP 模式的推广应用，将来越来越多的企业都会运用 PPP 模式来经营，应该从制度层面上研究设计如何更好地对 PPP 运营公司的税收征管问题，出台完善税收征管的办法。

第三，建议进一步简化项目的审批程序。孟春表示，一方面，繁琐的审批程序拖延了社会投资方进入项目的时间，投资方对项目工期完成的要求又迫使它不得不垫付款项，这就导致了前面提到的税收重复缴纳的问题。另一方面，许多社会投资方对建设阶段更感兴趣，但是如果建设的时间短，就会导致投资方错过建设阶段，降低了 PPP 项目对他们的吸引力。

面对新一波 PPP 模式实践热潮，清华大学国际工程项目管理研究院副院长王守清表示，学术界对此有些担心。他说："地方政府关于什么是 PPP 实际上并不十分了解，如果指望 PPP 来解决地方债务的问题那是不现实的，它主要还是一种管理的理念。"其次，PPP 模式面临着是用户付费，还是政府付费的选择。如果由政府付费，政府马上就面临着出钱的问题，PPP 模式虽然将其分摊到未来 20 ~ 30 年，但是地方政府要换届，又会带来许多新问题。第三，PPP 模式涉及到的监管问题，不仅仅是对企业的监管。很多地方政府官员不考虑这个问题是不是可行以及是不是可持续，所以必须监管政府。第四，PPP 模式是政府与企业合作，没有公众参与，缺少民主机制，这样要把 PPP 做好，按很多专家的说法是很难的。那么建立法规保障后我们又会担心即使有了法，基层政府如果不按照法律做，还是不行。第五，评价北京地铁 4 号线是否成功，要通过很多指标衡量。PPP 在国际上的原则就是除非涉及到国家机密，否则信息应该公开，比如成本等数据。

作为北京地铁 4 号线 PPP 项目的咨询顾问，大岳咨询总经理金永祥回忆了该项目在操作过程中的一些幕后细节，他说：北京地铁 4 号线项目实际上最早来自于我们在前几年的自来水和污水处理行业的一些特许经营的经验，我们经过磨合，现在很多做法可以在行业内固化下来。所以在做项目的时候要尊重不同地区、不同行业的 PPP 经验，对我们的 PPP 项目都会有所帮助。同时，他表示，北京地铁 4 号线吸纳了社会资本 46 亿元，产生了"鲶鱼效应"，它理顺了竞争机制，所以现在北京地铁这种竞争的格局给行业所带来的影响可能远远超出了我们所讨论的这个事情本身。从这一点上来说，这个项目是成功的。

3.5 北京地铁 4 号线项目首度"解密"：PPP 模式化解政府融资难题

中国经营报　杜丽娟　2014-05-12

5 月 8 日起，一张"北京地铁涨价方案"截图迅速在互联网上疯传，其中最高调至 5 元的调价方案备受关注。

5 月 9 日，北京轨道交通路网管理有限公司相关负责人很快辟谣表示，截图仅为假设方案，与最终实施的地铁票价调整方案无关。但现实是，目前 2 元/次的票价与实际成本之间“倒挂”，涨价只是时间问题。

市场普遍推测，地铁涨价除了自身票价低外，还因轨道交通成本与日俱增亟须通过多元化的社会资本弥补缺口。财政部今年以来力推的 PPP（公私合营）是选项之一。近期，在中国财政学会 PPP 专业委员会主办的北京地铁 4 号线 PPP 项目经验介绍会上，作为首个引进 PPP 模式运营的北京地铁 4 号线项目做了一次项目信息披露。被“解密”的北京地铁 4 号线项目显示，由于引进了 49% 的港铁股份大大降低了财政成本，提高了项目运营效率。

目前包括黑龙江、吉林、江苏泰州、湖南株洲等地已经广泛开展 PPP 项目的探讨，各地财政部门也积极启动 PPP 试点工作，努力探索运用该模式，整合政府、社会和企业资金共同推进新型城镇化和基础设施建设，控制政府性债务和缓解财政支出压力，提高公共产品的供给效率。

“解密”北京 4 号线

在各种模式探讨中，PPP 模式在轨道交通的先行经验经常被作为样本。

作为首条采用 PPP 方式建设运营的线路，北京地铁 4 号线引入了香港地铁（以下简称“港铁”）的投资和运营管理经验。

该项目总投资 153 亿元，分为 A 部分 107 亿元土建投资和 B 部分 47 亿元的机电投资，其中 B 部分 47 亿元由社会投资组建项目特许经营公司负责投资建设，即 PPP 模式。港铁、京投、首创合资成立的特许经营公司——京港地铁公司承担 47 亿元部分，其中港铁股份为 49%，首创股份占比为 49%，京投占比为 2%。

特许经营公司的参与带来一个显见的成果：地方政府投资压力缓解。

“如果 4 号线完全由政府投资运营可能需要 500 亿元，而采用 PPP 则节省了 100 亿元。”香港铁路有限公司中国业务首席执行官易珉表示。

目前，中国有36个城市获批修建城市轨道交通，北京地铁4号线PPP模式的实验成果无疑具有激励性质。

但清华大学国际工程项目管理研究院副院长王守清看来，尽管如此，认识PPP也不能仅仅停留在帮政府减轻负担的程度上。

“地方官员如何理解和执行PPP很重要，地方财政采取什么样的方式进行补贴支持，如何监管效益，这都是对传统政府项目的管理提出考验。”

易珉透露了北京4号线建设中的一个细节：项目初始，港铁聘请了专业的客流预测机构（MVA）对地铁人流进行了测算，以此与政府约定，在2010~2014年期间，若地铁人流连续三年低于预测人流，政策就需要补贴相应的费用，若人流持续高于预测人流，则政府能够从中分享一定的超额收益。

这种安排让政府对于公共项目的补贴效益有了透明监管的可能。港铁参与的杭州地铁1号线也引入了类似的机制。“目前杭州地铁日客流量超过40万人/天，远超此前的预测数据，这背后政府做了很多具体的引流工作。”易珉表示。

从这样一个小细节上，能看到PPP不仅解决了融资难题，更重要的是，引进的港铁在4号线运营和管理上的先进机制，客观上促成了投资的效率提升。

目前，北京地铁除了4号线、14号线采取PPP模式外，计划开建的北京地铁16号线也将再度引入这一合作模式。

“鲇鱼效应”初显

旨在牟利的民营资本获准进入地铁这类公共项目，是否是推动其票价上涨的主因呢?

面对这样的质疑，易珉认为北京票价未来上涨有特殊的背景。

“2元/次的价格在全世界都没有的。北京的低票价设立有为2008年奥运会实行的特殊原因。如果按照成本分析，北京地铁1公里投入超过10亿元，北京地铁达到1000公里的目标指日可待，届时北京地铁一年的总成本要上百亿元，加上人员成本和电价，只靠 2 元票价来回收，应该没有任何企业和政府能够负担得起。”他说。

据了解，在世界范围内，地铁票价的设定均需要考虑物价指数、电价、人民生活的收入、住房成本以及客流规律等因素来设定票价。而票价收入在地铁公司的营收中占比也比较有限。

以北京 4 号线的合作方为例，香港地铁在香港的盈利来源主要是站内商业开发，但北京 4 号线中未被授予足够的物业开发权益，北京市政府通过财政补贴的形式来保证港铁的收益。这一补贴每年高达 6 亿元以上。

显然，低票价的维系是因为地方政府通过财政补贴分担了运营者的压力，但长远看，这种补贴难以持续。

“4 号线的出现在北京地铁行业产生了‘鲇鱼效应’，激活了地铁原有的运营体制，对行业带来的影响远远超过事情本身。”

在北京大岳咨询有限公司总经理金永祥看来，市场化主体的参与，能够更透明反映公共事业项目的成本和运行状况，这可以帮助政府建立更有针对性的补贴机制。也促成行业建设、运营标准的确立，提高财政资金运作的效率。

目前，各地均在探索 PPP 项目的合作机制。

湖南株洲市选取政府投资、公益性或准公益性、特许经营即有收费权的基础设施项目，择优上报省财政厅金融债务处项目库。目前，已完成 PPP 模式项目的初选工作，并上报了东城大道、中环北路、湘江新城一期公共基础设施、湘江新城一期基础设施建设骨干路网及景观工程等项目。

亚洲开发银行估计，到 2020 年亚太地区每年需要 8000 亿美元的基础设施投资，政府无力独自承担。为建立牢固的 PPP，政府需为私人投资提供激励和创造良好环境。

城镇化建设动力

PPP 在轨道交通方面的实施经验，使其也成为新一轮城镇化融资的重要渠道。

目前正在计划建设的北京地铁16号线中，首次在轨道交通项目中引入保险股权投资，资金规模和模式都开创国内之先。

京投公司融资计划部负责人任宇航此前曾在接受媒体采访时表示，16号线的融资模式是一次全新的尝试，引入保险公司股权资金和特许经营投资后，京投公司有望仅仅使用32亿元资本金，撬动各类社会资本270亿元，债务融资约200亿元，极大地缓解了资金压力。

在4月份举行的国务院常务会议上，首批80个基础设施建设项目确定引入社会资本。而基础设施建设领域引入社会资本，也通常就会采取公私合营模式（PPP）。

财政部副部长王保安认为，推广使用PPP模式是支持新型城镇化建设的重要手段，估计，到2020年城镇化带来的投资需求约为42万亿元。

“主要是基础设施建设，包括建桥修路、垃圾处理、上下水以及园区建设，以后还有医院、养老这些都不排除引入PPP模式。”财政部财政科学研究所所长贾康表示。

在他看来，从政府的角度来看，PPP机制建设可以化解或者是降低政府分配系统（财政支持）压力，产生明显的正面效应。要积极地用PPP机制引进的民间资本、社会资金来置换和替代目前已经形成的地方债务，特别是后续形成的地方债务，让市场机制发挥自由配置作用。

今年以来，PPP模式在我国的推广正呈现逐渐加快的趋势。

继去年年底，财政部在全国财政工作会议上专门召开政府和社会资本合作（PPP）专题会议后，今年3月份，财政部又组织了全国财政系统干部、金融机构和大型企业业务骨干人员进行PPP专题培训班。

“PPP机制的特点是能调集一部分资源，形成公共工程、公共服务项目的同时，它可以使民间资本、社会资本和政府形成合作以后，提升公共服务质量，正符合未来城镇化过程中融资需求。”业内人士在上述北京地铁4号线

PPP 项目经验介绍会上表示。

财政部部长楼继伟表示，对于未来 PPP 模式的发展，财政部将着手研究三方面的具体操作问题，包括研究明确“建设什么”的问题，尽快梳理建立 PPP 项目库；研究明确“如何管理”的问题，建立健全循序渐进的 PPP 模式法律体系；研究明确“怎样支持”的问题，营造良好的 PPP 模式运作环境。

3.6 北京地铁双轨制账本

经济观察网　李凤桃、张婷　2014-08-23

导语：此次票价调整的原因之一是地铁运营公司亏损，政府补贴不堪重负。作为地铁的两大运营者——北京市地铁运营有限公司和北京京港地铁有限公司对外表现都很低调。

北京正处于地铁票价调整的前夕。

此次票价调整的原因之一是地铁运营公司亏损，政府补贴不堪重负。作为地铁的两大运营者——北京市地铁运营有限公司（以下简称“北京地铁公司”）和北京京港地铁有限公司（以下简称“京港地铁”）对外表现都很低调。

这两家公司，如同一对同父异母的兄弟。北京地铁公司是一家有着 30 多年历史的国有独资公司，运营北京 17 条地铁线路中的 14 条。京港公司是一家中外合资企业，运营 4 号线、大兴线和 14 号线等 3 条地铁线路。它成立于 2006 年 1 月，在其股权结构中，国有的京投公司占比 2%，外资方港铁公司与另一地方国企首创集团分别持有 49% 的股份。港铁是一家香港上市公司，其中 76.82% 的股权为香港政府持有，其余 23% 为公众持有。

不为外界所知的是，北京对这两家企业采用了不同的补贴方式和标准。政府对有社会资本参与的京港公司更为严格。为了防止国资的流失，北京市政府与京港公司签订了《特许协议》。这个协议约定，京港公司只能在约定的成本内享受政府财政补贴，超出成本部分由京港公司自己负担。

相对而言，北京地铁公司的运营成本并不透明，政府每年根据其亏损进行补贴。

一位对京港地铁运营比较了解的人士透露，即便在PPP协议约定的补贴下，京港公司也是盈利的。港铁公司2013年年报显示，该年度港铁应占京港地铁的利润为2.03亿港元。

为什么获得较少补贴的京港公司效益不错，北京地铁公司却亏损连连？如若北京地铁公司对成本的控制更加精准化，资金运用效率有所加强，北京地铁整体运营收不抵支的局面是否将有所改善？即便由于分流客流量等其他考量，地铁票价仍需调整，是否也能节约资金用于扩大运营服务规模，提高运营服务质量？北京地铁“双轨制”下的账本，折射出国有资本在公共服务运营效率上的差距，如不去除其对提价或补贴的依赖，将难以走出低效的泥沼。

补贴双轨制

2006年4月12日，北京市政府与京港公司签订了北京地铁4号线项目的《特许协议》《资产租赁协议》，自此，国内首个PPP地铁项目诞生。

PPP（Public-Private-Partnership的首字母缩写）意为“公私合营模式”，是为鼓励私营企业与政府进行合作，参与公共基础设施建设的一种项目融资模式。

这个合作项目在2004年前后开始酝酿。当时中国城市地铁建设正值高潮期，地铁投资额巨大，政府希望通过PPP模式为地铁建设融资。

2004年11月底，北京市交通委牵头成立了4号线特许经营项目政府谈判工作组，港铁公司、西门子等多家企业参与了谈判。2005年2月，谈判组选择了港铁和首创集团组成的联合体。2006年，工作组与京港联合体经过了三年的谈判最终达成协议。2006年1月，京港公司成立。

将如此重要的公共服务交给社会资本运营，政府仍有顾虑。国家发改委综合运输研究所城市交通研究室主任程世东表示，政府需要权衡的是，既要保证委托运营的公司能够平稳运营下去，又要防止其未来因客流量、票价的变化获得暴利。

北京市政府委托北京大岳咨询有限责任公司（以下简称“大岳公司”）参与方案研究。大岳公司总经理金永祥透露，“成本、票价、客流量成为当时双方谈判的焦点”。

政府对北京地铁 4 号线的补贴实际上是根据两个价格计算的，一个是市民支付的票务价格，另一个是政府和京港公司之间约定的结算价格，结算价格比票务价格要高，其中的差价就是政府给予的补贴。结算价格会根据每年成本测算的变化而有所变化，而成本测算每年将根据 CPI 等因素做出相应调整。

对京港公司而言，在每年补贴给定的情况下，如果公司实际运营成本超出了约定成本，超出部分将由自己承担。反之如果实际运营成本低于约定成本，省出来的部分就形成了利润。

金永祥曾耗时三年为政府研究草拟双方合作的财务模式。他说，作为项目的业主方，政府在谈判中占据主动地位，很多情况下是政府提出条件和要求，如果京港有异议，双方再做出调整。“比方说，在成本核算时，政府认为一个地铁站内的人员配置是三四个人，而京港认为需要七八个人，于是双方会再协调一个能达成一致的人力成本。”金永祥说。

而政府对北京地铁公司的补贴模式截然不同，程世东透露，北京地铁公司一般在年终时跟政府算总账，政府根据亏损情况给予北京地铁公司补贴。

国家发改委一位知情专家表示，“北京地铁运营公司每年获得的补贴金额都是谈出来的，补贴金额的差异取决于谈得怎么样或当年财政是否宽裕，补贴额度一年一议，一般是谈多少补多少。”北京地铁公司是 2001 年从北京市地下铁道总公司改制重组而来，这种补贴模式已有几十年的渊源。

另据一位轨道交通研究机构的专家透露，除了每年政府财政对收支缺口的补贴之外，北京地铁公司还会获得其他名目的资金。比如，设备更新改造的专项基金，或者其他明目的拨款，这些资金通过不同的渠道进入北京地铁公司，但却没有算入运营收入。

京港盈利

一位对京港地铁运营比较了解的人士透露，在PPP协议约定的补贴下，京港公司从第一年开始就是盈利的。

对于京港公司盈利的说法，港铁中国首席执行官易珉没有否认。他说，“我们要到大陆来投资地铁，看重的是内地巨大的发展潜力，当然，我们也需要保证股东能得到合理的投资回报，这是一个上市公司对项目的基本要求。”

港铁公司2013年年报显示，该年度港铁应占北京京港地铁有限公司的利润为2.03亿港元，较2012年减少4900万港元，主要由于2012年有6600万港元的会计调整。若不包括这个一次性项目，利润贡献较2012年增加9.1%。

在过去35年里，港铁公司已经探索出一套“轨道交通+物业”的盈利模式，即以地铁物业综合开发的利润来补贴轨道交通的亏损，从而在没有补贴的情况下实现盈利。但是，当港铁进入内地后，土地制度的制约让这一模式无法推行。

对于目前良好的盈利状况，易珉回应称，因为京港地铁做得比别人多，将成本压到了最低。

京港公司的赢利主要来自两个方面，一是公司内部的高效管理和成本控制；二是客流量大幅增长为公司带来的超预期收益。

程世东告诉《经济观察报》记者，港铁公司是上市公司，对旗下公司的成本控制较为严格，在用人效率、资本运营、成本管理上有着精细的计算。而据易珉透露，政府跟京港公司的所有约定都是有业绩考核的，在PPP协议里，政府对京港公司所提供的服务水平、质量、安全保障有着细致明确的要求。

另外，客流量的倍增也让京港公司的收益超乎预期。据知情人士透露，签订《特许协议》时，根据当时的估测，正常情况下，地铁 4 号线的日客流量在 60 万人左右，如今实际客流量已经达到 130 万人。

不过，在今年 5 月中国财政学会 PPP 专业委员会主办的一个 PPP 沙龙上，易珉表示，京港公司未出现因政府补贴而致投资人获取超额利润或暴利的现象。他说，在平衡公共利益和私人利益方面，北京做得非常优秀。

实际上，在 PPP 协议中，政府已设置了一道关卡让京港公司避免了这种“暴利”。政府在协议中设置了客流量的范围，当超过这一范围时，客流量增长带来的超预期收益将由政府和京港公司分享，政府获得大部分，而京港公司获得小部分。但即使在这样的约束下，京港公司的收益仍然是超出投资预期。

在上述沙龙上，易珉还透露了一个数据。他说，根据京港公司的测算，在 4 号线目前的模式下，政府的财政支出总额大概为 500 多亿元，如果是传统模式应该花 600 多亿元，PPP 模式帮助政府大概减少了财政支出 100 亿元。

2011 年 9 月，北京市发改委曾对 4 号线做过评估，印证了 4 号线在 PPP 模式下所获得的效益。继地铁 4 号线之后，京港公司又获得了北京地铁的大兴线和 14 号线的特许经营权。国家发改委一位研究交通的专家透露，目前北京市政府对于京港公司的运营是比较满意的。

港铁公司 2013 年年报透露，凭借北京铁路专营权的良好运营表现，京港地铁公司屡获殊荣，其中包括由北京市交通安全委员会授予的“北京市 2012 年交通安全先进单位”荣誉称号。

京港地铁公司于 2014 年 2 月已就另一 PPP 项目——北京地铁 16 号线递交了标书。

北京地铁公司这本账

2014 年 7 月，在北京市针对公共交通票价改革问题向公众征求意见时，一组官方数据得以公开。数据显示，2013 年，北京地铁的运营收入为 32.23

亿元，运营支出为66.84亿元，相比2007年，收支缺口在拉大。

根据上述数据，2013年，北京两家地铁运营公司总计收支缺口为34.61亿。

北京交通大学教授贾顺平说，京港地铁在PPP模式下内部管理科学化、精细化做得更好，而北京地铁公司相对比较粗放。

贾顺平曾就地铁运营公司的资产精细化管理做过调研。他透露，作为北京地下轨道交通最大的运营主体，北京地铁公司没有自己清晰的台账。“比如说，地铁站内电梯的购置费用、安装费用、土建费用等，都要按照一定的方法折算到电梯的固定资产里，今后电梯折旧也好，更新改造也好，要对它进行资产管理。目前，我们国营地铁的账还没有这么清晰。”贾顺平说。

每年，北京地铁公司向政府上报其运营成本，但是成本的本身并不透明。“在这些成本中，哪些该算进来，哪些不该算进来，是有一定操作空间的。”贾顺平表示，在国营企业的台账中，有一些不该计入的成本，成为年底申请补贴的依据。

相对而言，京港公司对于运营成本包括固定资产折旧的管理较为精细。“现在有多少辆车，具体到有多少个部件，比如，动车里的某传动设备价值多少，可以使用多少年，哪些需要大修，哪些需要日常维护，京港都有非常细的数据。有了这些数据才能做到精细化管理。”在几年前的调研中，贾顺平对此印象深刻。

在贾顺平看来，国有地铁运营公司粗放式的管理有其历史原因，当年北京地铁公司接手运营时可能就没有这个详细的基础账，之后要做这项工作要花大力气，再加上大家不重视这个事儿，所以就不做了。

为何国营地铁公司可以如此“信马由缰”?

贾顺平分析，这是历史体制留存下来的问题，这类公司名义上是独立的公司，实际上没有形成现代化的公司治理结构。“既不用承受股东的压力，也不用担心企业破产、员工下岗。在这种缺乏约束和激励的生存环境下，国营地铁公司的低效率、高成本、浪费引发了民众的不满，也成为地铁票价改革的障碍。”

作为北京地铁公司资产的出资人，京投公司无力要求北京地铁公司压缩成本。从法理上，京投公司是以“甲方”的角色将地铁资产委托给北京地铁公司来运营，它代表政府投资管理地铁资产，有义务保证资产的保值增值。但在现有管理体制下，京投公司和北京地铁公司同属于地方国企，是平行的关系，甚至北京地铁公司因为直接运营地铁资产而“显得更牛”。京投公司无力约束这个特殊的“乙方”。

PPP 模式下的京港地铁因为一纸协议受到了全面的约束。贾顺平认为，国营企业也应该建立这样的补贴机制。

程世东则表示，对于新增地铁线路的运营，政府应采取购买服务的方式，无论何种资本性质的运营企业，谁的效率高，谁的服务好，就将地铁交给谁来运营，甚至对现有地铁运营线路也可以采取这种方式。

但不可忽略的是，北京地铁公司作为有几十年历史沿革的国有企业，存在难以用市场方法来解决的历史包袱。“要解决北京地铁公司运营深层的问题，必须深化体制改革——政府与企业之间如何划清界限，国营地铁应该如何独立，政府应该如何监管——要去推动这些问题的解决。”贾顺平说。

在北京地铁票价调整沸沸扬扬之际，两家地铁运营公司都表现低调。经济观察报记者要求采访京港公司未获反馈，北京地铁公司的新闻发言人则用一句话回应：“票价是上级的事儿。”

3.7　财政部力推 PPP　打通混合所有制渠道

经济观察报　黄文丽、杜涛　2014-05-13

PPP 模式（公私合作模式）是通过合作和管理过程，在不排除并适当满足私人部门的投资营利目标的同时，为社会更有效率地提供公共产品和服务。

2013年年底的财政工作会议，财政部就专门召开了PPP专题研讨会。财政部年度工作已经正式把“推进PPP概念”和“机制创新”作为重点。这样的工作部署也体现在今年年初的财政工作会议上，会议花费大量时间启动PPP机制建设的动员，并做全系统的培训，由财政部部长楼继伟亲自主持。

财政部财政科学研究所所长贾康认为，PPP打开了在法制化的曲线下，进一步发展混合所有制的重要渠道。财政系统相关人士告诉《经济观察报》，楼部长特别强调，他最推崇的是所谓狭义PPP的标准形式——SPV。所谓“狭义的PPP”，是指政府与私人部门组成特殊目的机构（SPV），引入社会资本，共同设计开发，共同承担风险，全过程合作，期满后再移交给政府的公共服务开发运营方式。

目前，港铁参与投资建设并负责运营的北京地铁4号线，采用的就是PPP的运作模式。北京地铁14号线也将采用PPP模式：该地铁线路全长47.3公里，预计将在2015年年底之前全线开通，包含37个车站，总投资500亿元人民币，特许经营30年。

PPP模式在国内发展迅猛，但在快速发展带来利益的同时，一些隐患也慢慢凸显。法国威立雅公司，一直被专家认为是PPP模式实践较好的例子，而目前，兰州自来水苯污染事件，却将其推到风口浪尖上。伴随水污染事件在国内不同城市频现，PPP模式在实践过程中也暴露出越来越多的问题。

平衡

当下，尤其在我国推进新型城镇化建设的大背景下，PPP作为一种重要的融资渠道，受到地方政府的热捧，地方政府纷纷举办PPP专题培训班、调研研究等活动。不过，要在项目的公共利益与企业利润之间比例得当，仍有许多问题亟待找到“平衡”。如果地方政府只将PPP作为一种融资方式，而忽视目前暴露出的一些问题，预计将很难达到最初的目的。

“PPP进展到现在，项目出问题的，多是早期运作过程中的遗留问题，即在项目早期就存在隐患，例如早期企业是与政府这个领导班子签的项目，结果领导班子换人了，于是这个项目出现问题，留下隐患。”中国财政学会 PPP 专业委员会常务委员会、大岳咨询有限公司总经理金永祥告诉《经济观察报》。

“政府先要做的是观念上的转变，调试自己的心理，在与企业之间的合作不能一直处于强势，不能用传统的体制，不能用官位去管，要有契约精神和法律意识，履行在 PPP 项目中的义务。”金永祥表示。

而企业在与政府进行 PPP 项目合作时，诚信是第一要素。“不能因为这个项目不赚钱，就不管了，就丢给政府，企业自身也要有契约精神，这方面我觉得威立雅做得不错。”金永祥说。

兰州苯超标水污染事件，威立雅公司面临巨大的损失。记者了解到，威立雅公司在污染事件发生后，已经邀请了技术顾问对这次水污染事件暴露出来的问题进行研究、应对处理，同时也与相关的专家顾问洽谈，商讨设计应对机制。

利益

企业与政府在 PPP 项目合作中的利益分配问题，即定价机制问题，也存在矛盾。

此前有报道称，在兰州，威立雅公司每年的投入预算值都较低，以公司运营的角度，希望尽量以最小的成本谋求利益最大化。然而，基于当时威立雅公司为获得 45% 的股权，已经付出了极高的投标价 17.1 亿元，而后期兰州的水价近四年来一直未涨，据兰州威立雅公司相关负责人描述，这些年威立雅公司基本处于亏损状态。

“提价是有一个标准和原则的，就是一个价格的调整机制，价格几十年不变不科学，变得太频繁也不科学，要具体了解是基于一个什么样的调节机制，与物价指数如何挂钩。要了解到有些地方长期不调价，经营者负担的成本就会上升。”财政部财政科学研究所研究院、中国财政学会公私合作专业委员会秘书长孙洁强调。

不过，金永祥认为，在 PPP 模式下，许多公共产品不应该涨价，因为引入PPP模式后效率更高，“若是涨价，那么如何体现PPP模式的优势，如何保护公众利益不受损失”？

政府在与企业合作的过程中，最理想的状态是让私营资本盈利，但不暴利。孙洁认为：“一般PPP项目会做限制，不能让利润过高也不会让项目亏损，因为这是公共项目，如果架桥项目亏损，直接将桥封了也不行，所以这基本上是一个长期的、稳定的、低收益的投资项目。”

对PPP项目在运营过程中，存在定价机制、收益分配机制等不尽合理的问题，不少专家指出，应该采取“弹性定价”，财政部财科所研究员孟翠莲曾在接受媒体采访时，建议建立一种动态调整的定价，或者政府补贴机制，形成长期稳定的投资回报，同时，还要有绩效评价机制，根据企业的经营状况调整投资回报率，从而对社会资本产生吸引力。

监督

项目实施运行中，为保证其能顺利进行，必不可少的是监督。“政府角色需要转换，由过去集生产者、经营者、管理者、监督者于一身，变为将生产者与监管者分离，政府把握监管，就会更加有效，同时，民众也要参与到监督中去，但若监管不到位出现问题，要查各方责任。”孙洁强调。

金永祥认为，政府职能的转变没有跟上项目的转变是主要原因。不少PPP项目是以前的垄断行业或者国企行业转变过来的，之前的监管比较松散，而转化为PPP项目之后，地方政府的监管依然按照之前的思路。对数据、合同履行的监管松散，这样肯定会出问题。

“PPP模式是政府购买服务的一种形式。因为这本身是政府要做的事，政府不做，交给企业来做，政府购买其服务或者设施。比如过去是一个项目，现在除掉资产之外还有服务，这是长达20年的服务，但是，有些地方没有严格按照政府采购的程序做，如违标，没按照正常的减价机制，可能效果就不如原来的好。”孙洁表示，威立雅公司就现在运作本身而言，技术可能较好，但这个过程如果缺少监督，企业无疑是要以追求实际利益最大化为目标的。

不过，水污染事件中暴露出 PPP 项目新问题的同时，还展现出另一个亮点。“威立雅公司这次的兰州水污染事件是暴露问题，反映趋势。”金永祥对《经济观察报》表示，“这个项目真正在受到监管，城市居民真正关心这个事”。简单而言，就是居民参与到监管的行为中，这种情况下，监管才能够真正起到作用。

此外，PPP 项目需要做长期的科研配套工作，就是研究可行性、收益、来源保障，需要一个长期的准备。譬如一个项目准备采用 PPP 模式，准备工作要比其他项目长，因为这涉及到公私双方的利益及公众的利益，准备半年以上、一年甚至长达数年十分有必要，不能准备一两个月就仓促上马，这样，后面就会出现很多的问题。

金永祥表示，目前，发改委在立法、住建部、交通部、财政部在积极参与，几个副部长也都在研究合作，未来 PPP 模式或许会暴露出更大的问题，但是，相信现在在资本金的参与、贷款、银行如何进入项目方面暴露出来的问题过几年都会得到解决，未来 PPP 模式的发展还是有很大空间。

3.8 城镇化刚需催发 PPP 项目建设热情

中国经济新闻网　张焱　2014-05-08

5 月 5 日，由中国财政学会 PPP 专业委员会主办的北京地铁 4 号线 PPP 项目经验介绍会上，政府官员、企业人士以及投资机构介绍自己的项目经验。

大岳咨询总经理金永祥认为，成功案例的分享对 PPP 运作有重要的意义，北京地铁 4 号线 PPP 模式解决了公益性和逐利性的问题。PPP 不仅是带来钱这么简单，更多的是运营管理，另外政府职能转变能否突破也很关键。

据悉，大岳咨询有限公司全程参与了北京 4 号线项目策划和运作，4 号线是北京市首条采用 PPP 方式建设运营的线路，项目总投资 153 亿元，分为 A 部分 107 亿元土建投资和 B 部分 47 亿元的机电投资，其中 B 部分由社会投资组建项目特许经营公司负责投资建设，即PPP模式。北京市引入了香港地铁的投资和运营管理经验，由港铁、京投、首创合资成立的京港地铁公司承担B部分，仅此一项就为北京市节省了近50亿元资金。

金永祥认为，城镇化42万亿元的资金需求，意味着PPP可挖掘的空间很大。

香港铁路有限公司中国业务首席执行官易珉表示，“如果说4号线完全由政府投资运营可能需要500亿元，而采用PPP则节省了100亿元。PPP不仅在于融资带来钱这么简单，更重要的是其后的运营和管理，4号线模式打破了原有机制，引入透明的市场竞争机制，同时植入了很多港铁的运营理念”。

河南省财政厅副厅长赵庆业表示，PPP作为政府与市场的桥梁，能激活社会资本活力，利于政府职能的转变，希望政府尽快出台PPP的指导意见或对PPP作出指引。

据了解，河南洛阳已被财政部确定为亚洲开发银行PPP项目试点城市，洛阳筛选出九都路东延长线、新街跨洛河大桥、中原大道等作为推进PPP的项目，总投资为30亿元。

金永祥认为，地铁4号线的出现在北京地铁行业产生了‘鲶鱼效应’，激活了地铁原有的体制，对行业带来的影响远远超过事情本身。目前，北京地铁除了4号线、14号线采取PPP模式外，计划开建的北京地铁16号线也将再度引入这一合作模式。

3.9 多方聚焦北京地铁4号线PPP模式

每日经济新闻 金微 2014-05-07

一场PPP（公私合作伙伴关系）沙龙吸引了300多人的关注，让主办方始料未及。

5月5日，由中国财政学会PPP专业委员会主办的北京地铁4号线PPP

项目经验介绍会上，政府官员、企业人士以及投资机构纷纷到场取经。大岳咨询有限公司全程参与了北京 4 号线项目策划和运作，大岳咨询总经理金永祥认为，成功案例的分享对 PPP 运作有重要的意义，北京地铁 4 号线 PPP 模式解决了公益性和逐利性的问题。

有基金公司负责人向《每日经济新闻》记者表示，虽然没有 PPP 运作经验，但是城镇化 42 万亿元的资金需求，意味着 PPP 可挖掘的空间很大。

而在 PPP 专业人士看来，PPP 不仅是带来钱这么简单，更多的是运营管理，另外政府职能转变能否突破也很关键。

4 号线模式打破原有机制

PPP 被寄予化解地方债务风险、解决新一轮城镇化融资需求等诸多期待。

在当天的沙龙上，香港铁路有限公司中国业务首席执行官易珉介绍了北京地铁 4 号线的合作历程，他说："如果说 4 号线完全由政府投资运营可能需要 500 亿元，而采用 PPP 则节省了 100 亿元。"

4 号线是北京市首条采用 PPP 方式建设运营的线路，项目总投资 153 亿元，分为 A 部分 107 亿元土建投资和 B 部分 47 亿元的机电投资，其中 B 部分由社会投资组建项目特许经营公司负责投资建设，即 PPP 模式。北京市引入了香港地铁的投资和运营管理经验，由港铁、京投、首创合资成立的京港地铁公司承担 B 部分，仅此一项就为北京市节省了近 50 亿元资金。

在易珉看来，PPP 不仅在于融资带来钱这么简单，更重要的是其后的运营和管理，4 号线模式打破了原有机制，引入透明的市场竞争机制，同时植入了很多港铁的运营理念。

京港地铁的特许经营时间为 30 年，在此期间需要负责运营期内线路、设备设施的所有维修维护和更新改造工作，而如果是其他线路，这部分资金则由政府支出，这在一定程度上再次减轻了政府的财政压力。

据易珉透露，PPP 公司的主要收入来源是票务、广告资源经营权、电信资源经营权等收入，"4 号线 B 部分项目全部投资内部收益率和资本金内部收益率等指标达到并略超出特许经营谈判阶段投资方的预期”。

金永祥认为，地铁 4 号线的出现在北京地铁行业产生了‘鲶鱼效应’，激活了地铁原有的体制，对行业带来的影响远远超过事情本身。目前，北京地铁除了 4 号线、14 号线采取 PPP 模式外，计划开建的北京地铁 16 号线也将再度引入这一合作模式。

投资机构更关注 PPP 收益

目前，除了北京，杭州、深圳等地部分地铁线也开始采用 PPP 模式运营。

河南省财政厅副厅长赵庆业在沙龙上表示，PPP 作为政府与市场的桥梁，能激活社会资本活力，利于政府职能的转变，希望政府尽快出台 PPP 的指导意见或对 PPP 作出指引。

此前，河南洛阳已被财政部确定为亚洲开发银行 PPP 项目试点城市，洛阳筛选出九都路东延长线、新街跨洛河大桥、中原大道等作为推进 PPP 的项目，总投资为 30 亿元。

在沙龙现场，中融华资投资基金管理有限公司负责人特意到场学习，并对 PPP 表达了浓厚的兴趣，“虽然还没有运作过 PPP 项目，但是作为城镇化资金的主要渠道，我们认为未来空间很大”。

泛太平洋管理研究中心董事长刘持金此前表示，PPP 模式用于新的城镇化建设项目应当需要许多创新，尤其是和目前各类私募股权基金的结合，可能会探索出一条中国特色的 PPP 模式。在沙龙现场，一名基金公司负责人在接受《每日经济新闻》记者现场采访时表示，PPP 的回报率比想象中低，而且投资周期较长也是个问题，投资公司如何说服出资人接受这个模式是个问题。“PPP 模式需要解决借短用长的问题，这有赖于国家出台政策形成资金池，建立类似于新三板的流转机制，出资人能够把份额卖出去，将份额的持有权作为交易物去流转。”

清华大学建设管理系教授王守清在接受《每日经济新闻》记者采访时

说，如果追求短期回报，基金不适合投资 PPP 项目，除非与其他资金互补，PPP 更适合中长期放贷和投资，比如险资，这是由 PPP 的公益性和长期性决定的。PPP 的关键是社会出资，政府监管企业提供的产品和服务，提高效率和服务水平。

3.10 重新出发的 PPP

中国水网研究院　肖琼　2014-05-07

2014 年 5 月 5 日，由中国财政学会 PPP 专业委员会主办，大岳咨询公司承办、中铁一局、中节能水务、柏林水务中国有限公司等单位协办的首期《中国 PPP 沙龙》成功举行，来自政府、咨询及学术机构、企业界的近 200 名相关人员参与了此次会议。

会上，财政部财政科学研究所所长贾康、国家发改委财政金融司副司长李聚合、河南省财政厅厅长赵庆业分别进行了致辞；中国财政学会 PPP 专业委员会秘书长孙洁和大岳咨询公司总经理金永祥分别介绍了沙龙的策划和筹办过程；港铁中国总经理易珉做了《北京地铁 4 号线 PPP 项目经验介绍》的主题发言，国务院发展研究中心孟春研究员、清华大学王守清教授和大岳咨询公司金永祥总经理分别就项目进行了点评；来自不同领域和部门的参与者与演讲者进行了互动交流。

2014 年 4 月 23 日，由李克强总理主持的国务院常务会议明确加快投融资体制改革，让社会资本尤其是民间投资进入一些具有自然垄断性质、过去由政府主导的领域，并推出 80 个示范项目面向社会招标。根据中国水网研究院近期对 PPP 模式开展的初步研究显示，PPP（Public-Private-Partnership），通常译为“公私合作/合营”，在目前的推广与应用中，有着广义与狭义之分。广义的 PPP 包括了几乎所有政府服务外包的各类形式，包括带有融资功能的 BOT、TOT、股权合作等，也包括不带有融资功能的 DBO、委托运营。

狭义的PPP，主要是区分于上述各类广泛的PPP合作模式，特指致力于“伙伴关系”的构建，需要财政资金参与投资并有清晰的责任与权利的约定，能较大程度实现政府与企业的风险和利益合理分担原则的一种特殊关系。从本次会议上获悉，此次财政部主推的PPP，也是狭义的PPP模式，为落实国务院常务会议决定，中央及地方财政系统掀起了学习及推动PPP的热潮，全国多个省份都在酝酿成立PPP中心，财政部也在推动建立示范项目，并探讨通过财政资金进行补贴以推动PPP模式的更好发展。

就目前PPP模式在国内的发展现状而言，大岳咨询公司总经理金永祥介绍说，自2002年以来，PPP模式在中国已发展多年，世界银行将所有社会资本参与公共设施建设运营都称为广义PPP，目前全国范围内广义PPP项目已达到近8000个，但真正的PPP项目数量不超过100个。并且在很多项目推进过程中，合同条款约定及回报率要求等问题的无法解决使得项目进展困难甚至无法开展。然而，过往的项目给我们提供了很多宝贵的经验和教训，因此对于项目成败的经验总结与借鉴，将有利于推动未来PPP模式工作的更好开展。

对于未来PPP模式在市政及环境领域的推进与发展，中国水网研究院执行院长薛涛在会后向中国水网记者表示，目前在我国已经形成了较为典型的项目，以北京地铁4号线、上海竹园污水处理厂为代表，这两个项目较好的体现了“伙伴关系、利益共享、风险共担”的PPP三原则，财政部主推的也是此类项目模式。但是，在市政与环境领域的PPP模式的推动上，也需要解决几个深层次的问题：一是在推动PPP中心的建立上，与当年住建部所推特许经营如何进行区分；二是相比以往单元服务领域中的BOT/TOT等传统模式，如何有所创新与提升；三是如何在以修复为代表的新兴领域中进行PPP的推进等……

据了解，中国水网研究也将发布《PPP二十问》，就在市政与环境领域如何推进PPP进行深入的探讨与分析，期望PPP能发挥更好的作用。

3.11 一张 4 号线地铁票的成本计算

北京晚报　孙毅　2013-12-20

近日，北京市出台《进一步加强轨道交通运营安全的工作方案》，表示将推出差别化票价，缓解高峰时段客流压力，降低大客流风险。

北京市地铁现行的 2 元一票制，从 2007 年开始一直延续至今，不过近年来，有关地铁要涨价的新闻不断见诸报端。这一次，涨价的理由是缓解客流压力，而此前，涨价理由集中在财政负担上。

12 月 18 日出版的《人民日报》，援引北京市交通委运输管理局副局长、新闻发言人马伯夷的观点——对于居民来说，“公交优先”直接体现在低票价带来的低出行成本上。但“公交优先”是一个庞大的系统工程，道路修建、轨道交通、综合换乘枢纽、场站建设等都是组成部分。财政压力逐年增长，负担逐步加重，不利于公共交通的可持续发展。

那么，北京地铁的成本主要由什么构成？收入又来自哪几个方面？记者利用公开数据，以地铁 4 号线为主要样本，对其运营成本进行了初步计算。

样本解读

特许经营模式的地铁 4 号线

大岳咨询有限公司是北京地铁 4 号线 PPP 项目的咨询顾问，公司总经理金永祥在接受记者采访时介绍，目前，北京地铁由三方负责。

北京市基础设施投资有限公司（下称“京投公司”）从市政府获得财政投入并筹集建设资金，北京市轨道交通建设管理有限公司（下称“轨交建设公司”）从京投公司得到资金并负责建设，北京市地铁运营有限公司（下称“运营公司”）负责运营。

2009 年 9 月 28 日开通运营的北京地铁 4 号线，全长 28 公里，共设 24 座车站，连接北京南站、西单、动物园、中关村等区域。4 号线开创了运营新模式，它成为内地首条以“特许经营模式”运营的轨道交通线路，这种模式又被称为公私合伙制（Public-Private-Partnership，PPP模式）。

4号线成本计算年成本约11.85亿元

根据北京交通大学中国交通运输价格研究中心，2012年发表的《城市轨道交通成本构成分析》，城市轨道交通的成本构成包括两部分：内部成本和外部成本。

其中内部成本包括：前期规划设计成本、建设成本、运营成本。外部成本则指，交通运输的发展带来了交通事故、噪声、空气污染等因素产生的成本费用。

内部成本相对比较明朗

《城市轨道交通成本构成分析》提供的数据，地铁4号线前期规划设计成本约为3亿元，这笔费用为财政投入。

建设成本，约为153亿元，包括前期准备、征地拆迁、土建、车辆、信号、设备等。其中，征地拆迁每公里的成本约为4608万元，总成本约为12.9亿元。

根据北京市政府与港铁签订的《北京地铁4号线项目特许协议》（以下简称《特许协议》），北京4号线总投资153亿元，其中财政投入107亿元，主要用于轨道土建建设等。由香港铁路有限公司、北京首都创业集团有限公司、京投公司三家公司合资的北京京港地铁有限公司（下称“京港地铁”）投资，投资额约46亿元，负责车辆、信号、通信等主要设施和机电工程的建设，并在30年的特许经营期内掌管4号线的运营和管理权。京港地铁46亿元的投资额中，有30.8亿元为贷款。

运营成本，《城市轨道交通成本构成分析》利用既有资料进行了推算。

运营成本具体包括：

4号线年运营成本 = 工资及法定费用 + 修理费 + 电力费 + 营运费 + 折旧费 + 租金 + 管理费用 + 财务费用 + 营业税金及附加（财务费用由贷款等产

生）

由于京港公司没有公布具体的运营成本，《城市轨道交通成本构成分析》在既有资料基础上，考虑北京市人均工资环比增长率、资产折旧率、贷款利率等进行的推算，得出 30 年运营成本约为 185. 8 亿元。

外部成本相对较难理解

《城市轨道交通成本构成分析》认为，事故损失、噪声污染、空气污染等外部成本，随着 4 号线客运量的逐年增加，其所造成的外部成本也将逐年增加，到 2039 年将达到 4974 万元，30 年一共将达到 13. 7 亿元。

根据以上数据，北京地铁 4 号线在 30 年的租赁期内，前期规划设计成本为 3 亿元，建设成本 153 亿元，运营成本 185. 8 亿元，外部成本 13. 7 亿元，总成本为 355. 5 亿元，平均到每一年约为 11. 85 亿元。

4 号线收入计算年收入约为 5. 64 亿元

在普通乘客看来，地铁的主要收入来源无疑是卖票。但 4 号线因为有香港地铁的介入，显得稍有些与众不同。

大岳咨询有限公司总经理金永祥告诉记者，“香港地铁的开发，跟我们理念不一样。香港是交通引导城市开发，地铁建设与城市开发连接起来，不仅是在地铁站边建楼、卖楼，地铁站附近商机其实很多。而我们主要是先建设城市，然后用交通建设缓解压力。”

但在北京地铁 4 号线，港铁“铁路 + 物业”的模式暂时还没有产生作用。他解释说，香港地铁在介入 4 号线时，4 号线的规划早就完成，甚至建设都已经开工了，所以在合同中，港铁不参与地上物业开发，只负责“地下部分”运营。

而由于安全等因素的考虑，北京地铁所有车站的零售业开发都非常有限，“现在几乎看不到地铁零售店”。因此，金永祥表示，4 号线八成以上运营收入来自售票。

由于采用了 PPP 模式，4 号线的运营成本由京港地铁承担。最初核定

《特许协议》时，京港地铁核定票价是3.34元，京港地铁当时认为，以这个票价，可能在通车三年后出现盈利。但后来，北京地铁实行2元一票制。而且，因为4号线与其他线路分属京港地铁和北京市地铁运营公司两家运营，所以2元的票价，4号线需要与其他线路分账。据《经济参考报》2011年报道，4号线从2元票价中获得的实际份额约为1.04元。

根据京港地铁官方微博公布的数据，地铁4号线客流量：12月17日为121.1万人次、12月16日为122.2万人次、12月15日为106.3万人次、12月14日为108.9万人次、12月13日为132.1万人次、12月12日为120.7万人次、12月11日为120.0万人次。

7天的平均日客流量为118.8万人次，以此推算，地铁4号线2013年年客流量可能会达到约43362万人次，即4.3362亿人次。

以现在4号线每张票1.04元的售票收入，乘以4.3362亿人次，年售票收入约为4.51亿元。

4号线唯一比其他地铁线路运营得好的是广告，但数额也有限。据金永祥介绍，4号线一年的广告收益能达到几千万元，已经比其他线路高。以售票收入占4号线总收入八成这个比例推算，4号线年总收入为5.64亿元。

4号线票价计算每卖一张票京港公司亏损1.43元

根据以上测算，4号线每年的成本约为11.85亿元，年总收入约为5.64亿元，也就是说，每年亏损约为6.21亿元。如果按照4.3362亿人次的年客流量来计算，4号线每卖一张票，亏损约为1.43元。1.43元为京港公司运营的地铁4号线亏损额，并不包括北京地铁其它线路所承担的亏损。

金永祥透露："当时《特许协议》合同中有明确的条款，如果北京地铁票价高于3.34元，多出的部分，京港地铁需要交给财政。如果地铁票价低于3.34元，少了的部分，财政需要补贴给京港地铁。"

据2011年《经济参考报》报道，2010年北京市按协议对4号线的补偿金额为6.4亿元。

2013 年 1 月，市财政局在市人代会上透露，2012 年，轨道交通补贴投入为 36. 9 亿元。

金永祥告诉记者，对地铁票进行成本计算，只是一个理论上的理想状态，在实际操作中，在北京地铁的三个负责方——京投公司、轨交建设公司、运营公司，每年需要财政补贴的是运营公司（4 号线为京港地铁）。

“政府每年有财政预算给京投，然后由京投花钱委托轨建来施工。建设成本中，京投还会贷款，然后通过其他融资手段，比如投资房地产等，来偿还贷款本息，所以地铁建设等于是有额外的预算。但是由于票价低，运营确实会亏本，因此运营公司会找财政申请补贴。”

4 兰州市供水集团部分股权转让项目报道

4 兰州市供水集团部分股权转让项目报道

4.1 兰州供水集团出让部分国有股权

西部商报 杨燕妮 2006-01-23

传闻已久的兰州市供水集团公司将出让部分国有股权与国际投资机构开展合作的事宜，日前终于明朗。昨日（1月20日），记者从兰州市国资委了解到，近日兰州市国资委会同兰州市发改委、建委、财政局、物价局等10多家市直相关部门和单位的领导、专家，就兰州供水集团出让部分国有股权、引进国际战略投资合作伙伴事宜达成共识。这标志着兰州公用事业市场化运作正式启动。

外资参股 坚持“六项原则”

论证会上有关专家指出，除了出让股权、引进资金开展合资经营外，兰州供水（集团）有限公司与国际投资机构的合作更要侧重于引进国外的先进技术、管理和理念。据介绍，在吸引外资方面，兰州供水集团及合作方今后要坚持“六项原则”，即：要在政府调控下进行市场化运作；要在股权多元化的基础上实现股权结构设置的合理化；要体现企业的经济效益和可持续发展能力；要实现资产重组、业务重组和人员重组；要做到高起点的引进，大手笔的运作；要坚持收益和市场风险共担、权利与义务统一。

兰州供水集团：外资投资者还没确定

针对兰州水务对外资开放一事，兰州供水集团的相关负责人表示，股权转让刚刚通过专家论证，目前还没有明确的合作单位。据了解，兰州供水集团有限公司2005年3月成立，是在原自来水总公司的制水公司、供水公司等6个控股子公司基础上改造成的有限公司。公司总资产达5.14亿元，兰州市国资委行使集团控股权及国有股监管权，董事会履行生产经营管理权。有关业内人士表示，兰州水务引进外资的合作伙伴可能是法国威立雅水务集团，该公司已成功参股深圳水务集团等多个城市的水务。

“洋水务运动”：渗透西部20多城市

据了解，近年来，随着国家对城市公用事业的开放，法国苏伊士、威立雅、日本丸红株式会社合资的项目投资公司等国外水务巨头都把目光瞄准我国的水务行业。据有关媒体报道，西部城市重庆、成都、贵州等20多个城市的供水、污水处理行业都已渗入了国外资本。

其中重庆于2003年与法国苏伊士签订协议，重庆水务集团持有40%的股权，法国苏伊士持有60%的股权，突破50%大限。从此，西部水务行业也向外资打开了大门。

4.2 威立雅水务获得兰州供水集团部分股权

中国水网　2007-01-21

1月19日，兰州市国资委、建委与法国威立雅水务公司草签了兰州供水集团公司股权转让及增资项目的项目协议，大岳咨询公司担任了该项目的顾问。该项目转让3.5亿股、扩股1.4亿股，威立雅公司共出资17.1亿元，由于项目溢价较高受到业内高度关注。大岳公司项目经理蔡建升说：“在该股权转让项目中，职工在职工股转让溢价中受益，而水司在改制后也获得了发展所需的充足资金，这是国内类似项目中少见的。”

据悉，兰州供水集团是中国“一五”时期建成的156个重点建设项目之一，是兰州市唯一一家大型供水企业，建厂51年来，积累了丰富的水处理技术，特别是处理黄河高浊度水的特殊技术。为转变企业经营机制，提高公用行业运营效益和服务水平，兰州市委、市政府决定，将兰州供水集团列为公用行业国企改革资产重组项目，转让企业部分国有股权，并决定实施国际招标，引进国内外水务战略投资者，实施资产重组，合资经营。去年9月15日，这一项目公开挂牌，面向国内外水务公司广泛招商。兰州市严密组织，依法规范操作，先后召开5次政府常务会、7次市长办公会和30多次工作小组会议，解决了供水集团的国有土地确认等历史遗留问题和项目实施中的重大问题。经面向国内外招标，共有国内外7家大型水务企业参与报名，威立雅水务公司等3家企业进行了现场尽职调查，并于去年12月10日的开标仪式上正式递交了投标文件。经过严格评审，最终确定威立雅水务公司为转让受让方。

威立雅水务公司是一家具有150年历史的跨国大型专业化水务公司，在国际水务领域拥有先进的水务技术和管理经验，具有很强的经济实力。此次正式签订合同中，威立雅水务集团将持有兰州供水集团及污水处理项目45%的股份。

在签约仪式上，威立雅水务公司全球副总裁、亚洲董事长卡迈斯先生表示，中法两国之间具有深厚的友谊，黄河水、塞纳河两条河为我们架起了友谊的桥梁，我们将尽全力把此次合资经营项目打造成全球典范项目。

4.3 兰州供水集团股权转让超溢价之争

经济观察报网　李平、王鹏　2007-04-23

正焦急等待商务部批得的兰州供水集团股权转让项目，突然迎来了一连串的质疑之声。

4 月 6 日，在“2007 城市水业战略论坛”上，威利雅公司高溢价收购兰州供水集团股份成为整个论坛的焦点。在另外两家同样是世界最有经验的城市水务战略投资机构的报价分别只有 4.5 亿和 2.8 亿的情况下，威利雅悍然出价 17.1 亿元。

首创集团总经理潘文堂坦言：“我们报 2.8 亿元的价格已经是最大限度地估计了兰州项目的盈利能力。威利雅这么做的道理何在真的很让人疑惑。”国内环境服务行业商会会长文一波也表示“看不懂”。

值得注意的是，此次威利雅获得的是完全产权。国家建设部政策法规司副司长徐宗威在“2007 中国水战略论坛”上严肃地指出，“特许经营权当中的产权，轻易不能动”。

在关于公用事业改革政策还不清晰的背景下，兰州水务的高价出让只是有了一个开始，结局还远远不能看到。

转让前后

威利雅收购兰州供水集团 45% 的股权就是改革的第三步，也是最为关键的一步。2004 年，兰州自来水厂改制重组。

作为“一五”期间前苏联援建的 156 项重点工程之一，兰州自来水厂时至今日，日供水设计能力为 138 万立方米，管网总长度 620 公里。这些数字背后，却是兰州自来水厂背负着 11 亿贷款和 6.19 亿元的债务，每月亏损 1000 多万元，设施陈旧，服务效率低下。

兰州市政府制定的“改制三步走”是：第一步清产核资，完成职工身份置换，组建兰州市供水集团公司。第二步是内部机制的转换。最关键的第三步则是寻求战略投资者，出让部分国有股权，组建规范的股份有限公司。据兰州市招商局有关负责人称，早在 2004 年，法国威立雅水务集团就与兰州市招商局洽谈过兰州水务项目合作事宜。2005 年 5 月 25 日，威立雅集团董事长罗荣汉专程赴兰州考察自来水项目。此后直到 2006 年初，双方进行了多次谈判，都无功而返。双方没有达成共识，“主要是由于价钱谈不拢”。

2006 年初，兰州市国资委就此专门召集发改委、建委、财政局、物价局等单位的领导和专家就一些有争议的问题进行论证，最终就兰州供水集团改制事宜达成“六项原则”，其中定调要做到高起点的引进，大手笔的运作。在这样的原则下，兰州市决定面向全球公开招标，并聘请了专业咨询机构代为操办。

经过半年的准备后，2006 年 9 月 15 日，兰州供水集团发布了《转让兰州供水（集团）有限公司部分股权公告》，进行公开招标。12 月 10 日，兰州市举办了隆重的开标仪式。“共有 7 家国内外企业参与报名，但只有威利雅、中法控股（香港）有限公司和北京首创股份有限公司进行了现场尽职调查，并在开标仪式上正式递交了投标文件。”兰州市政府的咨询代理机构大岳咨询公司总经理金永祥说。

开标结果出乎意料，同为国际水务巨头的中法集团报价只有 4.5 亿，首创甚至不足 3 亿元。威利雅随后与兰州市政府的代表展开了最后的商务谈判。

2007 年 1 月 19 日，威利雅水务亚洲董事长卡迈斯与兰州市常务副市长吴继德分别代表双方正式签署合作协议。

金永祥透露，“甘肃省商务厅已经批准立项，现在就等商务部批准，新的集团公司就可以挂牌成立了”。

金对该结果颇为满意，他说：“从我们介入该项目到成功招商并签约仅用了 203 天，而且是在规范操作的前提下最大限度实现了项目的价值，更重要的是最终政府、投资者、水司及其职工还有供水用户等各方都满意，真正实现了多赢，这不能不说是一个巨大的成功。”

兰州市建委官员透露，这 17.1 亿元资金的用途包括：兰州市政府提取股权转让金 5 亿元，职工股转让金 1 亿 ~2 亿元，其余部分则分期投入自来水厂的运营中。针对兰州市民最为关心的改革后的水价问题，兰州市建委官员认为，曾向投资者口头承诺每年每吨水价上涨两角钱，但是这项内容并没有写进协议文本，所以并不具有强制性。

争议

对于兰州市的改革者们，这样的一个价格实在让他们无法不满意。但是业内人士对于高溢价即是改革效用最大化并不认同。

率先对兰州项目提出质疑的是清华大学水业政策研究中心主任傅涛博士。在兰州项目正式签约后不久，傅涛就在其担任顾问主编的中国水网发表长文《水业资产溢价的背后》，就高溢价表达了自己的担心，“世界上没有免费的午餐，每一笔资金后面都蕴藏着相应的代价，需要在其它的方面或者今后的时间里逐步拿回”。

随后在其参与组织的“2007 中国水战略论坛”上，又就城市水业资产的处置和溢价等问题组织了专门的探讨。

在傅涛看来，兰州项目本身溢价将近 4 倍，这个成本是无论如何要收回的。傅涛归纳了国内出现过的 10 种转移成本的关联交易模式，并戏称为溢价成本转移的“十式腾挪”。这其中包括约定水价、工程技术和设备服务关联、附加投资项目、土地开发等非水业务关联等等。“这些都是将许多原本应该在阳光下的工作变成不公平的内部交易。”

这种说法得到威利雅在兰州水务项目上的竞争对手中法水务投资公司一名高管的赞同，他举例说：“比如在浦东自来水厂项目上威利雅就做了一些工程、技术和设备服务的关联交易：由他旗下的工程技术公司排他性的包揽工程，并且要价明显高于市场价。”

金永祥则反对这种观点。他认为，傅氏视角是建立在一个错误的假设之上：“他假设投资者进来之后服务效率和经营效益没有提高，因此收回成本只能依靠这些所谓的关联交易。事实上不同的水务企业其效率和盈利能力相差能达到 30%。”

他称，“所有的条件都在招标文件中写得清清楚楚，这对所有投资者都是公平公开的，我们最后跟威利雅的谈判也只是就标书上的条款进行了确认，几乎就没有改动”。

金永祥认为兰州项目值这么多钱。“我简单举几项数据你就可以明白：首先，兰州市拿出的是最优质的资产，把很多以前的债务、职工安置等问题都消化掉了以后轻装上阵；第二是人民币升值的预期，国外的预测是未来五年将升值28%，这将是一笔可观的收入。还有很重要的一块儿就是土地的价值。我们的土地资产按保留划拨方式处置，这将为企业节省大笔支出。”

但潘文堂、巢光辉等均表示，这部分价值并不足以支撑17亿元的高溢价。

公用事业改革正在步入改革深水区。当一个个改革案例进入公众视野时，关于公用事业资产出让价格的争论备受关注。

中法控股总经济师巢光辉坚持认为背后还有其他的交易，“让我们无法接受的一件事情是，威利雅在拿到兰州自来水项目的同时还获得了兰州市污水处理项目，这在招标文书里面是没有的”。

兰州媒体3月20日报道，今年兰州市规划拟建的雁滩、西固、和平开发区、空港循环经济产业园等一批污水处理厂将打破地区、行业、所有制和内外资界限，全部以BOT模式向社会资本公开招标。而巢光辉此前得到的消息是，威利雅已将这些项目收入囊中。

本报就兰州项目致电威利雅中国区副总裁黄晓军，他表示，“很多有争议的问题还有待以后的检验，现在过早的肯定或否定显然都是没道理的。”他坦言，自己也没有能力预测该项目的未来。但是，“威利雅不是‘傻子’”。

“即使说存在溢价，这个溢价也是非常合理的，因为威立雅水务在乎的是‘资产包’里的内容，即资产质量和以后的发展空间。”黄给出的另一个理由是战略性的市场布局，“中国政府对西部的重视、西部地区经济发展带来的巨大市场，使威立雅水务看到了其中闪烁的金光。包括进一步开发中亚市场，兰州项目都将起到关键性的作用”。

阻碍改革?

傅涛担心，在国有资产贱卖论的政治压力下，高溢价成为地方政府一种新的政绩观，引发攀比心理和从众心理，使一批进入正常程序的改革项目受到波及，不利于整个行业的健康发展，也不利于整个公用事业改革的进程。他直陈，“地方政府急于资产高额变现的短期行为在内地城市表现得尤为突出”。

他甚至认为，离谱的溢价无论对于公众还是政府都是弊大于利。“水业资产转让是政府、公众、企业三方利益的均衡，在这种平衡中，企业在能力和经验上占有优势，而政府在权利上占有优势。因此，任何一个市场竞争环节的忽略，将有可能使交易有失公允，那么吃亏的首先是公众、其次是政府，最后才是投资人。”

而设置过多的交易关联，则“使许多应该经过正常程序操作的工作非程序化，部分利益组织因为极端溢价而获利，并以所谓‘商业机密’为理由对实施这种交易的利益团体进行保护”。傅涛认为，这种做法有违国家在市政设施领域引入市场机制的初衷，也不符合改革的政策方向。

对此，金永祥也表示反对把溢价作为公用事业改革的目标，为溢价而“溢价”。但是他认为，“只要操作规范，有的时候说不定还出现折价，这取决于项目的价值、投资人的价值发现能力和招商者定价的合理性”。

但是更让业界关注的问题是，威利雅获得的是完全产权。就是说，特许经营期结束时，兰州市政府如果要收回供水集团的股权，需要出资赎买。“到那时候出让价可能就不止 17 个亿了，政府可能要多花好多倍的钱才能收回来。”

中法水务投资公司中国区副总裁孙明华告诉记者，“现在国际上主流的做法是分时段区别对待，比如说 30 年的特许经营期满后，前 20 年的投资无偿交还政府，但后 10 年的投入要按折旧价有偿转让”。

国家建设部政策法规司副司长徐宗威在“2007 中国水战略论坛”上发出

一个信号：今后公用事业要坚持政府为投资主体。“特许经营改革是什么性质的改革？我自己理解是经营层面的改革。但是这几年实践走下来，我们产权改革的步子更快一点，经营权改革的问题研究的反而少了。”

“我正在给建设部汪光焘部长写一个报告，汇报兰州项目的有关情况。”金永祥说。事实上在公用事业改革没有政策细则出台的情况下，现阶段谁都无法去盖棺定论。

4.4 兰州：水价上涨的考验

中国新闻网 孙春艳 2010-02-24

水价9年连涨5次，近日，兰州因水价连续高涨一事，被媒体推到了风口浪尖。而仅在2009年11月至12月27日期间，中国就有24个城市上调、或确定在2010年上调居民用水价格。其中，不少为高溢价转让水务公司的城市。

作为黄河唯一穿城而过的省会城市，兰州水务的市场化过程中，以高溢价方式引入外资的模式被称为“兰州模式”。

2007年1月，兰州市政府宣布，将兰州供水集团45%股权及污水处理项目以17.1亿元（上述项目及股权净资产仅分别为3.5亿元和1.4亿元，溢价率约280%）的价格转让给威立雅水务集团，期限为30年。随后，威立雅在兰州践行的高溢价“兰州模式”在全国逐步推广开来。

由兰州供水集团和威立雅合资成立的兰威水务，去年以来多次提出涨价申请。2009年7月20日，甘肃省发改委组织召开兰州居民用水定价听证会。随即，“高溢价收购倒逼水价上涨”的热议在媒体和网络上传播开来。2009年8月底，发改委价格司、住建部城建司等多个部门组成联合调查组，对兰州水价成本、外资进入等问题进行了数月调查。

国家发改委价格司最后调查得出结论为：兰州市此次水价调整供水成本

状况清晰，与高溢价引入外资并无直接关系。此事似乎告一段落，然而，这背后反映的公共事业改革中政府监管、公众利益、企业效益责权利之间的关系值得深究。

“水资源紧缺之下，水价上调是大势所趋，然而在高溢价的背景下，水价调整让公众如何接受是摆在政府面前的难题。”清华大学水业政策研究中心主任傅涛对《中国新闻周刊》记者表示。

高溢价之祸，高溢价之惑？

“水价即使每吨上涨一元也是可以的，但必须提供兰威水务详细的供水成本。”兰州大学教授何文盛的发言引起听证会现场一阵议论。主持听证会的甘肃省发改委物价局负责人虽强调了“省市物价局先后三次联合对兰威水务供水成本进行监审和测算”“成本状况构成清晰”等，但效果不明显。听证会后，质疑兰州水价上调的网络文章达 100 多篇。

“都是高溢价惹的祸。”兰威水务纪委书记张辉在接受《中国新闻周刊》记者采访时表示。他认为，2009 年，兰州既不是全国第一个提出水价上涨的城市，也不是水价上涨幅度最大的城市，高溢价应该是兰州成为全国焦点的原因。

兰州市供水集团高溢价转让叠加了两重改革的背景。一是城市公用设施改造与新建缺少资金，2002 年底，住建部出台《关于加快市政公用行业市场化进程的意见》，鼓励社会资金、国外资本参与建设，以特许经营形式为主要模式的水业市场化改革开启。另一重背景则是，2003 年成立的国资委之后进行的“政资分开”改革，市政公用服务的供水公司资产参照一般竞争性行业统一纳入到这一改革框架之下。

原兰州市供水集团在 2004 年完成了企业改制之后，很快进行了资产重组，向国内外投资者公开招标。

“当时看到法国威立雅水务集团（简称“威立雅”）出价 17.1 亿的高价格，参加招标会的人都很吃惊。”当时主抓招标工作的兰威水务董事长孙晓霞对《中国新闻周刊》回忆。她强调选择威立雅的原因，是威立雅全球水务行业的权威地位、投标文件反映出的管理技术和方法较其他竞争对手略高一筹。最后，“价高者得”再一次在兰州水厂竞价中上演。此前数月，威立雅通过高溢价取得了上海浦东、海口、常州等水厂的股权。

不过，在沟通中以孙晓霞为首的中方代表发现，威立雅方面对合资后的市场前景过于乐观。比如威立雅方面判断，水价有可能每两年上涨一次，每次上涨10%至20%；根据威立雅此前收购的上海浦东和深圳自来水厂用水量的快速增长，推测兰州市3～5年后自来水需求量会达到每天138万吨（2007年大约为80多万吨左右）。

然而水价的上调并非如威立雅想象得那般容易。合资后，合资供水公司多次申请涨价。2008年9月，合资供水公司再次提出水价上涨要求，但甘肃省政府没有同意。

“当初甘肃省政府和省国资委给企业下达的谈判规定是不允许考虑水价调整问题，不允许承诺固定率，双方谈判基本原则就是‘利益共享，风险均担’。当初的合同是通过商务部、住建部审核并备案的。”孙晓霞说。

而此前的全国水务改革案例中，已经出现过因政府承诺固定回报率而失败的例子。比如1995年，沈阳市政府决定将第八水厂的一半资产出售给中法水务投资公司，并于1999年卖出第八水厂的全部资产。最终，沈阳市政府因无法兑现外资年平均投资回报率17.325%的承诺，不得不在2000年回购第八水厂。

“当初兰州供水集团与法国威立雅集团签订的合约，在规避风险方面堪称典范，非常严密。”资深水务行业专家、大岳咨询有限公司总经理金永祥对《中国新闻周刊》记者说。大岳咨询有限公司负责兰州市供水（集团）部分股权转让的全程项目咨询，历时近一年半。

“威立雅想靠收益收回投入是不现实的。”兰威水务纪委书记张辉为此曾经认真算过一笔账。威立雅出资的17.1亿元，在使用期限30年内，每年获得近6000万的利润才可能实现。外方持股比例为45%，这意味着税前利润达到1.3亿元，即使按水业保本微利的6%计算，主营收入达到6亿左右。可是仅以2008年为例，兰威水务的主营收入仅有2.8813亿元。

“威立雅并不是‘傻子’”，威立雅水务中国区副总裁黄晓军2007年在中国水网为兰州项目澄清：17.1亿元人民币，并不是单纯用来购买资产的价格。其中，8亿元是用来购买水务资产，其他的则是作为增资，投入到项目的长期发展中。

《中国新闻周刊》记者接触的兰威水务的中方人士普遍认为，威立雅应该是从长远的战略考虑，毕竟兰州市作为西北重镇，有辐射整个西北地区的作用。况且竞标如同拍卖一样，不同投资者对同一资产的估价并不相同，在美国和欧洲同时上市的威立雅应该更多从资本的角度考虑。据了解，威立雅在兰州中标的当天，它在国际资本市场的股价上涨了2%。

“大马拉小车”导致企业亏损

据《中国新闻周刊》了解，17.1亿元股权转让款中，约10亿元留给企业用于偿还贷款和供水设施的扩建和管网建设等工程，5.8亿元国有股转让款上交兰州市财政局用于社会公用事业、国企改革和技术改造以及民生领域，其余1.2亿作为职工股全部支付给职工。

“合资后，政府、企业、职工基本满意。”孙晓霞说。据她介绍，合资后，中方代表兰州市国资委为大股东占55%股权，根据“人、财、事”分立原则，实行了所有权与经营权分离，建立了现代企业制度，员工工作积极性和企业办公效率都有所提高。“合资后很多职工们开始忙着充电，利用周末到兰州市各大院校学习。”

但合资难以改变的，却是之前的亏损状况。

“合资前，兰州市的供水产能闲置十分严重，合资后这一状况更加严重。”对兰州市供水情况十分熟悉的甘肃省物价局法调处处长向国咏说道。

据《中国新闻周刊》了解，供水产能严重闲置在全国十分普遍，很多城市如兰州一样，在20世纪90年代中期，由于大项目集中上马，造成原有的供水设备无法满足需求。1997年，兰州市的日供水量达到110万吨，而原设计供水能力只有108万吨。1998年原兰州供水集团利用合10亿元人民币的日元贷款、国债资金上马供水扩建工程，这些工程使兰威水务集团日供水能力增加到138万吨。

但让供水企业始料未及的是，由于节能减排的要求，高耗水项目受到限制，企业采取节水措施，工业用水量大幅减少。仅国电兰州西固热电厂一家，就减少了40万吨的日供水量。

种种政策性因素导致兰州的日供水量只有58万吨，从1998年至2008年，兰州市的工业用水下降了55%以上，形成“小马拉大车”的局面。但已建成的管道仍需要维护成本，加之维护电力、燃煤等价格上涨，兰威水务仅2008年因此亏损985万元。

另外，前些年原兰州供水集团自行承担的10亿元扩建贷款的还本付息成本逐年增加。2009年，威立雅将投资款3.8亿元直接用于偿还合资前供水扩建工程贷款，但仍有6.2亿元贷款需要还本付息。

“兰州市经济发展相对落后，财力有限且财政欠账多，没有办法给供水企业上项目提供资金支持。比如上海、深圳等发达城市项目建设，多是以政府投资为主或者通过上调水价的方法来解决。”张辉表示。为了多方减轻成本压力，合资后，2008年兰威水务共压缩经营成本费用1000万，2009年，在原有基础上压缩了900万。

另外，水务的运营成本中更包含企业所承担的一些政策性内容。比如，2005年开始，甘肃省政府、兰州市政府要求兰州供水集团贷款修建榆中大学城远程供水工程。大学城位于兰州市供水区域外32公里处，设计日供水能力6万立方米，实际日供水能力0.51万立方米，运营成本为7.99元/立方米，现行收费标准1.75元/立方米，仅此一项，累计亏损达1477万元。

同时，老国企的冗员问题也在侵蚀合资企业利润。供水企业冗员问题在中西部地区较为普遍。但合资时双方协议明确要求确保员工就业，不得裁员。外方主要通过严格控制新增人员和自然退休减员的方式来解决。

“合资两年多来，外方严格把关，没有增加一个新人，这在原来的老国企是无法做到的。即使如此，兰威水务人员目前仍超编。”孙晓霞介绍。因为多种原因造成企业连年亏损，兰威水务职工平均收入也低于兰州市社会平均水平。

最后，经过兰州和甘肃省物价部门成本监审，兰威水务2008年实际亏损5484.59万元，加上2007年亏损，累计亏损达7398.6万元。

“从2000年到2007年，兰州市水价因为亏损和贷款上项目等原因已经上调四次，没有一次像这次这么艰难，如果不是合资，2009年的调价幅度会更大一些。”张辉说。

2010年，兰州市将启动需投资9.8亿元的“一户一表”改造工程，因兰州市政府财力较弱，无法投资。兰威水务拟将改造资金部分计入到水价成本中，以水费的方式让公众承担一部分，结果在甘肃省物价局的成本监审中被核减下去。“考虑当前居民的承受能力，调价不可太高。”2009年初甘肃省常务副省长刘永富在兰威水务的调价请示上如此批示。

政府角色双重矛盾

兰威水务的亏损难题和项目建设压力并非个案。“中国70%水务公司处于亏损状态。”资深水务行业专家、大岳咨询有限公司总经理金永祥说。然而在听证会后，以“兰州威立雅以停水要挟地方政府涨水价”的传闻，又一次引起轩然大波。

兰威水务只得出来公开澄清。“无论合资与否，保障供水安全是供水企业第一要务，合资后，外方只派驻包括高管和执行层在内的17人，董事会7名董事中，中方董事占4位，外方董事为3人。由国资委委派的中方董事不会允许此类事情发生。”兰威水务董事长孙晓霞说。

然而“外资操控论”的质疑之声并未因此停止。2009年12月底，经济学家郎咸平《水价上调，谁来买单?》一文称："威立雅既没有投资建设水管网络，也没有引入新的技术，只是财务报表做了不少功夫。利润表面上透过会计操纵亏损了，这些人造假的能力绝对在我们之上……"

兰威水务对此的解释是：合资前，供水集团财务报表是由兰州市国资委指定的甘肃鸿达会计师事务有限公司进行全方位审计，合资后威立雅方面根据集团总部对上市公司的整体要求，聘请了全球四大会计师事务所之一的安永会计师事务所进行审计。

"虽然合资了，政府仍是大股东。"孙晓霞说。在总结这次波澜不断的事件时，甘肃省一位官员用了"很明显，事件引发政府信任危机"来形容。

《中国新闻周刊》记者采访的专家认为，此事实质上是政府角色双重矛盾的体现。公共事业型政府的定位，应该是公众利益的代表，而非资产的代表。政府应抽离于具体的资产运营和管理之中，向公众提供最低的价格和最好的产品和服务。但地方政府身负国有资产保值增值的重任，以及肩负要为城市建设筹集更多资金的压力，二者之间存在内在矛盾。

"合资后，威立雅追求短期利益与公共用水保障长远利益的内部博弈一直不断。比如渝中大学城供水项目，就在前期遇到很大阻力，外方要求进行成本测算，而政府要求必须无条件保证大学生供水。"一位接近威立雅的人士对《中国新闻周刊》表示。其实，合资前，兰州供水集团每年会预留2000万元配合政府进行道路改造，保证"有路就有供水管道"，合资后，这笔资金无法保证。

"水业行业的固有特点，决定了其改革不可能像其他竞争性行业一样实现完全彻底的市场化，国际上许多成功的市场化模式，如法国的特许经营模式和美国的外包经营权模式都是保留水业设施的产权国有，但将水业设施的经营权交给私人公司。"研究国际水业改革的北京大学经济学院谢世清博士表示。

傅涛也表示，目前国内水务企业拍卖的做法实际上是"完全用重置成本法”，用这一方法处置城市水业资产，完全背离城市水业的市政公用性质，是最不合理的一种处置方式，在国际上基本没有成功案例。

“住建部最近会推出针对水务改革的专题汇报。”住建部城市建设司水务处处长章林伟对《中国新闻周刊》表示。记者采访的专家表示，水业改革决不能“一卖了之”，今后政府加强市场监管的责任更加艰巨。

4.5 水务“阳谋”

中国企业家　何伊凡　2007-05-23

4月7日，城市水业战略论坛最后一天，数家心情郁闷的中资水务企业都暗暗斟酌如何表达压抑的不满，但出乎意料，首先向法国水务巨头威立雅（VEOLIA）发难的是它的法国同行。

孙明华，法国苏伊士集团旗下中法水务执行副总裁，她在发言中突然提到，“为什么有的企业在本国做生意规规矩矩，跑到中国就乱来呢?”尽管没有指名道姓，但台下威立雅一位部门主管迅速针锋相对地提问，“为什么苏伊士在本国做生意就不规规矩矩呢?”首创等多家企业旋即卷入了争论，所有的人都在暗示最近中国水务市场出现了破坏游戏规则的“坏孩子”。在当天晚上的全国环境服务业商会筹备会上，中法水务另一位高管再次说道，“我们愿意与所有企业合作”，他停顿了一下，“‘甚至’包括威立雅”。

威立雅！终于有人说出来了，台下立刻掌声一片。

2007年，随着两次高溢价收购中国供水企业股权，进入中国超过20年，素来低调潜行，有法国“风神”之称的威立雅突然成为众矢之的。

这两桩交易让同行，尤其是本土水务企业心悸不已，他们担心可能诱发新一轮溢价收购风潮，如果不幸言中，非但一批已进入正常程序的水务改革项目将被波及，而且在这个关系国计民生的黄金产业中，他们将永远失去坐在牌桌前的机会。在溢价收购的背后，公众将背负的高额水价以及其他隐性成本可能并没有引起地方政府的重视。

在2007年4月25日的摩根大通年度投资者论坛上，第一个主题演讲的题目就是《中国水危机——下沉还是上浮?》。在蓬勃开放、却又泥沙俱下的中国水务市场，谁能给出清晰的答案?

“骇客”搅局

2007年1月29日，威立雅水务集团与兰州供水集团签约，以17.1亿人民币高价获得兰州供水45%股权。兰州方面因引进世界500强企业兴奋不已，将其评价为“城市公用行业市场化改革中具有历史意义的第一步”。“这一步”在行业内却是一石激起千层浪，因为同时参加竞标的中法水务与首创水务报价分别为4.5亿和2.8亿，这三家企业被认为是目前中国城市水业中最富经验的投资机构，对同一项目的报价何以却如此悬殊?

3月20日晚，当威立雅以9.5亿报价再次击败中法水务和首创水务，获得海口水务集团50%股权时，业内的空气迅速紧张起来。另外三家参加竞标的企业出价分别为中法水务4.4亿元，首创水务4.1亿元，中华煤气5.6亿元，项目标底则为3.1亿元。威立雅再次以悬殊的价格击败了所有对手。

“它（威立雅）玩得太狠了，依照最简单的逻辑，投资就是为了赚钱，但我们怎么计算也无法理解如此高的溢价能通过正常渠道获得回报。”一位不愿透露姓名的民营水务集团负责人告诉《中国企业家》，“我是国内这个领域最早进入者之一，现在居然发现看不透市场了，海外投资者疯狂，地方政府也疯狂，但我疯狂不起来，因为没有那么多资金”。

并非毫无征兆，实际上，五年之前威立雅就斥资约20亿资金，以净资产三倍溢价收购了上海浦东自来水公司50%股权。三年前，柏林水务联合体也曾高溢价收购合肥王小郢污水处理厂。当时业内普遍看法是“中国仅有一个上海，上海仅有一个浦东”，在浦东不计成本树立标杆也可以理解。王小郢项目影响不大，柏林水务其后并无类似动作，所以没有引起广泛关注。

“最近接连两个项目下来，苗头已经很明显了。”首创水务董事长潘文堂叹息。

潘的办公室入口处悬挂着一张硕大的中国水业产业地图，上面标注着目前活跃在中国的 20 多家水务企业项目分布情况，其中威立雅正呈蔓延之势。威立雅颠覆规则，受冲击最大的正是首创。

威立雅曾经与首创水务有过一段亲密无间的日子。2000 年 4 月，首创股份上市后，将战略定位于水务，其时威立雅扮演了它的引路人角色，2001 年 9 月，双方即签署了战略性合作协议。据首创内部人士透露，威立雅最初对合资不太感兴趣，但首创采取跟随策略，威立雅走到哪儿，首创就跟到哪儿。“2002 年，我们一口气和 28 个城市签订了意向书，尽管知道签了也拿不到项目，但也向威立雅展示了我们的潜力。”2003 年 6 月，双方合作成立首创威水投资有限公司，并共同在国内投资了多个项目。“早期威立雅的品牌曾帮助我们攻城掠地。”他说，首创高层曾多次在公开场合以婚姻来比喻双方的合作。

然而，曾经的甜蜜爱人现在却成了令首创沮丧和愤怒的根源。兰州项目对首创影响有限，真正刺痛其的是双方在海口项目上的争夺。首创水务成立不久，就对海口十分青睐。海口自来水原水质量好，处理水成本较低。而且以海口为基地，可以整合海南全岛水务市场，另外在首创的战略布局中，海口是南部沿海地区重要落子，可谓志在必得。

在 2006 年底海口市政府就自来水生产供应和污水处理业务统一进行招商之前，首创已经与海口方面沟通了四年，双方都非常满意，“可悲的是，我们辛辛苦苦做了大量前期工作，下聘礼的时候，拿出的是一床被子，而威立雅开着跑车把新娘接走了”。上文中的首创匿名高管苦笑道，“那感觉真是当头一棒”。价格并非标的全部内容，却占了 2/3 左右权重，首创在商誉、技术等方面得分与威立雅不相上下，在价格上威立雅一出手，首创、中法水务都已黯然失色。

正式投标之前，首创曾考虑溢价。“根据国内新修改的会计准则，在整个处理过程中首创可以将溢价成本摊销，从财务角度就没有压力，但最终放弃这个项目，因为怕给自己下一个套，之后别人将这个项目看作首创的标杆，‘在海口项目上能溢价，到我们这儿就不溢价了？’就算已抓在手里的项目也可能平生波澜。”一位接近首创的本土水务投资者说，“从政府的角度，涉及国有资产转让，一旦有标杆出现，卖贵了无所谓，便宜了就有贱卖嫌疑”。

这并非想象，银川市政府拟引进水务战略投资者，本来对外资态度冷淡，但获知兰州供水集团卖了个好价钱后已多次赴当地考察。据接近地方政府的咨询人士透露，威立雅正在与天津、南宁、长沙、武汉等城市相关部门频频接触，而且天津水企不出意外的话已是威立雅囊中之物。

这些地区恰恰也是首创水务希望获得的资源，“过去溢价收购主要在地级市和个别开放城市推进，现在马上要影响到省会城市了，一旦对方搞定省会城市，溢价模式将快速在省内复制，基本上这个省你就不用考虑了”。潘文堂忧心忡忡。

多数民营企业主要业务集中于污水处理和环境治理，本来与外资对阵几率不高。“最初我们只打游击战，到外资够不到的地方去发展，一直避免和他们面对面地碰。市场足够大，大家都有机会。在那些竞争激烈的领域，他们筋疲力尽的时候我们再进入也不晚。”上文中匿名的民营水务投资者说，“但现在看起来对方用这种不要命的方式，几年之内项目就被拿光了，谁也躲不开”。

中国变奏

中国也曾经险些成为威立雅的“滑铁卢”，而浦东项目之后威立雅改变方式，开始展开大规模的股权收购，并在运营上占据主导地位。

威立雅中国区副总裁黄晓军近日曾回法国总部，在礼貌地拒绝《中国企业家》杂志的采访要求的同时，黄称，威立雅对中国水务的贡献将在未来由市场证明。

据知情人士透露，黄晓军这次赴法，就是向总部汇报近期发生在中国的“溢价风波”。“有数家中国企业联合起来与威立雅进行非正式沟通，希望其不要再这样玩下去。”沟通后，黄否认威立雅在从事高溢价收购，但也口头表示愿意调整策略，在中国回归其输出服务和管理的特色，据悉还为此进行了一系列内部公关，黄晓明希望总部关注同行的情绪。

1853 年，奉拿破仑三世御旨，法国威望迪集团成立，2003 年 5 月更名为威立雅。目前它已经是全球最大的提供专业全面环境服务的集团之一。中国业务对威立雅贡献良多，20 世纪 80 年代初它就进入中国，在 2006 年财年中，集团总营业收入达 286.2 亿欧元，增长 11.9%，而亚太地区增长则为 36.2%，主要来自中国呼和浩特、常州、昆明以及乌鲁木齐的市政项目。

但是，中国也曾经险些成为威立雅的“滑铁卢”。从 1999 年到 2002 年，它在中国的业务停滞不前，连一个像样的项目都没有做成。对外资水务投资者来说，靠技术、设备赚钱的黄金时期已经过去，许多地方政府无法向其兑现关于保固定投资率的诺言，再加上政策不允许其进入完整的供水链条，威立雅的竞争对手英国泰晤士和香港汇金等权衡利弊后都退出了中国。

威立雅挺过了冬天，2002 年自来水企业整体开放，以浦东项目为界它调整了策略。之前威立雅以自身为投资主体，主要是 BOT 模式（建设、运营、转让），自己建设水厂，投入运营后转给当地水务企业经营，而浦东项目之后威立雅改变方式，开始展开大规模的股权收购，并在运营上占据主导地位。

与外界的想象截然不同，这家水务巨头在中国展开的一系列收购主要的出资方多为各种资金合作伙伴——它为不同的项目寻求不同的合伙者，包括首创、光大、中信泰富、嘉利等金融集团，据悉其目前最新的合作者为平安保险。

这也是中国本土水务企业心中难言的痛，因为这个法国巨头在中国靠资本力量攻城掠地，为了击退竞争对手，出手如此阔绰，用的却是本土投资人的钱。例如威立雅在珠海的污水厂项目，总投资额2600万欧元，全部由香港特区投资者提供资金，而北京卢沟桥污水厂项目，总投资7.6亿元人民币，威立雅实际投资仅仅为1000万美元。据上文提到的业内人士透露，很多声名显赫的项目，威立雅自己的投资都不足5%。

首创也曾为威立雅埋单，双方最初的龃龉可能产生于此。2004年，威立雅与合资公司首创威水出资人民币33.1亿元获得深水集团45%股权，这被称为国内最大的水务并购项目，尽管首创威水出资购买了其中40%的股权，而威立雅仅投资5%，但给外界留下的印象仍是“威立雅收购深圳水务”。而在深圳水务高层管理者中，基本上为深水集团旧部以及威立雅人员，首创几乎难以插足。在双方合作的宝鸡项目中，威立雅和首创股份成立了一个投资公司，一个运营公司，威立雅放弃了投资公司的控股权，却牢牢掌控着运营公司的控股权。

应该说首创、光大、中信泰富等早期愿意与威立雅合作，目的无非是一只眼睛看到了水务市场的前景，一只眼睛看到了百年老店的金字招牌，而威立雅也的确将数个财务投资者培养成了竞争对手。但是，首创等最终发现其付出与所得并不成比例。据说数日前首创、深水、威立雅三方在深圳开会时还发生争执，原因是深圳水务试图用合资公司的钱去外地收购项目。

谁为高溢价买单

溢价所得实质上是政府用其他资产、收益或者承诺换来的。隐患要在数十年后才会发作，买单者则为政府和公众。

威立雅在中国思路的转变似乎正契合中国水产业改革的思路。高溢价收购也可被视为是认同收购目标的潜在价值，本土水务企业多年来一直在呼吁通过市场化方式解决水产业的改革，一方愿买，一方愿卖，必然价高者得之。

然而，水业有其特殊性，清华大学水业政策研究中心主任傅涛认为，溢价所得实质上是政府用其他资产、收益或者承诺换来的。隐患要在数十年后才会发作，买单者则为政府和公众。

最遥远的影响在合同到期后的资产处置时才出现。“尽管建设部一直推进城市水业特许经营，但其实中国城市供水新的改革项目中，基本都不再是特许经营了。”傅涛分析，“特许经营实现本质上的产权和经营权分离有几种形式：政府拿到产权让企业租赁经营，或者委托经营；政府保留 20 年以后的最终产权，让社会资本以 BOT 形式投资；政府将自来水服务和投资委托企业，自身作为残值拥有者，在经营的末期把资产最终拿回来的。但实际上，很多自来水公司改革都出让了部分或者全部意义上的产权”。在此背景下，供水服务项目到期后，政府很可能必须以市场价值回购资产，而不是无偿受让或以残值回购。

这并非空穴来风，上海城投开发总公司战略研究员王强透露，在浦东与威立雅的合作中，甚至没有特许经营合同，而是将合资合同作为政府与企业利益的划分。一位匿名的民营水务企业负责人告诉《中国企业家》，行业内部会议中曾专门讨论过浦东项目的成败，“合同中约定未来的资产移交以未来市场价格为准，上海政府方面承认这是最大的失误。只要保证正常运营，最后投资者都可以赚一大把回来”。

高溢价为未来水价的调整埋下了伏笔，“最近几个交易，双方都说政府满意，投资人满意，但没有人敢说老百姓满意”，傅涛说道。在他所了解的几份合同中，对价格的说明都是未来按照《价格管理办法》调整，依此规定，将遵循成本收益法，成本只要“合理”就可以记入价格。“通常政府会控制水价上浮，但当高溢价收购发生之后，政府心理上会被暗示，认为保证投资人收益理所应当，而投资人也会想办法将价格尽快调到政府允许的上限。”上文中匿名的民营水务投资者据此分析，政府今日的变相融资行为会在未来以城市居民数十年承受的高水价为代价。

实际上，由于水资源持续短缺，水价不可避免将上调，本土企业同样有调价的愿望。傅涛认为，“惊人的溢价收购，或被政府变现干别的去了，或流入金融投资者手中，没有留下提高服务成本的空间，对行业发展非常不利，这也是我最担心的”。

一位新疆发改委干部透露，在乌鲁木齐污水处理厂合资项目中，外方合同签了六年才开工，这六年中没从口袋拿一分钱，反而把乌鲁木齐几乎所有水务资源全部占走了。这为傅涛的判断打了个注脚。

不过，付出了高溢价的投资者如果仅寄希望通过水价调整回收成本，风险也很高，毕竟公共基础设施牵一发而动全身，提价过高、过急，公众意愿可能成为下一任政府违约的借口。上文中匿名的民营水务投资者根据兰州项目算了笔账。兰州目前日供水量大概不到50万吨，而水价即使以1.5元计算，每日可收75万元，一年的收入应该在2.7亿元左右，扣除银行利息等财务成本和运营成本，17.1亿元一段时间内很难收回，每年能持平就不错了。因此，他怀疑交易中还预留了转移成本的其他通路，“没有人相信威立雅会把钱白白扔到水里”。

兰州市建委官员曾向媒体透露，这17.1亿元资金的用途包括：兰州市政府提取股权转让金5亿元，职工股转让金1亿~2亿元，其余部分则分期投入自来水厂的运营中。至于水价，兰州向投资者口头承诺每年每吨水价上涨两角钱，但是这项内容并没有写进协议文本，所以并不具有强制性。

预留通路的观点得到了多数业内人士的认同。城市水业战略论坛会议间隙，傅涛持笔的《水业资产溢价背后的“十式腾挪”》被广泛传阅，后来多数代表纸袋中都放了一份。在这篇文章中，傅涛分析了供水系统服务可能存在的成本转移途径，其中包括资金分段到位，通过关联企业转移工程费用、派出大量高成本管理团队、附送项目等。据上文中的匿名民营水务企业负责人透露，其中有三种途径是多家本土水务企业集体分析的结果。

尽管文中没有特指具体项目，但采访中，这位民营水务企业负责人告诉《中国企业家》，所有途径都已经有所应用，例如在浦东项目中，许多建设都由威立雅工程分公司 OTV 完成。

会场上，也有人散发另外一篇针锋相对的文章——《关于资产溢价的思考》。文章出自大岳咨询公司，兰州项目和之前的合肥王小郢项目，大岳都是政府顾问。

“溢价风潮再起，有咨询公司在其中推波助澜。”一位匿名专业人士直指大岳，他称在浦东项目时，咨询方没有宣传价格，但现在大岳到处讲自己的项目溢价，而不提溢价背后的玄机。“许多人都收到了他们的短信，曾经不止一个地方政府官员问我，‘大岳很厉害呀，听说他们能将 1 个亿的项目卖到 4 个亿。’因为溢价越高，提成越高，所以他们很有动力。”

上文中的民营水务企业负责人透露，首创对兰州项目本来兴趣不大，参与的色彩多于竞争，因为若竞标者凑不够三家就可能流标。兰州市采用了大岳的鼓励方案，给竞标的第二名 50 万元，第三名 30 万元。

大岳总经理金永祥把给投标者奖励看作得意之笔，他不认为那是所谓的“陪标费”，而是鼓励参与者认真研究项目的创新之举。“‘十式腾挪’是个伪命题”，金轻叩着桌面，“这就好像女儿要出嫁，第一要准备嫁妆，第二要找个媒婆”。他觉得兰州项目政府嫁妆很丰厚，一方面解决了人员身份置换，另一方面将价值 10 亿元的土地使用权无偿转让。“对投资人来讲，应了解政府哪一部分让利了，这中间也凝聚了媒婆的心血和智慧。过去政府糊涂，往往国家就吃亏了。溢价不是公用事业改革追求的目标，却反映了项目真实的市场价值，所以有关公用事业改革，‘本’是规范操作，‘末’才是溢价。”

但是，即使首创无意兰州，中法水务却全力以赴，如果说其对政府丰厚的嫁妆也视若无睹或许有些牵强。对这种观点不以为然的也大有人在，中仪国际招投标市政公用事业部总经理刘昆就认为，溢价不是细枝末节，而是原则性、导向性问题，“今天体现不出来，不过到了明天，迸发出来的力量是控制不住的”。

对此，中国建设部城建司一位副司长曾表示，“水业的改革关键是城市政府的目的，是为了争取更多的资金，还是为了更好的提高效率、改善服务，让广大人民群众受益？目的不一样，在改革的操作上就有很大的不同。从这个角度来讲，实现水业的改革要分类指导。但是很多地方把自来水作为现有的家当，迫切去变现，而不是考虑自来水本身的改善，这就出现了只会卖家当，一卖了之。套现后拿走做别的用途，使自来水的日子越来越难过。所以改革不能把争取资金作为第一个目标”。

他说，“基于供水企业的特征，要保障公众利益，所以不应当把保值、增值、溢价作为第一目标。目标定位不当会导致水价的增长，而水价又涉及到消费者的承受能力，是受到政府严格控制的。不考虑到水价的特征，一味地卖钱，必然使供水企业走到死路，最后导致改革的失败”。

生死攸关的春天

如果威立雅持续使用高溢价策略，苏伊士也会步其后尘，而当溢价成为对垒双方的机关枪，手持大刀长矛的本土水务企业境遇可想而知。

威立雅疯狂了吗？

显然，认为一个有150年历史的公司在发展中国家用不惜代价的方式来布局，也过于武断。“人家实际是利用了自己的经验、财务模式和政府漏洞。”傅涛说。上海济邦投资咨询有限公司一位高层也认为高溢价问题实际上反映了监管部门的无能。

当前水务价格管理办法、特许经营以及产权改革政策出自三个不同部门，即物价部门、建设部门以及资产管理部门，三者之间协调性并不好，外资可以堂而皇之地利用矛盾百出的部门立法寻求利益。

在1966年的联合国文件中，已经将水定义为“基本人权”，如何给基本人权定价，在全世界都是难题。英国出让水业资产时充分考虑了水价因素，并非依据简单的成本加利润，以一个敞口的价格来收容所有的成本，而是成立了专门的机构考虑各种因素确定价格。英国将高达200多亿英镑的水业资产折价50多亿英镑进行转让，核心目的就是控制服务价格和服务质量。“但中国供水改革仅学其表，不学其里。”傅涛感叹。

上文中匿名的业内人士则认为供水改革在某些方面走得过快了，例如开放程度。“中国加入 WTO 时，公用事业是一个被遗忘的角落。当时大家认为这属于事业单位，整个市场体系里面没有这块儿，因此不在保护条款之内，现在等于一下子将原来的政府部门推到市场里面，而且是一个没有完善规则的市场。”潘文堂说。地方政府的开明程度和执政能力千差万别，而地域也有不同，甚至领导换届之后也会产生影响，这就使水务改革成了公用事业改革中最具复杂性、模式最多的领域。

在此背景下，本土水务投资者希望得到流程上的公平也并不容易。“名义上大家都响应标书，但外资响应标书的同时还对政府提出一堆条件，我只是傻乎乎地按照标书投，如果同样的条件给我，我也能接受溢价啊。”一位曾在项目争夺战中失利的本土水务投资者说。

在兰州溢价遭遇质疑之后，威立雅中国区副总裁黄晓军曾公开做过价格释疑，承认实际收购资金并没有那么高。17.1 亿元人民币中只有 8 亿元用来购买水务资产，其余则作为增资投入到项目的长期发展中。“这看起来是预留了企业发展资金，但当时有谁知道用这种四两拨千斤的方式也行得通?”在和地方政府沟通的过程中，一位接受本刊采访的投资者曾遭遇这样的尴尬，外资派来的项目经理在办公室里谈，而自己作为一个国有企业集团最高负责人只能在外面等。“领导出来了才看到我，握握手说‘你们怎么也来了’。”

更令本土水务投资者担心的是，尽管苏伊士两次败于威立雅，对后者意见很大，然而改变自己总比改变对手容易，如果威立雅仍持续这种打法，苏伊士也会很快步其后尘。苏伊士进入中国比威立雅更早，1970 年代中期其子公司得利满就在中国参与设计建造了 160 多家水厂，1990 年代曾依托中法水务迅速跑马圈地，但 2003 年苏伊士进行全球性财务结构调整，由此在中国市场短暂沉寂。在 2006 年前后的常熟项目与重庆项目之后，再次复苏，频频出击。有业内人士分析正是苏伊士的发力刺激威立雅胃口大开。如果溢价成为对垒双方的机关枪，手持大刀长矛的本土水务企业境遇可想而知。

2006年，中国本土水务产业曾满怀希望，将这一年称为“水务元年”，以桑德为代表的民营水务企业逐渐摆脱了惨烈拼杀的初级阶段，由于其低微的“出身”，它们在商业模式上积累了大量经验，其中佼佼者也已拥有多个融资平台。首创水务这种由资本性投资控股集团转型而来的企业则正致力于打造专业竞争能力，在水质、管网等方面大量投入。在桑德的内刊上，认为“一幅生机盎然、春色满园的中国水业产业化画卷已经展开”。

当潘文堂站在他的水业地图旁指点江山时，首创正计划设立水价标杆体系，通过第三方机构制定一个通用的水价计算公式，另外也在与哈工大联手设计针对水业痼疾跑漏现象的管理系统。其更宏大的规划是水源应急方案，松花江事件以后，首创曾与几个省的建设厅开会，研究流域内水污染突发事件的危机处理。

“作为流域性事件，目前城市水务公司无法解决，必须跨区域联合起来才有可能。在国内我们想成为第一家流域性的公司，即使现在无法做到，最起码危机处理上大家要有联合机制，使一个点的危机不会造成大规模停水。”

然而，他眼中的光芒突然黯淡下来，从地图上看，首创的布局很可能被外资分割。“这样下去，整个计划就没法做了，我这儿做好了，抬头一看天都变了。”

也许这是一个生死攸关的春天，经过近20年发展，水务改革中隐藏的问题一触即发，“这个关键点会很快过去，首创发展到今天用了7年，而外资在本土做了20年，之前是个很缓慢的过程，现在已经呈几何级数变化”。

中外水务公司在本土市场已明显分界，如果目前混乱的苗头继续蔓延会怎样？“两年，只需要两年，就不会混乱了，因为生米已煮成熟饭，那时再谈这个问题已经没有意义了。”站在他庞大的水产业蓝图前，潘文堂无奈地说道。

兰州供水与海口水务改制简况

兰州供水集团已有51年历史，威立雅早在2004年开始就与兰州市招商局进行前期合作项目考察，其董事长罗荣汉还曾专程赴兰州考察。兰州自来水厂并非优质项目，其背负着11亿贷款和6.19亿元的债务，每月亏损1000多万元，而且设施陈旧，双方曾因价格问题争持不下。直到2006年，兰州市才决定将供水集团作为公用行业国企改革的重点项目实施资产重组合资经营。当时定调为“高起点引进，大手笔运作”，面向全球公开招标，而债务、职工安置等问题都已经内部消化。2005年12月10日开标时，七家国内外企业参与报名，只有三家正式递交了投标文件。

海口水务多年前就引起多方兴趣，2006年10月，海口市水务将原水、自来水、污水处理三大水务公司重组，组建集团公司。2007年1月公布招商方案，水务集团继续保持国有独资性质，操作上将集团现有供水和污水处理业务（资产约6.6亿元）打包模拟成立集团全资拥有的海口水务有限公司，再对外转让该公司部分股权，股权转让比例为50%。与兰州项目操作相似的是，集团现有银行负债约1.82亿元将全部保留在水务集团，不进入合资公司。

4.6 威立雅17亿收购兰州供水 外资重金争夺水务公司

中国经济网 姚峰 2007-08-01

“7月30日商务部下发了兰州供水集团改制批文。”大岳咨询有限公司总经理金永祥在电话中告诉记者。

由此，这一在水业市场备受争议的改制暂时划上句号。但事件中的主角威立雅却再度被推到风口浪尖，威立雅目前已经以高溢价夺得国内多个城市的水务项目。

兰州供水集团改制始于2004年，2007年1月兰州方面宣布兰州供水集团45%股权及污水处理项目以17.1亿元的价格转让给威立雅水务集团。大岳咨询在其中担任兰州市的政府顾问。

国有资产卖贵了，反而引起了一场风波。这可能是兰州和与之有类似运作模式的海口国资部门现在最大的困惑。

更困惑的是这些城市的用水居民。他们担心的是，外资水务公司高价进入当地水务市场后，在长达数十年的经营中会否变相随意提高水价？

民众担心不无道理。国家发改委价格司司长曹长庆7月25日表示，下半年将逐步提高排污费、污水处理费征收标准。

看来城市水价尚有一定的上行空间。尤其是在目前，肉价、粮价、油价等都出现不同幅度的上涨，CPI逐渐走高正成为各方讨论的热点话题。

风波的背后，更应该引起思考的或许是，地方政府在城市供水走向市场化的过程中如何最大限度保护城市居民的利益？

溢价风波

金永祥告诉记者："高溢价风波中，建设部和商务部的领导也曾向我们了解过此事，我们都做了解释。"

2006年9月15日，兰州供水集团发布了《转让兰州供水（集团）有限公司部分股权公告》，针对45%的股权进行公开招标。法国威立雅水务、中法控股（香港）有限公司（下称"中法水务"）和北京首创股份有限公司进行了现场尽职调查，并在开标仪式上正式递交了投标文件。

开标结果出乎意料，威立雅水务出价高达17.1亿元，另外两家同样是颇有经验的城市水务战略投资机构——苏伊士和首创的报价分别只有4.5亿和2.8亿。

高溢价也出现在海口，主角同样是威立雅水务。

今年1月，海口水务集团通过海南产权交易所公开发布招商信息，将所属的全部供水业务和污水处理业务整体资产及人员打包成立了一家净资产6.3亿元的项目公司（即海口第一水务有限公司），拟转让该项目公司50%

的股权，拟转让价格为 3.15 亿元，对外公开竞争性招商。

这是我国首个省会城市主城区的供水和污水处理统一对外招商的项目，业界极为关注，共有 9 家国内外投资机构报名表达投资意向，7 家投资机构入围。最后，水务市场上知名的投资机构——北京首创股份、中法水务、香港中华煤气和威立雅水务对海口项目提交了有高幅度溢价的报价。

其中威立雅水务的报价金额为超过标底约 3 倍、高达 9.53 亿元，其他 3 家机构的报价分别为约 4.1 亿元、4.4 亿元和 5.6 亿元。最后，威立雅水务在项目合营公司里持股 49%，股权转让款为 9.3345 亿元。

事实上，威立雅在 5 年前就以超过净资产 3 倍的溢价收购了上海浦东自来水公司五成股权。

首创集团总经理潘文堂坦言："我们报 2.8 亿元的价格已经是最大限度地估计了兰州项目的盈利能力。威立雅这么做的道理何在真的很让人疑惑。"

而谈起最近的溢价风波，中法水务的执行董事郭仕达显得很无奈，他对记者说："在最近的兰州和海口项目上，他（威立雅）的报价都要比我们高 2 倍以上，我实在想不出在目前的条件下，他们出这么高的价格今后还怎么盈利?"

中法水务是由苏伊士集团旗下的苏伊士环境集团和香港新世界（19.20，-0.37，-1.89%）旗下的新创建集团有限公司各出资 50% 组建。成立以来一直是苏伊士集团在国内进行水务项目运作的旗舰，目前已经获得了南昌、中山、常熟等 20 多个项目的特许经营权。

郭仕达说："威立雅的价格是我们的两倍以上，我们难以继续和威立雅竞争下去，只能将项目放弃。"

价格释疑

威立雅溢价风波带来的争论中，一些关键的环节依然模糊不清。

首先，威立雅取得兰州水务集团 45% 股权的对价到底是多少？兰州市建委官员之前曾经对媒体透露，威立雅的 17.1 亿元资金的用途包括：兰州市政府提取股权转让金5亿元，职工股转让金1亿~2亿元，其余部分则分期投入自来水厂的运营中。

威立雅水务中国区副总裁黄晓军日前也通过中国水网为兰州项目澄清，他说，17.1亿元人民币并不是单纯用来购买资产的价格，其中8亿元是用来购买水务资产，其他的则是作为增资，投入到项目的长期发展中，为的是保持项目的长期良性运作。

照此来看，威立雅的高溢价似是被人为夸大了。然而还有疑问：在兰州水务集团的招标中，可不可以允许这种股权对价加后续投入进行总体报价的方式？

金永祥说："这当然是可以的，而且这条规则对每一个竞标方都是公平的。"他还表示，这正是兰州水务资产招标值得借鉴的方式之一——"有的地方将资产一卖了之，企业后续发展困难，这等于杀鸡取卵，兰州是真正将企业的今后持续发展考虑到了里面"。

其次，兰州水务集团的经营状况到底如何？一则被外界普遍引用的信息是，兰州自来水厂背负着11亿贷款和6.19亿元的债务，每月亏损1000多万元，设施陈旧，服务效率低下。

金永祥则认为这条信息是不准确的。他说："兰州这个项目目前肯定盈利，每年盈利在1000万左右。"目前虽然有近10亿的债务，但"等威立雅进来后，资金充裕，把债务换掉，每年节约的利息等财务成本也有好几千万"。

他还认为，兰州的水务资产还有很大提升空间。首先是兰州的取水口位于黄河上游，几乎没有污染，这就意味着进行水处理的成本要比其他城市要低很多。

他说："国家颁布新的自来水卫生标准之后，全国来看，水价肯定要上涨。而兰州因为水源好，处理成本更小，在价格总体一致的情况下，意味着运营兰州的水务资产可以获得超越行业平均利润率的收益。"

更为重要的是，从此次兰州招标的资产中，除了现有水厂的设备、装置等固定资产，还有 30 年的土地使用权，这是靠行政划拨的方式，“仅土地这一项，我们之前评估的价值就在 10 亿元左右”。

所以，作为这个项目的兰州市政府顾问，金永祥认为威立雅是真正洞悉兰州水务资产的价值，根本谈不上溢价。

他说：“我们之前内部估算的价格在 10 亿元左右，中法水务和首创的价格出价太低，威立雅的报价比我们预计要高一些，但考虑到其中一部分是后续投入，我觉得这个价格是合理的。”

改变游戏规则

清华大学水业政策研究室主任傅涛说：“世界上没有免费的午餐，每一笔资金后面都蕴藏着相应的代价，需要在其它的方面或者今后的时间里逐步拿回。希望这个代价不要偏离公允的基线，不然将是对公众利益的伤害。”

针对兰州市民最为关心的改革后的水价问题，兰州市建委官员之前表示，曾向投资者口头承诺每年每吨水价上涨两角钱，但是这项内容并没有写进协议文本，所以并不具有强制性。

此外，在兰州项目中，与威立雅水务所签的合同经营期满后，合营公司资产均需要按照资产评估价格移交兰州市政府。对此，有业内人士质疑，未来威立雅会设法提高评估价格让政府“埋单”。但金永祥认为这种担忧并无根据，“将来会寻找中立的第三方评估机构，评估的价格应该是公允的”。

在海口，威立雅的“高溢价”之举同样也让当地的老百姓面临着高水价的担忧。一个海口市国资委主任徐伟曾保证：“在谈判达成的协议里，政府提出对合作期内涉及公共利益的水价，均按《价格法》的规定严格执行。绝对不会出现为了保障外资的利益，造成水价大幅上涨。”

但在业内，对于威立雅在未来会不会通过提高水价来转移溢价负担，态度几乎是一边倒的。因为实在想不出，除了提高水价，威立雅还能靠什么收回投资？

事件的主角——威立雅却选择了不辩解、不争论的态度。

威立雅中国区副总裁黄晓军对记者说："威立雅并不太会理睬外界的猜疑，我们基本的态度是不争论。"至于未来威立雅涉及的水务项目会不会提高水价，黄晓军说："我们会依照国家的价格政策做事情，即使上调水价也需要公众听证。"

对于外界的猜疑，黄晓军用"让时间来证明"这句话来表明自己的看法。

而作为威立雅高溢价的质疑者，中法水务股东新创建集团的执行董事张展翔说："威立雅只是现在还没有提高水价，但我想人民的眼睛是雪亮的。"

其实就在竞争双方最后都貌似不得不都求助于"时间证明"的时候，水务行业的游戏规则已经改变了。

在公用事业改革政策还不清晰的背景下，兰州水务的高价出让只是一个开始，结局还远未呈现。金永祥说："业内的轩然大波只能证明——水务行业的新时代已经开始了。"

4.7 住建部兰州调研三问威立雅

21 世纪经济报道 2009-09-02

本报记者独家获悉，兰州水价上涨问题，已经引起了国务院有关领导高度关注。日前，国务院批转住房和城乡建设部就此进行调研。

"住建部城建司两个处长来过，而且还走访了政府、用水企业和普通百姓等所有利益相关方，并召开了几次座谈会。"一位接近兰州威立雅公司的人士 9 月 1 日向本报表示。

当日，当记者就此向住建部城建司司长陆克华求证时，其表示不便接受采访，但是未否认兰州调研之事。

据本报记者了解，大约 8 月 22 日前后，调研组完成工作，并开始撰写调研报告，准备递交国务院。

内参引发高层担忧

有据可查的是，住建部在去年已经派过两拨调研组赴兰州调查，但是两次上报国务院的调查结论均是肯定“兰州模式”的。

今年 7 月份，兰州召开居民水价调整听证会，兰州威立雅在申请调价的报告中指出，公司亏损严重，因此请求将兰州居民用水每吨上调 0.3 元或 0.4 元。

在此期间，有一份内参递到国务院有关领导案前，其中提到，兰州威立雅以停水要挟地方政府涨水价。

“国务院有关领导对供水安全担忧，因此批示住建部再去调研。”上述接近兰州威立雅的人士对记者透露说，正是这份“内参”和随后市场主流媒体的报道，将水务改革又推到了十字路口。

而这次前去兰州调研的人，均是住建部城建司官员。此前 2008 年的调研中，住建部、发改委等多部门组成的调研组，曾委派住建部政策研究中心负责人为调研组组长。

上述接近兰州威立雅的人士对记者透露，调研组并没查到真凭实据表明兰州威立雅曾要挟地方政府，因此“威胁论”难以落地。

国融大通董事总经理李智慧对记者说，水务是具有自然垄断性特性的公用行业，根据公用事业特许经营条例的要求，即使社会资本和政府方对水价调整问题达不成一致，合资经营供水企业也无单方面停止供水的权利。但是，由社会资本实际控制的供水企业能够在服务质量、工作效率等方面影响城市供水的服务水平，如减少净水设备升级投入、降低水质检测标准、推迟管网敷设进度、在遇到事故时因抢修设备投资不足而耽搁时间、降低服务效率。

“成本论”对峙“溢价论”

记者从多个渠道获悉了这次调研组的“调研提纲”：一是兰州自来水公司与威立雅集团的合同到期后，其资产转让回兰州自来水公司，是有偿转让，还是无偿转让；二是溢价转让对水价有没有影响；三是溢价转让以后，政府有没有监督和审批工作。

这几个问题均是敏感性问题。以第一个问题为例，调研组最关心的是：外资是否通过经营期，将资产盘子做大，待到特许经营期满，再高价卖给政府？

例如，兰州威立雅股权转让时，政府没有将约合 9 亿元的土地使用权折合在内，在特许经营期满的时候，是否折算成公司资产，由政府高价回购？

“兰州模式”的主导者、北京大岳咨询公司总经理金永祥 9 月 1 日向记者表示，当时威立雅和兰州自来水公司签订的股权转让协议中，确实有公司资产在特许经营到期后，需要有偿由地方政府或自来水公司回购的规定。

金永祥解释说，30 年的经营期，公司需要不断添置固定资产和进行技术改造，公司资产增加部分在特许经营期到期后，应按当时价格折算。

金永祥表示，调研组最为关心的是该条款是否公允，以及制定该条款中有没有腐败行为。事实证明，这些传言都是不存在的。

关于第二个问题，上述接近兰州威立雅的人士也对记者表示，虽然住建部还没有完成最终向国务院递交的调研报告，但是从调研结果来看，也没有支持溢价推高水价的证据。

兰州威立雅提出的涨价理由是，为政府承担了大量的管网建设成本，而且提高了供水品质。“成本论”是推高兰州水价的主要原因，否定了媒体报道的“溢价论”。

金永祥说，目前大约 14 个城市的水价上涨中，涨价最低的就是 0.3 元/吨。兰州涨价 0.3 元/吨在全国是比较低的，兰州当前水价在全国 34 个大中城市中也是比较低的。此外，从 1992 年到 2006 年，兰州水价上涨了 7 次，都是在威立雅进入兰州之前的。自从威立雅进入兰州以后，这是第一次涨价。

李智慧认为，由于近些年供水综合经营成本、资产价格、资源价格和环境代价成本提高，我国供水企业经营已经普遍处于“水价倒挂”的境地，涨价是为了维护生产运营。但是溢价收购会导致企业的资本成本高企，外商的投资回报要求以关联交易等方式转移利润、推高经营成本，是进一步推高水价的因素之一，间接加大了水价上涨的幅度。

清华大学环境工程系水业政策研究中心主任傅涛在“环境讲坛”上对记者说，现在地方水价上涨的理由都不可信，水务企业只有说自己亏损才能涨价。

对于两派各执一词，住建部调研组并没有表态。不过，这份即将于近日递交国务院的调研报告，或许会表明住建部的立场。

4.8 水务巨头遭遇中国困境　威立雅来华17年争议频发

网易财经　方海平　2014-04-18

兰州自来水苯超标事故将全球水务巨头威立雅再次推到聚光灯下，而在遭受涉嫌瞒报和自来水管网维护失职的指责之后，威立雅究竟应该承担什么责任，目前还没有官方说法。

威立雅公司此时面对网易财经的询问，选择了噤声，它们自称现在不是个说话的好时机。而在业内专家看来，兰州事件是威立雅在华市场困境的一个缩影，也是外资水务企业在中国自来水供应市场开放背景下遭受的重大挫折，可以预期未来他们的日子会更加难过。

一起非典型的水污染事故

4月10日下午3时，兰州市唯一的供水企业威立雅水务公司据称是“偶然”地检测出其出厂的自来水苯含量超标。但是直到4月11日下午3时，市民才接到来自官方的通报：未来24小时，自来水不宜饮用，其他生活用水不受影响。

苯是一种对人体具有神经毒性的致癌物质，量少的话是一种慢性毒，如果大量摄入会引起急性中毒。

从威立雅最早发现自来水苯超标到上报兰州市政府相关部门再到兰州市民接到官方通报，时间已经过去24小时，由此，威立雅也背上了涉嫌瞒报的骂名。

不过，威立雅兰州公司副总经理严晓涛对此的解释是，从检出苯超标到最终确认需要时间，因为“（自来水苯含量）这个事情太大了，（必须慎重，否则）会引起社会的极大恐慌”，以及此后政府的安排应急处理方案，都需要时间。

但是大量的市民和网友并不接受威立雅的说辞，并联想起三月初曝出的自来水异味事件。一个多月前兰州市自来水出现异味，当时兰州市政府的说法是水中氨氮含量超标。而对于氨氮含量超标的原因，威立雅公司解释称，通过权威机构中科院生态环境研究所检测，异味原因确定系冰雪融化导致草根、树根、藻类发酵的化学物质引起。

这又是一个在兰州市民看来显得牵强的解释。因为通过最简易的网络渠道，人们也能查询到关于各地自来水氨氮含量超标的消息，地方政府多是将之与受到污染进行处理。

最近几天，兰州局部自来水苯超标事件已经渐渐平息，随着污染源的发现，威立雅公司究竟应该承担什么样的责任，目前还没有官方说法。而在一些水务专家看来，兰州事件并不典型，中国目前更多的水污染事故原因是出现在水源问题上，而不是中下游加工处理环节，所以是属于“个案”。

同济大学一位水务专业教授从更偏向于技术角度对网易财经指出，自流沟的使用正在被逐渐取缔，但是很多地方依然存在，相比于封闭式的管道，自流沟更易受到污染，因此必须做好沿线的维护和绿化，但是这种规划应由政府牵头承担。

威立雅在兰州陷入舆论危机并非由今次事件引发，多年来这家世界水务巨头的在华业务已经发生过多次安全事故，比如上海浦东威立雅自来水有限公司、海口威立雅水务白沙门污水处理厂、青岛威立雅水务运营有限公司都曾在去年或今年被查出超标排污的行为。

大岳咨询公司总经理金永祥向网易财经表示，我国每年发生的水污染事故超过 1700 件，平均每天都会发生 5 起。专家则告诉网易财经，其实威立雅在业内的声誉还是不错的，相比于同行国资，其事故率并不算高，在事故处理上的表现也可圈可点。

上述同济大学教授还向网易财经表示，相比于发达国家，中国的水污染事故要严峻得多，这并不是因为在技术上落后于人，其实技术上倒是相差无几，关键还是管理问题。

高溢价收购扩张和水价之争

威立雅是世界最大的水务集团，据中国水网研究院统计，截至 2013 年底，威立雅中国的水处理总能力约为 1322 万吨/日，是中国水务市场拥有千万吨级以上项目的三大企业之一，位列第二。其踏足中国水领域投资是在 1997 年，获得天津凌庄水处理厂的改造项目和 20 年的经营权，协议总投资额 3000 万美元，威立雅持有新公司 55% 的股权。

2002 年 12 月 27 日，建设部发布《关于加快市政公用事业市场化进程的意见》，此后又通过一系列文件系统规划了包括城市水务在内的城市公用事业改革开放“路线图”，为国内外投资人进入这一领域敞开了大门。

自此，威立雅在中国水务市场加速了发展步伐。这一年，威立雅拿到了中国第一个授予外方完整服务内容的公有服务授权经营合同，根据合同，威立雅水务投入 2.66 亿欧元，用于购买浦东自来水公司 50% 的股权，组建合资公司“上海浦东威望迪水务公司”。

观察威立雅的扩张模式可以发现，高溢价收购成为最显著的特点。其中 2007 年 1 月在兰州水务集团 49% 的股权转让中，威立雅 17.1 亿元的投标价远远高于竞争对手中法水务 4.5 亿元、首创股份 2.8 亿元的报价，轻松将兰州水务集团 49% 的股权收入囊中。由此，威立雅在兰州埋下了争议的种子。

中国水务市场开放之时，持有乐观态度的并不只有威立雅，排在世界前列的水务巨头几乎都在中国有所动作。外资企业包括英国泰晤士国际水务公司、法国苏伊士水务公司、中法水务集团、中国香港中华煤气等。国内企业则以北京首创股份、桑德系新加坡伊普国际、天津创业环保等领衔。

据统计，过去10年间，中外投资公司在中国水务市场的资金投入总额约1000亿元，其中多数公司进入这一市场的主要途径是涉水项目的高溢价收购。

根据威立雅高层的说法，如此不惜成本高溢价收购股权，主要是因为看好中国逐渐开放的水务市场，其时任总裁普格里奥曾满怀信心地表示："我们对中国的业务成长非常有信心，我自信能够实现营收两年翻一番，并持续地保持这一势头。"

如今看来，威立雅等各路外部资本显然高估了中国水务市场的市场开放力度和执行市场化定价规则的决心。

随着越来越担心威立雅通过涨水价将成本转嫁给普通市民，外资高溢价收购中国水务企业的问题引起了高层关注。2007年10月，由建设部与国家发改委联合开展的一项名为"外资收购城市供水项目专项调研"的调查悄悄进行，历时三个月。2008年后，高溢价收购齐刷刷地戛然而止，是否是相关部门叫停则不得而知。

全国工商联环境商会秘书长骆建华曾表示，外资水务的供水总能力仅占全国总能力的8%，市场份额在4%左右。而金永祥则告诉网易财经，眼下社会资本进入水务市场的积极性依然很高，但是近几年来则几乎没有外资企业进来。

威立雅有没有控制水价？清华大学水业政策研究中心主任傅涛根据调研数据认为，社会企业的进入并不是地方水价上涨的必然原因，例如在社会企业进入的16个城市中有5个没有上涨水价，而20个没有社会企业进入的城市中，有18个调整了供水价格。

外资进军中国水务市场之困

全国工商联环境商会在发给网易财经的文章中表示，就兰州事件本身而言，发生污染事件跟水务公司有无外资参股并无关联。这些外企在全球布局，在很多国家均有水务项目，我们没有理由认为他们对供水安全问题不予重视。

而据了解，威立雅在全国各地高溢价收购的水务企业，多是连年亏损，后来因为提价改革才开始逐渐扭亏为盈。而知情人士则告诉网易财经，如今威立雅早年在全国布局下的水务项目，包括深圳、兰州、上海等现在几乎都没有盈利。

国家发改委副主任杜鹰曾在 2012 年表示，由于水价改革不到位，目前 30% 的城市自来水厂亏损，四分之一的污水处理厂亏损，缺乏资金进行技术改造、维修、护理，很难使城乡群众喝上放心和安全的饮用水。

也许是基于常年亏损的现实，威立雅基于其全球布局，开始在中国进行战略调整。去年年底在一次媒体见面会中，威立雅公司高层曾对网易财经表示，当前在中国自来水供应市场暂无新的动作，公司主要的战略是开发垃圾处理、工业废水和污水的处理等市场。

据媒体报道，就在兰州事件前几天，威立雅公司人士在一次公开论坛上表示，将把中国作为威立雅业务发展的中心和重点，但是未来业务重点是垃圾处理，主要是有毒废物和工业废物的处理，水务尤其是工业废水和污水的处理。

威立雅公司早前曾提出，2011 年威立雅在中国市场占其全球业务的 4%，未来 5 ~ 10 年时间希望逐步调整发展到 8%。但是根据最新的表态，威立雅已经把这一目标悄悄调整为 6%。

全国工商联环境商会认为，对待外企，应与其他市场主体一样平等对待，不能因为企业性质而怀疑其饮水安全得不到保障，也不能因为企业性质而对其监管稍加松懈。相反，政府应对其一视同仁，严加监管。

多位业内人士称，类似水务市场的国企改制，引入社会资本或外资的

PPP模式里，国企与引入的企业间存在着难以调和的矛盾。而外资企业在运营管理上也要面对尤为复杂的关系和环境，比如此次兰州自来水污染事件中牵涉到的兰州石化搬迁问题。

金永祥向网易财经表示，过去几年，政府大力扶持国企，在银行授信等诸多政策上向其倾斜，而导致外资企业生存困难，所以现在这些企业的情况并不好。中国政府当初热情高涨地引进外资企业，“如今看来，中国并没有给这些企业提供一个公平健康的市场环境”。

5 北京第十水厂BOT项目报道

5 北京第十水厂 BOT 项目报道

5.1 PPP 模式难题：政府信用难兑现 定价机制乃死结

华夏时报 马维辉 2015-01-01

2014 年 12 月 28 日，2014 中国环保上市公司峰会 PPP（公私合营）模式专场论坛座无虚席。“PPP 就像烽火燎原一样，在中华大地上蔓延。”苏伊士环境中国区执行副总裁孙明华这样形容 2014 年的 PPP 热。

2014 年年初以来，中央一直在力推 PPP 模式。大岳咨询总经理金永祥对此表示，信号已经很明确了，以后新的基础设施建设里能够用社会资本的，政府肯定不会自己投。这样做的好处是：一方面可以减少财政的压力；另一方面也为社会资本提供了投资机会。

不过，《华夏时报》记者采访的多位与会环保企业家们则多数都对 PPP 心存顾虑。桑德集团有限公司董事长文一波表示，PPP 要有投资安全保障措施，否则把社会资本套进去，很多人可能会血本无归。现在 PPP 在地方已经出现走形的趋势，有的地方政府希望把它变成一种新的融资工具。

政府信用谁来管?

金永祥讲了他亲身经历的一个 PPP 案例——北京第十供水厂，这是中国第二个水务类 PPP 项目，也是北京市首个利用外资建设市政设施的试点项目。该项目早在 1998 年就已立项，却一直到 2012 年年底才动土。究其原因，还是社会资本进入不顺畅。

而在文一波看来，北京第十供水厂就是一个 PPP 的“反面教材”。他说，在实践中，有一些城市的污水处理厂，政府收了排污费却不履约，几年都不向治污企业支付一分钱费用，社会资本成了“冤大头”。虽然理论上市长是法人，社会资本可以向其主张权利，但实践中刚性并不强。

目前，PPP 已经出现过热的倾向。济邦咨询董事总经理张燎表示，他前段时间接到一个咨询项目，政府没有项目建议书，也没有污水处理厂的详细建设方案，却急于推出项目，一个多月就要把投资人选定。这样的准备条件，项目质量如何就可想而知了。而这种情况其实并不罕见，说明政府在推进 PPP 之前还没有认识到位，太过仓促，或者急于解决融资问题。

瀚蓝环境股份有限公司总经理金铎也告诉本报记者，地方政府推广 PPP，很大一个动机就是融资，PPP 本来也确实具有这一功能。但如果地方政府把这作为终极目标，企业与之就“不太好合作了”。

作为外企，孙明华表示他们现在正在洽谈的一个合作项目就遇到如下困难：社会资本进入后，只是资本介入，不是大股东，不参与企业的日常管理，在董事会中没有重要席位，也没有否决权，这样一来让她无法知道“企业最后会走向哪里”。

怎样打消社会资本的顾虑？文一波表示，首先要保证投资的安全性。将来，回款的支付保障、财政预算列支管理方面从中央到地方建立什么样的体系、财政的支付方式如何调整等，都需要有配套措施。

金铎也表示，首先要划分清楚双方的权利义务边界，不要有太多的模糊地带；其次双方都要有契约精神，各自做好自己应该做的事。

金永祥建议，在现有体制下，下级政府的信用情况应该由上级政府来监管，这包括两个层面：一是在招标阶段，要保证公开、公平、公正和透明；二是在地方政府违约时，上级政府应该对下级政府进行监督。

据他透露，关于这些建议，他们其实也和中央有关部门讨论过，甚至还建言由财政部政府和社会资本合作（PPP）中心来为地方政府提供担保，但并未形成定论。不过，这些问题已经引起了中央有关部门的重视。

定价机制死结

此外，国内的 PPP 还有个死结——定价问题。

孙明华表示，他们在重庆投资的重庆中法供水有限公司（以下简称“重庆中法”）已经运行 11 年，其间只涨过一次水价。而按照合同约定，其实企业每年都有权利提出水价增长。他们之所以不向政府提出涨水价，是因为知道“提了也不会涨”，重庆中法的水价与重庆水集团一致，对方不提价，重庆中法也涨不了。

天津创业环保集团股份有限公司总经理林文波也表示，做特许经营需要把价格锁定，之前他们曾经遇到过这样的情况，企业进行技术改造降低成本，但越是改造，在核定价格的时候政府越是给“减钱”。所以，合同如何制定、涵盖哪些价格非常关键。

张燎认为，在服务费价水平不到位的时候，政府应该承担起补贴的责任。在他们与财政部共同制作的 PPP 操作指引中，也提到了三种付费模式是 PPP 的收费来源，即：政府付费、用户付费和“用户付费 + 政府补贴”。

但事实上，地方政府的支付意愿并不高。金铎表示，很多地方政府现在的财政状况都很紧张，如果上级环保考核比较严格，他们为排污达标付费的意愿就会强一些。但如果这种考核不严，财政就会重新考虑资金的安排顺序。

清华大学国际工程项目管理研究院教授王守清也向本报记者表示，在法制不健全、政府不守信的大环境下，敢于长期投入重金的只有国企。但如果只是国企动，民企不动，这样的 PPP 实际还是没有多少意义，仍然是在体制内转悠。

5.2 北京第十水厂探秘：中国第二个水务公私合营项目难产 16 年

东方早报 欧昌梅 2014-08-15

7 月 29 日上午，中度污染下的北京市朝阳区常营乡，北京第十水厂 A 厂项目（下称水十厂）工地上，工人们正在罩着绿色围网的墙体上施工。放眼望去，水厂沉淀池、碳吸附池、清水池等主体设施都已成形。

“十几年了，我想让这个项目在我手中完工。”负责水十厂项目的北京安菱水务科技有限公司（下称安菱水务）总经理张恒利说。

水十厂是继成都自来水六厂后，中国第二个水务类 PPP（Public-Private-Partnership，公私合作）项目，也是北京市首个利用外资建设市政设施的试点项目，总投资 23 亿元。该项目早在 1998 年就已立项，却一直到 2012 年年底才动土。而一般情况下，建一个水厂，用不了三年时间。

究其原因，用北京大岳咨询公司（大岳咨询）总经理金永祥的话说，中国 PPP 发展到现在，已经历五个阶段，而所有 PPP 项目可能遭遇的难题，水十厂都撞上了。

水十厂项目起步就遇到问题——招标过程中，光是为了论证招标文件的法律效力，就耗时近一年时间。这使得项目进展整体滞后，以至于后期出现诸多变故：水源供给不上，市场供需倒挂，政府推动态度不积极，中标方退出项目，土地价格一路飙涨，输水管道改线。

时至今日，摆在张恒利面前的，还有源水管道何时能开工，以及重新办理诸多施工手续等问题。

三家外资“超低价”竞标 花一年论证标书法律效力

故事要从上世纪末说起。

1998 年，水十厂立项之年，适逢亚洲金融危机爆发，政府资金紧缺，而国内基础设施建设又进入快速扩张阶段。正是在这个时候，BOT（建设—运营—移交）这种利用私营资本建设公用事业的商业模式进入中国。

水十厂项目采用的正是 BOT 建设模式，其占地面积约 180 亩，总投资 23 亿元，设计处理能力为每日 50 万吨。按计划，水十厂预计于 2014 年年底建成通水，主要为朝阳 CBD（中央商务区）、通州新城等北京东部地区供水。

曾担任水十厂项目总顾问的金永祥说，北京启动水十厂项目的初衷，主要是摸索利用外资进行城市市政建设，这也是为什么后来参加投标的都是外资企业。

当时，不管是民资还是外资，都巴望着获得水十厂项目。项目开标前，购买资格预审文件的企业和银行，就达到 30 多家。经过筛选，最终 5 家联合体进入投标程序，包括：法国苏伊士和香港新世界联合体（下称苏伊士联合体），日本三菱和英国安格利安联合体（下称安菱联合体），法国威立雅，英国泰晤士和日本三井联合体，以及意大利一家水务公司。

金永祥称，政府招标时看重四点——水价、融资能力、技术方案和法律方案，并且水价越低，投标时得分越高。

当时，得分排名前三的分别是苏伊士联合体、安菱联合体和威立雅，三者给出的水价分别是 1.15 元/吨、1.39 元/吨、1.5 元/吨，都低于政府估算的 6.9 元/吨。

此时，政府却遇到了两难的问题。

投标文件有中英文两种，给出最低水价的苏伊士联合体，其英文文件签了字，中文文件却未签字。苏伊士联合体坚持认为文件有效，而排名第二的安菱联合体认为其无效。

“苏伊士给出的水价对政府来说很有诱惑力，但政府又担心遭到国际投诉。”金永祥说，作为中国第二个水务类 PPP 项目，政府国际经验不足，而当时法律界意见不一，有的认为苏伊士联合体文件有效，有的认为其无效。

为此，安菱联合体聘请了北京康达律师事务所作为自己的法律顾问，北京市政府还召开专门会议，讨论苏伊士联合体文件的法律效力。

项目招标半年就结束，论证苏伊士联合体标书法律效力，却花了近一年时间。

“投标函中承诺着水价、融资条件、融资交割条件等一系列事项，如果没有签字，就意味着苏伊士联合体没有对政府的招标书做出实质性的回应。”康达律师事务所合伙人刘文义称，实质响应是 BOT 的核心内容之一，有形式和内容两个层面，即形式上要求投标方在文件上签字，内容上要求投标方文件中承诺的东西是确定的。

金永祥直言，按规则来，可以判苏伊士联合体标书无效，不过水十厂设计规模是日供水 50 万吨，苏伊士联合体和安菱联合体的水价约差 2 角钱，一年就是 3000 多万元，政府也很纠结。

刘文义称，北京市政府组织专家对康达律师事务所给出的意见进行讨论，最后论证苏伊士联合体的标书无效。

“作为招标方，要注意标书形式上的完善，政府需要有明确的法律和法规，一旦标书有问题，就不能进入评标环节。”刘文义说，直到现在，国内的 BOT 项目仍面临着类似问题。

项目撞上“三大变数”　又逢水务市场供需倒挂

经过招投标一番恶战，拿下项目的安菱联合体和北京市政府又遇到了始料未及的问题——就在论证苏伊士联合体标书有效性的期间，整个北京水务市场供需开始倒挂。

金永祥说，1998 年开始规划水十厂时，北京一度计划，从 1999 年到 2004 年，每年增加 10 万吨供水，到 2004 年供水量达到 350 万吨/天。然而，到了 2000 年，北京市进入用水高峰时每天也只需要 280 万吨供水，到 2004 年，北京实际用水量更是降到了 230 万吨/天，而当时供水能力已达到 300 万吨/天。

用水量出现下降，缘于北京市工业企业的大规模外迁。2000 年 8 月，北京市颁布《北京市三、四环路内工业企业搬迁实施方案》，计划用五年时间，使四环路内企业的占地面积从彼时的 8.74% 降低到 7%。当年，三环内 20 家污染扰民企业就实施了搬迁。

不仅如此，2001 年，北京申奥成功。2002 年，北京市颁布《北京奥运行动规划》，该规划要求，在 2008 年之前，重点加强冶金、化工、电力、水泥等行业生产污染控制，东南郊化工区和四环路以内 200 家污染企业全部完成调整搬迁，其中特别提出，首钢完成减产 200 万吨钢和结构调整的目标。

“那时政府对城市发展规律认识不多，工业企业外迁是一种社会变迁，谁都考虑不到。”金永祥直言，相对 2008 年的北京奥运会，水十厂的确需要让步。

雪上加霜的是，原先规划为水十厂水源地的北京密云水库，1999 年后一直处于枯水期。与此同时，水库上游的农民开始截流。而按计划，水十厂每年应从密云水库取 1.5 亿吨到 2 亿吨的源水。

要为奥运让步的，还有从密云水库到水十厂约 75 公里的输水管道——2004 年，北京首都机场实施扩建工程，占了水十厂输水管道建设用地，输水管道迟迟无法开工。

金永祥说，几十公里输水线路的改动，涉及到经济社会很多问题，给项目又加了一个变数。

项目拖太久 + 欧盟东扩　外资联合体中途退出

在前述诸多变数之下，安菱联合体于 2004 年 7 月正式要求终止项目，并向政府索要 2000 万美元的违约款。

刘文义告诉早报记者，安菱联合体要求退出，主要是因为项目时间拖延太久，尽管北京市方面提出用南水北调来水作为水源，安菱联合体仍担忧南水北调的水何时能到北京。

“其实，项目出现这么多变故后，北京市政府也不愿意再推动这个项目。”金永祥直言。

按照安菱联合体和北京市政府签署的协议，安菱联合体要完成七八亿元的融资，但直到其提出终止项目时也未能完成。

金永祥说，由于当初外企挤破头要竞得水十厂项目，在后来的协议当中，安菱联合体放弃了一些诸如政治不可抗力等对自身有利的条件。而银行则认为企业无法承担此类风险，提出只有政府愿意承担，才贷款给安菱联合体。

“显然，那时政府也不愿承担这类风险。政府高明的地方在于，其没有违约，安菱联合体要退出就违约了，融资完不成也算违约。”金永祥称，北京市政府在规则上占了优势，可进可退。

不过，金永祥提醒，这起 BOT 项目中，安菱联合体的退出，也绝非仅仅是因为项目外部诸多条件的变化。

2004 年，欧盟正式东扩，保加利亚、罗马尼亚、匈牙利、斯洛伐克等进入欧盟。安菱联合体中的英国安格利安公司想要回防欧洲，在欧盟国家扩张。

张恒利告诉早报记者，考虑到水十厂建设的必要性，以及项目终止会给北京市政府带来一系列法律风险，2005 年 5 月，北京市政府决定继续实施该项目，并同意外方退出，决定由北京控股集团有限公司和美国咨询公司——金州控股集团组成联合体（下称北控—金州联合体），对项目进行重组。

金永祥说，安菱联合体提出退出项目之际，北京用水需求实则又开始有所上升。同时，为消化南水北调来水，项目也有必要继续建设。

据张恒利介绍，水十厂建成完工后，每年将能消纳 1.8 亿吨南水北调来水，且能减轻北京对地下水的过度依赖。

建设成本一路飙涨　管道建设遭遇“维权”

2006 年 12 月，北控—金州联合体接手水十厂项目。次年 8 月，北京市自来水集团主动加入水十厂项目。北控、金州和自来水集团分别占股 33.875%、33.125%、33%。

早在水十厂项目开始启动时，金州就是安菱联合体的顾问和水十厂项目总承包商。原先供职金州的张恒利 2013 年接手水十厂项目建设，他每天都泡在五环边的该项目工地上。

金州董事长蒋超告诉早报记者，水十厂所在地当年是按划拨形式规划为市政用地的，征地费用也只有 3200 万美元。由于项目未能如期开工，包括征地、拆迁费用在内，这块地的成本已经涨到八九亿元人民币。为此，北京市政府补偿了金州 2 亿元人民币，作为征地费用。

张恒利称，有关部门已出台新规，要求外商合资企业在中国的用地要通过转让的方式。这种情况下，项目涉及的一系列证件和手续都要重新办理。

为了办土地证，张恒利没少跑路。

“你要知道，把政府的这些部门拉到一起开个会不容易。”张恒利说，政府不应根据投资者性质来决定土地是划拨，还是转让，而应根据项目本身的属性来定。水十厂采用 BOT 模式，建的是市政设施，最终要无偿转移给政府，用地应按照市政项目性质采用划拨形式。

目前，水十厂项目依据北京市建委出具的工程协办单开工建设。张恒利希望，政府部门能帮忙协调解决项目核准批复过期问题、林地问题和北京市政府对项目用地的批复问题，以保证工程的合法合规，使得水十厂后续其他工程手续得以正常办理。

让张恒利头疼的还有 2.67 公里输水管道的建设问题。输水管道设计和勘察环节已完成，按计划应于 7 月底开工，但目前管道开工却“卡住”了，与项目无关的征地遗留问题硬是“沾上”了水厂。

如前文所述，水源改为南水北调来水后，输水管道也改了路径——水十厂源水输水管道起点为东五环南水北调东干渠与幺家店路相交处，沿幺家店路向东敷设至净水厂。

这一输水管道所经区域有一起征地纠纷。据张恒利称，北京市一政府部门旗下企业在征地中，欠了平房乡 9000 多万元，欠了高碑店乡 4000 多万元。

“我们成了村民跟政府谈判的筹码，我们一施工，村民就拿棒子撵我们。”让张恒利感到委屈的是，输水管道在五环以外，而纠纷涉及的征地问题是在五环以内，与水十厂项目并无关系。

此外，张恒利提出，新股东 2007 年与政府重新草签的特许权协议，主要内容沿用了 2002 年时的基本精神，目前已违背项目实际情况，希望政府及有关部门尽快启动有关水价等问题的谈判。

对此，北京市水务局在回应早报记者时称，由于水十厂正在建设过程中，因此尚不便对外进行宣传报道。

5.3 16 年：一个公私合营项目的进化史

经济观察网　杜涛、赵旦、李孜　2014-07-29

导语：水源地供需倒挂、政府中途萌生退意、外资伙伴突然出局、土地价格一路飙涨……中国此后许多 PPP 项目可能碰到的麻烦，北京第十供水项目几乎一个不拉都遭遇了，并成为当时亚洲地区唯一经常被全球媒体跟踪的热点头条。

等待了 16 年，金永祥终于有机会看到他下海后的第一单大生意，顺利结出果实。

北京第十供水厂，首个直接利用外资建设基础设施的试点项目，即将在今年年底建成投产，为北京东部包括 CBD、通州、亦庄等区域供水。继成都的威立雅项目之后，这是全国第二个水务类 PPP（Public-Private-Partnership）项目，启动于 1998 年。

曾担任过北京市计委官员的金永祥，当时以北京大岳咨询公司总经理的身份担当总顾问，全程参与了项目的招投标。直到现在，他仍然恨透了当时经常像吵架一样讨论项目文件的老外顾问团。“他骂我们是垃圾！那个时候要做英文文件，外国的律师不希望我们碰文件，觉得我们英文不行，要知道，我们给他的小时费就得 100 多美金！”金永祥说。

但在随后的合作中，金永祥不得不承认，在大部分中国人尚未搞清 PPP

这三个词之前，老外已经把所谓“公私合营”研究得透透的了。当时，34 家跨国公司和银行购买资格预审文件，7 家联合体共 19 家公司提交资格申请文件，最终招标委员会选择了 5 家联合体共 12 家公司参加项目投标，分别来自法国、英国、日本、意大利和香港。评标期间，各种法律文件打印了 2000 多页，评标资料更是装满了两辆大卡车。“事前制定严密的游戏规则，遇到困难时根据游戏规则维护自身利益，是 PPP 项目最大的亮点。”金永祥说，这个试点项目北京当时就想招外商，因为只有用外国人，才能把这种项目整个的玩法、项目规则摸清楚。

事情的发展比他想象的更有戏剧性。

十几年间，险情频频出现：水源地供需倒挂、政府中途萌生退意、外资伙伴突然出局、土地价格一路飙涨……中国此后许多 PPP 项目可能碰到的麻烦，这个项目几乎一个不拉都遭遇了，并成为当时亚洲地区唯一经常被全球媒体跟踪的热点头条。

最终，一家非常懂中国国情的外资企业接手了这个项目，这家企业的老板，是一位美籍华人。

起步

金永祥是在击败了另一家与计委有关系的咨询公司后，成功担纲总顾问的。

据他回忆，当时他在咨询公司抽调了五六个人专门做这个项目，加上律师、中介机构、政府部门，整个项目运作队伍有三四十人。其中，澳大利亚一家名叫 BDW 的律师事务所和国际财务顾问毕马威公司入选了顾问团队，而北京市负责这个项目的是当时的的副市长汪光焘，即后来的建设部部长。

第十供水厂是北京市“九五”计划提出的项目。在确定运作方式时，北京市政府进行了多种方式的比较，基本目标是政府不再直接投资。但最初与国内机构进行协商时，由于前者对水价要求太高，最终放弃。随后，北京市政府决定采用 BOT 方式来建设——也就是现在所说 PPP 模式的其中一种，而且规定只允许外国投资人参加投标。“当时民间资本比较弱，而且试点项目是要找规则，想搞清楚以后基础设施项目到底怎么做，这点国内的公司就做不了，基本上到投标的时候就只剩国际公司了。”金永祥说。

整个项目从 1999 年开始做方案，然后是招商环节，直至 1999 年底招标结束，这时，问题也开始浮现。

最终入选的 5 家联合体共 12 家公司，包括日本三菱和英国安格利安的联合体、法国苏伊士和香港新世界的联合、英国泰晤士和日本三井的联合体，法国威立雅，以及意大利的一家水务公司。项目组要求这些公司提供中英文标书，然而，苏伊士只在英文标书上签了字，而没有在中文标书上签字，这个小小的技术性问题，引发了一场持续一年之久的关于法律效力的大讨论，著名法学家江平、沈达明均参与了这场论战，但北京市政府的态度一直很谨慎，迟迟不下定论。

当时苏伊士曾和项目组沟通，认为即使没签中文标书也是有效的，但竞争对手三菱认为，这种标书是无效的。当时苏伊士的标书报价是每吨 1.1 元，三菱的报价排在了苏伊士的后面，每吨 1.39 元。为此，三菱公司还专门派人去项目组询问，什么时间苏伊士的标书能作废。

最终论证的结果是，标书应该废掉，苏伊士只能出局。金永祥说，通过这件事，中国公司学到的第一个做 PPP 项目的经验就是：标书不符合中国政府要求的，直接作废。这也给在中国寻找生意的水务巨头们提了一个醒——傲慢必将酿造苦果。

2000 年，北京第十供水厂项目定下了日本三菱和英国安格利安，两家水务公司随后成立了专门用于该项目的合资公司——北京安菱水务科技有限公司（下称“安菱联合体”）。经历了招投标的一番折腾，入围的这两家企业并不知道，等待他们的是另一份苦恼。

推迟

2000 年 8 月，北京颁布了《北京市三、四环路内工业企业搬迁实施方案》，计划用五年左右的时间，使规划市中心区内的工业用地比例降至 7%。其中，当年就搬迁了三环内 20 家污染扰民企业。

随后，为了迎接奥运，北京市又发布了《北京奥运行动规划》，要求在 2008 年之前重点加强冶金、化工、电力、水泥等行业生产污染控制，东南郊化工区和四环路内 200 家左右污染企业将全部完成调整搬迁工作，特别提出首钢完成减产 200 万吨钢和结构调整的目标。

企业外迁，对于当时的北京空气环境和转变经济发展方式都是有利的，但是对于第十供水厂这个项目，却是一个致命的打击：因为北京的用水量下降了，要不要建水厂，这是一个问题。“现在北京的用水量大概将近 300 万吨，与 1999 年那时用水量差不多。起初规划建水厂时，是预计东部地区用水量会上升，但由于工业企业外迁，用水量反而下降了，北京市政府建水厂的意愿就不那么强烈了，因为做起来后水没法卖出去。”金永祥说。

更要命的是，第十供水厂原本规划的是从北京密云水库引水，但 2000 年后那里一直处于干旱状态，没水源了。金永祥说，“以前密云水库的存水是 30 亿立方，但后来一是不下雨，水量补充有限；二是水库上游的潮白河，在河北省地区开始截流，农民把水截了。”

北京市政府在建新水厂这件事上不积极了，两家水务公司立刻面临一个问题：投资人需要融资，而且这又是国际项目，如果政府不支持，投资人就完不成融资；即便政府支持了，如果项目建起来无法达到预期的收益，比如用水量增长带来的收益，无法弥补低水价的运营成本和前期建设成本，投资人也损失了，同时政府也算违约了。

最终，北京市政府选择了推迟第十供水厂的建设，时间是在 2002 年。金永祥认为，政府在规划供水项目的时候，无法考虑到像密云水库断水和工业企业外迁这样的变量，而且用水量下降是任何人都预测不到，推迟建设对北京市政府来讲，也是一件比较难处理的事情。

为此，三菱和安格里安组成的安菱联合体与北京市政府僵持了两年。

2004 年 7 月，安菱联合体正式向北京市提出终止项目的书面请求，要求赔付 2000 万美金的违约款，并转让手中所持的项目股份。

面对这意想不到的变故，考虑到未来新水厂建设的必要性，以及北京市政基础设施改革的第一个项目所带来的国际影响，北京市政府仍然希望能将项目继续下去。

这个时候，一家有外资背景的神秘公司出现了，这家名叫金州环境的水务公司，联合国企北控水务和北京自来水公司，接受了安菱联合体所转让的股权。

接盘

金州环境其实在第十供水厂刚刚定标的时候就已经出场了。只不过那时它只是安菱联合体的顾问公司和指定总承包商，谁也没有想到，金州环境成了最后的接盘者。

金州环境的官方网站显示，这是一家在中国给排水和固废处理领域进行项目投资并提供专业服务的集团化公司，作为美国金州控股集团的子公司，负责金州在华的环境业务。2006 年，金州环境曾通过组建联合体，先后中标北京奥运主体育场和奥林匹克水上公园的循环水处理系统项目。

蒋超，美籍华人，现在是金州环境集团董事长。他说，接盘第十供水厂项目时，“我们确实承担了很多风险”。其中，最大的风险是土地。

第十供水厂位于北京市定福庄，东五环边上。1999 年，项目首次与三菱、安格里安谈判时，土地采取的是划拨方式，以当时北京的地价来算，即使要买下这块地，代价也并不高。但到了金州环境接手时，定福庄这块地需要用 3200 万美金才能买下，当时是 2006 年前后。

从那时到现在，北京的地价已经水涨船高。由于迟迟没有开工，五环边上的这块地已经涨到了八九亿元，几乎是 2006 年的四倍。为此，北京市政府专门对金州环境提供了 2 亿元的补贴，以减少地价抬升对接盘企业带来的损失。

目前，第十供水厂的项目公司安菱联合体，其公司名称得以保留，但股权关系发生了实质性变化。据蒋超介绍，新的安菱联合体中，金州环境和北控水务在其中占67%，北京自来水公司占33%。其中，北京自来水是完全的国有性质，北控水务是国有控股，金州环境属于外资，蒋超一直认为这是一个真正的混合所有制的典范。

金永祥说，现在接盘第十供水厂项目其实是个好时机，因为北京东部的用水量，随着通州开始建新城已经提高了预期；同时南水北调工程将在今年内入京，水源也有了保障。

而蒋超对中国 PPP 的看法则是，稍微有一点现金流的项目，企业会愿意来做的，政府应该稍微贴补一点，这个项目就由企业来搞，因为项目运作还需要足够的知识和经验。而剩下的没有现金流的项目，如养老、医疗、教育、扶贫等等，就应该由政府的财政收入去支撑。

5.4 13 年的坚持：北京市第十水厂项目开工

中国水网 2012-11-26

2012 年 11 月 23 日，是一个值得永久纪念的日子。

这一天，北京市第十水厂 A 厂项目开工仪式在北京朝阳区定福庄举行，该项目见证了北京市政公用基础设施改革开放的历程，凝聚了太多人的辛勤付出和心血汗水。开工仪式上，四辆挖掘车一字排开，八门礼炮发出了震耳的轰鸣。亲身经历和见证了项目过程的开拓者们激动不已……

北京市副市长夏占义、北京市 28 家委办局单位、朝阳区的领导参加了开工仪式。北控水务有限公司，金州水务集团股份有限公司和北京市自来水集团有限责任公司作为北京市第十水厂三家股东，他们的单位负责人与各级领导一起为项目奠基。

北京市第十水厂 A 厂项目是北京市首个采用国际招标的 BOT 模式建设的

市政供水设施项目，也是中国继成都市自来水六厂后经国家计委批准的第二个 BOT 项目。项目自 1998 年开始筹备，历经十余年的时间，先后经历了国际招标、项目重组、核准批复、项目融资的几个阶段，到今天正式开工建设，走过了一条崎岖坎坷的道路。

水十 A 厂项目自筹备之日起，一直受到北京市委市政府历届领导人贾庆林、刘淇、孟学农、王岐山、郭金龙、王安顺的高度重视和关心支持，得到了来自南水北调工程建设委员会办公室的多方协调和帮助，在三家股东单位的相互配合与通力协作之下，终于迎来了今天的开工之日。回首往昔，这是一段可圈可点的难忘岁月，这是一段值得记录和讴歌的历史，是首都乃至中国城市基础设施建设市场化改革进程中浓墨重彩的一笔。回首十多年的曲折坎坷，人们由衷地对锲而不舍坚持此项目的开拓者们的远见卓识，充满了钦佩之情。

国际招标阶段——摸着石头试水

1998 年，北京市政府计划建设日供水能力 50 万吨的北京市第十水厂一期工程，水源为密云水库蓄水。为了探索市政基础设施改革的道路，决定采用 BOT 模式。

经国家计委对北京市计委（计办投资［1998］868 号《国家计委办公厅关于北京市第十水厂一期工程建设问题的复函》）的批复，及计司外资函［1999］047 号文件的精神，确定了北京市第十水厂 A 厂以提供专营许可，采用国际公开招标方式吸引外资并以 BOT 模式建设。这是北京市城市基础设施建设领域市场化投融资体制的开端。由于是从零开始，北京市政府第一次运用 BOT 模式进行项目的公开招标，无成熟的经验可以借鉴，因此一切要在摸索中前进。

经过一轮资格预审和一轮招投标，2002 年 4 月，日本三菱商事株式会社和英国安格利安水务国际控股有限公司组成的安菱联合体中标。金州集团作为安菱联合体的咨询顾问和指定承包商，在北京水十 A 厂的投标准备和合同谈判中做出了重要贡献。2002 年 4 月 28 日，项目特许经营协议草签，BOT 模式初具雏形。

项目重组阶段——山重水复保住项目

由于北京首都机场扩建工程占用供水管道路线，供水管道工程迟迟无法落实；由于北京多年干旱，密云水库自 20 世纪 90 年代起水位持续下降，水源成了外方挥之不去的隐忧。2004 年 7 月，安菱联合体由于水源问题没得到解决，正式向北京市提出终止项目的书面请求，并要求赔付 2000 万美金的违约款。面对意想不到的变故，考虑到水十 A 厂建设的必要性以及作为北京市政基础设施改革的第一个项目的国际影响，北京市政府仍然希望能继续将 BOT 模式进行下去。

此时，金州集团挺身而出，作为安菱联合体和政府沟通的桥梁，积极斡旋，协调奔走，愿意接替安菱联合体来延续这个项目。然而外方认为，整个招投标的进程占用了他们大量的时间成本和机会成本，应得到一定赔偿。金州也同意给外方一定数额的补偿。

同时，金州集团积极寻找合作伙伴北京控股有限公司共同接手此项目。经过多次的协商博弈，2006 年，外方终于同意将 2000 万美元的赔偿款降至 600 万，并以股权转让的方式获得。北控和金州成立了 50% 对 50% 联合体，共同接手水十 A 厂项目，股权转让款由金州替北控—金州联合体支付给外方共计 600 万美元，北控替联合体向外方开出了 800 万美元的反担保函，以保证外方能从北京市政府要回 800 万美元的投标保函。至此，外方转让了 100% 水十 A 厂项目公司的股权，此项目公司由北控—金州联合体接手。

2006 年 12 月 20 日，项目重组交割签约仪式举行，北控—金州联合体正式成为水十 A 厂的股东。在转让交割的过程中，北控与金州为政府排忧解难，通过与外资公司的协商谈判，解决了一系列遗留问题，使项目能够继续以 BOT 模式继续下去，既维护了政府的形象，又避免了项目的中断。

新的联合体与政府就特许经营等一系列问题进行谈判。由于水十 A 厂项目此时具备的特殊性，北控—金州联合体与北京市相关主管部门都能从大局出发，从小处入手，解决了许多项目实施中的具体问题。

2007 年 8 月 2 日，北控—金州联合体与北京市政府正式签订项目的特许经营协议，水十 A 厂项目仍采用 BOT 方式，由北控—金州联合体进行项目的融资、投资、设计、建设、拥有、运营和维护，特许经营期为 23 年，其中建设期 3 年，运营期 20 年，运营期满后，向北京市政府指定的机构移交项目设施。至此，持续了近十载的项目招投标阶段结束。水十 A 厂项目终于从失败的边缘又回到了实施的正轨。

核准批复阶段——合力向前进

项目新的联合体产生了，但是造成水十 A 厂未能开工建设的主要原因——密云水库蓄水减少而引起的水源问题实际上并未得到有效缓解。2008 年，国务院和北京市将南水北调工程列入了“增强资源能源保障能力的重点项目”，这一利好的宏观政策推动了南水北调工程建设进程，也给了水十 A 厂项目一剂强心针。

经过反复的论证，水十 A 厂的原水水源改为南水北调水和密云水库双水源。不再分远期和近期。国家宏观调控政策的适时到位，终于解决了阻碍水十厂建设至为关键的水源问题。

水源问题解决了，北控—金州联合体积极配合政府有关部门，开展项目核准批复工作。在原水管道的选取问题上，经过反复的论证，最终双方同意第十水厂项目输水管线以南水北调配套工程“水源环线”为基础做出调整，管线长度在原 21.3 公里的基础上缩短为 2.67 公里。

2009 年 12 月 31 日，水十 A 厂项目获得了北京市发改委颁发的核准批复。为了顺利实施水十 A 厂项目，充分利用北京市自来水集团的运营经验，以实现水十 A 厂的安全、优质供水，北控—金州联合体在项目核准批复后，又将市自来水集团邀请作为新的股东之一，参加投资建设水十 A 厂项目。

至此，优势互补的股东和股权结构确立了，北控的政府和资金优势，金州的 BOT 模式操作和建设经验，北京自来水集团的高效运营管理得到了优化整合，在最大程度上保证了项目的顺利实施。

此后，水十 A 厂项目被列入 2012 年北京市政府折子工程："加快建设南水北调市内配套工程，抓好第十水厂、郭公庄水厂等工程建设，加强水源区水资源保护，切实保障城市供水安全。"

第十自来水厂的总投资为 23 亿元，其中政府承担一部分资金，其余部分股本金占 35%，剩余 65% 靠融资解决。

2012 年，项目贷款成功完成，这是项目得以最终开工的重要基石。

北京第十水厂 A 厂项目作为北京市第一个市政公用基础设施市场化改革项目，经历了 13 年的风风雨雨，终于完成了大部分工作，北京市政府各级领导和各部门工作人员以及水十 A 厂项目员工坚持不懈走改革开放道路的精神，值得敬仰！

后记

北京安菱水务科技有限公司是为实施投融资、建设、运营第十水厂 A 厂项目而专门成立的项目公司。其股东为北控水务有限公司、金州水务集团有限公司和北京市自来水集团有限责任公司，分别持有安菱公司 33.835%、33.165% 和 33% 的股权。

第十水厂 A 厂项目 2012 年底开工，预计 2014 年底建成通水，届时将成为处理南水北调原水的又一个主力水厂，主要对北京东部城区进行供水，其中包括 CBD、东坝、垡头、定福庄、通州、亦庄等区域。第十水厂正式运营供水后，将进一步完善北京城市供水格局，提高城市供水能力，为北京市、尤其是东部地区的可持续发展提供有力支持。

改革开放的进程是一个不断探索的进程，只有知难而进，坚持不懈，才能赢得最终的成功。水十 A 厂项目经历了漫长而曲折的历程，期间凝聚了无数人的心血和汗水。回首面壁 13 年、薪火相传的日日夜夜，所有参与过项目的人都感慨万千……

水十 A 厂的开工建设，离不开国家层面的高瞻远瞩、英明决策，最终解决了困扰水厂建设的水源问题；离不开北京市各级部门、四届政府领导人对项目的高度重视和关心支持；离不开北控、金州、自来水集团三方员工的艰辛努力和呕心沥血的忘我工作。

作为北京首个基础设施建设市场化改革的实验项目，作为一个经历了 13 年风风雨雨最终成功的项目，充分体现了北京市政府对基础设施投融资体制改革的决心和坚持，必将作为一个里程碑，载入中国城市基础设施投融资体制改革成就的史册！

5.5　第十水厂开建　首引民间资本

北青网　解丽　2012-11-24

昨日，作为南水北调工程配套水厂关键节点的北京市第十水厂一期项目开工。市水务局表示，此项市政供水设施项目首次采用国际招标的方式，引入民间资本参与投资建设和经营。该水厂建成后将提升 CBD 地区和通州新城的供水能力。

据了解，第十水厂 A 厂（即一期）项目位于北京市东部地区，总占地面积约 180 亩，总投资估算约 23 亿元人民币，设计处理能力为 50 万立方米/日。据水务部门介绍，该水厂主要建设内容包括原水输水管道和净水厂。原水输水管道起点为东五环南水北调东干渠与幺家店路相交处，沿规划幺家店路向东敷设至净水厂。预计 2014 年底建成通水。未来还将建设二期项目，总处理能力将达到 100 万立方米/日。

据悉，与其他水厂不同，第十水厂是本市首个采用国际招标方式、BOT 模式建设的市政供水设施项目。北京安菱公司对第十水厂 A 厂项目的特许专营期为 23 年，其中建设期 3 年，运营期 20 年，运营期满后将水厂无偿交付给北京市政府。

南水北调办公室负责人表示，第十水厂的原水水源将以南水北调水源为主、密云水库水源为补充。第十水厂正式运营供水后，将进一步完善市区供水网络，未来将提升朝阳区 CBD、通州新城、亦庄以及东坝等部分城区的供水能力和保障能力，改善居民供水水质。

同时，目前，北京城区能够处理南水北调原水的水厂包括第九水厂、田村山净水厂、第三水厂，再加上正在建设的郭公庄水厂一期以及第十水厂，中心城区能够处理南水北调原水的水厂增加到 5 座，城区日供水能力将达到 400 万立方米。

新闻内存

■ 东直门水厂（第一水厂）：

1910 年竣工，当时日供水能力 1. 87 万立方米。

■ 第二水厂：

1949 年竣工，当时日供水能力 3 万立方米。

■ 第三水厂：

1958 年竣工，当时日供水能力 8. 3 万立方米。

■ 第四水厂：

1956 年竣工，当时日供水能力 10 万立方米。

■ 第五水厂：

1960 年竣工，当时日供水能力 2 万立方米。

■ 第六水厂：

1959 年竣工，当时日供水能力 3. 85 万立方米。

■ 第七水厂：

1964 年竣工，当时日供水能力 5. 3 万立方米。

■ 第八水厂：

1982 年竣工（分三期建设），当时日供水能力 42. 9 万立方米。

■ 第九水厂：

1999 年竣工（分三期建设），当时日供水能力 150 万立方米。

■ 郭公庄水厂（一期工程）：

预计 2014 年竣工，日供水能力 50 万立方米。

释疑

非政府经营水价不变

BOT：是私人资本参与基础设施建设，向社会提供公共服务的一种特殊的投资方式，包括建设（Build）、经营（Operate）、移交（Transfer）三个过程：建设—经营—转让。

作为首家民间资本经营的市政供水设施厂，其用水安全以及水价是否提高，成为大家关心的话题。对此，安菱公司相关负责人表示，第十水厂采用常规处理 + 深度处理 + 紫外联合氯胺消毒的多级屏障工艺，可有效应对多种水源，确保出水关键指标达到国际先进水平。尽管并没有采取郭公庄水厂的膜处理深度处理工艺，但增加了砂滤池等。同时，最具前瞻性的是紫外消毒间可有效去除贾第鞭毛虫、隐孢子虫等两虫。据悉，上述两虫曾经在南方的水源中发现过，饮用可导致人体腹泻等病症。

而对于水价是否会提高，南水北调相关负责人表示，江水进京后，将同城同价，无论谁经营管理，到达用户终端都是一个价格，经营单位在生产环节和提高技术含量、降低成本之间是有利润空间的。

现状

城区各方向均有大型水厂

全市供水管线总长度 11000 多公里，供水服务面积 1000 多平方公里，供水用户 346 万户。其中，市区日供水能力 300 万立方米，管网长度 9100 多公里，供水用户 289 余万户。目前市区供水范围已发展到东至通州卫星城西部，南至大兴区西红门、旧宫和丰台东高地，西至石景山区鲁谷，北至天通苑。初步形成了以北京城区供水为主，涵盖郊区新城地区的城乡供水一体化经营格局。城区主力水厂主要分布在东、西、北三个方向，城南没有大型水厂。但目前在建的郭公庄水厂建成后，城区各个方向均有大型水厂。

5.6 北京市第十水厂 A 厂项目开工 预计 2014 年底通水

千龙网 马梦娇 2012-11-23

北京市第十水厂 A 厂项目开工仪式今天上午在朝阳区定福庄举行。第十水厂原水水源将以南水北调水源为主、密云水库水源为补充，将进一步完善北京城市供水格局，提高朝阳区 CBD、通州新城区域两区供水保障能力，预计 2014 年底建成通水。

开工仪式由北京市水务局、北京市南水北调办公室、北京市朝阳区人民政府主办，北京市副市长夏占义等领导出席仪式并为工程开工奠基。

据悉，第十水厂为北京市南水北调的重要配套工程项目，水厂建成后将成为处理南水北调原水的又一个助理水厂，将进一步完善北京城市供水格局，提高城市供水能力，为北京市、尤其是东部地区的可持续发展提供有力支持。

第十水厂 A 厂位于北京市东部地区，总占地面积约 180 亩，项目工程总投资估算约 23 亿元人民币，设计处理能力为 50 万立方米/日，主要建设内容包括原水输水管道和净水厂。原水输水管道直径 2.4 米，管道长度 2.67 公里。原水输水管道起点为东五环南水北调东干渠与幺家店路相交处，沿规划幺家店路向东敷设至净水厂。

据北京安菱水务科技有限公司相关负责人介绍，净水厂位于北京市朝阳区定福庄，规划第十水厂预留地东侧，规划总占地面积约 123766 平方米，其中建设用地面积约 119791 平方米。净水厂处理规模为 50 万立方米/日，将新建配水井、预臭氧接触池、机械混合井、澄清池、排泥池、废水回收池、膜池等各种设施。作为第十水厂 A 厂项目建设单位，北京安菱公司对第十水厂

A 厂项目的特许专营期为 23 年，其中建设期 3 年，运营期 20 年，运营期满后将水厂无偿交付给北京市政府。

5.7 人口破 2000 万 北京建第十水厂再调水

21 世纪经济报道 刘涌 2010-07-28

项目征地拆迁工作已经启动，如果一切顺利，北京第十水厂将会在今年 11 月底之前具备进场开工条件。

第十水厂位于朝阳区定福庄，是北京市南水北调配套工程之一。

按照计划，第十水厂的水源将分别来自密云水库和通过南水北调进京的长江水，设计日供水能力可达 50 万立方米。

据了解，北京市 2009 年市区的最高日供水量是 278.8 万立方米，而 2010 年的夏天尚没过完便已经打破了这个记录，市区日供水量达到 286 万立方米。

供水量增加在于人口增加。近日，北京市政协《关于促进首都人口与资源环境协调发展的建议案》披露，截至去年底，北京市实际常住人口达到 1972 万人，人口总量以每年 54.3 万的速度膨胀。

北京市的水资源压力正在逐步逼近极限。

极限边上的城市

第十水厂的规划可以追溯到本世纪初，但几经辗转直到今年才真正付诸实施。

“这里面的原因很多，水源方面经过几次变动，主要是南水北调工程的进展状况发生了变化，致使整个项目必须根据需要进行调整。”北京大岳咨询公司总监毕志清告诉本报。大岳咨询有限公司是北京市第十水厂的国际融资顾问。

据了解，第十水厂曾计划于 2008 年开始建设，至 2010 年建成投产。2010 年也正是南水北调输送长江水到北京的时间。但“关系到工程建设的许多经济社会因素发生了变化”，使送水进京的时间推迟到2014年。

南水北调送水进京的时间，不仅关系到配套工程的日程安排，还关系北京市整个水资源的供给状况。这迫使北京将对现有水资源的应用推向极限。

据了解，目前北京市年人均水资源为210立方米，是中国年人均水资源的1/10，是世界年人均水资源的1/40。

“人口的快速增长和城市规模的迅速扩大，是造成北京市水资源压力的主要原因。”曾任职于北京环保局、长期研究北京水资源问题的专家王建告诉记者。

王建指出，由于北京市在节水方面的措施和力度，在工业、农业方面的用水量都有所下降；而生活用水方面也不能说是节水不奏效，但是人口增长得太快。

根据《北京城市总体规划（2004年~2020年）》，2020年北京市总人口规模规划控制在1800万人左右。近日，北京市政协《关于促进首都人口与资源环境协调发展的建议案》披露，截至去年底，北京市实际常住人口达到1972万人，人口总量以每年54.3万的速度膨胀。

与城市人口快速增加形成对照的是，北京市本地现有的供给水源日益紧张。

密云和官厅两个水库是北京市供水安全的重要保障，二者设计库容均超过40亿立方米。但近年两个水库的库容仅维持在10亿立方米左右。

地表水供给紧张的情况下，地下水也成了北京重要的水源。但地下水超采所带来的问题已经显现。

“与60年代相比，北京的地下水大致减少了106亿立方米。”王建说，“这导致了地面沉降的出现，地面沉降又会带来一系列的问题。比如，三分之一地下网管的破裂就与此有关。”

在这种情况下，北京只能把寻找水资源的目光投向相邻的河北省。

“力不足”的河北

岗南、黄壁庄和王快是河北省的三座大型水库，承担着向北京市调水的主要任务。调水线路为南水北调中线京石段应急供水工程总干渠，以及总干渠与黄壁庄、王快水库的连接渠。

2009 年，北京市从黄壁庄、王快等水库应急输水，年内收水 2.64 亿立方米。

除直接供水外，河北省也在努力改善北京市水源的生态环境。

“在张家口和承德两个市，当地的水稻已经全部改种玉米。北京市会向这两地的农民提供一定数额的补贴。”河北省防汛抗旱办公室顾问、高级工程师魏智敏告诉记者，“这一工程客观上也为北京提供了大量的水资源”。

据了解，目前河北省全年的用水量大约为 210 亿立方米，向北京输送的水资源仅是这个数字的很小一部分。但实际上，河北省也同样面临缺水的问题，其严重程度甚至不亚于北京市。

魏智敏介绍，河北省近十年来可供用水量大致为 129 亿立方米，也就是说河北省自身存在着近 80 亿立方米的缺口。而且，河北省近十年的年均降水量为 454.6 毫米，相比 1956 年至 2000 年减少了 14.6%。

河北省的年人均水资源占有量为 192 立方米，这个数字甚至不及北京市。

为了弥补自身的缺口，河北省也不得不在地下水和跨省调水方面下工夫。河北省每年要通过山东境内，从黄河向省内调水。

在某种程度上，河北省的客观条件使其在保障北京市水源方面多少有些“心有余而力不足”。

实际上，实施中的南水北调工程全线贯通后向北京市供水的数量为 10 亿立方米，而根据总体规划，到 2020 年北京年需水量将达 40 亿 ~ 50 亿立方米。

但北京市现今的人口数量，已经接近总体规划所提及的到 2020 年的人口规模。如果人口按现在的速度增长，南水北调为北京市增加的供水量，也会被庞大的人口数量吞噬殆尽。

启动低水经济

“解决这个问题，我想首先一点就是控制城市人口和规模。要简化城市功能，延缓大量人口快速流向首都。”王建说，“在这个基础上，北京市应该发展低水经济”。

所谓的“低水经济”，与已有的“节水经济”并不相同。

王建解释道，低水经济是指通过转变发展模式、技术创新等方式，尽可能减少对水资源的过度依赖和需求，以达到减少水资源的消耗，甚至实现脱水的发展方式。

在北京实施了多年节水措施以后，工农业的用水量已出现下降，但与此同时一种被称为“奢侈型水消费”行业却在迅速崛起。

环保组织自然之友经过调查发现，诸如水疗、洗浴、温泉等场所遍布于各个区县，而有些浴场规模动辄数万乃至十几万平方米。而且，由于对消费起到拉动作用，这一行业又往往受到支持。

自然之友在调查报告中称，在无法限制企业发展和群众消费的前提下，洗浴业的发展一是要改进技术，再有是政府需要尽快出台相应的管理办法。

与此同时，王建认为，北京市在水资源的利用方式上也还存在改进的空间。

目前，北京市在各个场所使用的主要都是自来水，但实际上对中水使用的呼声已有些时日。

“推广中水的主要困难在于管网的改建。另外，由于中水需要更多的设备投入，反而需要更高的价格。”王建说，“如果提高价格可能使广大市民短时间内难以接受的，这就需要政府在相应方面提供一定的补贴，以推动中水的广泛应用”。

5.8 一"十"激起千层浪——北京十厂项目对北京公用事业产业化的影响

——2004 城市水业战略研讨与技术交流会 追踪报道之三

中国水网 赵云宽 2004-04-02

近期召开的2004城市水业战略研讨与技术交流会上，大岳咨询有限责任公司总经理金永祥先生认真分析了北京市第十水厂项目对北京市公用事业市场化的影响。我们可以看到，在经历了北京京通公路BOT项目失败和北京第九水厂一期被香港上市公司收购等为标志的一批城市基础设施项目的市场化运作，而结果都不能令市政府满意，尤其是大批项目经过多年谈判且花费了大量前期费用却都以失败而告终。此时对于公用事业这个我国市场化最晚、市场化程度最低的领域，市政府急需探索一种新的方式。

北京大岳咨询公司协助政府有关部门提出了先拿出一个条件较好的项目作为试点，探索在进行市场化时政府需提供给投资人的条件，然后逐步推动公用事业的市场化的建议。这一建议的目的是解决市政府当时面临的两个问题：第一，国外投资人投资北京的基础设施到底需要什么条件？第二，未来的基础设施投资额巨大，政府没有足够的财力，必须使用社会资金。市政府接受了这一建议并决定以北京市第十水厂BOT项目为试点，为了总结经验，当时决定只允许境外投资人参与项目竞争，而且要求投资人必须是国际大公司。

在第十水厂的整个项目运作过程中，尽管遇到了各种困难，但总体来说还是相当成功的，政府有关部门对第十水厂项目的运作非常满意，认为达到了预期目标。

在北京市政府决定以第十水厂BOT项目为试点的后期，北京市运作了两个污水处理项目：北京肖家河污水处理项目和北京卢沟桥污水处理项目，其中卢沟桥项目是按招标方式运作的。

在两个项目运作的前期，参与第十水厂运作的人员都没有参与。肖家河污水处理厂到2002年下半年建成投产时，除初步有个1.5元/立方米污水处理价格约定外，其它商务条件都没有定，投资方也没有与任何政府机构签定协议，项目无法进行完工验收和投运。卢沟桥项目的评标工作确定了中标候选人，但不同投标人根据各自的理解提交了技术、融资和法律文件，尽管中标候选人建议的污水处理价格较低，但中标人提出的很多投标条件政府都无法接受。

2002年中，北京市政管理委员会接管两个项目后期运作，第十水厂项目招标办公室主任林雪梅女士负责两个项目运作的具体工作。市政管委委托大岳咨询公司作为肖家河项目的顾问，协助其规范肖家河项目，委托第十水厂项目的法律顾问协助其规范卢沟桥项目，有关该项目的财务问题由大岳咨询公司协助解决。市政管委和所聘顾问都有丰富的经验，项目运作很快进入状态。2003年初市政管委与肖家河项目的投资人签定了特许权协议，2003年中市政管委与卢沟桥项目投资人签署了项目协议。

在肖家河项目中，经过谈判，最终确定的水价为1.28元/立方米，比原价格降低幅度达13%。在卢沟桥项目中，双方首先对合同条件进行了谈判，以政府能接受的条件为基础，双方进行了水价谈判，最终确定的水价高于投标人建议的水价。可以确信，如果从两个项目开始，就充分吸收第十水厂项目的经验并充分利用第十水厂项目培养的人才，政府利益会得到更大保护，项目运作效率将会大大提高。

北京市政府已经开始进行全面的公用事业投融资体制改革，陆续推出了北苑等五个污水处理厂项目、地铁4号线等交通项目以及一些垃圾处理项目。北京作为首都，有着较强的支付和履约能力，对投资人有着强烈的吸引力，经过几年的努力，多数投资人已经认可了北京的投资环境，北京市全面开放公用事业市场化的条件已经具备。

为了提高项目运作效率，北京市政府聘请了大岳咨询公司作为五个污水项目融资的招标代理机构和财务顾问，聘请曾担任第十水厂法律顾问的君屹律师事务所作为项目的法律顾问。

工作小组充分吸收第十水厂和肖家河、卢沟桥两个污水处理厂项目的经验，仅用了一个多月的时间就完成了五个污水处理厂项目的招标文件。在招标文件中，由于充分了解投标人的承受能力，对在其它项目中投资人无法接受的条件，在这五个项目中都放松了要求，并据此固化了很多实质性条款，这样不仅可保持五个项目都符合北京市的污水管理体制，而且可以提高谈判效率，从而缩短项目运作周期。

北京市公用事业改革经过一些曲折后，总结出了通过试点项目推进改革的经验，对国内其它城市具有重要借鉴意义。一“十”已经出手，可以预想到在公用事业市场化的过程中不会是一路平坦，但此“十”的经验对于摸着石头过河的公用事业市场化改革的推进，可以说是弥足珍贵。

公司总经理金永祥先生认真分析了北京市第十水厂项目对北京市公用事业市场化的影响。我们可以看到，在经历了北京京通公路 BOT 项目失败和北京第九水厂一期被香港上市公司收购等为标志的一批城市基础设施项目的市场化运作，而结果都不能令市政府满意，尤其是大批项目经过多年谈判且花费了大量前期费用却都以失败而告终。此时对于公用事业这个我国市场化最晚、市场化程度最低的领域，市政府亟需探索一种新的方式。

北京大岳咨询公司协助政府有关部门提出了先拿出一个条件较好的项目作为试点探索在进行市场化时政府需提供给投资人的条件，然后逐步推动公用事业的市场化的建议。这一建议的目的是解决市政府当时面临的两个问题：第一，国外投资人投资北京的基础设施到底需要什么条件？第二，未来的基础设施投资额巨大，政府没有足够的财力，必须使用社会资金。市政府接受了这一建议并决定以北京市第十水厂 BOT 项目为试点，为了总结经验，当时决定只允许境外投资人参与项目竞争，而且要求投资人必须是国际大公司。

在第十水厂的整个项目运作过程中，尽管遇到了各种困难，但总体来说还是相当成功的，政府有关部门对第十水厂项目的运作非常满意，认为达到了预期目标。

在北京市政府决定以第十水厂 BOT 项目为试点的后期，北京市运作了两个污水处理项目：北京肖家河污水处理项目和北京卢沟桥污水处理项目，其中卢沟桥项目是按招标方式运作的。

在两个项目运作的前期，参与第十水厂运作的人员都没有参与。肖家河污水处理厂到 2002 年下半年建成投产时，除初步有个 1.5 元/立方米污水处理价格约定外，其它商务条件都没有定，投资方也没有与任何政府机构签定协议，项目无法进行完工验收和投运。卢沟桥项目的评标工作确定了中标候选人，但不同投标人根据各自的理解提交了技术、融资和法律文件，尽管中标候选人建议的污水处理价格较低，但中标人提出的很多投标条件政府都无法接受。

2002 年中，北京市政管理委员会接管两个项目后期运作，第十水厂项目招标办公室主任林雪梅女士负责两个项目运作的具体工作。市政管委委托大岳咨询公司作为肖家河项目的顾问，协助其规范肖家河项目，委托第十水厂项目的法律顾问协助其规范卢沟桥项目，有关该项目的财务问题由大岳咨询公司协助解决。市政管委和所聘顾问都有丰富的经验，项目运作很快进入状态。2003 年初市政管委与肖家河项目的投资人签定了特许权协议，2003 年中市政管委与卢沟桥项目投资人签署了项目协议。

在肖家河项目中，经过谈判，最终确定的水价为 1.28 元/立方米，比原价格降低幅度达 13%。在卢沟桥项目中，双方首先对合同条件进行了谈判，以政府能接受的条件为基础双方进行了水价谈判，最终确定的水价高于投标人建议的水价。可以确信，如果从两个项目开始，就充分吸收第十水厂项目的经验并充分利用第十水厂项目培养的人才，政府利益会得到更大保护，项目运作效率将会大大提高。

北京市政府已经开始进行全面的公用事业投融资体制改革，陆续推出了北苑等五个污水处理厂项目、地铁 4 号线等交通项目以及一些垃圾处理项目。

北京作为首都有着较强的支付和履约能力，对投资人有着强烈的吸引力，经过几年的努力，多数投资人已经认可了北京的投资环境，北京市全面开放公用事业市场化的条件已经具备。

为了提高项目运作效率，北京市政府聘请了大岳咨询公司作为五个污水项目融资的招标代理机构和财务顾问，聘请曾担任第十水厂法律顾问的君屹律师事务所作为项目的法律顾问。

工作小组充分吸收第十水厂和肖家河、卢沟桥两个污水处理厂项目的经验，仅用了一个多月的时间就完成了五个污水处理厂项目的招标文件。在招标文件中，由于充分了解投标人的承受能力，对在其它项目中投资人无法接受的条件，在这五个项目中都放松了要求，并据此固化了很多实质性条款，这样不仅可保持五个项目都符合北京市的污水管理体制，而且可以提高谈判效率，从而缩短项目运作周期。

北京市公用事业改革经过一些曲折后，总结出了通过试点项目推进改革的经验，对国内其它城市具有重要借鉴意义。

5.9　北京市第十水厂 A 厂项目运作程序

中国建设报　2002-06-14

北京市第十水厂 A 厂项目实行公开国际招标，选择境外投标人，由中标者在京成立外商独资企业——专营公司，负责项目融资、设计、建设、运营和维护，建设期 3 年，专营期限 20 年。在专营期满后，专营公司将项目设施无偿移交给北京市政府。

北京市第十水厂 A 厂项目的建设规模为日供水 50 万立方米，以密云水库为水源。主要建设内容有取水头、取水站、输水管道（由取水站经密云县、怀柔区、顺义区、朝阳区到净水厂）、净水厂（位于朝阳区定福庄）和相应的配套设施。总投资约 2 亿美元。

经过谈判，确定中标联合体为日本三菱株式会社与英国安格利安水务国际控股有限公司的联合体——安菱联合体。该项目运作程序如下：

确定方案：第十水厂是北京市九五计划提出的项目，在确定运作方式时，北京市政府进行了多种方式的比较，基本目标是进行基础设施体制改革，政府不再直接投资。最初与国内机构进行了协商，由于水价太高而放弃。为了探索利用外资的有效途径，并有效地促进基础设施体制改革，北京市政府决定采用 BOT 方式建设第十水厂，而且规定只允许外国投资人才能参加投标。

立项：北京市政府首先向国家计委上报了《预可行性研究报告》，国家计委投资司审查后要求北京市政府补充资料。北京市政府补充资料以后，国家计委外资司下文同意北京市政府通过招标方式选择第十水厂境外投资人，为招标工作提供了法律依据。

前期准备：北京市政府首先成立了以主管副市长为主任的招标委员会。招标委员会在市政管理委员会下设了招标办公室，负责招标的日常工作，并聘请北京大岳咨询公司作为项目的融资招标顾问。北京大岳咨询公司充分吸收了成都第六水厂、上海大厂水厂、国内的 BOT 电厂和国外一些 BOT 项目的经验，协助招标办公室完成了项目结构设计。

资格预审：资格预审通告发布后，共有 34 家跨国公司或银行购买了资格预审文件，7 家联合体（共 19 家公司）提交了资格申请文件。招标委员会选择了其中的 5 家联合体（共 12 家公司）参加项目投标，这些公司分别来自法国、英国、日本、意大利和香港。

准备投标书：5 家通过资格预审的联合体全部购买了招标文件。在投标人准备标书期间，招标委员会举行了标前会议，并多次回答了投标人提出的问题。由于项目条件落实的时间推迟，准备标书时间相应推迟了两周。5 家联合体最终全部递交了标书，这在国内类似项目中是第一次（其他项目中都有投标人放弃投标的现象）。

评标：评标标准在招标文件中做出了明确陈述，以水价为主，适当考虑了融资方案、法律方案和技术方案并对这些方案提出了最低要求。来自大岳咨询公司等中介机构的专业人员和招标委员会聘请的专家参加了评标工作。评标后发现，有三家联合体的投标水价比政府预测的水价低 1 元/m^3 以上，初步显现了招标的优越性。由于有一家联合体的中文标书没有签字，招标委员会组织了长期的论证使评标工作受到了影响。政府选择了由日本三菱商事株式会社和英国安格力安水务公司组成的联合体为排名第一的中标候选人。

谈判：谈判工作共进行了三轮。第一轮主要是了解双方的观点，第二轮解决了水价等核心问题，第三轮解决了遗留问题（主要是对不可抗力的处理）。由于项目竞争十分激烈，政府在谈判中的地位非常主动，谈判结果在很多方面突破了国内类似项目的惯例。

融资与审批：项目的融资和审批工作刚刚开始。在联合体投标时，亚洲开发银行、国际金融公司等为联合体融资提供了支持函。由于北京在 2001 年取得了 2008 年奥运会主办权，而且中国加入了 WTO，使北京的宏观投资环境更加具有吸引力，谈判进程也因此而加快。

6 合肥市王小郢污水处理厂资产权益转让（TOT）项目报道

6　合肥市王小郢污水处理厂资产权益转让（TOT）项目报道

6.1　王小郢污水处理厂资产权益转让（TOT）项目点评

——金永祥总经理在中国PPP沙龙第五期上的发言

今天参加这次沙龙活动，比前边的四次都激动。以前介绍案例的时候基本上安排一个人发言，今天我们十年前参加项目的一些伙伴都来参加这次活动，好几位都发了言。听完以后，觉得基本上还原了我们十年前的场景，真的是非常的激动。听完这个项目，我在想，十年前这个项目溢价的时候，引起了行业很大的震动。无论是媒体，还是行业里的专家，都对这个项目存在很多的质疑。当时甚至对梁军先生的报价，都觉得有阴谋。现在十年过去了，这个项目运行的还不错，回头看这个项目是没有阴谋的。只不过在我们改革的时候，需要突破一些东西。在我们看待新生事物的时候，应该从不同的角度来多考虑一下。

听完大家的演讲，我概括点评这么几点，可能很有意义。现在做项目，最重要的是怎么样把以前老项目的经验和教训在未来的项目中能得以应用，这是我们办这个沙龙活动最最核心的一个目的。所以我借这个机会，总结一下大家讲到的内容。

第一个就是王小郢项目取得这样的成绩，是充分竞争的结果。十八大提出要让市场在资源配置过程中发挥决定性作用。所谓市场就是竞争，我在我们公司的微信平台上写过一篇短文，我说没有竞争的 PPP 就是在玩火。这个项目有这样的成果，就是竞争的结果。正是那么多的投资人参与到这个项目中来，到最后综合考虑给招标人从很多的选择中选择一个对它最有利的选择。这不仅仅是价格，刚才从梁总的演讲里面能够感到，它是一个综合的比较后的选择。所以对 PPP 事业来讲，今后必须要重视这一点，必须重视准入环节的竞争。

第二点我的很多伙伴都讲到了规范运作。这个项目的运作，确实是非常规范，像有人讲到了前期扎实的工作，像刘律师讲到了程序的规范，讲到了边界条件的清晰，对投资人形成的吸引力。各种各样的事情都说明一点，那就是规范是很重要的。只有规范，这个项目才能够做好，前期工作并不是浪费，看似花一点钱，花一点时间，但是后期的执行就很顺利。比如，刚才讨论到技术改造的问题，在当时的文件里面可以找到答案，这样在后期执行的时候才能够比较顺畅。

在这我也稍微补充一点，就是咨询公司的费用和作用，刚才有几个记者问我咨询费到底多少钱，挣没挣到钱。纪主任也谈到这个，说请咨询公司的事情。请咨询公司是要费用的，与咨询公司的作用相比可能花费不多，包括请刘律师，当时政府并不想请刘律师，但是我们自己把他请来，从我们的咨询费里挤了一点钱请了律师，刘律师确实发挥了作用。在这个项目里面我们还是赚了一点钱，咨询费的构成是基本工作费加成功费，因为这个项目成功了，效果又比较好，我们挣到的是成功费，应该是非常可观的咨询费的收入，如果不成功就挣不到钱了。跟大家做一点补充。

第三点，刚才有人提到了，就是说这个项目奠定了行业的标准。在基础设施市场化的过程中，住建部提出来以后，行业变化是很大的。出现价格过高或过低的情况是市场开放初期的一种必然。这个项目的规范运作，柏林水务的报价，为这个行业奠定了标准。具体奠定了两个标准，第一个就是这个 7 毛 5 分钱的水价，这个项目之前，其它地区是一块到两块左右的价格。通过这个项目，后来的项目水价基本上在7毛5分钱上下，在很长一段时间，成为这个行业里的一个标准价格。大家参考它，来做一些行业内的项目。

另外就是像刚才刘律师他们几位专家讲的，项目的文件是充分吸收了我们之前做过的一些项目的基本商业条件，那这些商业条件，在这个项目里面，我们跟柏林水务在进行对接的时候又进一步完善。政府在那期间也出过示范性文件，但在行业内，这个项目的文件被使用的程度更高，远远超过了政府出的文件。因此它就起到了标准文件的作用。

第四点谈谈引进国际经验的问题，说实话，我们在引进柏林水务的时候，有很高的期待，希望它能给我们带来更多新的东西。但是它进来以后，真正带来的是一种理念，就是认真两个字。讲一个例子，有一个叫减速器的设备，王小郢大概有几十台，原来我们自己经营的时候，每年要换一半的减速器。减速器正常的寿命应该是十年，但是我们每年就要换掉一半。柏林水务来了怎么办的？他们去研究，到底为什么要每年换一半，而不是用十年呢？到最后发现是设计时扭距算错了。类似这样的事情说明他们很认真，这样他们节约了费用就能溢价，就体现在这些方面。例子可能还有很多，像水池里的淤泥，像我们提到的混合问题，他们做得非常好。柏林水务做的这些事情，我们国内大概都能够做得到，但我们不认真，没有做。总体就是我说的这几点。

刚才有记者问到一些行业情况，我顺便说几句。一个就关于PPP立法的事情。现在我们了解的情况，特许经营立法一定是要推迟了，现在我们有一个别的任务，特许经营中的某一个环节可能会先行解决，比如说选投资人的环节，政府可能会出一个文件。立法的事情，现在看来确实各方的意见比较大，目前这个稿子不成熟，离成熟还非常的远。但是解决某一个环节的问题，不需要到全国人大去，会比较现实，可能会先行。

第二个就是中央政府部门的试点项目，我跟孙秘书长明天可能还会参加财政部一个会，是关于试点项目的。做的比较早的试点项目，大家都问到底是哪个项目。就是安徽池州的，它把污水管网和污水处理厂一起来做PPP

了，这在国内是第一次。最新的进展情况，这个项目早已经开标了，因为主管市长的变动，谈判拖了一段时间，可能很快会有一个结果。这两点最新的信息跟大家分享一下，我就说到这，谢谢大家。

6.2　20 省市上报 PPP 项目：66 个两成入围获融资便利

经济观察报　杜涛、周筱洲　2014-11-15

被寄望以解救地方融资平台债务的 PPP（Public- Private- Partnership）模式，正在进入最后的项目筛选阶段，未来这些筛选出的项目将获得国开行等金融机构的融资便利。

财政部近日下发了关于报送适合开展 PPP 项目的通知，要求每个省从本省融资平台的 PPP 项目中优选 15 ~20 个项目，于 10 月 30 日之前书面上报财政部预算司和金融司。

知情人士称，这份通知主要针对地方政府融资平台，是财政部预算司和金融司联合发文，但以金融司为主，“毕竟是报 PPP 项目，而财政部新成立的金融五处，即 PPP 处是设在金融司”。

据了解，这些项目针对的是融资平台开工后的存量项目，主要是本身有一定的收益或者有收益但是现金流无法覆盖项目成本的项目，上报项目的内容须包含项目规模和分年投资、存量债务、预计收益、收益覆盖率等。

一位地级市财政官员称，这次报的项目最多到市里，不会到县区一级，一个市也就能报 2 ~5 个项目，“市里这么多，哪里轮得到下面县区的项目”。

就在各省上报优选项目的同时，10 月中旬，财政部召开了一次 PPP 项目评估推荐会。一位与会的专家告诉《经济观察报》，财政部经建司和金融司相关官员、中国财政学会 PPP 研究专业会员会专家，还有一些长期参与 PPP 项目的实际操作者和 PPP 学者，对大约 20 个省市的 66 个项目进行了评估，“基本每个省都提供了一到两个省内项目，很多项目都是在建的”。

《经济观察报》获悉，这次 PPP 项目评估将从 66 个项目中选出 10～15 个 PPP 项目推荐和示范项目，虽然中央不再提供各种资金补贴，但作为示范项目，可以在国开行等其他金融机构融资时获得便利。

PPP 模式在中国也被称为特许经营模式，真正打通特许经营和处理地方政府性债务之间通道的文件，是今年 10 月初国务院下发的《关于加强地方政府性债务管理的意见》。

其中规定，鼓励社会资本通过特许经营等方式，参与城市基础设施等有一定收益的公益性事业投资和运营。其中，政府通过特许经营权、合理定价、财政补贴等事先公开的收益约定规则，使投资者有长期稳定收益。

上述文件意味着 PPP 模式被作为处理地方融资平台债务的一种方式得到认可。随即财政部下发了关于《地方政府存量债务纳入预算管理清理甄别办法》的文件，界定了哪些项目可以使用 PPP 模式。要求各省报送 PPP 优选项目的通知，即根据此文件而来。

据长期参与 PPP 项目的大岳咨询公司粗略统计，中国已经完成 8000 多个 PPP 项目，重新推出 PPP 试点或示范项目，可以总结的经验教训很难比这 8000 多项目蕴含的内容多，而且新的试点需要时间。

因此，大岳咨询公司总经理金永祥建议，推进新的 PPP 试点或示范项目的同时，应更重视总结以往 PPP 项目的经验教训并推广。

这是今年 10 月初金永祥在向国务院高层递交的一份《关于当前形势下做好 PPP 工作的建议》中提到的。金永祥认为，无论是试点示范还是总结经验教训，都应该把转变公务员市场观念和提升政府机构适应市场能力作为主要目的。

实际上，国务院总理李克强在 10 月 24 日召开的国务院常务会议上，也提到要积极鼓励推广政府与社会资本合作的“PPP 模式”，他表示，一些地方政府已经有过类似的探索，有关部门要注重总结其中的经验、教训，积极推广试点经验，在更大范围内拓展广泛的投资空间。

前述与会专家还透露，在财政部10月召开的项目评估中，不少项目已经获得财政部官员的认可，比如西部某省开发区的基础设施项目，还有部分污水管网的PPP项目。

“推荐的示范项目都是在建的或者已经完成的。”该专家告诉经济观察报，中国现在具有示范项目意义的北京第十水厂、安徽合肥王小郢污水处理厂等，都为中国的PPP发展总结了经验。

上述污水处理厂是合肥市政府利用亚洲开发银行贷款建立的，依据的是2002年12月建设部颁布的《关于加快市政公用事业市场化进程的意见》。今年10月16日，来自辽宁、吉林、山东等地政府的相关部门人士，参加了合肥王小郢污水处理厂资产权益转让（TOT）项目的经验介绍会。

“TOT项目比BOT风险要低，但是利润也要低，我们整个项目最后的汇报应该在8%~9%。但是风险低、回报稳定。”柏林水务控股有限公司董事总经理梁军表示。柏林水务是安徽合肥王小郢污水处理厂的项目管理方。

据了解，柏林水务在该项目中的投资为4.8亿，10年后收回了其中35%的投资，剩下65%的银行贷款目前还需要3至5年才能还完。

作为该项目合肥政府顾问方的大岳咨询公司合伙人郑洁告诉《经济观察报》，这个项目给国内培养了一批懂水处理的市场化操作的人才，同时回报与当初预期完全相符，有一定的利润，但不会产生暴利，这也就是PPP。“如果说北京第十水厂为中国的PPP提供了操作的模板经验，那么国内最早的一个TOT项目合肥王小郢污水处理厂为中国的水处理行业PPP项目提供了一个价格标尺。”金永祥说。

据了解，目前财政部PPP领导小组正在抓紧推进示范项目建设工作，确定第一批示范项目名单并及时对外公布；同时，相关部门也在尽快明确PPP融资支持政策，推动PPP工作规范开展。

6.3 中国第一个污水 TOT 项目——合肥王小郢项目溢价发生纪实

大岳咨询 郑洁 2014-08-27

合肥市王小郢污水处理厂是安徽省第一座大型的城市污水处理厂，也是当时全国规模最大的氧化沟工艺污水处理厂。项目分两期建设，一、二期分别于 1998 年和 2001 年建成投产，日处理能力合计为 30 万吨，建设总投资约 3.2 亿元。王小郢是利用澳大利亚政府贷款、亚行贷款和国债资金建设的市政基础设施，为巢湖污染综合治理发挥了重要作用。

在 2002 年建设部推动市政公用行业进行市场化以来，合肥市曾打算试点出让王小郢污水处理厂的经营权。当时安徽当地某环保公司一直想拿下这个项目，曾经上书省政府以及合肥市政府，要求政府出于扶持本地企业发展考虑，将王小郢污水处理厂以高于评估价的一定价位直接出售给它，同时还许诺其将在未来几年内在合肥市投资兴建更多的污水处理厂。2001 年 6 月，该公司曾与王小郢签订了经营权收购合同，当时政府开出的价位是 3 亿元的转让价款，项目运营期间的污水处理费单价约 1 元/吨，后来由于融资及其它方面的问题，该环保公司收购王小郢污水处理厂经营权未果。

2003 年合肥市政府决定采用 TOT 模式，通过国际公开招标的方式转让王小郢污水厂资产权益，实施 23 年的特许经营。合肥市成立了由常务副市长任组长、各相关部门负责人为成员的招标领导小组，组建了由市国资委、建委、城建投资公司及相关专家组成的王小郢 TOT 项目办公室，负责具体工作。合肥市产权交易中心作为该项目的招标代理，大岳咨询作为招标顾问全面协助项目转让办公室和交易中心的工作。

项目于 2003 年 9 月发布资格预审公告后，有七家单位提交了资格申请文件，经专家评审有六家申请人通过预审。2004 年 2 月 20 日，项目在合肥市产权交易中心开标，共有四家单位提交了投标文件。开标现场以投标文件的送达时间为依据，采用后到先开的顺序，逐一启封并宣读开标信息。由于招标条件中确定的特许经营期的污水处理服务费单价为 0.75 元/吨，因此开标现场公布的竞争信息为投标人投报的资产转让价格。污水处理传统上属于亏损行业，开标前各方对投标报价均无太高预期。

开标正式开始后，第一家宣读的是国祯环保及珠海排水联合体的投标文件，其资产转让的投标报价为 3.69 亿元，与开标前各方的预期比较符合。第二家唱标的是天津创业环保，其投标报价达到 4.5 亿元。创业环保的报价公布后，开标现场起了小小的波动，报价上 4 亿了，看来王小郢的项目质量不错，投标人愿报高价。大家纷纷议论是不是头名非他莫属了？紧接着，第三家中环保—上实基建联合体的报价也公布了出来，4.3 亿元，人群不禁一阵哗然，这两家的报价相当接近，竞争太激烈了。前三家的报价公布后，开标现场柏林水务的代表脸上露出了微微的笑意，看来他们对自己的报价很有信心，现场所有人的目光都汇集到了柏林水务联合体的投标文件上，柏林水务的报价会上 4 亿元吗？他们会报出最高价吗？大家都热切地期盼着结果。随后，唱标人拆封了投标文件并向现场所有人大声宣布，第四家投标单位柏林水务和东华工程联合体的投标报价为——4.8 亿元!!

哇！开标现场响起一片惊叹之声，惊叹于柏林水务报价之高，对竞争形势判断之准；也惊叹于投标报价之接近，竞争局势之白热化，各方对项目价值判断之一致。柏林水务联合体投标文件的拆封，将现场气氛推向了一个高潮。开标现场就像大海一样，随着报价一个比一个高，人群的情绪也像海浪一样，一浪更比一浪高。

投标文件唱标的工作结束了，接下来是合肥市常务副市长王林建公布王小郢污水处理厂资产权益转让底价——2.68 亿元！王市长一宣布底价，全场为之惊愕，参与招标项目的政府方各单位代表难抑激动之情，人们的热情感觉快把屋顶给掀翻了！开标现场的信息也迅速在合肥市政府、各企事业单位和各媒体间广泛传播开来。

王小郢项目所有投标人的报价均远超底价，最高报价接近底价的1.8倍。这个项目成为国内当时公开招标的标的额最大的污水厂TOT项目，招标结果在中国水务行业内引起轰动。项目条件中确定的0.75元污水处理服务费单价，为随后实施的一系列污水处理市场化项目确立了价格标杆，使整个行业的价格下降20%以上。王小郢项目开创了国内污水处理TOT运作模式的先河，为我国公用事业改革提供了成功案例。

对于王小郢项目的价格，项目结束后很长一段时间以来业内存在质疑的声音，这种声音伴随着媒体的关注被放大了。前后有几十家媒体对项目的情况进行过报道，网上可以搜到的相关信息也有20余万条之多。一晃10年过去了，王小郢当年的价格经受住了历史的考验，作为项目的咨询顾问和亲历者，回想起当年的一幕至今仍激动不已。

6.4 PPP模式探讨：中国首个污水TOT项目选对伙伴很关键

中国水网　李晓佳　2014-10-20

时下火热的PPP模式，在财政部的力推之下，得到了地方政府的积极响应。目前，江苏、重庆、福建、安徽等省份，均已公布了首批试点PPP项目，污水处理是其中一大典型领域。

合肥王小郢污水处理厂作为中国第一个试水污水TOT模式的PPP项目，示范意义较大。10月16日举办的“第5期中国PPP沙龙”，也将王小郢污水处理厂资产权益转让的项目经验作为主要的分享和讨论话题。

作为安徽省第一座大型的城市污水处理厂，王小郢污水处理厂建设总投资约3.2亿元，是当时全国规模最大的氧化沟工艺污水处理厂，项目分两期建设，分别于1998年和2001年建成投产，日处理能力合计为30万吨。王小郢污水处理厂也是利用澳大利亚政府贷款、亚行贷款和国债资金建设的市政基础设施，为巢湖污染综合治理发挥重要作用。

选对伙伴很重要

柏林水务（柏林水务中国控股有限公司）母公司柏林水务集团是德国最大的自来水和污水处理企业，拥有 17 家自水厂和 28 家污水处理厂，负责世界上共 1200 万人口的自来水供应和污水处理。大岳咨询有限公司总监郑洁指出，柏林水务集团在国际水务领域运营了 100 多年，在水务领域的经验非常丰富。

2003 年合肥市政府决定采用 TOT 模式，通过国际公开招标的方式转让王小郢污水厂资产权益，实施 23 年的特许经营。2004 年 2 月 20 日，项目在合肥市产权交易中心开标，在四家提交了投标文件的单位中，柏林水务牵头的企业联合体以 4.8 亿元的投标价格脱颖而出，从合肥市政府手中接管了王小郢污水处理项目。

而王小郢污水处理项目政府和投资方的谈判并不顺利。水务工程动辄周期长达十几年，这意味着项目的中标方案中需要考虑至少未来 10 年的发展需求。王小郢污水处理厂的外资方柏林水务总经理梁军表示，工厂的规模、大小、人员配置、薪酬标准、水价变化、如果出现标准不达标的情况，政府的财政补贴如何分配等因素都要考虑到合同中。

作为国际水务巨头，谈判中柏林水务提出一系列未来可能出现的问题和解决方案，甚至于很多内容当时政府并没有太多概念，这为今后项目的正常运行提供了前期保障，也为政府日后操作 PPP 项目提供了经验。

由于项目中标价远远高于政府底价，并且污水处理当时属于亏损行业，柏林水务联合体高溢价中标后也饱受争议。梁军介绍，最初购买资产的 4.8 亿元中，有 35% 的资本金，经过 10 年经营，柏林水务稳定运营，项目资本金已经基本收回，开始走入盈利轨道，有力地回应了来自外界的质疑。

责任、风险要厘清

PPP 合同签订时，投资方和政府都承担了相应风险。作为 2004 年王小郢污水厂项目政府方招标和谈判主要负责人的合肥市建委原主任纪开学，在沙龙上介绍，当时政府方面成立了专门小组，招投标、合同谈判等都选择专业人士来应对，严格按照国际标准来公开招投标，在很大程度上保障了项目的成功。

有业内人士指出，在污水处理领域，投资机会逐年增多，但政府和企业可能会形成长达几十年合作的 PPP 项目，运行中仍存在非常多不确定因素。因此政府做好前期规划，如预估好未来处理污水水量等重要指标很关键。

值得欣慰的是，王小郢污水处理项目合同中政府的边界划分很明确，在涉及到土地出让时，政府方面非常谨慎，对土地性质作了严格限制。对于水价等较敏感问题，王小郢污水处理项目根据人工、电价、CPI 等参数变动，设定了一个公式，水价据此每两年进行一次调整。合同中也对水价的变动进行了限制，规定每次调整上下不能超过原水价的 9%。

“PPP 热潮之下，只有准确把握其本意，才能避免由于概念混淆产生误解，才能将 PPP 应用到正确的方向，促进环境产业健康发展。”E20 环境平台首席合伙人、中国水网主编、清华大学环境学院环保产业研究中心主任傅涛认为，PPP 中的第一个 P 本意是“公共”，公共对应的主体，是具有“公共服务职能”的政府；第二个 P 本意是“私营”的主体，但是其所对应的不仅限于民营企业；第三个 P 是伙伴关系，具有三大特征：独立性、平等性以及甲乙双方在不同的目的之下合作同一件事。从这一角度讲，作为中国首个试水污水处理 TOT 模式的项目，王小郢污水处理项目的确起到了良好的示范作用。

6.5 PPP 模式迎来盈利样本：中国首个污水 TOT 项目 10 年“回本”

每日经济新闻　胡健　2014-10-17

目前 PPP 模式在全国方兴未艾，仍处探索阶段。而数年前率先“吃螃蟹”的诸多项目极具借鉴意义。

位于安徽合肥的王小郢污水处理厂是中国第一个试水污水 TOT（TOT 是指政府部门或国有企业将建设好的项目的一定期限的产权和经营权，有偿转让给投资人，由其进行运营管理。投资人在一个约定的时间内通过经营收回全部投资和得到合理的回报，并在合约期满之后，再交回给政府部门或原单位的一种融资方式）模式的 PPP 项目，该项目即将迎来其 10 周年生日，昨日（10 月 16 日），柏林水务中国控股有限公司总经理梁军告诉《每日经济新闻》记者，经过 10 年经营，项目资本金已经基本收回，开始走入盈利轨道。

实地调查后，记者发现，与很多 PPP 项目面临诸多纠纷不同，当时参与谈判的政企双方由于对项目未来发展可能遇到的一系列问题有详细预估，合同条款和权益划分非常明晰，使得该项目成为当地政企合作的一个范本。

10 年前首个污水 TOT 项目诞生

资料显示，合肥市王小郢污水处理厂是安徽省第一座大型的城市污水处理厂，也是当时全国规模最大的氧化沟工艺污水处理厂。项目分两期建设，一、二期分别于 1998 年和 2001 年建成投产，日处理能力合计为 30 万吨，建设总投资约 3.2 亿元。

据时任合肥建委副主任的纪开学介绍，王小郢污水处理厂是利用澳大利亚政府贷款、亚行贷款和国债资金建设的市政基础设施，为巢湖污染综合治理发挥重要作用。

《每日经济新闻》记者了解到，2001 年 6 月，安徽当地某环保公司曾与王小郢签订了经营权收购合同，当时政府开出的价位是 3 亿元的转让价款，项目运营期间的污水处理费单价约 1 元/吨，后来由于融资及其他方面的问题，此次收购王小郢污水处理厂经营权未果。

而在 2002 年建设部推动市政公用行业进行市场化以来，合肥市曾打算试点出让王小郢污水处理厂的经营权。上述公司再次想拿下这个项目，曾经上书安徽省政府以及合肥市政府，要求政府从扶持本地企业发展考虑，将王小郢污水处理厂以高于评估价的一定价位直接出售给该公司，同时其还许诺将在未来几年内在合肥市投资兴建更多的污水处理厂。2003 年，合肥市政府决定采用 TOT 模式，通过国际公开招标的方式转让王小郢污水厂资产权益，实施 23 年的特许经营。合肥市成立了由常务副市长任组长、各相关部门负责人为成员的招标领导小组，组建了由市国资委、建委、城建投资公司及相关专家组成的王小郢 TOT 项目办公室，负责具体工作。

最终，柏林水务和东华工程联合体中标，其投标报价为 4.8 亿元。

参与当年柏林水务和合肥政府谈判的人士告诉《每日经济新闻》记者，王小郢项目所有投标人的报价均远超底价，最高报价接近底价的 1.8 倍。这个项目成为国内当时公开招标的标的额最大的污水厂 TOT 项目，招标结果在中国水务行业内引起轰动。

与此同时，项目条件中确定的 0.75 元污水处理服务费单价，为随后实施的一系列污水处理市场化项目确立了价格标杆，使整个行业的价格下降 20% 以上，王小郢项目开创了国内污水处理 TOT 运作模式的先河。

10 年后项目开始走入盈利轨道

由于项目中标价远远高于政府底价，并且污水处理当时属于亏损行业，柏林水务联合体高溢价中标后也饱受争议。

纪开学告诉《每日经济新闻》记者，项目出让过程公平、公正和公开，并与国际接轨，底价相对较低是出于降低门槛，使得外界资本可以进来，期望他们能对整个合肥污水处理发展产生带动作用。

时至今日，柏林水务经营的王小郢污水厂已经走入盈利轨道，有力回应了外界质疑。梁军介绍说，当时一部分资本金来自于银行贷款，而公司直接投入的超过亿元资本金已经收回，预计该项目在返还给政府时总盈利大约在 8% 到 9% 之间。

参与谈判的政府、企业以及咨询机构等多方人士都向记者表达了同一个观点，当时规范和详细的合同成为政企取得双赢的重要保证。

比如针对污水处理费和保底水量上，当时合同规定在第一个运营年保底水量为每日22.5万立方米，第二年增加至25.5万立方米，第三年再增至28.5万立方米。

事实上，由于经济发展和城市体量不断扩大，在2007年以后，该污水处理厂日均处理量始终在30万立方米以上。

而在水价调整上，政企双方则以CPI、水价和劳动力成本等一系列指标作为依据，设计出一个调价公式，每两年调整一次。

大岳咨询是当时合肥市招标顾问公司，该项目经理郑洁告诉《每日经济新闻》记者，截至目前，水价已经进行过四次调整，现价为每吨0.91元，调价每两年进行一次，并且政府和柏林水务有各自的承担上限和下限，也并非完全依照公式而进行。

据了解，不计算财务成本，目前王小郢污水处理厂每吨处理废水的成本大约为0.3元。

郑洁回忆说，在谈判时，政企也曾发生过分歧，柏林水务作为国际水务巨头，提出一系列未来可能出现的问题和解决方案，很多内容当时政府并没有太大概念，这也为政府日后操作PPP项目提供了经验。

梁军说，PPP项目兼具融资和管理功能，由于可优化空间少，TOT项目盈利空间没有BOT项目大，而且这类市政基础设施项目本来收益就不高，王小郢污水处理厂的经验主要就在于双方将保底水量、价格调整方案等设计责任和分担风险的边界厘清。

这也为正在大力推广的PPP模式提供了良好的经验。安徽省于近日公布了首批城市基础设施领域PPP项目名单，项目总投资710亿元，42个项目涉及城镇生活污水处理设施、城镇生活垃圾处理设施、城镇供水设施、城市交通设施、生态园林等方面。

6.6 PPP 样本调查：王小郢污水处理厂的生意经

21 世纪经济报道　周潇枭　2014-10-17

污水处理作为首批 PPP（Public-Private-Partnership，公司合作关系）试点项目的典型代表，正在被频频提及。

财政部 9 月 24 日发布《关于推广运用政府和社会资本合作模式有关问题的通知》，要求推广运用政府和社会资本合作模式，并在全国范围内开展项目示范，为城镇化建设提供融资渠道。

江苏、重庆、福建、安徽等省份，均已公布了首批试点 PPP 项目，污水处理是其中一大典型领域。财政部金融司 9 月末下发的推广 PPP 的通知，让各级财政部门重点关注城市基础设施及公共服务领域，其中就包括污水处理。

10 月 16 日，由中国财政学会 PPP 专业委员会主办的第五届 PPP 沙龙上，国内最早采用 TOT（Transfer-Operate-Transfer，移交—经营—移交，PPP 模式的一种）方式实施的合肥王小郢污水处理特许经营项目作为代表个案被热议。

王小郢污水处理厂的外资方柏林水务中国控股有限公司，其总经理梁军对《21 世纪经济报道》记者表示，污水处理领域，政府掌握着主动权，原来很多污水厂都由地方政府或者城投公司自行投资建设；由于当前的 PPP 热潮，地方政府推出更多项目，社会资本在这里机会明显增多。

经验表明，污水处理行业利润率不太高，单个污水处理厂的风险不高。政府和企业可能会形成长达几十年合作的 PPP 项目，政府做好先期规划，如预估好未来处理污水水量等重要指标很关键。

王小郢模式

污水处理领域投资机会增多，但动辄长达几十年的 PPP 项目，仍有非常多不确定因素。

2004 年，柏林水务中国控股公司牵头的企业联合体以 4.8 亿元的投标价格，从合肥市政府手中接管王小郢污水处理项目，项目运行期限为 23 年，至今运行将近 10 年，期间经历四次调价，是业内公认运行较规范的典型。

合肥住建委原主任纪开学，2004 年作为王小郢污水厂项目政府方招标和谈判的主要负责人，在上述沙龙上表示，政府方面成立了专门小组，招投标、合同谈判等都选择专业人士来应对，严格按照国际标准来公开招投标，在很大程度上保障了项目的成功。

梁军向《21 世纪经济报道》记者介绍，购买资产的 4. 8 亿元中，有 35% 的资本金；项目运行 10 年，资本金部分的成本刚刚收回，银行贷款还在慢慢补上。2004 年签订合同时，对整个项目运行 23 年的总体利润预期为 8% ~ 9%，目前资金收回情况跟预期比较吻合。

大岳咨询总监郑洁，当初是合肥市政府的咨询顾问，为该项目的项目经理，见证了整个过程。郑洁对《21 世纪经济报道》记者表示，当初跟合肥政策做过测算，整个项目的回报率不会超过 10%。项目保障投资方较稳定的回报，随着城镇化推进、污水处理量增多，多处理的污水，在计价方面会有三到五折的折扣。

梁军也直言，随着污水管网的铺设，生活污水随管网汇集到污水处理厂，单个污水处理厂几乎是没有市场风险的。但也正因为市场风险较低，所以整个行业利润回报率并不算高。

政府确立边界

梁军在上述沙龙上介绍，王小郢污水处理厂 1998 年开建，当初厂址选择非常偏僻，周围几乎没有楼房建筑，但随着整个城市的发展，10 年之内，污水处理厂周围已经有非常多居民房。PPP 项目因为周期较长，诸如水价、国内环保标准、员工安置问题等，都存在很大的变数。

当初，政府和投资方的谈判过程也不太顺利。郑洁对《21 世纪经济报道》记者表示，柏林水务母公司在国际水务领域运营了 100 多年，经验非常丰富，谈判时提出了非常多意想不到的问题。另外，外资企业参与的项目，当时在国内并不多，涉及到土地出让时，政府方面也非常谨慎，对土地性质作了严格限制。

污水处理厂虽没有市场风险，但 PPP 合同签订时，投资方和政府都承担有相应风险。如关键的水价，王小郢污水处理项目根据人工、电价、CPI 等参数变动，设定了一个公式，水价据此每两年进行一次调整。

水价公式只是一部分。郑洁介绍，合同中对水价的变动进行了限制，每次调整上下不能超过原水价的 9%。这样，如果因人工费大涨，造成污水处理成本大涨，这些风险就要由企业承担。郑洁进一步表示，如果变动实在太大，还有其他谈判协商的机制。

不少业内人士对《21 世纪经济报道》记者表示，污水处理行业 PPP 模式运营相对成熟，但仍存在政府或企业违约的现象。

梁军对《21 世纪经济报道》记者表示，这个过程中政府定好边界很重要。政府在规划污水处理厂时，需要预计到未来发展趋势，厂建得不宜过大，也不宜过小。厂如果规划大了，污水日处理量跟不上，达不到企业正常运营的水量，差额部分政府需要用财政补贴，这样的项目就难以为继。

污水处理项目的典型性

从目前各省公布的首批 PPP 项目来看，除重庆之外，污水处理厂是一个很典型的领域。

如江苏首批 15 个 PPP 试点项目中，就有 2 个污水处理项目，分别是南京城东污水处理厂和南京仙林污水处理厂。

福建首批 28 个 PPP 试点项目中，有 4 个污水项目，分别是三明经济开发区污水处理厂及配套管网项目、上杭县污水处理设施建设项目、龙岩市乡镇污水处理设施建设项目和漳湾临港工业区污水处理项目。

安徽首批 42 个 PPP 试点项目中，有 17 个城镇化生活污水处理项目，投资总额达到 68 亿元，项目覆盖合肥、宿州、蚌埠、滁州、马鞍山、铜陵、安庆、黄山、巢湖等多个市县。

今年9月23日，财政部金融司下发了《关于推广运用政府和社会资本合作模式有关问题的通知》，其中明确指出要做好项目示范工作。适宜采用PPP的项目，具有价格调整机制相对灵活、市场化程度相对较高、投资规模相对较大、需求长期稳定等特点。

上述通知尤其提到，要关注城市基础设施及公共服务领域，如城市供水、供暖、供气、污水和垃圾处理、保障性安居工程、地下综合管廊、轨道交通、医疗和养老服务设施等。污水处理是适宜项目示范的领域。

安徽省住建厅厅长侯淅珉曾表示，城镇化进程中，占到很大比重的政府投资，主要依靠土地出让或政府投融资平台以土地抵押方式筹集，随着房地产市场进入调整期，再加上地方债务的增加，原来的资金筹集方式难以为继。推进PPP模式，可以为城镇化提供资金保障，又能减轻政府债务负担。

梁军也表示，PPP模式主要有两大功能，分别是融资和管理。一些地方城投公司仍然具有很好的融资能力，当地政府之所以仍在推广PPP模式，看重的是社会资本对具体项目管理运营能力较强。

6.7　公私合营水厂样本：政府企业差点谈崩

第一财经日报　陈益刊　2014-10-20

核心提示：回忆起当初公私合作谈判的过程，对于当时长达四个月的商务谈判阶段，合肥市建委原副主任纪开学用了“争吵、妥协、非常艰难”等词来形容。

从兰州威立雅的苯泄漏到被立案调查的“最美女政协委员”刘迎霞背后的水务公司收购交易，公用事业领域的公私合作（PPP）还能否搞好？

这是正推行PPP改革的中国需要解答的问题。

近期，中国财政学会公私合作研究专业委员会将一批地方官员和水务企业带到了安徽合肥。这里有家叫王小郢污水处理厂的企业。

比兰州威立雅更早实现公私合作，该企业走出一条不同的道路。

水价、水质约束在前

回忆起当初公私合作谈判的过程，对于当时长达四个月的商务谈判阶段，合肥市建委原副主任纪开学用了“争吵、妥协、非常艰难”等词来形容。

为响应当时国家探索城市公用事业行业的投资和运营模式的号召，并为城市建设筹集资金，本着“靓女先嫁”的原则，合肥市政府决定将2002年新建成不久的王小郢污水处理厂项目权益转让给企业运作，并在2003年底公开招标。

虽然标的底价仅为2.68亿元，来自德国的国际水务巨头柏林水务和东华科技联合体以4.8亿元的高投标价中标，溢价率近80%。当时具体负责项目的纪开学对《第一财经日报》回忆称，这个报价在当时出乎政府意料之外。

甚至到了今日，这一中标结果也没有摆脱争议。因为国际水务巨头高价抢标、再提水价的案例在中国的公私合作中并不鲜见。威立雅水务在2007年收购兰州供水集团45%股权时，曾以数倍于竞争对手的高标价中标，后来的水价攀升也曾引发了一些争议。

柏林水务中国控股有限公司董事总经理梁军回忆了当时的谈判过程。他表示，柏林水务不存在高价抢标，因为参与投标的天津创业环保投标价为4.5亿元，中环保和深圳水务投标价为4.3亿元，这是根据市场行情来确定的合理价格。

公用事业的价格一头连着企业收益，一头连着民生。

在高中标价的背景下，为防止水价因为投资方单方面意愿而不当上涨，合肥市一直牢牢把控住主动权。

曾参与当年项目谈判的政府顾问公司、大岳咨询高级合伙人郑洁告诉记者，当时合肥市直接把污水处理费和排水水质标准放到了招标文件的硬性要求中，根本不列入双方谈判范围。

当时，政府确定的污水处理费为每吨0.75元，两年调整一次。水价调整公式也由合肥市政府确定，调整主要参考电费、工资、药剂费、税费和通胀因素。

梁军坦言，当时双方对调价公式会让未来水价如何发展都心里没底，当地民众也警惕外国公司接手后未来水价会不会上升。

不过，王小郢污水处理厂运营 10 年间，水价年复合增长约 2.23%，低于同期的电价和通胀增幅。

本报记者了解到，目前王小郢污水处理费约为 0.91 元/吨。

除了水价和水质，土地供应方式也成为争论焦点。

郑洁向《第一财经日报》记者透露，当时合肥市政府不想把厂区的土地出让给柏林水务，因为担心它将土地用去盖楼房获暴利。

但柏林水务则坚持政府将土地出让而非租赁，因为根据中国当时法律，没有土地使用权证，就意味着不能证明土地上的污水处理池等资产归其所有。另外，中国合同法也规定任何土地租赁合同不超过 20 年，而双方有 23 年的合作期。

“经过多轮谈判后，政府同意把土地出让给柏林水务，在它补缴钱后可以办土地出让权证，但同时也写明土地使用用途，不允许变性。”郑洁称。

回顾 10 年间双方合作，梁军认为，这个项目到现在运行成功的关键是当时签订了规范、严谨、细致的合同，而且双方都按照合同来执行。

升级问题前置

2004 年谈判之时，谈判双方就想到了很多未来可能发生事情的解决方案，包括 2012 年工厂升级改造的投入问题。

本报记者了解到，不少公私合作项目因在谈判中没有谈清未来可能发生的重大事项中双方的权利义务，导致后来项目运作纠纷不断。

王小郢污水处理厂位于合肥市中市区铜陵南路，当年这里还是郊区，但是合肥发展速度日新月异，城市改造后可能面临工业用水和居民用水同时增多的压力。

郑洁对记者说，随着环保标准的提高，污水处理厂未来在提高标准改造时就存在诸多问题，比如未来改造如何改？改造后工厂的保底水量还要不要保？若保底的话又是什么样的水平？如果公司出钱改造，那这笔钱如何在水费里体现？

事实的进展也正是如此。本报记者在厂区周边见到，座座高楼林立已经将工厂“包围”，而政府为减轻巢湖污染负荷，对最终排入巢湖的工厂处理废水提出了更高的水质要求。

梁军也对本报记者表示，工厂提标改造当时的谈判很艰难，花了很长时间，最后形成了原则性的条款，改造的钱由政府来投。

相似的争论和博弈在双方四个月谈判期间不断上演，而在分歧最大时双方甚至暂停谈判 20 多天，合肥市政府甚至打算找其他投标候选人谈。

纪开学称，最后双方还是继续根据法律法规谈判，互相博弈妥协，最终在中德两国总理的见证下，于 2004 年 12 月底签署项目协议，这包括特许权经营协议、污水处理服务协议和资产转让协议。柏林水务将拥有王小郢污水处理厂 23 年的运营权，2027 年 12 月 21 日该厂将移交给合肥市政府。

从立法层面，财政部也在加快推动 PPP 的进程。今年 5 月 3 日，国家发改委第一次发布《基础设施和公用事业特许经营法（征求意见稿)》，并公开征求意见。这部法律被认为是 PPP 领域最重要的法律，在学界甚至被称为“PPP 立法”。

6.8　首批 PPP 示范项目启航

财经国家周刊　兰亚红　2014-10-22

PPP 政策出炉之际，地方示范项目喷涌推出。一片大热之下，地方政府和投资者仍需冷静应对。

近期，财政部在 PPP 政策制定和项目开展方面动作频频。

政策层面，《财经国家周刊》记者获悉，自 9 月 23 日财政部发布《关于推广运用政府和社会资本合作模式有关问题的通知》（简称“76 号文”）之后，财政部委托上海某基础设施专业咨询公司起草的《政府与社会资本合作模式（PPP）操作指南》也已经到了定稿阶段，可能本月底或下月初即将发布。

项目层面，《财经国家周刊》记者获悉，10 月 17 日，财政部又召集地方财政部门代表、业界 PPP 研究专家，对地方上报的 PPP 示范项目进行了评审。预计第一批地方示范项目名单不久后就会对外公布。

据了解，PPP 热始自 2013 年底。除了财政部向前主推外，国家发改委同时在负责起草 PPP 立法，住建部、交通部以及水利部等多个部委亦积极参与。住建部原计划 6 月推出但一度遇阻的《关于在城镇市政公用领域推广和规范政府与社会力量合作的指导意见》，也将在近期推出。

一片大热之下，更需冷静思考。据知情人士透露，地方对于 PPP 的认知仍然不清晰，通过 PPP 示范项目评审只是“入门”，更难的“考试”是之后的实操过程。

部委力推

作为推动新型城镇化建设、提升国家治理能力、构建现代财政制度的重要抓手，推广 PPP 模式是决策层确定的重大经济改革任务。

《财经国家周刊》记者获悉，财政部76 号文出台后，各省正在依据76 号文抓紧制定实施意见。对 76 号文提出的项目范围、项目支持政策、项目评估论证、项目合作伙伴选择、项目合同文本、项目财政补贴管理、债务风险管理机制、项目绩效评价等方面，做进一步细化。

PPP，是 Public-Private-Partnership 的英文缩写，直译为“政企合作伙伴关系”或“公私合作伙伴关系”。财政部今年给出的最新定义是，PPP 是政府与社会资本合作模式，是政府与社会资本为提供公共产品或服务而建立的全过程合作关系，以授予特许经营权为基础，以利益共享和风险分担为特征，通过引入市场竞争和激励约束机制，发挥双方优势，提高公共产品或服务的质量和供给效率。

《财经国家周刊》记者获悉，楼继伟履新财政部部长职位后，在一次随李克强总理出访途中介绍了 PPP 理念，随后国务院要求财政部加紧研究推进。十八届三中全会《决定》中提出“允许社会资本通过特许经营等方式参与城市基础设施投资和运营”。

今年以来，财政部一直在积极推进 PPP。除了各种座谈会、研讨会、培训之外，在政策层面和推动地方开展 PPP 项目层面不遗余力。

《财经国家周刊》记者发现，已经发布的 76 号文明确，财政部要求地方各级财政部门要向本级政府和相关行业主管部门大力宣传 PPP 模式的理念和方法，探索运用规范的 PPP 模式新建或改造一批基础设施项目。财政部将在全国范围内选择一批以“使用者付费”为基础的项目进行示范。项目重点关注城市基础设施及公共服务领域，比如城市供水、供暖、供气、污水和垃圾处理、保障性安居工程、地下综合管廊、轨道交通、医疗和养老服务设施等。

《财经国家周刊》从接近财政部人士处获悉，在 10 月 17 日的示范项目评审中，共有 20 个省份上报了 70 个示范项目，预计会有一部分不符合 PPP 模式特征的项目被否决掉。

《财经国家周刊》记者同时获悉，目前国家发改委主导的 PPP 立法已经修改出第八稿，但遇到的一些问题都是难啃的“硬骨头”，比如与现行法律的冲突如何解决等。同时，就在 10 月 9 日，财政部还召开了 PPP 立法工作研讨会。

地方踊跃

随着政策的日渐清晰，地方层面推广 PPP 模式也屡见成效。福建省、河南省、安徽省等在 9 月份都发布了推动 PPP 模式实施的相关政策文件，并纷纷对外推介投资额近千亿级别的 PPP 试点项目。

以安徽省为例，9 月 29 日，安徽省公布了首批 42 个城市基础设施 PPP

项目，项目总投资 709.53 亿元，涉及城镇污水处理、城镇生活垃圾处理等 5 个领域，分布在宿州、合肥等 10 个城市以及金寨、青阳等 8 个县市。

安徽省住建厅厅长侯淅珉表示，近几年，安徽城市基础设施建设投资年均 1000 亿元左右，其中政府性投资占 65% 左右，主要依靠土地出让或通过政府融资平台，以土地抵押方式筹集。由于地方政府债务不断增加，房地产市场进入调整期，现行的资金筹集模式已难以为继，推进 PPP 模式既是形势所迫，也是大势所趋，可以有效减轻政府债务负担，提高投资效益，提高公共服务效率，转变政府职能。

虽然中央力推，地方踊跃，但通过 PPP 模式成功操作项目并不容易。

在 10 月 16 日召开的由中国财政学会 PPP 专业委员会主办、北京大岳咨询有限公司承办的第五届中国 PPP 沙龙上，在介绍 PPP 项目——合肥王小郢污水处理厂的运作经验时，多位演讲者表示，推进 PPP 项目十分复杂，从前期项目的筛选立项、招投标程序、合同文本拟定和签订到后期项目的运营管理，都需要地方政府具备相当高的专业化水平。

据悉，合肥王小郢污水处理厂是德资水务巨头柏林水务 2003 年从合肥市中标获取的资产权益转让项目，特许经营期限为 23 年。

在介绍项目经验时，柏林水务中国控股有限公司董事总经理梁军告诉《财经国家周刊》记者，通过 10 年的专业运营，柏林水务已经基本收回当初 4.8 亿总投资中 35% 的资本金，预期整个项目在 23 年特许经营期内的收益率为 8% ~9%，属于合理回报。

为该项目做全程投融资顾问的大岳咨询公司总监郑洁表示，合肥王小郢污水处理厂资产权益转让项目至今仍是中国水务行业市场竞争中的标杆性项目。它为后来许多以 PPP 模式操作的水务项目提供了定价标准、合同范本。

大岳咨询公司总经理金永祥则表示，该项目为地方政府操作 PPP 项目提供了很好的经验借鉴：一是要充分重视前期工作，合理确定项目条件，政府不要承诺太多，同时要资本市场认可；二是，实践中要规范运作，实现公开、公平、公正；三是要打造专业队伍，转变政府职能；四是要注重契约精神，减少违约风险。

记者注意到，与此前多次的沙龙相比，此次中国PPP沙龙来了多位地方城市的参会代表。一位来自吉林省长春市高新区的代表对《财经国家周刊》记者表示，北方地区污水处理厂等基础设施和社会公益性项目运作还很不规范，迫切需要引进PPP模式提升项目运营和管理水平。

6.9　项目资本金10年回本　PPP首现盈利路径

中国经营报　杜丽娟　2014-10-20

“目前已经基本收回了资本金1.68亿元，开始有望实现盈利。”柏林水务中国控股有限公司总经理梁军向《中国经营报》记者表示。

柏林水务是德国最大的自来水和污水处理企业，2004年柏林水务中国控股公司牵头的企业联合体以4.8亿元的投标价格，从合肥市政府手中接管王小郢污水处理项目，项目运行期限为23年，至今运行将近10年。

9月24日，财政部发布《关于推广运用政府和社会资本合作模式有关问题的通知》（以下简称《通知》），要求推广运用PPP模式。各地上马PPP项目的热潮中，王小郢污水处理项目对尚处于探索期的PPP提供了一个“冷思考”的样本。

“回本”启示：标准+细节

“当时我们与外资合作方面的经验也不充足，所以政府方面成立了专门小组，招投标、合同谈判等都选择专业人士来应对，严格按照国际标准来公开招投标，在很大程度上保障了项目的成功。”王小郢污水项目政府方招标和谈判的主要负责人——合肥住建委原主任纪开学表示。

王小郢污水项目是一个TOT模式的PPP项目。（TOT是指政府部门或国有企业将建设好的项目的一定期限的产权和经营权，有偿转让给投资人，由其进行运营管理。投资人在一个约定的时间内通过经营收回全部投资和得到合理的回报，并在合约期满之后，再交回给政府部门或原单位的一种融资方式）。作为当时全国规模最大的氧化沟工艺污水处理厂。项目分别于 1998 年和 2001 年建成投产，日处理能力合计为 30 万吨，建设总投资约 3.2 亿元。

水务工程动辄周期长达 20～30 年，这意味着项目的中标方案中需要考虑至少未来 10 年的发展需求。据梁军介绍，工厂的规模、大小、人员配置、薪酬标准、水价变化、如果出现标准不达标的情况，政府的财政补贴如何分配等因素都要考虑进去。

经过多轮谈判，王小郢项目当时确定了 0.75 元污水处理服务费单价，针对污水处理费和保底水量上作出了明确的逐年递增量约定；关键的水价调整上，政企双方则以 CPI、水价和劳动力成本等一系列指标作为依据，设计出一个调价公式，每两年调整一次。

事实证明，正是这样一个政府和企业双方明确和规范的合同约定，保证了这一项目的顺利实施。截至目前，水价已经进行过四次调整，现价为每吨 0.91 元，政府和柏林水务有各自的承担上限和下限，每吨处理废水的成本大约为 0.3 元。

“在合同中约定了政府的定额补贴，目前项目的收益率约在 8%～9% 之间。”梁军表示。

对此，作为王小郢项目的咨询顾问，大岳咨询总经理金永祥表示，城市基础设施及公共服务领域，如城市供水、供暖、供气、污水和垃圾处理、保障性安居工程、地下综合管廊、轨道交通、医疗和养老服务设施等都是 PPP 模式介入的合适领域。未来民资会迎来新一轮的投资机会。在这之前，民企完善的工作机制以及和政府谈判能力的提升至关重要。

“我们项目之所以有目前的收益，更多的是我们当初采取了一套完整的合同计划，这也成为行业内的一个模板。作为民企，要想在政府项目中实现收益，就要细化各项指标。”梁军说。

财政热推 PPP

在9月底财政部发出《通知》月余之后，据记者了解，由财政部相关机构起草的《政府与社会资本合作模式（PPP）操作指南》已进入征求意见阶段。这意味着，财政系统可能为落实推进 PPP 合作模式提供具体的实施内容。

在财政部发布上述通知之前，全国多地已经在高速公路、轨道交通、市政公共设施等领域尝试 PPP 模式。以江苏为例，其向社会推出了 15 个 PPP 试点项目，总投资额约 875 亿元，涉及交通基础设施、供水安全保障、污水处理设施建设、生活垃圾无害化处理以及完善公共服务设施配套五大领域。安徽首批 42 个 PPP 试点项目中，有 17 个城镇化生活污水处理项目，投资总额达到 68 亿元。

“相比以前这些项目完全由政府主导造成财政资金的低效率，如今政府放开让社会资本通过特许经营等方式参与城市基础投资和运营，对开辟多元融资渠道、激活社会资本参与公共事业投资意义重大。”金永祥表示。

国务院办公厅印发《关于加强地方政府性债务管理的意见》（以下简称《意见》）中，明确政府债务的融资主体仅为政府及其部门，剥离融资平台政府融资职能。这意味着地方政府要完成民生和基础设施建设职责，都面临“找钱”的冲动。

《意见》建议对供水供气、垃圾处理等可以吸引社会资本参与的公益性项目，要积极推广 PPP 模式，其债务由项目公司按照市场化原则举借和偿还，政府按照事先约定，承担特许经营权给予、财政补贴、合理定价等责任，不承担偿债责任。

而《通知》中，城市基础设施及公共服务领域，如城市供水、供暖、供气、污水和垃圾处理、轨道交通等，应当受到重点关注；收费定价机制透明，能够产生稳定现金流的项目，应当优先选择。

在审计署公布的设计结果中，截至 2013 年 12 月，地方债余额中，市政建设排在支出投向的第一位，政府负有偿还和担保责任的债务已经超过 4 万亿元。

6.10　专项转移资金投入示范项目　地方 PPP 闻风而动

华夏时报　吴建华　2014-10-18

政府与社会资本合作即 PPP 模式的相关政策已经走到了实际操作阶段。《华夏时报》记者近日获悉，9 月 23 日，财政部发布《关于推广运用政府和社会资本合作模式有关问题的通知》（以下简称“财政部 76 号文”）之后，一份财政部相关机构起草的《政府与社会资本合作模式（PPP）操作指南》和一份协议示范文本正在进行征求意见。

一位中部省份财政厅人士告诉本报记者，该省正在根据财政部 76 号文抓紧制定实施意见，将从财政补贴、风险防范、项目选择、绩效评价等方面对财政的要求进一步细化。而随着政策的日益明晰，江苏、安徽、福建、重庆等众多省份纷纷推出投资额千亿级别的 PPP 试点项目。

政策日益明晰

2014 年，无疑是政府和社会资本合作模式（Public- Private- Partnership，PPP）的“丰收年”。

据专业人士统计，2014 年 1 月 10 日至今，共有将近 40 个法律规范性文件提到 PPP 模式。通过财政、住建、发改等部门的合力推动，PPP 模式相关政策规范正日益明晰。

PPP 是指在基础设施及公共服务领域，政府与社会资本建立的一种长期合作关系。通常是由政府通过招投标等方式授予社会资本特许经营权，后者承担项目设计、建设、运营、维护基础设施的大部分工作，并通过“使用者付费”及必要的“政府付费”获得合理投资回报。

该模式旨在通过引进社会资本弥补地方财政投资基础设施及公共服务领

域的不足，同时通过引入市场竞争机制，提高公共服务的质量和效率。

9月23日，财政部发布76号文，表明财政部门已为PPP大开绿灯。据了解，住建部原计划6月推出的《关于在城镇市政公用领域推广和规范政府与社会力量合作的指导意见》，也将在近期推出。

今年6月，国务院办公厅《关于加强城市地下管线建设管理的指导意见》以及最近国务院发布的《关于加强地方政府性债务管理的意见》《关于深化预算管理制度改革的决定》两文件也多次提及PPP模式。

前述中部某省财政厅相关人士表示，除了该省外，目前还有多个省份的财政部门都在制定相关的具体实施意见。“地方细则的原则和框架与76号文一致，具体内容根据各地实际情况会有差别。”他表示。

大岳咨询公司总经理金永祥对于财政部76号文评价甚高。他对本报记者指出，财政部将利用现有专项转移资金的渠道投入示范项目，地方财政也可结合自身财力补贴示范项目，文件这种表述意味着会有中央财政资金、省市资金直接投入PPP项目。

此外，文件要求财政资金从“补建设”向“补运营”转变，意味着政府购买服务会加强，同时有助于缓解近期地方财政偿债压力。通过中长期财政规划考虑补贴机制，有望解决财政资金每年都做预算对PPP的不利影响。

记者还注意到，福建省政府已于9月11日发布《关于推广政府和社会资本合作（PPP）试点的指导意见》，河南省政府也在9月19日发布《关于进一步加强城镇基础设施建设管理工作的实施意见》。

同样在9月份，安徽省住建厅发布《安徽省城市基础设施领域PPP模式操作指南》，为目前首个发布操作指南的省份。该指南从PPP基本概念、项目分类及应用方式、承接主体准入条件、基本流程、法律文本要点等微观层面对PPP项目的选择、实施给出了详细的指引。

项目明显增多

这样的政策力度，对于通过PPP方式参与市政基础设施领域的相关企业无疑也是重大利好。

10 月 16 日，合肥王小郢污水处理厂资产权益转让（TOT）项目 10 周年经验介绍会座无虚席，吸引了远自辽宁、吉林等地政府相关部门人士参加。

王小郢污水处理厂是中国第一个以 TOT（Transfer-Operate-Transfer）方式实施的污水处理项目，以政企双赢、运营规范在业内享有一定名气。

该污水厂原是合肥市政府通过国外贷款和国债资金建设的。市政府于 2003 年决定以 TOT 模式，通过国际公开招标转让该污水处理厂资产权益，实施特许经营。最终德资水务巨头柏林水务从七家竞争对手中脱颖而出，终以 4.8 亿元受让王小郢污水处理厂全部资产，获得 23 年的特许经营权。

柏林水务中国控股有限公司董事总经理梁军告诉记者，通过 10 年的专业运营，如今 4.8 亿投资中 35% 的资本金已经收回，预期整个项目的收益率在 8% ~9% 的水平，属于政企双方都能接受的合理回报。

近日，安徽发布首批城市基础设施领域 PPP 项目共 42 项，总投资达 710 亿元。涉及城镇生活污水处理设施、城镇生活垃圾处理设施、城镇供水设施、城市交通设施、生态环境项目等方面。

梁军称，2014 年以来随着政策力度的加大明显感觉到项目多了，柏林水务将进一步加大投资力度。“安徽新推出的项目，我们正在积极争取。”他表示。

据了解，柏林水务在安徽池州的一个污水项目，近日将在财政部的一个内部经验交流会上做汇报，有望成为财政部试点项目。

此外，其他省份也纷纷推出相关项目。比如，福建省 9 月 17 日发布了 28 个项目推荐开展 PPP 试点，项目总投资共 1478.9 亿元，涵盖交通、市政、水利、保障性安居工程、医疗和养老服务等。

除了企业和地方政府积极，财政部也有意在近期总结各地项目经验，推广一批 PPP 示范项目。

财政部 76 号文提出，“财政部将统筹考虑项目成熟度、可示范程度等因素，在全国范围内选择一批以‘使用者付费’为基础的项目进行示范，在实践的基础上不断总结、提炼、完善制度体系”。

大岳咨询项目总监毕志清对《华夏时报》记者表示，10月17日财政部将召开PPP内部经验交流会，近20个省份参加，每个省将上报1～2个项目，总计30多个项目有望参与财政部试点，将包括能源、交通运输、水利等九大领域。

不过，毕志清对于地方政府大规模上PPP项目不无担忧。他认为，地方政府可能与财政部的想法并不一致，其主要动机是上项目、出政绩，而不太关心哪些项目适合做，哪些不适合，“比如说纯公益性项目，其实地方政府发债券建设更合理，融资成本也低”。

6.11 县城基础设施建设力度将加大　鼓励推广TOT模式

每日经济新闻　胡健　2014-11-27

昨日（11月26日），国务院发布《关于创新重点领域投融资机制鼓励社会投资的指导意见》（即“国发60号文”，以下简称《意见》），其中一项专门提到推进市政基础设施投资运营市场化。

其中包含主要内容有：改革市政基础设施建设运营模式；积极推动社会资本参与市政基础设施建设运营；加强县城基础设施建设以及完善市政基础设施价格机制。

强调加强基础设施建设

近日，国务院印发《关于调整城市规模划分标准的通知》，以城区常住人口为统计口径，明确了新的城市规模划分标准。

调整后城市类型由四类变为五类七档，小型、中等、大型、特大型和超大型城市的人口划线分别为20万、50万、100万、500万和1000万。

国家发改委发展规划司司长徐林表示，新的城市规模标准更易体现规模经济的优势，“有很多研究表明，大概是200万到500万之间的城市是最符合规模经济的，就是从效率的角度来说，可能是最合理的”。

而这也意味着，在新型城镇化过程中，现在我国一些县的基础实施领域将被扩充，交运、供水、污水处理、城市生活垃圾处理、信息化基础设施、城市社区综合服务设施的投资需求都会增加。

《意见》称，要按照新型城镇化发展的要求，把有条件的县城和重点镇发展为中小城市，支持基础设施建设，增强吸纳农业转移人口的能力。

此外，国家还将选择若干具有产业基础、特色资源和区位优势的县城和重点镇推行试点，加大对市政基础设施建设运营引入市场机制的政策支持力度。

住建部部长陈政高今年四季度也曾表示，城市基础设施建设的许多矛盾集中在资金上。我国社会资本不仅雄厚，而且对投资城市基础设施有相当高的热情，关键要看会不会用好这些资本。他指出，要进一步完善城市公用事业服务价格形成、调整和补偿机制，打破“玻璃门、弹簧门、旋转门”，吸引社会资本搞基础设施建设。

TOT 模式或将普及

《意见》提出，通过特许经营、投资补助、政府购买服务等多种方式，鼓励社会资本投资城镇供水、供热、燃气、污水垃圾处理、建筑垃圾资源化利用和处理、城市综合管理、公园配套服务、公共交通、停车设施等市政基础设施项目，政府依法选择符合要求的经营者。

北京大岳咨询有限公司总经理金永祥告诉记者，城镇化42万亿元的资金需求，意味着公私合营的PPP模式可挖掘的空间很大，并且合作手段可以有很多种，“利用社会资本进入市政基础设施项目能够将政府的战略规划、市场监管、公共服务与社会资本的管理效率、技术创新有机结合在一起，有助于厘清政府与市场边界，使得政府更好地履行公共职能，全面提升公共服务水平”。

《意见》还鼓励政府可采用委托经营或转让—经营—转让（TOT）等方式，将已经建成的市政基础设施项目转交给社会资本运营管理。

中国第一个污水处理 TOT 案例的安徽合肥王小郢污水处理厂项目，恰好在今年 10 月刚刚过完 10 岁生日。

该项目母公司柏林水务中国控股有限公司总经理梁军告诉记者，经过 10 年经营，项目资本金已经基本收回，开始走上盈利轨道。

梁军说，由于可优化空间少，TOT 项目盈利空间没有 BOT（建设—经营—移交）项目大，而且这类市政基础设施项目本来收益就不高。王小郢污水处理厂的经验主要就在于双方将保底水量、价格调整方案等设计责任和分担风险的边界厘清。

参与当时项目招标的合肥政府人士也向记者表示，外界资本的进入对整个合肥污水处理发展也产生了带动作用，政府的运营负担也大大减轻。

7 哈尔滨太平污水处理厂BOT项目报道

7 哈尔滨太平污水处理厂 BOT 项目报道

7.1 哈尔滨太平污水厂 BOT 项目点评

——金永祥总经理在中国 PPP 沙龙第三期上的发言

大家下午好！刚才章司长来的时候说怎么这么多人，非常感谢大家积极地参与我们的沙龙活动。刚才听了朴总的报告，前不久，今年春天的时候我带我们的项目组去哈尔滨，市委书记林书记接见了我们，用了一下午的时间和我们来谈“规范化”的问题，谈得非常、非常具体。因为他是中央委员，是省委常委，说实话，主要的领导如此关注规范化的问题我非常感动，也觉得责任非常、非常重大。在做哈尔滨这些项目的时候能把各地的经验带到哈尔滨来，将哈尔滨的规范化提到一个新的水平。刚才听了朴总的讲话我突然想起来，实际上不仅仅全国各地有经验，哈尔滨本身就有经验，刚才听了朴总介绍，突然有一种感觉，林书记需要的经验不仅其他地区有，哈尔滨也有啊，当地的经验推广了吗？这给了我一种提示，实际上经验的推广也非常、非常困难，经验的推广也非常、非常的有价值，我们也非常高兴专委会能带着我们继续来跟大家分享这个案例，希望我们在座的这些同仁们咱们共同努力，把市场能够做得更好，能真正使我们这个行业健康发展，使 PPP 这个事情能够做好。

今天我首先谈谈污水处理厂这个项目，国内有一些新的进展情况。刚才朴总讲了这个项目，实际上我们回忆当时做这个项目的时候形势并不是这样的，当时的情况也不一样，我是东北人，我深深地感觉到在东北做成项目很难。当时为了找这些投资人就去求他们来看这个项目，但还好的是到最后这个项目有五家投资人参加了。刚才朴总说到他们是 5 毛 9 分 5，还有另外一家也报出了同样的价格，这就说明这个项目在当时竞争是非常充分的，他得到了市场的认可，这个在当时我们感觉到了。但同时在评标的时候，我现在还记得我们实际上很担心，因为我们自己也没有想过 5 毛 9 分 5 这个价格，当时这个市场价格，像天津将近两块钱一吨水，青岛也接近两块钱了。当时一块多钱水价是非常普遍的，5 毛 9 分 5 这个行还是不行呢？刚才朴总讲了这个事情他挺过来了，而且做得还不错，这个也让我们很欣慰。什么是改革？我觉得改革就是要成果，改革就是要提高效率，也只有这样才能够把事情做好。

回顾这个项目有几点，第一，这个项目的竞争是非常充分的，如果没有竞争，5 毛 9 分 5 也不会出现，没有人愿意去出一个低的价位，也没有人愿意把自己弄得非常辛苦去做项目，所以这个项目我觉得参与竞争是非常充分的。PPP 作为公私合作的一种方式，实际上不仅仅是涉及到公共的一方和私有的一方来共同做事儿，它更体现在什么？在资源配置过程中让市场来发挥作用，就是竞争，在竞争过程中应该有效率，在这个项目里这一点我们觉得是达到了。像朴总刚才讲过了，这个达到的过程非常非常的辛苦，也看得出来他们不停地去努力，不停地想办法，每天都去开会解决当天的问题，是很辛苦的。也只有每天都把问题解决了才能够在这个运营过程中有一个好的结果，这个就是机制改进给我们所带来的效益。

第二，这个项目是我亲历的一个项目，这个项目之所以能够竞争，是因为这个项目的运作是规范的，刚才张司长也提到了规范运作的这个事情，这个项目的运作是非常规范的。当时很多投资人我们去请他们，他们实际上是很担心的，这个事儿真的假的，有没有人背后已经把它搞定了？大家都是持怀疑态度，后来发现这个项目真的没有领导内定这个事情，咨询公司也是为了把事情做得更好。这个事情非常的规范，由于规范形成了充分的竞争。我们现在国内很多地区的项目好像规范性越来越差，这个时候 PPP 这个项目给了我们一个很大的启示，实际上只要你规范了，这些投资人他是愿意来参加的。

第三，刚才朴总所讲的控制成本的经验非常值得我们业内推广，也值得我们去思考，在这个项目建设过程中在挖一个大坑的时候，朴总带我到现场去看过，当时他们对成本基本上是有一个估计的，2.9 亿基本可以做下来，32.5 万吨 2.9 亿，这个我们原来觉得不大可能，因为挨着太平污水处理厂的一个厂叫文昌污水处理厂，那个厂是 5.6 个亿，是政府自己建的，要比这个厂早几年，按道理这个后建的厂的投资应该更高。实际上后来朴总把总投资控制住了，刚才朴总讲了很多，他当初给我讲的一件事是什么呢？他控制住了建设里面非常重要的一点，就是层层分包的这个事，他跟我讲说以前一个地方一个土方 30 块钱，然后不停地分包，到最后真正干活的人没有几块钱，他从这个地方入手把这个投资额控制住了。所以我觉得既控制了投资又保证了质量，在两者之间比较好的实现了统一。这一点在我们行业内大家应该推广，尽量地减少层层分包，而且他要求你主要领导必须在现场做事儿，那这样他的责任就能够落实。

这一点经验如果能够推广，我们整个行业可能会发展得很好。刚才杨总讲了还有好多污水处理厂要建设，如果我们把这件事处理好，那这个事情就容易推广，否则如果成本控制不住，环境保护很难做的，控制不住大家交不起费，这个事情就死掉了。如果成本控制住那我们环境企业就会有发展。

第四，有一点经验。刚才从朴总所说的这个事情，当时他们在接这个项目以后很多事情都是从零开始，去找运行人员、各种专业人员去做这个事情。我们行业内还有一个问题，我们行业在那个时候可能专业的力量也比较强，但怎么样能够让国内的专业力量尽量地调动起来，然后在全国能够发挥作用？这是值得我们思考的一个事情。刚才杨总说，调整就能减少好多的麻烦我觉得这是有可能的，同样是水行业，深圳水务的梁总也是哈尔滨人，他退休以后搞了一个这样的公司，但是他没有办法对接到下一个客户，专业队伍怎么样能够发挥出专业的能力？这样对整个行业的健康发展也是非常重要的。这个是我对太平这个项目做一个简短的点评。

再有一点，本来我想张司长，因为现在 PPP 结合朴总的这个案例，在国内现在 PPP 出现的一些动向给一些建议。现在中央政府在推 PPP，大家在争论怎么做 PPP。在做指导意见，当时两方共同在做，但实际上这件事情也没有出台，所以地方就有自己的 PPP 的理解。现在比较典型的 PPP 一来大家都看到了是一次大的机会，现在我们有一种倾向就值得我们去思考，民营资本找到了地方政府，地方政府的下属机构成立一个合资公司，这个合资公司又可以绕开竞争去做政府项目。很明显这里是有公私合作的，这个就叫 PPP。我们通过刚才朴总讲的这个案例发现什么呢？它缺少的是什么呢？实际上缺少的是竞争环节，因为 PPP 是公私合作，但是它的政策是让市场发挥作用，如果市场机制在这里没有发挥作用，这个效果现在想好的可能性是不大的。我们对这种方式有过一些了解，像十个项目有九个它的代价，它的成本要比我们的传统组织更大。因为你没有竞争不可能太好。但是有民营资本进来效率会不会提高呢？这个不好判断，但可能是提高了，这个效率提高以后他去哪了没有人知道，对政府来讲他就付出了比较大的代价。

这样一种方式是不是我们中央政府要推的 PPP？也许一两个这种项目无所谓，但是如果所有的 PPP 都这样搞下去，到最后实际上我们四万亿的负债不会有，因为你所有的成本都说不清。到最后 PPP 就变成一个大烂摊子了。这个倒不是说我们心里有问题，说你心里很变态，怕别人挣钱，这个没有，我觉得我们所有的政府、投资人和其他所有对 PPP 感兴趣的机构应该有一种共同的责任把这件事情做好。如果我们不负责任就靠一两个项目弄的收益率很高，很难做下去。这个表面上看可能投资方在那种情况下会受益比较大，但实际上政府违约最多的也是在这种情况出现的，因为你从这届政府挣够了，下届政府发现吃亏了就违约了，你可以骂他，不管怎么样，但是双方之间真的扯皮不断，消耗以后就浪费，双方要共同的分摊。到最后投资人也不一定能挣到那么多钱。

对政府来讲这也是一个比较大的事情，因为你如果用这种方式做，整个小的机制没有发挥作用，那到最后以违约为结果来结束这件事情，实际上是赔了夫人又折兵的事情。政府在讲说要改变发展方式，各级政府都在说，怎么样转变发展方式？我觉得就是用市场机制，真的用市场机制来做事情那就是转变发展方式了，否则这个发展方式永远也转变不了。这个在我们政府推出 PPP 的时候，我们的政府不仅仅要去推动要搞 PPP，不仅仅要联合，而且还控制火情，保证 PPP 它释放的热量是一种有效的能源，不能出现野火肆虐的情况。现在当 PPP 出现问题的时候，有的政府应该来想办法及时地引导它走到一个正确的方向上，以后可能还会在 PPP 过程中出现各种各样的问题，我们的政府都应该及时地把它解决掉，也只有这样 PPP 才能够取得好的效果。

另外，现在国家发改委在推行一些立法，这也是为我们 PPP 事情来保驾护航的一件事。我们现在这个搞得怎么样也说不好，但是不管怎么样我觉得如果立法能够把我刚才所说的这种事情给它避免了，那这个立法就成功了。如果类似的问题解决不了，那这个立法还是需要完善，需要慎重去推的。那我今天就做这样一个简单的评价，谢谢大家！

7.2 BOT 模式解密：太平污水处理厂样本剖析

中国经营报　杜丽娟　2014-7-12

发改委正联合财政部对 PPP 立法工作进行调研。

为了更全面了解 PPP 的发展过程，中国财政学会公私合作研究专业委员会已经连续组织三期 PPP 研讨会，旨在通过以往 BOT 项目的分享，为正在建设的一些 PPP 项目提供经验。

作为 BOT 项目中比较成功的投资案例，哈尔滨太平污水处理厂在股权、投资回报、融资等方面的尝试，为 BOT 项目提供了很多借鉴经验。

哈尔滨太平污水处理厂总经理朴庸健认为，在和亚开行合作之前，虽然也有一些 BOT、TOT 投资经验，但是通过和亚行合作，现在在股权、债权上对国际化的 PPP 模式有了更多的了解。“主要还是解决理念上的问题。”

据了解，1993 年以前并没有 PPP 概念，主要模式以 BOT 为主，之后随着 BOT 项目的增加，PPP 也逐渐规范，但也暴露出一些问题，特别是 2008 年中央 4 万亿元政策的刺激，民企在市场竞争中再次受挫，BOT 项目出现争议。

盈利靠效率

“污水处理厂第一年运行就盈利 750 万元，比我们原来中标的时候所设定的目标有所突破。”朴庸健说。

在他看来，之所以能取得这样的成绩，主要是对内部运行模式进行整合。朴庸健告诉《中国经营报》记者，其实污水处理厂是一个单一的管理内容，对外的东西很少，唯一的交集就是和政府部门的结算，接受环保部门的监督，接受政府主管部门的监管，所以这类 BOT 的核心就是要解决内部的安全稳定运行和高效运营问题。

据悉，2003 年 9 月，哈尔滨市政府采用公开招标的方式选择哈尔滨太平污水处理厂项目 BOT 业主。经过激烈竞争，清华同方股份有限公司与北美环境技术有限公司组成的联合体最终以 0.598 元/吨污水处理服务费中标。

2004 年年初，太平污水处理厂由清华同方（哈尔滨）水务有限公司负责建设，日处理污水 32.5 万吨，特许经营期为 25 年。运行一年后，项目不仅没有亏损还实现盈利。

然而，与其他 9 毛多的投标价格相比，0.598 元的中标价格意味着，项目实施以后就要面临亏损的状态。

“我们能做的就是精简内部管理，卡式管理是我们进行内部管理的一个重要手段，员工定岗定责，手持一卡，定时在各个管理点巡检设备，巡检的时间、巡视的周期及巡检发现的各管理点运行状态，均记录在中央控制室。”朴庸健说。

可以参照的数据是，按照当时哈尔滨水务企业同样是 32.5 万吨的规模计算，其标配人数为 150 人，但太平污水处理厂最后的人员配备为 44 人。“比项目做预算的时候少了 90 多个人，这 90 多个人工当时在哈尔滨的综合费用，一年下来也需要 600 多万元。”朴庸健说。

对此，中国水协排水专业委员会主任委员杨向平则认为，太平污水处理厂的成功在于内部管理，比如减员增效，岗位的精简，还有一些量化管理，委托社会上有经验的人来做等，在运作的机制上做了一些创新，降低了成本，创造了很多好的经验。

政企联动机制

事实上，作为 BOT 项目，竞标价格的高低决定了项目回收成本的周期。

“水处理以后，剩下的泥也需要解决，如果还按照 0.598 元的价格，企业要承受的压力会很大。”北京大岳咨询有限公司总经理金永祥说。

在他看来，一旦水价确认，调价机制需要多方听证，但随着企业规模的扩大，当初的中标价格似乎已不合时宜。

这一观点也得到了杨向平的认同。

杨向平认为，已经拉长的水产业链，仅靠中标的 5 毛多，7 毛很难解决企业的难题，现在江浙一些地方已经把污泥的处理费加进去，一吨水的处理费用差不多在 1.2 元、1.3 元，甚至 1.5 元。“自来水如果是 2 元，污水处理费应该到 2.5 元才能解决企业难题，一定要比自来水费高，这才是良性发展。”

以北京为例，北京的自来水费是 2 元，污水处理费是 1.37 元，实际上通过政府补贴，北京排水集团拿到的已经不是 1.37 元，而是 2.5 元左右，中间加了污泥处理费，虽然价格高，但这才是正常的市场价格，也是合理的发展模式。

不过，从全国来看，政府自来水费的支付体系建设并不完善。

朴庸健说，我们做了一个调查，全国大部分政府都会晚付费，按月足额支付的污水处理费基本很少，但作为污水处理行业，本身是单一的利润模式，就靠污水处理费的收取来运营，对企业来说，如果晚交就会出现运营难题。

去年 10 月份，国务院总理李克强签署《城镇排水与污水处理条例》，条例明确规定，污水处理费要列入财政预算，按月足额支付。

不过，作为污水处理企业来说，政策本身是好的，但是落实难题仍然很大。

"通过 BOT 项目，把原来社会资源、政府资源和企业资源有机结合，梳理出一些监管和被监管，指导和被指导的经验，其中最关键的是建立了和政府之间的支付体系。"朴庸健表示。

7.3 哈尔滨太平污水处理厂："PPP"的苦乐年华

人民政协报　吴志红　2014-07-18

在基础设施等领域实施鼓励社会资本投资的示范项目是落实今年中央《政府工作报告》的重要举措，有利于优化投资结构、激发市场活力、促进经济持续健康发展。5 月 18 日，国家发展改革委发布首批 80 个基础设施等领域鼓励社会投资项目，其中并没有污水处理项目，事实上，此类市政公用事业市场化项目已积累了十多年的经验，其经验教训值得当下 PPP 模式借鉴。

PPP 模式是英文 Public-Private-Partnership 的简写，中文直译为"公私合伙制"。它是政府与社会资本合作模式，是政府与社会资本为提供公共产品或服务而建立的全过程合作关系，以授予特许经营权为基础，以利益共享和风险分担为特征，通过引入市场竞争和激励约束机制，发挥双方优势，提高公共产品或服务的质量和供给效率。

20 世纪 90 年代，在一些基础设施建设领域引入的 BOT（建设—经营—移交）、BT（建设—移交）、BOO（建设—拥有—经营）等公私合作管理模式都属于 PPP 模式的一种。去年底全国财政工作会议后，财政部从制度、机构、项目和能力建设等多方面着手推广 PPP 模式。

“当时是以 0.598 元/吨的价格中标的，按最初的项目测算，项目实施以后就要面临亏损。但是，一年后，我们没有亏损还实现盈利。现在项目运营快 10 年了，没有出现过水质不达标的问题。”7 月 9 日下午两点，在北京的一个宾馆会议室里，哈尔滨太平污水处理厂总经理朴庸健娓娓道来。

此间，是中国财政学会公私合作研究专业委员会的第三期 PPP 研讨会，朴庸健正与台下的听众分享 BOT 项目经验。台下是近 200 人的听众，他们来自政府部门、银行、基金、咨询评估机构、央企、民企、媒体。

2004 年 5 月，清华同方（哈尔滨）水务有限公司成立，通过 BOT 模式（建设—经营—转让）运营哈尔滨太平污水处理厂。目前，该公司发展成为龙江环保集团股份有限公司，朴庸健说，截至 2013 年，集团有近 30 个污水处理厂以及城镇供水项目直接采用了哈尔滨太平污水处理厂模式。

市场机制是关键

2003 年 9 月，哈尔滨市政府采用公开招标的方式推出哈尔滨太平污水处理厂 BOT 项目。经过激烈竞争，清华同方股份有限公司与北美环境技术有限公司组成的联合体最终以 0.598 元/吨污水处理服务费中标。

2004 年年初，太平污水处理厂由清华同方（哈尔滨）水务有限公司负责建设，日处理污水 32.5 万吨，特许经营期为 25 年。

一直以来，绿化、污水处理等公共服务由政府提供，然而，随着公共需求不断增长，政府资金投入变得捉襟见肘甚至难以为继。政府引进社会资本参与其中，是为了缓解供求矛盾。

在经济还不太发达的东北地区搞这样一个项目，业内极其轰动。这之前，哈尔滨的污水处理厂全部是国营，太平污水处理厂立项之前，哈尔滨还刚建成了一家国资污水处理厂。

是否能走得下去？朴庸健既有底也没底。他说："首先是解决理念的问题，这体现在政府的放权与放手。其次才是市场化的管理手段带来效益。"

2004 年 5 月 1 日，《市政公用事业特许经营管理办法》正式实施，显然透露出了政府部门转变管理方式的态度。1995 年以前，市场化机制主要在电厂、高速公路基础设施领域采用；1995 年到 2009 年间，开始在污水处理、垃圾处理等领域实施。太平污水处理厂 BOT 项目是应政策而生的。

太平污水处理厂与政府部门的磨合伴随着政府屡屡发生的人事变动起起伏伏，朴庸健没有多谈，虽然某些深层次的问题至今博弈不断，但 10 年磨合下来，政企双方的沟通已基本不存在障碍。

总结太平污水处理厂"有底"的经验，中国财政学会 PPP 专业委员会常务委员、大岳咨询有限公司总经理金永祥认为，PPP 模式的本质是市场机制，太平污水处理厂是充分竞争的产物，政府也充分重视了市场，其结果是政府需要的污水处理的效率提高了，企业也受益了。

金永祥曾经为若干城市提供过数百个基础设施投资项目咨询，点评完太平污水处理厂，他提到了 PPP 模式的盲区。

比如，在有些地区，社会资本与政府协调好，由社会资本与政府的一个下属机构成立一个合资公司，然后由合资公司不经竞争就直接做政府推出的一些项目。

"虽然表面上具备公私合作的特点，但它缺乏市场机制的竞争，还是无法提高效率，这不是真正的 PPP 模式。所以大家可以看到，这种项目十中有九成本高，代价大，甚至比传统体制下的运营模式更浪费。也有这样的可能，特殊情况下，用这种方式也是合理的，但一定要有特殊的监管程序。"

"我们要防止好经被念歪了。"金永祥说。

向管理要效益

资本是逐利的，污水处理等准公共产品之所以能够市场化，就在于它能够给企业带来长期稳定的收益，其产业链条中的深度开发，也能带来收益。PPP 模式吸引资本的魅力正在于此。

市场化管理是企业的重头戏，当时天津、青岛的污水处理服务费价格都在 2 元左右，这个 0.598 元的中标价格显然风险巨大。如果按当时哈尔滨国营厂的运营成本测算，厂子一运营就会面临着千万元级别的巨亏。一些投资人也有点将信将疑。

朴庸健说，企业只能在建设模式、管理模式上找出路。他们采用了特殊的建设管理方法，严格执行一把手负责制，最终将一般在两至三年的建设工期压缩至一年半；在管理模式上则采用了精细的"卡式管理"，员工定岗定责，手持一卡，定时在各个管理点巡检设备，巡检的时间、巡视的周期及巡检发现的各管理点运行状态，均记录在中央控制室。此外，当时哈尔滨水务领域没有专业的维修团队，太平污水处理厂采取了向一家军工企业购买服务的委托制，从而确保了设备的安全维护。

以控制人力成本为例，当时同等规模的哈尔滨水务企业的标配员工数大约 160 人左右，太平污水处理厂配备最多时只有 44 人。通过理顺管理流程与科学规划，朴庸健仅此一项一年就省下一大笔。

"这么多人的综合费用，一年需要 600 多万元。"朴庸健说。加上委托设备维护，组建维修队伍的费用也省了下来。

第一年运营下来，太平污水处理厂盈利 750 万元，成功地控制住了成本。

现在，太平污水处理厂同时开展污泥污水处理中的污泥无害化处理，污泥发酵成肥料，肥料卖出，又成了公司的另一笔收入。

政策落地得越快合作就走得更规范

"污水处理行业市场化进程走了 10 多年，在各种不同的层面，我们期待这个行业形成一些规则。”朴庸健说。

在他看来，市政公共事业市场化进程中的问题不少。比如公益性微利行业贷款不应按一般工业项目评估、应收取污泥处理费、企业社会责任与政府公共责任如何界定、政府欠费怎么办等问题，都需要统一的规则。

朴庸健特别举例说，PPP 模式把政府资源、社会资源、企业资源有机结合，梳理出一些监管和被监管，指导和被指导的经验，其中最关键的是建立企业和政府之间的支付体系。但是，从全国来看，政府自来水费的支付体系建设并不完善。

他们调查发现，全国大部分地方政府按月足额支付污水处理费的基本很少，如果政府拖延交费时间太久，企业运营就会出现难题。

2013 年 10 月，国务院总理李克强签署《城镇排水与污水处理条例》，条例第三十三条明确了两条原则，污水处理费要纳入地方财政预算管理及财政兜底。

对此，朴庸健感慨道：“近年来，国家在这一行业给予了大量的政策支持，但政策在基层一线落地的速度有待提高。”

“这些都需要配套的顶层设计，要有立法和与法律配套的条例、指南、示范合同等，在操作层面应该有细则。”朴庸健说。

2014 年 3 月 5 日，国务院总理李克强在《政府工作报告》中指出，将制定非国有资本参与中央企业投资项目的办法，在金融、石油、电力、铁路、电信、资源开发、公用事业等领域，向非国有资本推出一批投资项目。制定非公有制企业进入特许经营领域的具体办法。

PPP 是落实特许经营制度的主要方式，金融、石油、电力、铁路、电信、资源开发等领域的 PPP 虽不是从零开始，但是，从总体上讲，实践经验少于起步较早的公用事业 PPP。朴庸健关注的那些配套顶层设计的问题同样存在于这些领域。

记者在第十二届全国人民代表大会常务委员会立法规划公报中查到，

《基础设施和公用事业特许经营法》已被列入“需要抓紧工作、条件成熟时提请审议”的第二类项目。

而财政部已成立了政府和社会资本合作（PPP）工作领导小组，正在积极开展 PPP 培训、选取试点等工作。

在今年的全国两会上，全国工商联也根据非公有制企业进入特许经营领域存在的一些问题提出了提案。

在地方，实践升温也很快。5 月下旬，普邦园林公司的公告称，公司与淮安市白马湖规划建设管理办公室签署《淮安市白马湖森林公园项目 PPP 合作协议》，投资概算不超过 10 亿元。

战略、实践、理论等层面呈现持续升温的态势，“乐”展现其中；PPP 如何走，如何更好地厘清政府与市场的关系，这样的“苦”该如何化解？朴庸健说：“政府、企业都要冷静应对。”

7.4 哈尔滨太平污水处理厂：怎样做到“5 毛 9 分 8”？

中国水网　任萌萌　2014-08-07

2014 年 7 月 9 日，在第 3 期中国 PPP 沙龙上，哈尔滨太平污水处理厂成为了焦点。作为 10 年前全国 BOT 项目中规模最大的一个污水处理厂，其单位污水处理中标价格仅为 5 毛 9 分 8，与当时北方普遍 1 元的价格相比，价差明显。哈尔滨太平污水处理厂如何做到如此的价格？北京大岳咨询有限公司总经理金永祥分别从竞争和管理等方面给予了解读。

“市场”催生实惠价

2003 年 9 月，哈尔滨市政府采用公开招标的方式推出哈尔滨太平污水处理厂 BOT 项目。经过激烈竞争，清华同方股份有限公司与北美环境技术有限公司组成的联合体最终以 0.598 元/吨污水处理服务费中标。而那时，中国北方地区的污水处理单位价格普遍在 1 元左右，而且很多地区已经有接近 2 元的态势，在这样的市场行情中，哈尔滨太平污水处理厂为何要以“打五折”的气势出价？

金永祥认为：“这个项目的竞争是非常充分的，如果没有竞争，5 毛 9 分 8 也不会出现，没有人愿意去出一个低的价位，也没有人愿意把自己弄得非常辛苦去做项目。”

对于 PPP，公私合作，主次责任分明，“竞争”便应“市场”而生。

面对市场，政府“有所为”也“有所不为”，主要由企业自身去努力。为了轻装上阵与人竞争，企业在政府支持下优化编制、精简人员，员工总数由 100 多精简到 40 多；为了保证质量不输他人，就将设备维护等较专业的工作委托给社会上专业的部门处理；为了系统化管理以有条不紊地运行，就创立日例会、周例会制度，全天、全周来不断进行总结与规划。对于这一切保证质量又提高效率的努力，哈尔滨太平污水处理厂 BOT 项目总经理朴庸健说：“既有常规的运行创新，又有咱们队伍的创新。”

金永祥对此点评：“PPP 作为公私合作的一种方式，实际上不仅仅是涉及到公共的一方和私有的一方来共同做事儿，它更体现在资源配置过程中让市场来发挥作用，这就是竞争。我们觉得，在这个项目里这一点达到了。”

“规范”是保障

哈尔滨太平污水处理厂 BOT 项目是金永祥亲历的项目之一，与国内很多地区的项目相比：“这个项目之所以能够竞争，是因为它的运作是规范的。”

然而当初金永祥所带领的大岳咨询公司也见证了很多投资人的担心：会不会有人已经暗箱操作把项目敲定了？直到目前为止，仍然会有很多公私合作项目面临类似质疑，因为有不规范的现实在先。金永祥对各种“不规范”做了简单总结：“民营资本找到了地方政府，与地方政府的下属机构成立一个合资公司，这个合资公司又可以绕开竞争去做政府项目。”同时坦言，“PPP 是公私合作，但是它的政策是让市场发挥作用，如果市场机制在这里没有发挥作用，那公私合作的效果，好的可能性不大”。

规范化的政企合作环境，对于任何一个公私合作项目都至关重要。

在怀疑声中，哈尔滨太平污水处理厂 BOT 项目慢慢展示给公众的是并没有领导内定这种事情，而且咨询公司也仅是为了项目做得更好而努力。所以，企业才愿意来参与其中。对此，金永祥用一句话总结：“实际上，只要规范了，投资人是愿意来参加的。”

规范从一开始就让这个项目公开而透明，政府和企业都能在项目的发展中发挥恰当的作用，从而让哈尔滨太平污水处理厂有效参与到了市场竞争中，在“5 毛 9 分 8”的价格下，运营第一年就盈利七百多万，10 年以来都运行平稳。

“控制成本”做实低价

金永祥认为哈尔滨太平污水处理厂之所以能够充分参与市场竞争，不仅是因为“规范”，同样重要的是“控制成本”，“如果成本控制不住，环境保护很难做到；控制不住，大家交不起费，这个事情就停滞了。如果成本控制住，那我们环境企业就会有所发展”。

“他控制住了建设里面非常重要的一点，”金永祥特别指出，“就是层层分包的这个事”。层层分包一个工程环节，每一层都占去一定的资金，到真正干活的人也拿不到多少工资。太平污水处理厂就从这个环节入手控制了工程建设中层层分包的问题，从而控制了整个投资额，对此，金永祥非常肯定：“既控制了投资又保证了质量，在两者之间比较好的实现了统一。”

太平污水处理厂同样从时间上控制成本，其项目总经理朴庸健介绍：“我们采取了日进度控制，在每天半夜的 12 点钟开一次会，要解决当天的进度问题，实施这个日进度控制方法以后，工程计划完成量基本都在 100%。每天晚上 12 点至少有施工单位的一把手、管进度的、管施工的几个人，也包括监理公司，大家开个会，实实在在地看进度。”所以整个 BOT 项目仅用一年零两个月就完成了所有工程，有效缩短了工期，也有效控制了成本。

单位污水处理价格能够做到 5 毛 9 分 8 归根到底是有低成本支撑，从而在大浪淘沙的市场竞争中拥有货真价实的优势。

7.5 污水处理项目融资新解

中国建设报 刘喆 2014-07-18

记者在日前举办的第 3 期“中国 PPP 沙龙”研讨会上获悉，政府相关主管部门针对“污水处理成本倒挂”的问题正着力寻找对策，以财政资金撬动社会资本。

据了解，由中国财政学会 PPP 专业委员会主办、大岳咨询公司承办的“中国 PPP 沙龙”已成功举办了两期活动。沙龙以研讨案例为主，通过研讨案例来总结过去 10 多年里项目投资经验教训，探索公共基础设施投融资项目的有效途径。通过搭建的公私投融资合作平台，盘活公共和社会投融资项目和资金，有效解决政府和其他企事业单位项目投资资金短缺和大量社会闲散资金缺乏投资渠道或效益低下的问题。

本次研讨会上的案例是哈尔滨太平污水处理厂 BOT 项目经验。该项目当时以 0.5958 元/吨污水处理服务费中标。太平污水处理厂由清华同方（哈尔滨）水务有限公司负责建设，日处理污水 32.5 万吨，特许经营期为 25 年。太平污水处理厂是清华同方（哈尔滨）水务有限公司成立以来的第一个污水处理项目，是东北地区同等规模、建设最快的污水处理厂。业主既是投资方，也是建设方，又是企业的管理者和受益方，因而从工程施工开始，就努力控制成本，并采用了“投资、建设为运营服务，控制造价和工期、降低运营成本”的新模式。公司其后相继引入亚洲开发银行和清华大学所属清华控股、同方股份等国内外知名财团进行股份制改造，于 2010 年 9 月正式更名为龙江环保集团股份有限公司。近年来，该公司实施“质量、安全、进度和投资”四大控制建设管理方式，实现低成本建设，单位建设成本为东北地区污水处理厂平均造价成本的 70% 左右；采用清华同方自有知识产权的 RH2000 自控系统，不仅实现部分工艺无人值守的最优状态，也比从国外引进节省近 1000 万元。该公司转变管理方式，实施巡检和考勤制度，拥有 44 名员工，仅是国家同等规模的企业人员的 40%。

中国城镇供水排水协会副会长杨向平作为公司合作（PPP）研究专业委员会专家对污水处理投融资项目进行了点评。他说，我国近些年的污水处理能力建设有了很大的提升，但水不干净、河流污染的现象仍然存在。每年 2800 万吨的污水处理中，工业污染 600 万吨，城市污水 1000 万吨，还有 1200 万吨的面源污染。因此，在污水处理厂的建设和运营中，要注重现有厂的提标改造，特别是对排水管网的建设以及污泥处理。他说，污泥处理考核应纳入各地污染物减排指标。

住房城乡建设部城市建设司副巡视员章林伟认为，我国各级政府对污水处理认识不统一，根据《城镇排水与污水处理条例》第 33 条："污水处理费应当纳入地方财政预算管理，专项用于城镇污水处理设施的建设、运行和污泥处理处置，不得挪作他用。"所以，针对污水处理设施建设及运行应制定综合性政策，从管理方式上解决污水管网（收集）——污水处理厂（处理）——污泥妥善处置（后续）的衔接问题。污水处理要从项目提出、合同签订、安全运行各方面规范管理。

7.6　亚开行 PPP 项目"触礁"

华夏时报　吴建华　2014-07-12

本报记者获悉，近日，财政部批准亚洲开发银行（下称亚开行）在中国的两个 PPP 试点城市——哈尔滨、洛阳的 PPP 项目，因为"不可控制的因素"被亚开行暂停放贷。

据知情人士向《华夏时报》透露，项目暂停可能是由于不能获得国家发改委审批。而发改委未能批准的原因在于亚开行希望中央政府对项目进行主权担保，以保证项目能在 2014 年年底如期完成引资签约。

在清华大学建设管理系王守清教授看来，目前 PPP 确实存在雷声大、雨点小的情况，其主要原因是 PPP 相关的政策环境尚不完善。一方面地方政府尚不清楚 PPP 究竟该怎么做；另一方面企业持观望态度。“相比去年底今年初的热潮，趋于理性的现状可能是个好事。”王守清说。

试点暂停

在哈尔滨、洛阳两个由财政部批准，亚开行参与的试点城市，PPP 项目遇到挫折。

知情人士透露，一开始亚开行并没有提到主权担保，但根据亚开行的规定，若 2014 年年底前不能完成合同签署，则需要主权担保。而亚开行前期准备工作繁琐，且需按照国际标准，项目管理公司年底前不能完成施工合同的签署工作。而国家发改委不同意给予项目主权担保，故此亚开行暂停了项目贷款。另外一位参与洛阳项目可行性研究的人士，也向记者表达了同样的理由。

近日，记者就上述情况向哈尔滨、洛阳两市财政部门致电采访，哈尔滨方面拒绝了采访，而洛阳市财政局债务科也以领导出差为由委婉拒绝。

7 月 10 日，记者联系到亚开行负责 PPP 项目的相关人士，该人士未对上述情况予以否认。“我们为 PPP 项目提供的不仅仅是贷款，准确地说我们相当于政府的交易顾问，帮助政府识别、设计、准备 PPP 项目，还包括项目公司人员、机构设置，招投标、特许经营合同的签订，更加注重把 PPP 的国际标准和经验引入进来。”

资料显示，去年底至今年年初，亚开行在中国选取了两个地方进行 PPP 试点，分别是洛阳和哈尔滨。亚开行将通过技术援助和主权贷款两种方式支持试点城市开展 PPP 项目工作。

其中，亚开行和洛阳初步选定洛阳市市政路桥和污水处理打包项目，亚开行计划提供总额 1 亿美元的主权贷款支持。在哈尔滨的试点项目则是“既有建筑节能改造 PPP 项目”“职业技术学院职教基地实训 PPP 项目”，预计引资总额度约合 2.43 亿美元。

尤其是今年 4 月，亚开行公私合作伙伴关系（PPP）培训会议在哈尔滨举办，被业界视为 PPP 热潮的标志性事件。当时，亚开行以及哈尔滨方面都对于两个项目充满信心。哈尔滨财政局认为，在双方共同努力下，目前已经完成了大量的前期准备工作，预计在年底能够与通过招标确定的社会资本合作伙伴签订 PPP 协议，同时亚开行将为哈尔滨提供 1 亿美元的长期优惠贷款，用于建立 PPP 发展专项基金。

上述知情人士称，亚开行停贷并不意味着项目不做，地方政府可能寻找其他的融资渠道。他认为，只要项目结构设计合理，融资并非难事。“社会有实力的资本，融资成本最低能到年息 4%，亚开行放贷要 3%，还有其他费用。”

但亚开行人士对本报记者表示，对于是否能继续参与两地项目并不乐观，不过，亚开行对于推进 PPP 项目的热情未减。“目前我们还在重庆、甘肃等地开展 PPP 相关培训工作，未来不排除在两地参与具体项目的可能。”

企业观望

在专业人士看来，亚开行暂停放贷也许并不是坏事，恰恰是推动中国 PPP 项目进一步往规范化的路上走。

据了解，由于项目结构复杂，工期较长，金融机构对于 PPP 项目要求完工担保是很普遍的，因为工程建设期是花钱，只有项目投入运营才能赚钱。而亚开行可能希望在签约、开工等环节就对工期作出明确约束，以保证项目能最终如期完工。

在王守清看来，地方政府可能把 PPP 想得过于简单了，要按照他们过去做法，肯定能按时签约开工，“只要市长想干的项目，恨不得明天就开工”。而亚开行的做法更多体现在国际上 PPP 较为成熟的规范和标准，每一个环节都不能马虎。

上述亚开行人士表示，“虽然就实际工作而言，亚开行的角色与咨询机构相似，但国内的一些中介咨询机构，更多是迎合、满足地方政府上项目的需要，我们希望帮助政府按照一套国际标准来做 PPP 项目，并结合中国的实际情况探索出一套可以推广的方法和文本。亚开行并不以此来挣钱。”

另一个值得注意的现象是，亚开行哈尔滨、洛阳两地试点由财政部批准，而最终由于发改委未能批准遇挫。在业内专家看来，两部委在 PPP 监管上关系微妙。

5 月 26 日，财政部成立了政府和社会资本合作（PPP）工作领导小组，财政部副部长王保安任领导小组组长，国家发改委未参与其中。而与 PPP 密切相关的《基础设施和公用事业特许经营法》的立法工作一直由发改委单独起草。

据王守清透露，近日，在发改委将“特许经营法征求意见稿”转发到各个相关部委后，财政部对发改委的意见稿提出建议，并专门与发改委进行沟通。未来“特许经营法”将会由发改委、财政部联合推动。

亚开行人士称，没有专门的法律保障，没有成熟的操作规范和合同文本是目前中国推进 PPP 的重大挑战，民营企业在与地方政府合作中常常处于弱势，因此对项目多持观望态度。这也是为什么外界感觉 PPP“雷声大、雨点小”的原因。

7 月 9 日，在中国 PPP 专业委员会和大岳咨询举办的 PPP 沙龙上，龙江环保集团股份有限公司董事、总裁朴庸健表示，目前在城市污水处理行业，政府拖欠污水处理费的情况非常普遍，无形中提高了企业的资金成本。

大岳咨询有限公司金永祥对记者表示，目前有些地区，社会资本与政府官员协商，由社会资本跟政府的一个下属机构成立一个合资公司，然后合资公司不经招标竞争直接做政府推出的一些项目，无疑损害了市场竞争机制。“用这种合资公司做 PPP 项目的，十个项目九个成本高、代价大，甚至比传统体制更浪费。”

金永祥形象地说，中央政府推动 PPP，不仅要点火还要控制火情，以保证 PPP 释放的热量形成有效能源，而不是野火肆虐。

王守清称，他在最近跟一些企业家朋友的接触中发现，此前国务院在基础设施等领域推出 80 个项目，对于民营资本基本没什么吸引力。

虽然有财政部在力推，可是整个大的环境没有改善，包括法律、标准、合同、流程这些没有得到实质的改善，并且经济又不那么乐观。于是就形成中央很积极，地方不清楚该怎么做，企业观望的局面。王守清表示，“想让民营企业进来很难，我估计最后还是让一些国企、中企去干。如果 80 个项目中有 10% 能真正由民企主导的话，可能 PPP 就真的成功了”。

步子慢一点才能走得更稳。

7.7 住建部副司长章林伟：破除 PPP 模式问题需政府完善配套政策

中国证券报　欧阳春香　2014-07-15

今年以来，PPP 模式在全国掀起热潮，发改委财政部目前正联合推动 PPP 立法工作。哈尔滨太平污水处理厂 BOT 项目总经理朴庸健在近日由 PPP 专委会与北京大岳咨询有限公司联合举办的中国 PPP 沙龙上，详解了哈尔滨太平污水处理厂在股权、投资回报、融资等方面的尝试，为 BOT 项目提供借鉴经验。

据悉，2003 年 9 月，哈尔滨市政府采用公开招标的方式选择哈尔滨太平污水处理厂项目 BOT 业主。经过激烈竞争，清华同方股份有限公司与北美环境技术有限公司组成的联合体最终以 0.598 元/吨污水处理服务费中标。

2004 年年初，太平污水处理厂由清华同方（哈尔滨）水务有限公司负责建设，日处理污水 32.5 万吨，特许经营期为 25 年。运行一年后，项目不仅没有亏损还实现盈利。

朴庸健认为，在和亚开行合作之前，虽然也有一些 BOT、TOT 投资经验，但是通过和亚行合作，现在在股权、债权上对国际化的 PPP 模式有了更多的了解，“主要还是解决理念上的问题”。

“通过 BOT 项目，把原来社会资源、政府资源和企业资源有机结合，梳理出一些在监管和被监管，指导和被指导的经验，其中最关键的是建立了和政府之间的支付体系。”朴庸健表示。

不过，朴庸健也认为，PPP 模式也还存在许多问题，譬如目前在城市污水处理行业，政府拖欠污水处理费的情况非常普遍，无形中提高了企业的资金成本。

北京大岳咨询有限公司总经理金永祥认为，在政策层面，尽管没有政策规定私人资本和外资不能进入某些领域，但是国企特别是央企在强大政府资源支持下，按照国企自己规则的做法，使私人资本和外资无法参与竞争，社会上出现了玻璃门、弹簧门、旋转门和国进民退等说法。因此，虽然出台了很多激励政策，但是在 PPP 市场，对民企来说仍然没有发生实质性改变。

住建部城建司副司长章林伟表示，针对 PPP 模式存在的问题，需要政府在配套政策方面，如现有的市场政策、经济政策和行业管理政策方面，在前期的运作基础上进行规范。

8 银川供水股权转让与增资项目报道

8 银川供水股权转让与增资项目报道

8.1 银川供水股权转让与增资项目点评

——金永祥总经理在中国PPP沙龙第六期上的发言

各位专家，各位领导下午好，时间过得真快。实际上我补充说明一点关于这个项目的情况，可能更合适一点。我们进入这个项目，是很有戏剧性的，就是当时它的主管市长叫王玖彬，常务市长。他带队到全国去做了一个调研，说哪家咨询公司最好，能帮助他们把这事做好。后来他找我到他的办公室，跟他聊的时候，使我至今能感觉到非常激动的一句话，就是什么呢？他说所有的人，包括你的对手，都认为大岳最好。问第二的有多少呢，他找了大概有十家第二的，第二的太多了，我还是用第一的吧。这个给了我们无限的鼓舞，也是无限的怀念。

所以这一直在鼓励着我们，把这个项目做好。后来在做项目的时候，换了一个市长，叫何正荣，他原来是在华润任职，后来调到银川工作的。他现在已经是商务厅的厅长了。我们跟何市长配合把这个项目做了下来。正像刚才盖总所说的，这个项目在推出的时候，并没有引起社会各界、投资界比较热情的关注。确实我们两个项目，污水项目受欢迎是比较多，自来水有点受到了冷落。我还记得那时候，何市长，因为这自来水受冷落把我叫去了。叫去以后让我们得加紧努力，怎么努力呢？我就去拜访这些投资人。我拜访了国内几乎所有主要的水业投资人，我都拜访了。

其中中铁水务是我离开何市长以后，在车上第一个打电话的，打给了我们的王总。王总当时还很犹豫，我记得我说，实际上以前威立雅他们想做这个项目，竞争很激烈，溢价也很高。现在他们不做了，这个机会终于来了，应该参加一下类似的工作。王总说那我考虑考虑，向我们孙总请示请示。首先非常感谢孙总和王总对这个项目的支持，就是在这种情况下，我们开始了和中铁一局的合作，后来他们拿到了这个项目。

刚才盖总说了这个报告，我觉得非常的全面，很多的内容我也是跟大家一样，刚刚才了解到。感想也比较多，我谈几点，第一点就是关于溢价的事情，因为说到自来水，就会说到溢价。实际上比这个项目更受关注的就是兰州自来水的溢价。最近我们帮助国家发改委，帮助财政部去搞一些文件的时候，这些领导也经常会问到，溢价到底怎么回事。我觉得从兰州自来水的高溢价，到我们银川自来水的低溢价，它意味着什么呢？意味着我们自来水行业在放开市场以后，它在寻找自己的市场定位。这个自来水行业放开以前，我们没有人会相信，我们的国有企业它的成本是客观的，甚至没有人相信它是真实的。等你放开以后，它一定会找到它自己新的定位。

那这两个项目，基本就处于寻找定位的过程之中，我自己是学自动控制的，学过系统工程。任何系统都是波动的，通过波动以后，它会找到一点，我觉得这两项基本上反映了这样一点，是一个市场的选择。兰州的项目，到现在实际上前几天在财政部的那个培训会上我也说，它回报率比较低，百分之二三。但是它跟刚才盖总所讲的是一个问题，就是水价的问题，我们水价没有到位，并不是溢价出了问题。像刚才盖总讲到，它为什么会溢价。人员就是在减少，兰州的人员减少的比这还快。

另外一个它加强监管，各方面堵住了很多漏洞了，实际上效益的提高是很多的。因为我们去做一做计算，比方说有 500 人，那每个人实际上刚才盖总说是 6 万，实际总的成本算下来不止，应该到 10 万了。那 10 万意味着什么？可能就是 5000 万，5000 万如果按 20 倍的市盈率是多少？是很大的数。所以就是说这个溢价，正是我们这个行业，它效率提高和能够提高效率的表现。

所以我们改革就是要追求这样一个过程，当然这个过程中说报价会不会错，会不会失误，政府会不会失误，我觉得政府和投资人都可能会有失误。那就是说我们没必要去关注这种失误，我觉得我们作为政府一方，和社会一方是它自己的选择。但它本身是一种市场行为。所以第一个问题我说一下溢价。

第二个问题就是跟这个事情相关的，就是价格的问题。现在看，水价的问题是我们这个行业的问题，一个最基本的问题。无论是改革也好，没改革也好，这个是行业里面非常重要的问题。实际上在兰州自来水的时候，因为李处是国家发改委原来的官员，每年都能得到一种信息，就是要推动水价的改革。推动改革是干吗？让水价回归它应该有的水平上去，那就是涨价。但是每一年，结果下来都是涨价都没有实现。但是你作为一个社会主体，在它投标的时候，它对这个事情有一个预期是非常合理的。这个也是我们溢价背后的一个原因。

但是从价格没有理顺，现在成为我们体制里面一个很重要的因素了。今天我们来推 PPP，你看现在几乎所有的中央部委，都在讨论 PPP 的事情。我们作为所谓的专家也四处去参加 PPP 的事情。到现在我查了可能有六七个部委的事情，我都去参加过。现在我们整个的经济，可用的工具已经比较少了。如果寄希望于 PPP 那就要解决 PPP 里的问题，最核心的问题就是一个价格问题。最近北京地铁涨价了，涨了多少？三倍，公交从四毛钱涨到两块钱了。

所以就说你价格不及时理顺，突然提价，这个事情感觉到怪怪的。但是即使这么怪，它引起很大的反弹了吗？基本上我们接受了，不是说没有不同的声音，一定有不同的声音，但是基本上接受了。这就说明我们进行价格改革是有条件、有基础的。就我们了解，为什么不能进行价格改革？实际上中央很明显是有整个政策的趋向要改革，实际上在市县。市县为什么不改革？基本上在市委书记，没有人愿意去得罪老百姓。但是他们得罪老百姓的事肯定不少，有些是真正的伤害到老百姓利益的事，他们得罪了。这个你不改革，不符合老百姓的利益。你整个行业发展不好，它的公共服务水平能好吗？

所以我觉得我们应该全社会为了做好 PPP 项目，为了提供更好的公共服务。应该来推动价格的改革，使价格回归到一个跟成本能够相对应的水平上。同时我们来提高效率，如果价格改革不到位，没有人愿意参与这件事情。就像刚才说的，为什么我们的污水参与的人那么多？实际上也是收入的问题，自来水之所以没有人愿意参与，也是因为它的不确定性比较多。一个是价格的不确定性，另外一个边界的不确定性。那么我们推 PPP，就可能要为它创造条件。

第三个要谈改革的成果，刚才盖总说到有几点成绩，我觉得非常好。我觉得改革它解决了体制和机制的问题，一个就是我们政府和企业之间的关系问题。在全国自来水公司和政府之间的关系，没有理清的，你说政府为国有企业付出了多少？很难说清。在这种情况下，自来水公司愿意把这事做好吗？不会的。你看我们有的地方自来水公司，国有企业的总经理，他自己建个游泳馆，只有他自己能够游泳。他不游了，副总裁可以游一下。自来水这个行业非常有意思，我们有的自来水公司，有两万多平米的门市房，但是你在帐里面看不到一分收入。有的地方在一个点上，这两万吨水，每天你就不知道哪去了。

实际上这个自来水公司的问题很多，在你整个体制不顺的时候，在政府和企业关系不顺的情况下，实际上我们损失是很大的。这个项目怎么样，现在政府紧紧地盯着我们中铁一局，每一件事情都要讨论。甚至可能不一定让你满意，但这个说明了政府和企业的关系，它发生了变化。它回归到了合同的地位上来了。那就是说你违约了，像我们中铁一局也可能说政府违约了。我觉得这个是一种进步，这种项目就是说使政府跟企业之间的关系搞清楚了，企业也有积极性把这个事情做好。那就是说整个效率就会提高。

你看从企业内部来讲，刚才盖总讲了几点。就说我们在传统的国有企业里面，基本的形态就是一支笔，老大说了算，你看他们这里面人员也好，采购也好，这些关键环节都要两方进行争执，基本上都要形成妥协，要研究的。它这个企业内部的治理问题，也基本的解决了。但是在企业内部，可能都会有一些争论，我应该怎么看这些争论？这一点很重要。有的时候我们会放大这些争论。实际上没有必要的，你只要是改革，可能就会有争论，这个争论的过程也是解决问题的过程。当争论以后，大家形成妥协了，我们效率就提高了，改革的目的可能也就达到了。

要我说的第四个问题也跟这个有关，就是混合所有制。这个项目是典型的混合所有制。上一次世界银行的 PPP 的几个人，从纽约、新加坡到我们公司去访问。就说起来，我问他我们有七八千 PPP 项目，你怎么说有 1000 多个。他说我们不计算你们国有企业的 PPP。但是我们中国的现实就是这样，只要不是我当地政府的企业，它来投资，对我们来讲就是外资。那我们这种项目就是 PPP，实际上这个从地方政府这个角度来看，没有任何的问题。这也不是强词夺理，确实是 PPP。那我们现在来谈混合所有制，这也是混合所有制，政府持有 51% 的股份，然后我们中铁一局过来，持有 49% 的股份。

这个是我们中央所倡导的一种方式，那现在怎么样把混合所有制做好？我觉得这是提供了一个样本。就是说在这个混合所有制里面，我们会发现，这里面会有很多的问题出现。我们没有办法回避这些问题，我们也经常去银川，因为一直到现在，我们还有好多项目在银川做。我们也去拜访过自来水公司，像包总他们，我们经常去拜访，经常讨论这些事情。也能感觉到，双方确实在有些问题上是有不同意见的。那这个混合所有制就面临这个问题，首先我觉得就是文化的冲突，实际上政府这边，也不是国有企业的问题，它是政府文化。

另外一方面虽然是国有企业，它也是一种商业文化，但这两种文化的价值取向一定是不一样的。那我们政府在推混合所有制的时候，可能必须要解决这个问题。这个问题解决不好，我们要提高效率，可能就把已经提高的效率给降低了，因为双方之间的摩擦太大了。所以这就是我们怎么样能把双方之间的磨合，能够很快的完成。这个是混合所有制存在的关键。

我们在其他地区也了解到一些项目，有的时候这个事情很难说，可能有的效率是降低了。前几天，组织部把市长和书记叫到一起搞一个培训班，有一个广州的市长给我提的意见就是这事，说 PPP 一定会降低效率。为什么？就是这种文化冲突带来的争执，它不行。到最后我把它卖出去了，再买回来，这个有可能造成效率的降低。所以我觉得我们做这种混合所有制，应该把解决这个问题，放在重要的位置上。

我觉得现在看，你让我看解决应该从哪下手，还是应该从转变政府观念下手。政府必须意识到你让商业资本来，它应该是要挣钱的，你让它来跟它签的合同是要履行的。现在我们不履约的事情太多了，所以这种观念的转变看起来简单，说起来容易，做起来非常的难。它在我们推 PPP 里面是非常重要的环节。

第五点我说一下规划运作的事情，因为国家政府各部门，现在都在建章立制。像发改委、财政部做的比较多，最近我们在媒体上也能看到，发改委跟财政部出的文件，有不一致的地方。当然我们去参加会，大家也在提意见，也在讨论这件事情。但是我看这个事情有另外的角度，我觉得这说明我们的中央政府部门，都在思考这个问题，他都在干活。如果说一个部门跟另外一个部门，一个人跟另外一个人想法完全一致，这应该是比较大的问题。现在有不一致，我觉得首先反映出他们都在做自己的努力。

另外还有一个什么好处？他们把问题提出来了，这种不一致意味着把问题提出来了。提出问题以后，它就为解决问题创造了条件。我相信，在这个过程中，在未来应该有些问题能够得到妥协的解决。实际上在以前，在政府出台的一些文件里面，也经常有不一致的地方，但这些不一致的地方，对于我们做项目来讲不一定是坏事。我们有更多的选择，因为你选择什么都不错。所以就是说我们没有必要过分的关注政府之间意见上的冲突。

所以我们做项目的应该关注规范的去运作，像这个项目，你做过来，里面涉及到很多的专业性的问题，那你怎么样能够保证这个项目做好呢？刚才我讲到它没有人来捧场怎么办？还有好多好多的问题。比如说组织上的问题，这比法律法规重要得多。那你一个项目的组织，组织不好打乱仗，有的是一个部门越权了。有的把它上升到很高的高度，所有的主要领导人都要来干这件事，有的把后面的工作拿到前面了，有的把前面的工作拿到后边去了，比较乱。

还有就是文件的专业性，因为你拿出的文件别人得能读懂这才有效率，否则会有效率吗？有好多的文件，可能把别的省市的文件拿过来直接颁出去了。还有就是有些问题解决的专业性，像我们这种项目基本上形成了市场行情，有好多的条款，好多的内容，都有它解决的方案了。那我们在这个项目里面，就要专业性的把它解决。所以就是这些项目，它的运作的规范性，要比法律的成熟重要得多。我相信这个法律法规的成熟，是一个非常漫长的过程，即使拿出来了，也不一定完全能用得上。那我们就应该强调，项目运作的规范性，只有这样我们才能把它做好。

另外今天这个项目，实际上给大家提供了很好的借鉴，我们在做项目的时候，应该从现有的项目里面，去寻求更多的营养，我们现在政府部门都在做示范项目，做试点项目。说实话来不及的，怎么可能呢？这个试点项目没个三五年会出成果吗？不会的。银川这个项目是09年开始做的，那到现在我们可以去讨论。现在的试点项目有一样的，我们可以去推，另外我们做几个试点项目，所形成的知识和经验，不会比我们现有的七八千项目的含量还多的。

所以我说我们现有的七八千个PPP项目，是我们的保障。我们应该从这些项目里面汲取更多的营养。等我们把所有的经验都吸收过来，所有的教训都能够避开。我相信PPP项目也就成功了。另外，借这个机会向大家报告一下，我们在深圳注册了一个研究院，叫大岳研究院。这个研究院主要来研究

PPP 和城镇化的课题。我们现在推进城镇化，推进 PPP，我们也意识到有好多好多的问题，需要去做。我们也参加了很多的政策和法规的研究制订的工作。我们这个研究院，以后主要就是说希望能够给地方政府多提供一些支持。

另外，为我们自己做项目也提供一些支持。未来我们在搞这种沙龙性的活动，可能基本上就转移到研究院去了。我们研究院是非盈利机构，对城镇化和 PPP 感兴趣的，我们是开放的。欢迎大家参加我们的一些研究。也希望我们的研究和研讨的工作，得到大家的支持，谢谢大家。

8.2 财政部将推 PPP 操作指南　重点规范项目运作

每日经济新闻　金微　2014-12-02

随着政府和社会资本合作模式（PPP）项目持续升温，中央部委对 PPP 的法规建设工作也在加速推进。而作为推广 PPP 的两个重要部门，国家发改委和财政部在法规建设方面均有所动作。

日前，国家发改委下发《基础设施和公用事业特许经营管理办法》（征求意见稿），并要求各单位于 12 月 3 日前对意见稿进行反馈。《每日经济新闻》记者还了解到，财政部制定的“政府和社会资本合作模式（PPP）操作指南”也已经过几次征求意见和修改，近期将正式公布，这意味着大量 PPP 项目迎来“开闸”。

法规建设尚存空白

昨日（2014 年 12 月 1 日），由中国财政学会公私合作研究专业委员会主办的 PPP 沙龙在北京举行，吸引了各地官员、投资机构的关注。

不过，多位地方官员和企业家表示，这次参加 PPP 沙龙是抱着学习的态度，一个重要的原因是 PPP 操作层面的法规还不太明确。

“作为企业，我们最关注的还是与投资有关的问题，像资金进入的渠道、合作的流程、签订合同等。”北京神源环保有限公司经理姚旭向《每日经济新闻》记者表示，目前公司有意成立板块开展 PPP 方面的业务，但操作层面没有经验可谈。

地方官员和企业的茫然可以理解。因为尽管国家正在大力推广 PPP，但是相关领域的法律法规尚存在很多空白。首先，作为推广 PPP 模式的顶层设计，《基础设施和公用事业特许经营法》尚未出台。该法由发改委牵头起草，目前已历经八次修改和讨论，但尚未提交全国人大审议。

作为 PPP 项目的另一大主管部门，财政部已于 2014 年 9 月 23 日发布了《关于推广运用政府和社会资本合作模式有关问题的通知》。另有知情人士向记者透露，“政府与社会资本合作模式（PPP）操作指南”也将于近期公布。操作指南的公布，意味着 PPP 模式即将进入实际操作阶段。

《每日经济新闻》记者从一份操作指南草案上看到，操作指南从项目识别、项目准备、项目采购、项目执行、项目移交五个方面对相关实务操作给出了具体的指导意见。还具体到 PPP 项目的运作方式、交易结构、合同结构、监管架构等。其中，像合同结构就包括项目合同、股东合同、融资合同、工程承包合同、运营服务合同、采购及保险合同等。

PPP 项目重在规范

本次沙龙的主题是“银川供水股权转让与增资项目经验介绍”，资料显示，目前银川市 7 座水厂有 6 座均由银川中铁水务集团负责生产和管理，而银川自来水运营则是由银川当地政府引入中铁一局水务集团采用 PPP 模式改造。

中铁一局水务事业部副总经理盖芸在沙龙上表示，银川供水项目采用 PPP 模式后，不仅减轻财政投资负担、改善公司资产负债结构，公司员工减少 236 名，每年节省成本 1400 多万元，同时供水规模扩大了 3 倍，“公司目前的收益率是 6% 左右，未来随着供水规模的提高，公司的收益率也会上升”。

大岳研究院院长金永祥在对银川项目点评时说，银川自来水改革解决了体制和机制问题，包括政府和企业的关系和企业内部的治理机构，同时也是典型的混合所有制。“银川项目运作非常规范，执行中没有法律法规问题受阻，所以，做 PPP 项目规范性是第一位的，法律的完善性是次要的，后者是一个漫长的过程。”

拥有大量 PPP 运作经验的金永祥认为，做 PPP 项目重点要放在规范运作上，如果法律在某些点上有矛盾可以想办法解决。他说，“目前我们有几千个 PPP 项目，可以从现有的项目中去寻找营养，这些项目的经验是很好的积累，我们不能一直停留在小学阶段，上 100 个小学不等于上一所大学”。

8.3 将融资平台改造成专业 PPP 机构

经济参考报　赵婧　2014-12-02

12 月 1 日，由财政部中国财政学会 PPP 专业委员会主办的“PPP 沙龙”聚焦通过股权转让与增资的方式建立公私合作伙伴关系。多位专家表示，通过这种方式建立的 PPP 模式为混合所有制改革提供了样本。

PPP 模式即 Public-Private-Partnership 的字母缩写，是指公私合作伙伴关系。PPP 专委会主任委员贾康表示，PPP 是一种融资、筹资机制创新，同时又是管理机制创新。PPP 直接呼应了十八届三中全会在现代市场体系产权基石方面的制度创新，即主打混合所有制。

在此次沙龙活动中，银川供水股权转让与增资项目受到了广泛关注。银川市自来水有限公司出让 43.21% 的股权给中铁一局，另外要求投资人增资 1 亿元，公司净资产由 8.8 亿增加到 9.8 亿，投资人股权从 43.21% 增加到 49%，对应所有者权益为 4.8 亿元。由银川市国资委与投资人设立合资公司，属于典型的政府与社会投资人合作经营的 PPP 项目。

早在 2004 年，银川市政府就提出对自来水总公司进行市场化改革，2008 年 11 月，银川市委、市政府提出对自来水总公司和污水处理有限公司进行市场化改革，并于 2009 年发布招标公告，2011 年 4 月合资公司完成注册。

通过股权转让和增资，银川市国资委与中铁一局成立的合资公司作为PPP模式的范例，为地方国企混合所有制改革提供了先行经验。

中铁一局水务事业部副总经理盖芸向《经济参考报》记者介绍道："通过该模式，政府收到转让费4.07亿元现款，共盘活资产约10亿，保证了其他基础设施建设有效推进。在减轻财政负担的同时，提升了供水能力，缓解了用水紧张的局面。"

沙龙承办方大岳咨询公司总经理金永祥告诉记者："这个项目是典型的混合所有制模式。政府持有51%的股份，中铁一局持有49%的股份。这个PPP项目为如何把混合所有制做好提供了一个成功的样本。"

"十八届三中全会提出积极发展混合所有制非常重要，国际上有很多城市都证实了PPP模式的成功，谈混合所有制模式不谈PPP模式几乎等于没谈。"香港铁路有限公司中国业务首席执行官易珉日前指出。

谈到混合所有制实现过程中的冲突与磨合，金永祥表示，冲突是发展混合所有制应该付出的代价。同时冲突是解决原有体制问题的手段，在冲突过程中，形成了符合市场机制的新规则，改革的目的就逐步实现了。

"十年前我们就强调引进社会资本，但民营经济始终没有真正进入想进的领域，或者进入了又被'旋转门'给转出来了。"民生证券战略总监李茂年接受《经济参考报》记者采访时称："通过股权转让和增资的方式，建立PPP模式的项目，为混合所有制的改革提供了范本，我认为对于融资平台的改造有很大借鉴意义。"未来政府融资平台如何转型是市场普遍关心的问题。他建议下一步可以考虑将PPP机制引入融资平台，将融资平台改造成地方基础设施建设领域的专业PPP机构。

事实上，PPP作为一种新型管理模式已经被多个国家应用到诸多领域。在我国PPP项目中，以市政道路、城市燃气、污水处理行业的项目较多。目前，全国多个省份在促进非公有制经济发展方面也提出要深入推进PPP项目试点。比如，吉林省提出鼓励民间资本、外资以及各类新型社会资本以出资入股、收购股权、认购可转债、融资租赁等方式参与国有企业改制重组，深入推进 PPP 项目试点。

8.4 问渠那得清如许　为有源头活水来——银川供水股权转让项目经验分享

中国金融新闻网　吴粤　2014-12-05

伴随着我国城镇化发展的推进，我国固定资产的投资需要也在不断加大。按照十八大关于在 2020 年国民生产总值翻一番的预测，按照 2012 年的基准来算的话，那么到 2020 年 GDP 将达 80 万亿。按照这一产业规模，即使按照固定资产投资率降到 60%，那也将达到 48 万亿。

如此庞大的固定资产投资需求显然不可能仅仅依靠财政预算内资金解决，社会资本的引入成为解决这一问题的势在必行的方法。PPP 融资模式，又称为公私合作融资模式，为社会资本进入政府主导的固定资产投资领域提供了渠道。

钱少，困难大，怎么办?

银川供水股权转让项目是由中铁一局水务部承接的。作为一家有着 60 多年给排水工程建设历史的公司，公司所属的中铁一局市政环保工程公司，是一个经验丰富、资质齐全的专业化水务环保工程施工总承包企业。目前，中铁水务投资的供水和污水项目总投资额达 15 亿元，而且投资业务仍处于发展的初级阶段。

银川供水股权转让项目的目标公司是银川自来水有限公司，其前身是银川自来水总公司。在改制前，该公司总资产为 5.5 亿，资产负债率为 60%；年售水量约为 7095 万立方米，供销差率为 15%。改制后，加上评估增值的部分，总资产为 12.1 亿元，净资产变为 8.8 亿元。

为了盘活国有存量资产，提高市政公用设施的运营效率，引入先进的现代化管理经验，银川自来水有限公司决定实施股权转让与增资项目，要求投资人注资1亿元，公司净资产增长为9.8亿元，注资后社会资本持股49%。

中铁水务副总经理盖芸告诉记者，这一项目在运行初期遇到了很多挑战。一是项目初期的供水规模很小，而资产和人员规模大，运营成本高，效率低。第二是资本金的投资量大，筹措所需资金的财务成本不能计入经营成本，需要税后来负担；加之国内还没有建立规范可控的水价形成机制，投资回报不确定的因素非常多。第三是近1200名既有员工安置、观念转变和管理难度较大，维护稳定的成本和潜在风险都比较高。第四是投资人不控股、难以有效控制合资公司经营管理，后续的体制改革、机制的转换和效率提升难度都比较大，而且投资人不能合并报表，形成经营的业绩。

另外，受到国内多个成功水务项目的影响，相关领导对这一项目的心理预期溢价比较高。这些困难都使这一项目面临着前所未有的挑战。

勇于创新敢做“傻大胆”

尽管面临重重困难，但是中铁水务仍然从这一项目中看到了机遇，找出了优势。盖芸表示，银川市虽然现实的供水规模不大，项目也存在着一些内在不足，但是作为一个首府城市，银川市地表和地下水源、土地和能源都较为丰富，城市基础设施完善，经济社会后发优势明显，供水市场潜力也较大。

而对于企业重组改制中可能出现的问题，在经过科学和审慎地评估后，中铁水务认为风险是“总体可控”的。对于项目运营成本和项目后续投资负担重等问题，中铁水务在法律方案中提出了相应的建议，以保障项目能够顺利实施。

盖芸在会后告诉记者，出于中铁水务发展战略考虑，也出于对银川市未来经济社会发展潜力和投资环境的积极预期，中铁水务坚定执着地溢价拿了这个项目，这一行为也被外行人叫做“傻大胆”。但是，正是这样勇敢的“傻大胆”精神，帮助政府盘活了资产，引进了资金。不但为银川市政府带来了15个亿的宝贵资金，减轻了财政投资压力，还摆脱了由政府直接管控企业的事务型工作的负担，使得银川市走在了全国基础设施建设和城市公共服务领域 PPP 改革前列的少数省会城市之一。

8.5 银川水务样本：国企做 PPP 也不差

中国经济导报　赵超霖　2014-12-04

当 PPP 成为年度热词，在人们的概念里“公私合营”就是政府与私人资本的合作。但是相比民营资本，我国拥有大量实力雄厚的国企，在需要巨额资金和技术投入的社会公用事业中一直扮演着重要角色。因此，业界普遍认可地方政府与外来的国企之间的合作也属于 PPP。并且，这种形式占据了我国目前 PPP 应用的 80%。

当然，国企亦是独立的企业法人，也有盈利的要求。政府在公用项目建设中可以为企业提供怎样的资源、补贴、权益，保障其有一定的谋利空间，也是外来国企与地方政府“牵手”前最为关心的。

近期，《中国经济导报》记者详细了解了银川供水股权转让与增资项目，该项目是银川市与外来的国企——中铁一局、天津创业环保合作的 PPP 项目，从这个项目中，我们既可以看到外来的国企想要什么，也可以看到地方政府在推进基础公共设施的 PPP 项目时要注意什么。

政府与国企之间的 PPP 项目

在 PPP 模式中，第一个 P 指的是 Public，即“公”，指政府。而第二个 P 则是 Private，即“私”。而在中国，有央企和地方国企的存在。目前我国业界普遍认可的 PPP 模式，除了政府与纯民间资本的合作，也包括与不受签约政府所直接管控的央企之间的合作。多年从事 PPP 业务咨询的大岳咨询总经理金永祥告诉《中国经济导报》记者，“可以说就我国目前七八千个 PPP 项目来讲，政府与国企合作的占 80%”。银川供水股权转让与增资项目就是这种合作模式的成功案例之一。

银川市自来水有限责任公司曾经是银川市最大的供水企业，其前身为银川市自来水总公司，由银川市国资委持有100%股权。为改革城市基础设施投融资机制、盘活国有存量资产、探索城市市政公共事业的新模式，银川市委、市政府规划和制定了银川市自来水公司改制重组方案。2009年底，中铁一局与天津创业环保联合体中标银川自来水公司股权转让与增资项目，并获得增资重组后新公司49%的产权。

众所周知，中铁一局是一家国内知名的铁路、公路、地铁等基础设施建设大型施工企业，为什么搞起了水务？为什么会和天津创业环保联合拿下这个城市供水项目？中铁一局水务部副总经理盖芸在日前由中国财政学会公私合作（PPP）研究专业委员会举办的“中国PPP沙龙”内部研讨会上，娓娓道来该项目的始末。

“中铁一局是一家经验丰富、资质齐全的专业化水务环保工程施工总承包企业。”盖芸说。“全方位做水务，是中铁水务的战略定位。企业改制重组合资经营中可能出现的问题，我们认为也远远没有我们的主营业务——各类重大复杂工程建设项目的总承包管理复杂。”此外联合体另一家成员——天津创业环保股份有限公司，是中国首家以污水处理为主业的A、H股上市公司。其也涉足城市供水业务，2005年，曾以TOT模式运营了云南省曲靖市城市供排水总公司供水能力20万立方米/日，具有一定的城市供水运营管理业绩和经验。

盖芸告诉《中国经济导报》记者，对投资人而言，银川供水项目本身存在一定的缺陷，如项目初期供水规模小，资产和人员规模大，运营成本高、效率低。且投资人不控股，难以有效控制合资公司经营管理，后续的体制改革、机制转换和效率提升难度较大，而且投资人不能实行财务并表形成经营业绩。此外，由于国内的一些城市水务项目实现了高溢价转让，吊高了政府决策层的胃口，溢价转让的期望值普遍较高。这样，使许多企业望而生畏，对供水项目参与热情不高。在后续的合同制定中，中铁一局针对此，逐一设计了合同条款，保障自身利益。

此外，该项目也有着特殊的交易背景。一来，2008 年爆发了国际金融危机，国内外一批企业资金链紧绷，不得不“捂紧钱袋子”“抱团过冬”，业内企业参与能力、积极性和市场活跃度大大降低。二来，此前一些城市的水务项目高溢价转让在业内引起热议和争论，政府对水务项目尤其是供水项目引进外资心存疑虑，对股权转让坚持政府控股。境内外许多企业也知难而退，参与者少。这些综合的因素为中铁一局作出参与竞标的决定提供了条件。

政府一定不能开空头支票

金永祥对《中国经济导报》记者说，银川水务项目取得圆满成功，主要原因是运作规范。政府和企业的关系回归到合同关系、一般的民商法律关系。政府具有良好的契约精神，企业参与的积极性才会提高。“过去数年一些地方政府在推 PPP 项目时，单纯把这些项目当成政府的融资工具，为了吸引社会资本参与就开出一系列‘空头支票’，后期执行不下去又频繁违约，所谓的三赢局面最终演变成‘三输’。”金永祥表示。

在成功中标后，中铁一局与天津创业环保联合体与国资委、建设局和其他相关部门签订了多项合同文件。包括《股权转让与增资协议》《特许经营协议》《合资经营合同》《合资公司章程》等。在保障社会资本自身利益方面，也有明确的规定。例如，关于水价调整的规定。双方特许经营协议约定，当供水累计单位总成本增加或降低超过 10% 时，甲方应协助政府按国家相关规定启动调价程序。从调价程序启动（合资公司提出成本监审申请）之日起到完成调价程序（通过调价决定日）的时限不超过 1.5 年，对于因特殊情况不能及时完成调价程序并给乙方造成损失的，作为一般补偿事件，由甲方给予乙方补偿。金永祥呼吁，在供水项目的 PPP 运行上，水价是关键因素。而水价的调整涉及民众的接受程度，往往说易行难。为了提供更好的公共服务，价格应该回归到和成本相对应的水平上。

前五年甲方将享有的分红让渡给乙方也是合同中的一项规定。鉴于本项目资产和人员规模大、供水规模小，供水效率低，近10万吨/日的工业自备井关闭的期限为五年等因素，政府作出了“甲方将其在合资公司成立五年（2011～2015）内在合资公司享有的分红让渡给受让方”的承诺。2011～2013年的红利分配，已按上述约定兑现。

建纬（北京）律师事务所主任谭敬慧告诉《中国经济导报》记者，一个好的模式设计和一个好的合同，不能只维护一方的权益，一定是具有可操作性的、高效的。如果只是一味保障政府的所有权益，那么这份合同只会是“看上去很美”，在操作中各种困难和障碍会接踵而至。

成果显著

银川中铁水务集团这家新的合资公司运行四年有余，取得了可喜的成绩。

对于政府而言，盘活了存量资产，实现了国有资产增值。盖芸说，改制过程中，较转让前的自来水公司净资产8.8亿元增值约1.2亿元，增值率14%；其中政府获得了4亿余元现金，有效地保证了其他基础设施项目的建设。

对于水务公司，企业自我投资能力得到增强，减轻了财政负担。投资人向合资公司增加资本金1.0亿元、公积金2.0亿元，大大改善了资产负债结构，降低了财务成本，增强了自我投资发展实力。几年来，合资公司自行投资1.8亿元，扩建水厂、铺设管网、更新设备、收购民营自来水公司，共计新增供水能力8.5万吨/日，相当于一个县的日供水量。

第二，提升了供水服务能力，缓解了用水紧张局面。通过增加项目投资、扩大产能和改进管理、改善服务，提升改善了银川市供水能力和服务水平。2011年～2013年，日均供水量分别较上一年增长11.5%、5.2%和10.9%。

第三，健全了内部管控流程，提高了运营效率。对于财务报销、资金拨付，合资公司建立了严格的审批程序，不符合制度规定的预算的支出与款项无法报销和支付。三年多来，公司没有新进一名员工，供水规模扩大了23.6%，员工总数由当时的1193，减少到目前的957人。2013年职工平均年收入达到 53441 万元，比合资前 2010 年的 38422 元增长了 15019 元，增长率 39%。

对于投资方而言，盖芸介绍，截至今年 8 月，项目的整体收益率是 6%，略高于银行贷款利息。基于银川供水量增长的后发优势和水价改革的预期，日后收益率还会提高。

金永祥表示，在水务项目的 PPP 运作上，企业对于污水处理项目比供水项目的热情高很多，这是源于污水处理项目有清晰的边界，政企双方的权责容易划分，并且盈利前景良好。如果在供水项目上，政企双方能够操作规范，社会资本投资的供水企业与政府划清边界，政府可以建立水价补贴补助机制的具体形式及标准，一样可以获得成功。

链接

“兰州水务模式”

2006 年 9 月，兰州市国资委发布公告转让兰州供水集团 45% 的股权，共计出让股权净值约为 4.7 亿元。招标结果显示，另外在两家同样是世界最有经验的城市水务战略投资机构苏伊士和首创集团的报价分别只有 4.5 亿和 2.8 亿的情况下，威立雅悍然出价 17.1 亿元中标。如此高额的溢价，被媒体称为“兰州水务模式”。这也令此后政府对于其他供水项目转让有了高溢价的期许。当时，兰州自来水厂背负着 11 亿的贷款和 6.19 亿的债务，每月亏损 1000 多万元。

威立雅水务是法国威立雅环境集团的水务处理子公司，在 20 世纪 80 年代初进入中国市场。迄今为止，在中国一半的省级地区拥有正在运营的项目，在华拥有 1 万 3 千余名员工，服务超过 4300 万中国居民。

威立雅的这种高溢价收购方式，引起了非常大的争议。质疑者指出，资本对付出的代价都会要求补偿，威立雅一定会通过提高水价连本带利地赚回它付出的资金。威立雅不久之后的确提出涨价要求。经过一番争议之后，兰州居民用水的水价在 2009 年从 1.45 元/吨上调至 1.75 元/吨。而在 2007 年之前，兰州的水价已经多次上调。

8.6 政府力推 PPP：银川中铁水务盘活国企资产

中国经营网 杜丽娟 2014-12-12

12 月 4 日，发改委发布了 PPP 指导意见，同一天，财政部也下发了 PPP 指南，两部委密集发布 PPP 运行细则，一定程度上体现中央层面对 PPP 改革进入实操阶段。

一直以来，相比民企和外资企业，国企在 PPP 经营中扮演着重要角色，数据显示，目前我国 8000 个 PPP 项目中，政府与国企合作的占 80%，这种绝对优势性的数字，使得国企在 PPP 招标过程中享有绝对的话语权。

现实中，与国企的绝对话语权形成对比的是，国企效率低下的现状也成为社会诟病的根源。

在中国财政学会公私合作（PPP）研究专业委员会举办的“中国 PPP 沙龙”内部研讨会上，以政府和国企合作模式共同运行的银川中铁水务集团成为 PPP 案例中一个成功样本。

记者了解到，银川市自来水有限责任公司曾经是银川市最大的供水企业，其前身为银川市自来水总公司，由银川市国资委持有 100% 股权。为改革城市基础设施投融资机制、盘活国有存量资产、探索城市市政公共事业的新模式，银川市委、市政府规划和制定了银川市自来水公司改制重组方案。2009 年底，中铁一局与天津创业环保联合体中标银川自来水公司股权转让与增资项目，并获得增资重组后新公司 49% 的产权。

中铁一局水务部副总经理盖芸认为，对投资人而言，银川供水项目也存在一定的缺陷，如项目初期供水规模小，资产和人员规模大，运营成本高，效率低等问题，如何为投资人创造更多的收益是首要面临的问题。

不仅如此，由于国内的一些城市水务项目实现了高溢价转让，引起了政府决策层的关注，如何平衡各方利益，中铁一局在随后的合作中，逐一设计合同条款，保障了双方利益。

资料显示，改制过程中，银川水务与转让前相比，净资产有 8.8 亿元增值约 1.2 亿元，增值率 14%；其中政府获得了 4 亿余元现金，有效地保证了其他基础设施项目的建设。

值得注意的是，之所以有现在的效果，主要是政府和企业之间保持了良好的契约精神。

北京大岳咨询有限公司总经理金永祥认为，在这个项目中，政府和企业的关系回归到合同关系、一般的民商法律关系。政府具有良好的契约精神，企业参与的积极性才会提高。“过去数年一些地方政府在推 PPP 项目时，单纯把这些项目当成政府的融资工具，为了吸引社会资本参与就开出一系列‘空头支票’，导致后期违约事件的发生。”金永祥说。

盖芸介绍，截至今年 8 月，项目的整体收益率是 6%，略高于银行贷款利息。基于银川供水量增长的后发优势和水价改革的预期，日后收益率还会提高。

金永祥认为，在水务项目的 PPP 运作上，企业对于污水处理项目比供水项目的热情高很多，这是源于污水处理项目有清晰的边界，政企双方的权责容易划分，并且盈利前景良好。

如果在供水项目上，政企双方能够操作规范，社会资本投资的供水企业与政府划清边界，政府可以建立水价补贴补助机制的具体形式及标准，一样可以获得成功。

8.7 银川自来水公司改制复制“兰州模式”

21 世纪经济报道　贾海峰　2009-08-22

一方是坚决拒绝引入战略投资者的老国企，一方是财政紧张的地方政府和对资本游戏比运营更感兴趣的跨国巨头。

虽然银川污水处理厂至今仍为国有，今年6月30日，银川市发改委还是提出了将污水处理费上调80%的方案。

即使是国企，在这样的体制下，也只有涨价一种途径。外资的进入，只是加快了这一进程。

业内有一个传闻是，某大城市自来水公司老总曾经对“高溢价转让”的方案嗤之以鼻——“只有招标，没有改制”。

在中国进行了七年的新一轮公用事业改革，是否也会“只有调价，没有改革”？

历时六年，跨国水务巨头威立雅，终于有可能如愿获得银川的水权。

据一位知情人士向本报记者表示，计划年内完成自来水公司改制的银川市，已经否定了今年年初银川自来水厂所提交的，在自身国企基础上改制为水务集团的方案。

而银川市国资委坚持的思路是，将自来水厂和污水厂分别溢价出让——正是目前争议极大的“兰州模式”。

尽管“兰州模式”已经被视为本轮全国多个城市水价上涨的根源，但是实际操作中，仍然是地方政府进行公用事业改革的首选。

特许经营专家、住房和城乡建设部政策法规司副司长徐宗威向本报记者表示，地方政府偏好高溢价模式，根源仍在地方政府和中央政府事权财权不对称。“地方需要做的事情很多，希望卖掉水厂来修路、建桥，实际上这是寅吃卯粮。城市供水行业本身欠账更多，城市管网建设滞后是最大的欠账。”

《关于2008年银川市及市本级预算执行情况和2009年全市及市本级预算草案的报告》显示，该市2008年和2009年都没有城市管网方面的投入和预算。而银川市《2009年政府工作报告》则指出，2009年将继续推进自来水、天然气、公交、污水处理等公用事业市场化改革。

“银川模式”

前述知情人士向本报记者透露，早在 2003 年，威立雅中国区商务代表，就曾经带着溢价收购方案来到银川。

这一方案的蓝本，就是后来在多个城市推行的“兰州模式”——地方政府将自来水公司股权高溢价卖给水务集团，在合同中注明城市水价与物价挂钩或者承诺公司盈利，几年后公司即以亏损为由提出涨价申请。

但是时任银川自来水公司总经理的张洪林对这个方案并不感兴趣，他当时的思路是：通过国企合并来建立水务集团。

银川自来水公司一位内部人士告诉本报记者，张的改革思想中，有两点核心内容：一是实现供水区域一体化，由银川自来水公司合并周边郊县的自来水公司，通过重组和协同效应帮助后者扭亏为盈、提升服务；二是实行供排水一体化，维护供水和污水处理行业完整的产业链。

银川自来水公司提供的资料显示，张所主张的“银川模式”，当时已经在当地取得了一些成功。2003 年银川自来水公司为贺兰县建设供水设施时，以国有资产划转的方式将贺兰自来水公司纳入旗下。

当时的财务资料显示，2003 年 2 月，贺兰自来水公司总资产 751.23 万元，净资产 444.56 万元，资产负债率 59.18%；实际供水量 3000 吨/日，水费回收率仅 50% ~60%，企业一年经营收入百万余元；职工 68 人，人均月收入 500 余元；企业多年亏损，贺兰县政府连年给予财政补贴。

并购后，2004 年底，贺兰自来水公司实现盈利 30 万元。

此后，张对自己的水业集团模式改革倍增信心，先后收购了周边永宁、灵武等四个县市的自来水公司。

这种依靠国企自身发展区域一体化和供排水一体化等业务，并逐步通过国企股份制改革引入投资者的做法，业界称之为“银川模式”，当时也曾受到中国水协和建设部有关司局的肯定。

但是 2006 年 11 月，银川市国资委宣称已经启动公用事业改革，自来水公司和污水厂将是最早吸引外资的一批。银川市国资委领导对媒体表示，“年内外资就要进入银川了”。

这等于直接宣判了“银川模式”的死刑。

地方政府转向

银川政府转向，正值中国地方政府纷纷向外资、民资水务公司高溢价敞开大门之际。

2002 年 10 月，当时的建设部发布《关于加快市政公用行业市场化改革进程的意见》，正式向外资开放公用事业。

一位水务行业资深人士向本报记者表示，2002 年，威立雅进入中国的首个项目——上海浦东项目，尽管也是高溢价股权转让，但是与“兰州模式”差别甚大。

浦东项目是威立雅在中国获得的第一个公共民营合作方式（PPP）的合同，也是中国第一个允许外资企业提供完整供水服务的合同，包括饮用水生产、管网配送和客户服务。因此威立雅自身对其冀望颇深，希望凭借自己在国外的经验，“以技术换市场”，将浦东项目打造为一个标杆。

当时威立雅收购浦东自来水厂 50% 股权的 2. 26 亿欧元，基本是威立雅的自有资金。

但是据本报记者了解，威立雅浦东水厂项目至今仍然亏损，只是威立雅一直不肯公布具体亏损数额。

自此，“浦东模式”寿终正寝。威立雅此后在中国的投资，再也没有高比例的自投资金进入，而是通过与首创等企业、基金、银行的合作来融资，威立雅自身仅为资金管理方。

此前本报记者在兰州自来水厂看到，在威立雅高溢价入股之后，公司设备、运营、技术并无明显变化。水务集团的资本运作，已经超过其运营职能。

地方政府财政乏力，令他们也欢迎其它资本的进入，尤其是外资。2003 年，威立雅联合首创，以 4 亿美元买下了深圳自来水公司 45% 的股份，这至今仍然是中国水务市场金额最大的并购案。

2003 年到 2004 年，深圳水务、巴士、燃气全部高价卖出股权，“深圳公用事业市场化改革方案”，获得 2004 年“中国地方政府创新奖”。

2006 年，时任建设部副部长的仇保兴公开表示，“十一五”期间，中国水务市场总投资将超过 1 万亿人民币，“需要全世界来参与”。

2007 年，银川市国资委否决了银川自来水公司自己聘请的改制咨询公司，聘请大岳咨询顾问公司为自来水公司的改制顾问。

在业内，这是一家以做“高溢价转让方案”著称的公司，威立雅在华的水务项目中，有近一半是大岳做的顾问咨询。至此，银川市政府思路已经明确。

复制“兰州模式”

前述知情人士透露，大岳咨询公司给银川自来水公司提供的改制方案，仍是一份强调溢价的方案。

与此同时，银川国资委让银川自来水厂组织考察团，去兰州考察“兰州模式”。

据不完全统计，银川考察团前后共去了五六拨，国资委、银川市政府领导都曾带队考察过。

一位参加过考察的人士对记者说，当时兰州威立雅公司董事长孙晓霞对考察团十分热情，详细介绍兰州威立雅改制的每个细节和经验。

但是，这位考察人士却对兰州模式“不感冒”：一是兰州自来水厂改制前不亏损，改制后亏损了；二是改制后兰州水价 5 年涨了 9 次；三是兰州水务设施投资规模庞大，这种模式不可持续。

公开资料显示，银川自来水公司目前资产 5.7 亿元，日供水 25 万立方米，每年净利润 1000 万元左右。

因此，银川自来水公司不同意“兰州模式”。

2008 年底，张洪林被免去银川自来水公司总经理职务，任银川城市投资公司总经理。

2008 年 12 月 10 日，银川国资委宣布成立银川自来水公司和污水公司改革领导小组，组长是现任银川市市长王儒贵，国资委副主任温辉成为国资委的代表。

8 月 21 日，记者几次电话联系温辉，其手机一直无人接听。

据前述知情人士称，目前威立雅可能的方案是，让兰州威立雅出面，收购银川自来水公司股权。

以目前银川自来水公司 5.7 亿的总资产估算，如果仍然是一份高溢价股权转让的方案，银川市政府从股权转让中可以获得的收益可观。

据《关于 2008 年银川市及市本级预算执行情况和 2009 年全市及市本级预算草案的报告》，2008 年，银川市地方财政一般预算收入完成 35.82 亿元，加上自治区各项补助收入的 34.96 亿，方实现收支平衡。

8.8　中铁 7 亿购银川自来水　央企“涉水”现契机

每日经济新闻　张敏　2010-08-26

经过近一年的运作，8 月 25 日，中铁一局和天津创业环保（600874）联合体代表与银川市政府签订股权转让协议，以超过 15 亿元的价格拿下了银川自来水公司的 43.21% 股权。

在自来水股权转让项目中，中铁的报价几乎相当于另外两家竞标者报价的总和。公开资料显示，摩根大通联合体的报价为 3 亿多元，柏林水务的报价为 4 亿多元。

在这背后，隐含着国资“涉水”的强大助推力。《每日经济新闻》记者独家获悉，数日前，国资委曾召集多家央企及研究机构召开内部座谈会，就央企涉足公共事业领域展开讨论，其中便包括水务市场。

国资委助力“涉水”

“要将水务打造成中铁的第九个板块。”签约当日，中铁方面的负责人踌踌满志地表示。在此次竞标中，自来水股权转让项目中标价格是 7.017 亿元，污水资产转让项目中标价格是 8.1 亿元。

2009 年，国务院经过数次调研后，最终肯定了“水改”方向。同时，中国水协（中国城镇供水排水协会）也在去年提出“水务一体化”的建议，即供水和排水、城镇与农村水务统一管理，使得这轮讨论终于告一段落。

“尽管这一争论并未否定‘水改’方向，但给外资带来的负面影响很大，使他们无法看清市场形势。”北京大岳咨询公司总经理金永祥表示，这也在客观上为国资进入创造了机会。一位接近住建部的人士向《每日经济新闻》记者表示，这轮风波并不会导致外资退出国内水务市场，但对国有资本来说，至少是一个机会。

而《每经》记者独家获悉，数日前，国资委曾召集多家央企及研究机构召开内部座谈会，就央企涉足公共事业领域展开讨论，其中便包括水务。在会议上，不少央企表示出对水务的浓厚兴趣。据了解，除中铁之外，已涉足水务领域的国企仅有北控、首创等寥寥数家。

有意思的是，就在同日，同处西部的贵阳自来水公司股权转让也将开标，外资巨头中法水务和国企巨头北控水务将一决高下。

高报价未必高水价

如此高的收购价格，使得老百姓最关心的水价问题成为焦点。鉴于外资操控造成的水价高企，业界普遍对报价极为敏感。针对这一问题，银川市政府明确要求企业须接受政府方成本监审，并严格按照相关调价程序进行价格调整。

金永祥表示，高报价未必会带来高水价，未必对市场带来影响。

事实上，在此前的水权转让竞标中，国企的报价通常远低于外资企业，对于财政吃紧的地方政府来说，高报价成为最大的吸引力，也是外资频频中标的关键原因。上述接近住建部的人士表示，相比外资和民营资本，国有资本对投资回报的要求没那么高，这就不会对水价形成太大的压力。

同时，上述人士称，近些年银川市经济发展迅猛、城市建设进度快，成为中铁肯出高价的原因。金永祥也表示，按照银川市的城市发展进程，其水价必然会慢慢提高。

8.9 中资公司中标银川水务 外资巨头败北

第一财经日报 高永钰 2010-08-26

中铁一局联合体获自来水公司49%股权。

历时将近两年的银川市自来水总公司和污水处理公司产权转让终于尘埃落定。

外资巨头败北

昨日在银川举行的股权转让协议签字仪式上，中国中铁下属的中铁一局和天津创业环保集团联合体最终以7.017亿元获得了自来水公司49%的股权，而马来西亚Taliworks Corporation Berhad公司和北京美华博大环境工程公司联合体则以8.1亿元拿下了污水处理公司TOT（移交—经营—移交）特许经营权。

为银川水务提供咨询顾问的北京大岳咨询总经理金永祥在接受《第一财经日报》采访时确认：世界水务巨头威立雅和中法水务，均没有出现在此次投标名单中。

事实上，最后参与银川自来水项目和污水项目的投标人共有12家，除了上述两家联合体之外，还包括柏林水务、中国恩菲—北京恩菲联合体、金信安—摩根大通亚洲基础设施基金、深圳水务、中冶华天、标准水务等一些中资和外资的水务公司。

而基金直接参与地方水务公司改革更属首次，金信安—摩根大通亚洲基础设施基金在投标中的报价为不到4亿元，中铁一局和天津创业环保集团的报价高达7亿元。

根据银川市政府的决定，在特许经营期内，银川市有关部门将按照国家公用事业特许经营管理的规定，对自来水公司与污水公司实施更加严格的监管，以保障自来水和污水行业的公共安全为前提，进一步提升自来水品质和污水处理服务水平。

针对老百姓普遍关心的水价问题，银川市政府将明确要求企业接受政府方进行成本监审，并严格按照相关调价程序进行价格调整。

今年 3 月份，银川已经上调了自来水综合水价 0.7 元/立方米，到 2011 年将使水价达到 2.4 元/立方米。

“或许前几年并不赚钱，但从发展的角度看，这笔交易肯定划算。我们之前所做的咨询报告预测，这个项目的盈利水平大概保持在 8% 左右。”金永祥说。

而马来西亚 Taliworks Corporation Berhad 公司是马来西亚证券交易所主板市场的上市公司，其经营管理的六座供水处理厂，联合供水处理设计量达到 104 万立方米/日。

金永祥认为，尽管中铁一局的主业并不是城市供水和污水处理，而马来西亚 Taliworks Corporation Berhad 进入中国时间并不是很长，但联合体中天津创业环保和美华博大在行业内已有很多贡献。

水务改革“驱动力”

由于政策因素，银川自来水项目曾被搁置了半年之久。

银川市政府提供的资料称，其实评标工作今年 1 月底就已结束，但当时国内对水务改革的争论较大，中央政策不明朗，为了慎重起见，银川市委市政府适当放缓项目的推进，组织力量对改革争论进行研究，并对本项目改革进行利弊分析和可行性分析。

“研究结果显示，改革是必要和可行的，符合银川市的发展需要和市民改善生活的需要。”一位银川市政府方面的人士对本报称。

并且，“恰逢国务院出台了 13 号文，鼓励社会资本投资城市公用事业，市委市政府又启动了两个项目并取得了谈判成功。”上述人士进一步称。

2009 年的水务改革争论，对地方政府颇有压力。一位地方官员在接受本报采访时表示，宁可暂缓地方水务企业改革，也不愿意冒这个风险。

2010 年上半年，国务院先后发出了促进民间资本进入公用事业的“36 条”（13 号文）和进一步清理整顿地方投融资平台的“19 号文”。这两份政策对地方水务企业改制产生了积极的促进作用。

“由于‘19 号文’下发，地方融资平台受阻，地方政府需要从包括公用事业在内的其他渠道筹集资金。”上述地方官员最后表示。

9 长沙岳麓污水处理BOT项目报道

9 长沙岳麓污水处理 BOT 项目报道

9.1 污水管网运营有望市场化

华夏时报 吴建华 2014-08-27

一份关于市政建设 PPP 的指导意见即将出台，发文单位是住建部和财政部。

《华夏时报》记者近日独家获悉，一份名为《关于在城市市政公用领域推广和规范政府与社会力量合作的指导意见》发布在即。一位参与文件研讨、修订的内部人士告诉本报记者，该文件今年 3 月份起草以来，历经数次讨论、修改，现在已基本成型。“最后是以指导意见还是以通知的形式发布尚不可知。”

据透露，在城市污水处理领域，厂网一体的 PPP 模式将在项目的新建、改扩建和运营中大力推广，项目补贴、贷款贴息等一系列政策措施将会推出。

8 月 26 日，水务专家、中国通用咨询投资有限公司董事薛涛对本报记者表示，污水处理厂的 BOT 模式已经非常成熟，如果不把管网打包进来，PPP 概念与此前的 BOT 毫无差别。

厂网打包

坐在堆满文件的办公桌前，谈起近 10 年前的一个污水处理厂项目，北京大岳咨询总经理金永祥仍然记忆犹新。

2005 年 9 月的一个下午，随着一台挖掘机和多台渣土车开进长沙西北环线长宁路立交桥南侧施工，长沙当时规模最大的污水处理厂——岳麓污水处理厂首期工程悄然动工。

岳麓污水处理厂占地 184 亩，设计总规模为日处理污水 60 万吨（其中一期工程为日处理污水 30 万吨），全面建成后，可将西长沙 107 平方公里范围内的各类污水全部拦截。

这个项目之所以被金永祥记住，并不在于其规模有多大，而在于它是国内第一个厂网打包建设的污水处理 BOT 项目，也是现在广义上的 PPP 项目。

据了解，虽然目前污水处理厂的市场化运作已经是行业主流，但管网的建设、运营仍然主要由政府指定的机构或国企去做。

有数据显示，目前城市污水处理新建污水厂 60% 都是用社会资本。据大岳咨询直接参与长沙岳麓项目的毕志清回忆，当时长沙市政府对于岳麓污水处理厂的配套管网建设也有融资需求，有的人认为，管网的建设运营可以单独拿出来融资，有的人认为，应该跟污水厂打包融资，最终各方讨论协商形成了当时的方案。

实际上，管网建设占了该项目投资总额的大头。大岳咨询提供的项目资料显示，污水处理厂一期工程估算投资约 3.8 亿元；而配套管网一期投资约 4.2 亿元，合计总投资约 8.0 亿元。

项目采用公开招标的方式寻找投资方，2004 年 9 月，长沙市政府专门成立岳麓污水处理厂招商领导小组，先后有五家投资商参加投标。招标标的为污水处理服务费单价（元/立方米），包括对应厂区的厂区污水处理服务费单价，对应配套管网的污水处理服务费单价，最终广东联泰—桂林排水联合体以低报价夺标。

“实际投资规模最后也控制得不错，厂区和配套管网实际总投资约 6.6 亿元，降低约 20%；污水处理服务费单价约为 0.9 元/吨，低于平均报价 0.2 元/吨左右。”在毕志清看来，岳麓污水处理厂是长沙市水务领域的标杆项目。

不过，该项目在管网运营上并没有实现完全的市场化操作，而是拐了一个弯。

上述项目文件显示，污水管网虽然由项目公司长沙市联泰水质净化有限公司投资建设，但管网运营却委托给了长沙市政府指定的长沙市排水公司，由联泰与市排水公司签署委托管理协议，市政府单独向市排水公司支付运营费用。

毕志清认为，这是由当时的市场环境决定的，当年污水管网基本上是由政府指定机构或国有企业来运营，民营企业也没有相关经验，所以就把建设和运营分开了。“去年年底，市政府也在考虑把网上的几个泵站交给项目公司来运营，可以预见，未来厂网运营全部交给项目公司来做也是各方乐见的一个结果。”毕志清说。

PPP 重点在“网”

政策即将出台，PPP 大潮能给污水处理行业带来什么新机遇？提升管网的建设运营效率是业内期待的焦点。

作为水务行业的主管领导，住建部城建司副司长章林伟在 7 月份的一次 PPP 沙龙上坦言，现在厂、网分离，厂是一块肥肉，网都是骨头，最后政府的债务问题和政企相互之间运营关系的问题没有很好地解决。

薛涛认为，管网建设运营是污水处理行业卡脖子的一环，无论新建管网还是老旧管网的更新改造，都需要巨额的资金投入，把管网打包进污水处理 PPP 项目，促进管网投融资市场化是下一步的趋势。

记者注意到，一些城市污水处理厂受制于管网建设滞后，设施闲置“吃不饱”的情况时有发生。

住建部统计数据显示，2013 年全国城镇污水处理厂运行负荷率为 82.6%，截至 2013 年底，“十二五”规划全国新增配套管网建设任务完成 50.5%，新增城镇污水处理能力完成 58.9%。

同样是基于这一理念，金永祥认为，长沙岳麓污水处理项目的意义非同一般，虽然管网运营还是交给市排水公司来做，但与传统的政府指定有明显区别，至少名义上管网的业主是广东联泰集团投资的项目公司，项目公司以协议的方式委托排水公司运营。

“从名义上来说，项目公司对于管网运营有监督的权利，如果市排水公司做得不好，项目公司是可以与它解约的，这对于排水公司是一个重要的约束，也可以看作是管网运营体制的一种变革。”金永祥说。

业内人士认为，如果不算市场化程度较高的国有排水公司，例如深圳水务、北京排水集团，目前真正由民间资本运营污水管网的仍然很少。

然而污水处理厂的 BOT 模式已经非常成熟，如果不把管网打包进来，新提出的 PPP 概念与此前的 BOT 比起来毫无新意。薛涛对本报记者表示，要把管网纳入 PPP 模式，无论是项目权责边界，还是民间资本的回报模式，都比以往复杂，目前国内还没有典型的案例。

“配套管网的投资规模一般要超过污水处理厂的投资，甚至是后者的几倍，这么大的投资规模，如何让民间投资方愿意参与，关键是建立投资方对于地方政府的财政支付能力和履约机制的信任。”薛涛说。

事实上，在污水处理行业，政府拖欠污水处理费已成业内普遍现象。毕志清告诉本报记者，岳麓污水处理厂的污水费约 9 毛一吨，根据项目结构设计，其中 2 毛多钱是支付给管网建设成本的。“这样价格即使在当时也是很低的了。”

岳麓污水厂的污水费标准并未包括管网运营费用。薛涛认为，PPP 项目要把管网的建设运营全算进去的话，总的污水处理费要达到 3 ~ 4 元/吨。地方政府在巨额地方债务的压力下，已然面临融资困难、支付困难，此时，财政部的支付背书，包括项目支付结构设计就显得特别重要。

长沙市一位水务局的官员对本报记者表示，BOT 也好，PPP 也好，任何一种模式的好坏主要看是否适合当地的发展状况，不赞成一刀切地搞 PPP。

“对于 PPP 模式的污水处理项目，管网建设采用何种融资模式，建设运营费用是否加在污水处理费上，还是有其他更好的支付结构，目前还有待探讨，而两部委即将发布的 PPP 新政也必将影响各参与方的态度和选择。”薛涛说。

9.2　长沙最大污水处理厂打捆招商

中国环境资源网　斯茅庚　2005-03-02

长沙迄今规模最大的污水处理厂——岳麓污水处理厂 BOT（建设—运营—移交）项目昨日正式开标，来自国内外五家实力雄厚的投资商参加投标仪式。该污水处理厂首期工程日处理污水 30 万吨，汇水面积为 107.11 平方公里，计划三年建成。到 2008 年，整个西长沙范围内的污水将被全部拦截。

据长沙市公用事业局副局长谈文昌介绍，目前，长沙每天排放城市污水 90 万吨，而第一和第二两个污水处理厂每天只能处理污水 32 万吨，城市污水处理率仅为 43%。尤其是处在湘江以西的岳麓区，至今还没有一个污水处理厂，从岳麓山南侧的靳江河到临近汽车西站的望城坡，每天都有大量污水直接流进湘江。而长沙是全国环境保护的重点城市之一，因此建岳麓污水处理厂已到了刻不容缓的地步。

岳麓污水处理厂首期工程包括厂区建设和配套管网建设，总投资 8.35 亿元，截污范围南起靳江河，北至三汊矶长石铁路桥，西起望城坡，东至湘江西岸的潇湘大道，汇水面积为 107.11 平方公里。据谈文昌介绍，岳麓污水处理厂首期工程项目是长沙市第一个公开招标的污水处理 BOT 项目，该项目将污水处理厂与配套管网打捆招商在国内尚属首次。自去年 9 月，长沙市政府专门成立岳麓污水处理厂招商领导小组并启动招商以来，先后有天津创业环保股份有限公司、法国威立雅联合体、广东联泰—桂林排水联合体、中环保务—哈尔滨污水联合体、中华煤气—上海市南排水联合体等五家活跃在国内水务市场上的投资商参加投标。这些有实力的参标企业既有国内上市公司，又有民营企业，还有境外水务企业。记者昨日在现场采访前来长沙参加岳麓污水处理厂投标的投资商时，他们普遍认为，项目结构和规则符合国际惯例，招商程序规范科学，项目文件清晰且与招标办的交流充分、高效。

长沙市公用事业管理局局长胡继槐透露，长沙市政府通过公开招标方式选择一家有实力的投资人，并向该投资人组建的项目公司授予特许经营权。特许经营期为28年（含建设期3年）。特许经营期内，项目公司通过提供污水处理服务，向政府指定机构收取污水处理费的方式补偿经营成本、还本付息、收回投资和取得合理投资回报。特许经营期结束后，项目公司将污水处理厂内设施及配套管网移交给长沙市政府指定机构。

9.3 湖南：长沙岳麓污水处理 BOT 项目评标结束

中国水网　2005-3-16

3月14日，长沙市政府公布了岳麓污水处理一期工程 BOT 项目的评标结果，广东联泰—桂林排水联合体、天津创业环保股份有限公司和中环保水务—上海市南排水联合体被确定为中标候选人。中标候选人建议的项目总投资平均比岳麓项目预可行性研究报告中估算的总投资降低20%，其投报的污水处理服务费价格（污水厂和污水管网价格之和）均低于1.0元/m^3。

岳麓项目于2月28日开标，广东联泰—桂林排水联合体、天津创业环保股份有限公司、中环保水务—上海市南排水联合体、法国威立雅水务联合体以及香港中华煤气联合体等五家单位参加了竞标。各投标单位方案内容全面，设计制作精良，报价水平接近，竞争十分激烈。

岳麓项目的招商范围包括截污干管、提升泵站和污水处理厂，项目预算总投资为8.0亿元人民币。经过充分论证，长沙市政府决定采用 BOT 方式建设该项目。为了保证项目成功，长沙市政府聘请了大岳咨询公司为总顾问和财务顾问、聘请金杜律师事务所为法律顾问，并为项目准备了前期费用。将污水管网和污水处理厂打捆做 BOT，这在国内没有先例，而管网的问题要比污水厂复杂，项目招标办公室和顾问一道对项目可能遇到的新问题进行了深入研究和广泛调查，实践证明，最后确定的项目条件被水务资本市场接受，岳麓项目创立了污水产业化改革的新模式。

大岳公司项目经理郑洁女士在谈到该项目时认为（郑女士 2004 年曾担任合肥王小郢污水 TOT 项目的项目经理），岳麓项目初步成功的原因主要有两点：第一，市领导对项目高度重视、决策科学高效；第二，招标办公室和项目顾问在操作项目过程中抓住并很好地解决了项目的关键问题。随着水务产业化改革的深入，水务改革的基本模式将被有关各方逐渐了解和接受，推动公用事业改革将会越来越容易，具体项目的成败将取决于能否很好地解决项目的特定问题。在运作岳麓项目时，项目组参考了王小郢 TOT 模式和太平污水厂 BOT 模式等业内最佳实践，吸收了它们规范运作的精髓，但没有照搬照抄，否则肯定不会取得成功。

9.4　岳麓污水处理厂一期工程签约　项目总投资近 7 亿

三湘都市报　魏启扬　2005-4-13

长沙市首个公开招标的污水处理 BOT 项目今日签约。长沙市公用事业管理局局长胡继槐受市政府委托，与中标人——广东联泰—桂林排水公司联合体正式签署了《岳麓污水处理一期工程 BOT 项目协议》。

惠泽河西地区 37 万人

此次招商成功，意味着长沙市河西城区将告别无污水处理厂的尴尬局面，对于改善湘江水质、建设生态城市具有重要的意义。

据长沙市公用事业管理局副局长谈文昌介绍，岳麓污水处理厂是长沙河西主城区唯一一座污水处理厂，远期总规模为日处理污水 60 万吨，这是在原有河西规划三座污水处理厂（阜埠河 15 万吨/日，望城坡 20 万吨/日，三汊矶 35 万吨/日）的基础上通过优化整合、调整布局，形成的省会最大的一座污水处理厂，其中一期工程 30 万吨/日。去年 7 月 26 日通过了省发改委的立项批复，9 月 19 日通过了省环保局的环境评估。据悉，今年 7 月开工的岳麓污水处理厂的服务范围南起靳江河，北至三汊矶长石铁路桥，西起望城坡，东至湘江西岸潇湘大道，汇水区面积为 107.11 平方公里，该污水处理厂建成后，将使河西 37 万余人从中受益。

项目总投资 6.5991 亿

关于该项目的整个谈判过程，谈文昌非常满意。据介绍，由于这个项目为污水处理厂和管网、泵站打捆融资，不但国内尚无先例，而且投资巨大、内容复杂，长沙市招标办通过参考外地类似项目的成功经验，结合长沙实际，在制订招标文件中，所设定的项目条件兼顾了政府和投标人双方所分担的风险，增加了投资者对项目的信心。通过良性竞标，广东联泰集团与广西桂林排水投资联合体最终获胜，而项目原来测算的总投资也由 8.35 亿降至 6.5991 亿元，污水服务价也由原来内部测算的 1.28 元/吨降至 0.879 元/吨，根本上取得了优化方案、节省投资、降低成本、减少回报的最佳效果。

水务建设模式市场化

长沙这两年来在水务项目上频频突破，除去年成功实施两个污水处理厂资产和经营权转让外，其它规划布局的主城区几大污水处理厂及管网建设已先后通过融资和引资落实了相关建设资金。业内人士认为，长沙市在污水处理设施建设上，已由政府直接操作、财政单一投入的方式逐步转变为符合市场经济原则和投资主体多样化的运作模式。

9.5 拦住西长沙污水 岳麓污水处理厂昨正式动工修建

中国环境资源网 斯茅庚 2005-09-28

没有悬挂一个气球，没有鸣放一串鞭炮……昨日下午 4 时 58 分，随着一台挖掘机和多台渣土车开进长沙西北环线长宁路立交桥南侧施工，长沙迄今规模最大的污水处理厂——岳麓污水处理厂首期工程悄然动工。

长沙市公用事业管理局局长胡继槐透露，岳麓污水处理厂总规模为日处理污水 60 万吨（其中一期工程为日处理污水 30 万吨），全面建成后，可将西长沙 107 平方公里范围内的各类污水全部拦截。

截污范围达 107 平方公里

长沙市岳麓污水处理厂首期工程由长沙市联泰水质净化有限公司以 BOT 融资方式（建设—经营—移交）进行投资建设，总投资为 6.68 亿元。工程内容包括日处理能力为 30 万吨的污水处理厂一座，中途泵站两座，截污干管和压力管道 29.97 公里。服务人口 81.41 万人，服务面积 69.87 平方公里。项目建成投产后，服务范围内的水可达到国家城市污水处理厂一级排放标准。岳麓污水处理厂远期总规模为日处理污水 60 万吨。西长沙主城区至今没有一座污水处理厂，每天有大量的工业污水和生活废水流入湘江。岳麓污水处理厂建成后，可将南起靳江河、北至三汊矶长石铁路桥、西起望城坡、东至湘江西岸的潇湘大道的 107 平方公里范围内的各类污水全部拦截。

岳麓污水处理厂首期工程是长沙第一个公开招标的污水处理 BOT 项目，将污水处理厂与配套管网打捆招商在国内尚属首次。长沙市政府向该项目公司授予特许经营权，特许经营期为 28 年（含建设期 3 年）。本项目今年将完成投资 9940 万元，明年计划完成投资 2 亿元。

市民将喝到更清洁的湘江水

按照长沙市政府的要求，岳麓污水处理厂首期工程 BOT 项目比原动工计划整整提前了半年。首期工程建设总工期为三年，计划 2008 年投产运营。

目前，长沙绝大多数自来水厂都以湘江为取水水源。第一、第二污水处理厂建成投产后，长沙截断了湘江东岸从火车货运南站到浏阳河入口一带的污水，岳麓污水处理厂建设规模大体与第一、第二两个污水处理厂相当，2008 年建成投产后将使整个西长沙的污水截断。届时，长沙污水处理率可由现在的 43% 增加到 60% 以上，市民可饮用到更加清洁的湘江水。

10 北京经济技术开发区天然气特许经营项目报道

10 北京经济技术开发区天然气特许经营项目报道

10.1 北京经济技术开发区燃气供应特许经营

中国投资 金永祥 2003-10

最近，北京市市政管理委员会（下称“市政管委”）和北京经济技术开发区（下称“亦庄开发区”）管委会将与中国石油股份公司的下属公司——北京华油联合燃气开发公司（下称“华油公司”）签署《北京经济技术开发区南部新区管道燃气特许经营协议》，这是国内第一个规范的燃气特许权协议，标志着北京市燃气供应产业化工作进入了规范化阶段。

项目概况

亦庄开发区是北京市唯一一个经过国务院批准的国家级开发区，由核心区、工业区、南部新区和东部新区四部分组成。一期占地15平方公里，区内共有企业1100多家，投资总额40多亿美元，年国内生产总值近800亿元。北京市的燃气主要是由北京市燃气集团供应的，但到2002年燃气集团供气范围还没有到达亦庄开发区。为满足开发区工业和居民用气的需要，亦庄开发区管委会与华油公司经协商签订了燃气供应协议，华油公司据此修建了向亦庄开发区供气的管线，为开发区南部新区内部分用户提供供热和民用天然气，气源为中国石油公司从陕甘宁输送的天然气。

北京的燃气市场并没有开放，华油公司的参与给北京的燃气供应体制提出了新课题，北京市政府责成市政管委研究解决。

市政管委聘请了北京大岳咨询有限公司作为亦庄燃气供应项目的顾问，由市燃气办公室与大岳公司组成了工作小组。建设部 2002 年 12 月 27 日下发的《公用事业产业化指导意见》为工作小组提供了解决问题的政策依据。在目前倡导公用市政行业市场化发展的大环境下，华油公司进入北京天然气供应市场，对于推动北京燃气行业的改革开放有积极作用。然而，由于公用行业在地域内具有自然垄断的性质，在服务上与人民生活密切相关，因此，公用行业的竞争应该在有序而符合规范的前提下进行，政府应加强对该行业的管理。在开放市场的同时，要保证公用行业的服务质量和安全。

工作小组结合项目的实际情况，综合考虑全市、开发区、华油联合公司、北京市燃气集团以及沿线用户各方利益的前提下，为了妥善解决该区域燃气发展与投资建设和管理问题，为了保障安全供气，探索在北京市燃气行业实施特许经营的途径，经研究，决定由市政管委、亦庄开发区管委会和华油公司签订特许经营协议，对开发区南部新区管道燃气供应实施特许经营。工作小组还建议以规范亦庄开发区燃气供应为试点，逐步完善北京燃气供应的特许经营制度。

特许经营协议

在国内其它城市，燃气供应的市场化和产业化进程早在几年前就已经开始，但还没有一个城市建立了规范的特许经营制度。然而，燃气供应不同于一般的货物买卖，在一定时期和一定范围内，供应商是垄断经营的。如何在垄断情况下，保证客户利益，保证服务质量和价格合理，是特许经营协议需要解决的主要问题。在国内燃气供应产业化较早的地区，不规范运作带来的问题已经逐渐显露出来。如有的城市在燃气产业化时由于未对供应商的普遍服务作出规定，在政府需要解决稍偏远区域的供气时供应商从商业利益出发拒绝提供服务，致使政府不得不额外增加投入。再比如有的城市对燃气价格的机制研究不够并在产业化之初对供应商作出了高价承诺，使市民承担了不该承担的负担。随着燃气产业化进程的推进，将会出现越来越多的问题，规范化运作的重要性将被越来越多人接受。

大岳咨询公司认真研究了国外燃气供应的特许经营实践并总结了国内燃气产业化的经验教训，结合亦庄项目的实际情况提出了若干具体问题并专门进行研究解决，经与市政管委燃气办和政府有关部门讨论确立了特许经营的基本原则，以此为基础形成了特许经营协议初稿。市政管委和华油公司都成立了谈判小组，就特许经营协议内容进行了协商并达成共识，完成了文章开头提到的即将签署的特许经营协议文本。

亦庄燃气特许经营协议由主协议及附件组成。其主要内容有：术语定义，特许经营目的与原则，特许经营权及授予，特许经营权范围，特许经营权的管理要求，特许经营权的使用和承继，管道燃气设施的所有权与使用权，市政管委的权利和义务，特许经营公司的权利和义务，违约及处罚，管道燃气设施的征用、收回及补偿，影响用户用气工程的报告与通知，公共用地、道路及其他公用设施的占用，供气计量及收费，燃气价格，供气和用气安全，管道燃气设施的使用、维修及更换，特许经营权的终止及撤销，特许经营权终止后的资产处置，合同的变更与解除，不可抗力及免责，争议的解决等。同时，将特许区域范围平面图、管道供气服务标准和管道燃气安全管理标准列为特许经营协议的附件，为今后执行协议提供参照标准。

依据特许经营协议规定，华油公司享有特许区域范围内的管道燃气业务独家经营权，并拥有根据特许供气范围内总体规划及燃气规划的管道燃气的投资、发展权，依据特许经营合同规定的燃气价格，有权向用户收取管道燃气供应费及相关服务费等。同时应履行提供燃气服务、承担风险和责任、持续经营、普遍服务、安全服务、开展用户教育等义务。

通过特许经营协议，解决了供应商的特许权的权利和义务问题、供气范围问题、供气质量和价格问题、政府监管问题、普遍服务问题、退出机制问题、违约责任问题等。这些问题的解决将会保证供应商、政府和客户各方的利益，保证在特许供应期内供气工作顺利进行。

特许经营企业

除了以签订特许经营协议的方式来约束特许经营企业外，对燃气供应商的经济实力、管理能力、管理模式等方面的要求也是必须的。市政管委燃气办从行业管理的角度出发，对华油公司提出了相应的要求：

首先是公司组织形式方面，要求特许经营公司必须是依据中华人民共和国公司法注册登记的独立法人。其次是公司业务范围，特许经营公司只能从事特许区域范围内的燃气供应业务，不得从事其它业务。此外，对特许经营公司生产工人、管理与工程技术人员和服务人员定员的标准要按建设部《城市建设各行业编制定员标准》的规定配备，在特许期内，特许供应公司必须始终保持一定数量的具有合格资质的管理人员和技术人员进行运营管理；按照适用法律及谨慎运营惯例运营和维护项目设施。

回顾与思考

亦庄燃气项目的特许经营将为北京市燃气体制改革积累经验，为市政府制定燃气政策提供了重要的参考依据。

亦庄燃气特许经营也存在一些值得思考和完善的内容。首先，供应商的选择环节缺少竞争。对于燃气供应这种自然垄断性行业，在供气过程中是垄断性的，为了提高运作效率并减少客户负担，在供应商选择环节引进竞争将有利于政府和客户，比如通过规范的招标程序选择供应商，由市场确定商业条件（包括价格）。第二，本特许经营项目对未来整体燃气制度可能产生一定的影响。在世界各国的燃气供应实践中，燃气供应、燃气运输和燃气销售是分离的，我国也在研究燃气供应管理体制问题。如果我国建立的燃气体制实行供、运、销分离，那么亦庄燃气供应项目目前的结构需要进行适当的调整。第三，政府职能的调整。传统意义上，政府全面拥有和经营燃气设施。亦庄燃气的供应设施已由商业机构拥有，在这种情况下，政府职能将转向监管或者强化监管，或者成立专门的监管机构。商业机构的基本目标是盈利，客户作为分散的个体很难对供应商的供应行为进行监管，作为客户代表的政府强化监管将是一种必然的选择。这就需要政府及时调整职能并建立相应的监管法规。

10.2 北京市首个天然气特许经营项目将破土动工

北京现代商报　蔡元元　2005-06-21

我市首个天然气特许经营项目近期将在亦庄开发区破土动工。6 月 20 日获悉，由香港中华煤气和北京市燃气集团共同出资组建的北燃港华燃气有限公司将在 6 月 21 日正式挂牌，合资公司将投资 1.23 亿元用于建设亦庄的天然气管道项目。据了解，这是北京市燃气行业首个实行特许经营的项目。

据北燃港华有限公司的张鹏宇主任介绍，该公司已经与北京市市政管委签订了特许经营协议，获得了亦庄东部市政天然气管道建设及相关辅助设施为期 25 年的特许经营权。这个项目的基础建设包括 50 公里长的天然气管线和 3 座调压站，建成以后的年供气能力达到 2.26 亿立方米。据了解，这个项目内的第一座调压站将于 2005 年年底建成。据了解，双方将于 6 月 21 日下午在人民大会堂举行挂牌仪式，包括北京市市政管委会副主任陆海军、北控集团董事长衣锡群、香港中华煤气行政总裁陈永坚在内的一些重量级人物将悉数出席。

据 6 月 20 日了解到的情况，北燃港华有限公司由北京市燃气集团有限公司、香港中华煤气有限公司以及香港恒荣投资有限公司共同出资组建，北燃集团控股 50%，后两者的持股比例分别为 49% 和 1%，北燃集团和中华煤气将分别派出部分人员出任合资公司高管。

10.3　打破天然气垄断局面　港中华燃气进京抢市场

京华时报　王雪瑾　2004-12-02

昨天，北京燃气集团宣布，香港中华燃气通过公开竞标正式与北京燃气集团、广州恒荣投资有限公司成立京港亦庄天然气投标联合体，并于 2005 年正式投产。此举打破了北京燃气集团一统北京燃气市场的局面。

三方合作股比分配为北京燃气集团占 50% 股份，香港中华燃气占 49%，广州恒荣投资有限公司占 1%。这是北京市政府首次公开招投标采取特许经营方式投资、经营燃气项目。北京燃气集团介绍，该联合体建设时间是 6 年，拥有 25 年的特许经营权。

该天然气联合体规划总建筑面积 907.18 万平方米。该地区年天然气总用气量预计可以达到 2.26 亿立方米。

此前，市燃气集团公司与中华煤气和广州恒荣公司于 2004 年 5 月 13 日签订联合投标协议，成立了京港亦庄天然气投标联合体，并以联合体形式参与了特许经营权项目的投标。2004 年 11 月 11 日，市燃气集团公司总经理周思代表投标联合体与市政管委副主任陆海军分别在《北京经济技术开发区东部区天然气特许经营协议》（草签稿）上签字。

香港中华煤气有限公司有着 140 年的历史，是全香港规模最大的非专利能源供应商，年营业额逾 70 亿港元。

10.4　港资特许经营亦庄天然气

北京日报　孟为　2005-06-22

尽管只是在亦庄东部，尽管铺设管道区域只有 14 平方公里，昨天，香港中华煤气有限公司 CEO 陈永坚仍然信心十足地表示“非常看好北京”，希望今后能有更多合作。

昨天，香港中华煤气和北京燃气集团合资成立的北京北燃港华燃气有限公司在人民大会堂揭牌。中华煤气和北京燃气各占合资项目50%股权，中华煤气拥有合资公司的管理权。这个项目的合资年期为25年，合资公司拥有北京经济技术开发区（亦庄）东部区天然气项目的特许经营权。

据新成立的北燃港华公司有关人士介绍，合资公司将投资和建设亦庄东部市政管道天然气设施；以管道输送形式向用户供应天然气；提供市政管道天然气设施以及居民用户的庭院管道天然气设施的安全维护、运营、抢修抢险和更新改造业务。

这件事情之所以为人瞩目，是因为中华煤气合资公司是第一家获得北京市燃气行业特许经营权的企业，从前公用事业全由政府自己包揽，现在投资者也可以参与进来，这必将加快北京城市基础设施建设的速度。

对于中华煤气，这件事也有非同寻常的象征意义。此前，中华煤气一直在华东、华中等地发展，先后成立了30多家合资城市管道燃气企业，都取得不错效益。该项目的实施，实际是中华煤气准备大举挥师北上前的“投石问路”。分析人士表示，之前中华煤气在华北地区的业务几乎空白，北京的合资项目，对中华煤气在华北地区以致整体业务发展都具有重大策略意义，有助于中华煤气在这些地区寻找发展燃气业务的商机。

对于今后的用气价格，合资双方都出言谨慎，只是表示，将执行北京市统一制定的天然气价格。不排除部分用气大户可能会享受到一定的优惠。

随着对社会资本限制逐渐放开，本市基础设施建设速度明显加快。今年2月，市交通委与香港地铁公司及其联同合营伙伴草签了北京地铁4号线项目的《特许经营协议》，地铁4号线有望成为国内城市轨道交通建设中首个以公私合营模式进行的项目。此前，全球最大的水务集团——法国威立雅水务和马来西亚嘉里公用事业公司组成的联合体，与北京市排水集团签署协议，共同组建卢南运营公司，负责卢沟桥污水处理厂日常运营。这也是北京市首家有外资参股建设的污水处理厂。

10.5 开发区东部区天然气特许经营项目签约

博燃网 2004-11-25

2004年11月11日上午，北京经济技术开发区东部区天然气特许经营项目招标委员会举行了项目特许经营协议（以下简称“协议”）的草签仪式。经过历时八个月的招标工作，由北京市燃气集团、香港中华煤气有限公司和广州市恒荣投资有限公司组成的京港亦庄天然气投标联合体成为北京经济技术开发区东部区天然气特许经营项目（以下简称“项目”）的中标人。北京市市政管委副主任陆海军代表招标方与中标方京港亦庄天然气投标联合体的代表北京市燃气集团有限责任公司总经理周思在协议上签了字。亦庄开发区管委会、联合体成员单位及政府相关主管部门出席了签约仪式。

该项目规划供气规模为2.26亿立方米/年，高峰小时供应量10.97万立方米。项目主要建设内容为约50公里的天然气管道和3座次高压调压站。北京市人民政府决定以建设—运营—移交的方式实施北京经济技术开发区东部区天然气项目，并采用公开招标方式选择项目法人，负责项目的投资、建设、运营和维护管理。北京市人民政府将授予项目法人特许经营权，特许经营期限为25年（含建设期）。特许经营期满后，项目法人需将该项目资产无偿移交给北京市人民政府指定的机构。

此次项目的招标工作已告一段落，联合体将按照协议组建项目公司开展后续工作。

10.6 三企业合中标天然气项目 北京燃气首次特许经营

北京日报 徐春芳 2004-11-23

日前，北京亦庄经济技术开发区东部区天然气项目正式开标，由北京市燃气集团有限责任公司、香港中华煤气有限公司和广州市恒荣投资有限公司组成的联合体中标取得特许经营权。据了解，这是本市首次在燃气行业实行特许经营制度。

从去年10月1日起，本市开始施行《北京市城市基础设施特许经营办法》。城市基础设施项目不再由政府独家建设经营，而是向民间资本和外资开放，实行特许经营制度。特许经营的城市基础设施范围包括供水、供气、供热、排水、污水、固体废物处理、收费公路、地铁、城市铁路和其他城市公共交通，以及其他城市公共基础设施。

亦庄经济技术开发区东部区天然气项目是本市开放城市基础设施投资后，首个面向社会招标的供气项目。此前，作为国有独资的大型燃气企业，北京燃气集团一直负责着本市绝大部分燃气项目的建设和运营，政府投资建设的城市供气管网也全部由燃气集团负责管理。

亦庄东区地处亦庄卫星城东部、京津塘高速路东侧，规划总建筑面积907.18万平方米，该地区年天然气总用气量预计可以达到2.26亿立方米。市燃气集团公司与中华煤气和广州恒荣公司联合成立了京港亦庄天然气投标联合体获得了该项目25年的特许经营权。项目经营采取BOT的方式，京港亦庄天然气投标联合体负责项目的投资、建设、运营和维护管理。特许经营期满后，该项目资产将移交给市政府指定的机构。

11 大连城市中心区生活垃圾焚烧BOT项目报道

11 大连城市中心区生活垃圾焚烧 BOT 项目报道

11.1 用好咨询顾问实现事半功倍

——大连城管局副局长闪红光关于大连中心区垃圾 BOT 项目的体会

随着中国经济的高速发展和城市化进程的加快，生活垃圾产生量不断增长，城市生活垃圾处理已经成为每个城市环卫工作的重中之重。然而，在现实中往往面临着建设资金缺口巨大和体制不顺的问题。由于目前国内各城市的垃圾处理费征收标准普遍偏低，在动辄上亿元的垃圾处理设施投资面前简直是杯水车薪，仅仅依靠财政资金建设垃圾处理设施已不现实。另外，传统垃圾处理企业所固有的政企不分、效率低下、管理粗放等问题也是不争的事实。

面对上述问题，近年来，地方政府一直在摸索一条可行的解决之道。而借鉴国际通行的 PPP 模式，引进社会投资人建设、运营垃圾处理设施在实践中渐渐成为了地方政府的首选。同时，国务院《关于鼓励和引导民间投资健康发展的若干意见〔2010〕13 号》以及《国务院关于加强地方政府融资平台公司管理有关问题的通知〔2010〕19 号》的相继出台，更是为社会资本参与城市基础设施建设指明了政策方向。

在大连市多年的探索与实践中，我们的环卫系统建设工作取得了一些成绩，但坦率地讲，也走过一些弯路。2003 年大连市曾采用 BOT 方式运作过垃圾焚烧项目，当时没有聘请咨询顾问，经过公开招标选择投资人后，市政府与投资人进行了长达五年、前后十几轮的谈判，垃圾处理补贴费越谈越高，双方的分歧也越来越多，项目不得不以失败告终。究其原因，可归纳为如下几点：第一，对于 BOT 项目招商过程中的复杂性估计不足，将工程招标的方法和思路用于性质完全不同的项目法人招标。第二，缺乏类似项目经验，在一些专业问题上与投资人谈判过程中明显感觉到信息不对称，政府处于被动状况。第三，招商时项目边界条件不明确，政府与投资人理解不一，致使后期的谈判工作多次陷入僵局。直至 2008 年底，大连市政府决定重新选择项目投资人，并要求 2010 年 12 月 31 日之前必须点火调试。我们城建局作为项目主管部门，承受着来自政府部门以及社会各界的巨大压力，也困惑于如何打破这种工作的僵局，寻求解决之道。

一个偶然的机会，我有幸结识了北京大岳咨询公司的金永祥总经理，并与几位同事一起和金总探讨了大连市环卫系统面临的问题和我们的困惑。这次简单的会面为我们在城市建设和管理方面打开了新的工作思路，也奠定了双方合作的基础，我们决定共同来推进大连市城市中心区生活垃圾焚烧处理 BOT 项目的实施。

项目重新运作以来，进展神速，合格的投资人顺利选定，项目已于去年开工建设。从项目的结果看：公开竞争产生的 51 元/吨的垃圾处理价格不到 2003 年投资人要求价格的一半，也远低于我们的预计；同时，清晰合理的合同条款也给予了我们与投资人进行近 30 年合作的信心。市政府各部门对项目的实施成果以及最终的垃圾处理价格都非常满意，大岳公司高质量的服务为大连市城市公用事业改革打开了新的局面，也提供了宝贵的经验。

为什么同一个垃圾处理 BOT 项目，前后两种不同的运作方式会导致完全不同的结果？从这件事中我看到了专业负责、经验丰富的咨询机构的价值。作为政府主管部门，我们对本地垃圾行业状况是熟悉的，但要求我们对招商项目中各种专业问题都达到专家水准是不现实的。而好的中介机构拥有出色的专业人才，可以汇集全国各地类似项目的成功经验，在项目运作的各个环节为政府出谋划策。政府与咨询顾问可以实现优势互补，使政府在招商过程中胸有成竹，处于主动地位，少走弯路。作为垃圾处理行业的一名从业人员，以我的切身体会，我觉得可以与其他同行分享的经验之一就是：借助一个具有高度智慧和经验的咨询机构可以使你事半功倍。

近期，恰逢北京大岳咨询公司出版新书《垃圾处理 PPP 之中国实践》并邀我为其作序。细读此书，它凝结了专家们的智慧结晶，对政府运作类似项目具有重要的借鉴意义，值得我大力推荐。当然，书上的文字毕竟替代不了大岳公司专家活的经验。同行们有空不妨与大岳公司的专家当面交流沟通，相信定能有所收获。

目前，大连市城市中心区生活垃圾焚烧处理厂建设工程进展顺利，预计将按时进行点火调试。此时此刻，我真诚地说一句：无论本书拥有多少读者，我都感谢大岳公司多年来的孜孜努力。

11.2 城市中心区生活垃圾焚烧发电厂 6 月动工

大连日报 2010-05-31

近日，大连泰达环保有限公司与日本日立造船株式会社正式签约，就“大连市城市中心区垃圾焚烧处理设备采购”达成协议。该协议的签订标志着大连规划建设的第一个垃圾焚烧发电项目——城市中心区生活垃圾焚烧发电厂进入实质性设计和建设阶段。市城建局环境卫生管理处负责人表示，该工程将于今年 6 月动工，明年下半年将进入试运行阶段。

据了解，焚烧处理设备是焚烧发电厂的关键技术设备。通过国际招标的方式，最终确定日本日立造船株式会社为进口关键设备的供货商。该供货商涉足垃圾焚烧领域设备制造 45 年来，已在全世界协助建立了近 200 个垃圾焚烧发电厂。而大连城市中心区生活垃圾焚烧发电厂，是其在中国大陆的第五个业绩。

据大连泰达环保有限公司方面介绍，该项目位于甘井子区大连湾街道拉树房村，项目总投资约 7 亿元人民币，采用国际先进的处理设备及机械炉排炉处理工艺，日处理生活垃圾 1500 吨，每年可处理生活垃圾 54.75 万吨，上网电量约 1.67 亿度。该项目主要服务于大连市中心城区生活垃圾的无害化、资源化、减量化处理。

11.3 大连城市中心区生活垃圾焚烧发电厂正式竣工投产

大连市城建局　2012-07-09

7 月 9 日，国内已投产运行垃圾焚烧厂中规模最大、技术含量最高、建设速度最快，东北地区唯一一座现代化垃圾焚烧发电厂，在我市正式建成投产。我市历时四年的新型垃圾除运体系建设工程圆满收官。

该厂的建成投产结束了大连市建市 113 年来，一直延续的生活垃圾单一填埋处理模式，实现了生活垃圾的减量化、资源化和无害化处理。项目占地面积 7.34 万平方米，设计日处理生活垃圾 1500 吨，采用炉排炉焚烧工艺，垃圾焚烧余热用于发电，设置 3 条垃圾焚烧线、余热锅炉和烟气净化系统，2 台发电机组，年发电量约 1.6 亿度，上网电量 1.47 亿度，服务范围为中山区、西岗区、沙河口区、甘井子区和高新园区。

为了把垃圾焚烧厂运行后的安全系数提升到极致，切实把项目建设成让市民百姓放心的民生工程，项目的各要件建设，都定位在“国内一流，世界先进”的标准来实施。其中，垃圾焚烧环节最关键的设备焚烧炉，采用了纯进口的日本日立造船炉排炉技术；烟气净化所采用的最核心设备，是比利时原装生产的“西格斯”旋转雾化器；在冷却系统选择上，放弃费用较低但易对海域环境造成影响的水冷工艺，采用零排放的风冷工艺。从而，确保了垃圾焚烧后主要污染物排放，达到当今世界最高的欧盟 2000 年标准，其他各项常规指标也全部优于国家标准。焚烧厂投产运行后，将在我市主干路上设置显示牌，并与环保局联网，24 小时公布在线监测数据。

11.4 首个焚烧发电厂运行 探访生活垃圾如何变废为宝

大连天健网 李佳鹤 2012-07-05

近日，我市首个城市中心区生活垃圾焚烧处理项目竣工，焚烧炉和发电机组通过电网供电考核，正式进入运行阶段。日前市内四区日产生垃圾总量为1800 吨，焚烧厂运行阶段日处理垃圾达 1200 吨。发电量 25 万度/日，上网电量达到21 万度/日，各种指标都达到设计要求，满足 5 万户居民的家庭用电需求。

位于甘井子拉树房村西侧的焚烧厂建成运行，标志着我市新型垃圾除运体系已全面建成。老百姓对生活垃圾实行焚烧发电处理这一新技术也产生了许多好奇和疑惑：大量的垃圾运送进场后如何操作？垃圾焚烧发电又会给百姓生活的环境带来哪些变化？垃圾焚烧处理过程如何保障无害化处理，会不会产生二次污染？记者昨日走进焚烧厂，从垃圾焚烧发电技术的应用和效果，解读百姓关心的话题。

【收集】风幕隔离无外溢

走进大连市垃圾焚烧发电厂，映入眼帘的是厂区内覆盖的绿地和盆景，一改人们脑海中垃圾成山、恶臭扑鼻的传统印象。原来从垃圾进入厂区后的一系列操作都实行了全封闭处理，尽管当日天气闷热高温，却闻不出垃圾酸臭的味道。据悉，垃圾运输车辆进入厂区后需在地磅房内完成自动称重，后经过高架引桥，便可直接进入七米高的全封闭卸料平台。在垃圾车出入口的上方装有空气幕，风幕机犹如一道严密的大门将卸料平台与外界隔绝开来，可以有效地防止臭味外溢。

负责现场施工的大连泰达环保有限公司总经理宋道告诉记者，焚烧处理的工艺流程在引进国外先进技术的基础上又有所创新。垃圾卸料平台内，设有 10 个卸料门，垃圾卸料门可以实现自动开闭，这是泰达公司的一项专利技术。据悉，垃圾车停在规定位置后，预埋的地感线圈和卸料门两侧的红外对射装置进行检测，卸料门便可以自动打开。当卸车后垃圾车离开规定位置后，检测装置就能判定垃圾车已离开，卸料门即可自动关闭，整个过程无人值守。同时，泰达还采用空冷技术，与国内同规模的发电厂对比，焚烧厂一年可节水 130 万吨。

据介绍，生活垃圾运抵垃圾仓后需经过发酵干燥处理后才能投入焚烧。垃圾储藏是一个完全封闭的独立空间，它的储存容量为七天的垃圾处理量。两台全自动垃圾吊车负责向焚烧炉料斗加料，配置有两台德国制造的佩纳垃圾抓吊，一台工作，一台备用，每台抓吊的工作能力能满足三台焚烧炉供料及垃圾坑混料的需要。

【焚烧】高温处理零排放

能否产生二次污染，焚烧和处置环节是关键。据介绍，项目核心设备焚烧炉是采用日本日立造船炉排炉技术。焚烧温度控制在 850 多度以下，二恶英等有害气体可得到有效消解。经过烟气净化车间，进行脱酸处理、二恶英喷射、布袋除尘，可最终实现气体的无毒排放，烟气排放达到欧盟 2000 的标准。同时，烟气处理工艺上也采用了世界成熟、先进的半干式反应塔 + 活性炭喷射 + 布袋除尘器的烟气处理技术，将烟气中的有害成分进行去除、吸附和截留，确保电厂周边的空气质量不会对人体造成影响。

经过燃烧的垃圾 80% 会被烧掉，其他 20% 化为灰渣飞灰，飞灰通过灰水洗，将用作水泥辅助原料，灰渣则可当做制砖材料加以利用，最终实现垃圾处理的零排放。

【操控】自动操作人工零接触

记者随后来到焚烧厂的“大脑”部位中控室，垃圾处理的全过程操作及监控都在这里完成。一张大屏幕将厂内作业情况全部显示出来，工作人员实时监控着焚烧温度热值、排放气体等数据。有效解决人与垃圾接触的问题，只需要七个人就可以完成从垃圾焚烧到发电的全程自动化操作，实现生产运行的高效率。

同时，为了接受公众对垃圾焚烧过程中环保指标的监督检查，该焚烧厂在城市主要干道上设置与市环保局联网的公众显示牌，确保在线监测数据 24 小时公布和传递。

【节能】满足 5 万户居民用电需求

垃圾焚烧是一种对垃圾进行高温热化学处理的技术，是将垃圾作为固体燃料送入炉膛内燃烧，在一定的高温条件下，燃烧后的垃圾转化成高温燃烧气体和少量稳定的固体残渣，其燃烧产生的热能被吸收转为蒸汽，用来供热或发电。

用垃圾焚烧发电，会给大连这座城市带来哪些改变？大连泰达环保有限公司项目负责人透露，焚烧产生的余热用于发电，年上网电量可满足 5 万户居民一年的用电需求；与火力发电相比每年可节约标准煤炭约 6.08 万吨；与水冷方式相比，每年可节约冷却用水约 130 万吨；残渣和飞灰经进一步处理后可作为制造建筑材料的原料加以利用。若以大连市年处理生活垃圾 54.75 万吨计算，焚烧处理后可减量 70%、减容 90% 以上，每年可节约垃圾填埋占地 80 亩，约合 53000 多平方米。与卫生填埋相比，可显著降低二氧化碳、甲烷等温室气体排放，每年可减少二氧化硫排放量 1096 吨、粉尘约 11500 吨。

【十二五】启动二期焚烧发电厂

目前，大连市内四区日产垃圾总量达 1800 吨，垃圾焚烧厂的日处理能力为 1500 吨。大连市城建局副局长闪红光表示，我市计划在“十二五”期间适时启动二期焚烧发电厂建设工程，规模在 1000～1500 吨。

从 20 世纪 70 年代初到 90 年代末，全世界已建成 900 座自动化程度很高的垃圾焚烧发电厂。目前，中国将垃圾焚烧列入“十二五”规划。随着 1988 年深圳第一个垃圾焚烧厂的落地投产，国内各省市纷纷立项，全国含在建项目的垃圾焚烧发电厂近 90 座。东北三省由于起步较晚，目前已建和规划在建的项目共计九座。大连是辽宁首个、东北第二个建立垃圾焚烧处理厂的城市。但焚烧炉总体设计处理规模为东北地区目前最大，日处理生活垃圾1500吨；焚烧炉单体设计处理规模为国内目前最大，日处理生活垃圾500吨。

11.5 记者走进大连中心区生活垃圾焚烧发电厂 见证垃圾处理全过程

沈阳网 李海英、曹莹雪 2014-10-20

上周末，记者怀揣诸多疑问，跟随沈阳市环卫处及沈阳老虎冲垃圾焚烧项目相关负责人，一同走进大连城市中心区生活垃圾焚烧发电厂，见证了垃圾焚烧发电的全过程，对“变腐朽为神奇”有了全新的理解。

垃圾发电厂与大海和居民区相伴

如果不是亲眼所见，真的让人不敢相信，偌大的垃圾焚烧发电厂竟然与大海和居民区相伴！记者从沈阳乘高铁经过1个多小时的车程到达大连北站，然后驱车来到距大连市区约30公里的大连城市中心区生活垃圾焚烧发电厂所在地——甘井子区拉树房村西侧渤海路，这里与大海和居民区为邻，走进厂区，里面静悄悄的，一座“品”字型的建筑吸引了记者的目光。负责项目运营的大连泰达环保有限公司总经理宋逍告诉记者，这就是焚烧发电厂的主厂房，2万多平方米，每天1500吨的垃圾，从卸料到焚烧到最后发电都是在这里进行的。大海与垃圾焚烧厂近在咫尺，最近的居民区与厂区只有一墙之隔，与这个主厂房相距仅仅307米。在厂区内，除了通道就是绿色植物，可谓是一尘不染，记者闭上嘴，发挥嗅觉优势，深深地用鼻吸，可是，无论怎么用力吸，就是闻不到一点点的垃圾臭味，怎么可能没有垃圾臭？面对记者的质疑，宋逍总经理告诉记者，垃圾焚烧厂采用的是全封闭处理、花园式厂区的模式，所以是闻不到特殊味道的。

每天1500吨垃圾去哪儿了？

记者走进厂房，在门口的电子屏幕上，厂房的布置一目了然：主要由卸车大厅、垃圾储仓、控制室、烟气净化间、焚烧间、发电厂房、渗滤液处理间等部分组成，最核心部分由三台焚烧炉、三台余热锅炉和两台气轮发电机组成，设备总高度将达30余米。垃圾运输车辆进入厂区后，是如何进行无害化处理呢，垃圾焚烧厂是如何解决垃圾异味的问题？宋道告诉记者，垃圾运输车辆进入厂区先在地磅房完成自动称重，然后驶上高架引桥，直接进入七米高的全封闭卸料平台。在垃圾车出入口的上方装有空气幕，启动风幕机，一道看不见的风幕把卸料平台与外界隔绝开来，可有效防止臭味外溢。生活垃圾运抵垃圾仓后首先经过发酵干燥处理后投入焚烧，其燃烧产生的高温经余热锅炉转化为热气能源转送给气轮发电机实现发电，发电供热率可达83%。每天处理1500吨生活垃圾，一年处理生活垃圾54.75万吨，年发电量约为1.6亿度，上网电量为1.47亿度，可满足10万居民一年的用电。在采访中，记者了解到，能否产生二次污染，焚烧和处置环节是关键，由于采用了先进的炉排炉技术，在850多度的高温燃烧下，二恶英等有害气体可得到有效消解，经过烟气净化车间，进行脱酸处理、二恶英喷射、布袋除尘，可最终实现气体的无毒排放，烟气排放达到欧盟2000的标准。经过燃烧的垃圾80%会被烧掉，其他20%化为灰渣飞灰，飞灰通过灰水洗，将用作水泥辅助原料，灰渣则可当做制砖材料加以利用，最终实现垃圾处理的零排放。

用生命见证垃圾焚烧无毒

当天，记者走进距垃圾仓底部25米高的控制室，看见操作员正在控制吊车吊垃圾，吊车吊起的垃圾与操作员只相隔一层玻璃，可是，在控制室里却一点味道也闻不到，操作员更没有戴口罩等防护用品。宋道说，整个厂区60名员工，用自己的生命见证垃圾焚烧的无毒，他们每天与垃圾打交道，却连味道都闻不到，厂区外的居民就更闻不到了。在采访中，记者了解到，沈阳未来在老虎冲垃圾场建成的垃圾焚烧发电厂，与大连生活垃圾焚烧发电厂采用的设备及工艺相近，在不久的将来，我们也可以告别垃圾臭，让垃圾焚烧后发电传至千家万户。

12 福州燃气公司改制项目报道

12 福州燃气公司改制项目报道

12.1 福州燃气公司改制项目点评

大岳咨询 金永祥

大岳咨询公司2008年3月受聘担任福州燃气PPP项目顾问之前，福州市政府曾两次对福州燃气进行市场化改革，都由于某种原因而终止。

大岳担任顾问后，协助福州市国资委组织了公开竞标来选择社会投资人，五家著名的燃气投资机构参加了竞争，最后华润公司中标。华润的报价超出了资产原值两倍多，而且还需要在运营期间追加投资10亿元。

通过这个项目的运作，我们有如下几点体会：

1. 一对一谈判或竞争性谈判的方式应该慎重采用，因其受各种因素影响容易导致运作失败，至少会降低运作效率，与PPP追求的物有所值相违背。

2. 公开竞标是对政府方最有利的方式，对社会资本公开，双方达成的合作条件是市场的选择，受非市场因素干扰少。

3. 政府运作项目受中介机构影响很大，项目结果好坏与中介也有很大关系。有经验的中介机构可以增强地方政府的项目运作能力，没经验的中介机构可能会起到反作用。

4. 福州燃气项目很幸运，其签约在金融危机发生初期，在危机后果未显现且4万亿计划未推出之前。如果再晚推出一段时间，政府不缺钱了，可能也就不会签约了，那么项目后期建设资金可能就会像其他公共项目一样成为政府债务的一部分，进而面临和今天一样的政府债务的难题。

12.2 华润出资 7.84 亿获福州国有燃气 49%股权

海峡都市报 杨永敏、欧阳进权 2009-06-08

备受关注的福州国有燃气股权转让一事告一段落——昨日上午，福州市煤气公司和液化气公司两国有燃气企业和华润燃气（集团）有限公司（下简称“华润燃气”），在福州市于山堂签署了股权转让文件。据悉，此次“联姻”，是福州市国资委成立以来，国有公共事业成功市场化运作的首个案例。华润燃气方面在签约仪式上透露，继此次合作之后，他们下一步将斥资 400 亿元，在宁德投建全国最大的火力发电厂。

50%股权 8 亿转让

此次的股权转让签约方，包括新榕燃气投资有限公司（下简称“福州新榕燃气”）、华润燃气、深圳盛凯投资有限公司（下简称“深圳盛凯”）三家。

根据此前的转让要求，若申请人为境外企业法人，只能受让其中 49% 的股权，另 1% 的股权由与其组成受让共同体的境内不具有外资成分的非关联企业法人受让。因此，本次转让的结果为：华润燃气购买 49% 的股权，其他 1% 的受让方为深圳盛凯。据了解，福州两家国有燃气企业 50% 股权转让总价格为 8 亿元，其中华润出资 7.84 亿元。

原福州市煤气公司和福州市液化气公司股权转让的主体，福州新榕燃气则拥有另外 50% 的股权。作为新榕燃气公司的全资子公司，前述两家国有燃气企业，已经变更登记为福州市煤气有限公司和福州市液化气有限公司。

据悉，下一步，该股权改革将报国家商务部审批。

福州市国资委主任连国平表示，国有企业 50% 股权成功转让，是福州市国资委成立后，福州市公共事业成功市场化运作的首例，这个项目运作模式将为福州市公共事业改革起到示范作用。

不会出现气价乱涨

福州两燃气公司股权转让，福州市民最关心的，是家里用的燃气价格会不会因此而涨价。昨日，福州新榕燃气董事长李茂水表示，燃气价格以后还是由物价部门来定，并实时监控，不会出现转让后随意涨价的可能。

据了解，福州目前民用燃气主要使用LNG天然气，与印尼签订了长期购买合同，气源和气价相对比较稳定。物价部门对于管道煤气的价格，是要综合考量三年的采购价和气费比例制定。

对于涨价，必须经过严格反复论证和复杂听证等程序。

特许经营25年

记者了解到，一旦股权转让获商务部通过，华润将获得特许经营期25年。一位相关人士表示，届时企业将按市场化运作，与鼓楼、晋安、台江、金山的其他燃气公司，以及马尾区的安然管道煤气进行竞争，不排除互相整合的可能。福州新榕燃气董事长李茂水表示，股权改革，引进外资，不仅给福州燃气企业注入资金，还将引进先进市场化的管理经验，提高效率和服务品质，这对福州市民的燃气供应安全和服务品质，应该有一个提高。

12.3 香港华润出资近8亿元 购得福州燃气公司49%股权

东南快报 郑琳 2009-06-08

看重福州后发优势，出资近8亿元，港企华润燃气公司获购榕国有燃气49%股权。昨日，“福州市国有燃气企业股权转让项目授让暨签约仪式”在福州市于山堂举行。其将同时获得特定范围内管道燃气的25年特许经营权。据悉，整个转让程序完成还需经国家商务部作最后审批。

“虽然溢价较高，但并不以牺牲公共利益和公共安全为代价。”福州市国资委主任连国平称，这是福州市公用事业市场化成功运作的首例，其运作模式将成为福州公用事业改革的典范。

8 亿元转让 50%国有股权

据悉，去年 8 月，福州市政府重新启动对榕两家国有企业的股权转让事宜。这两家企业分别为福州市煤气有限公司和福州市液化气有限公司。此两公司都是福州新榕燃气投资有限公司的全资子公司，前身分别是国有企业福州市煤气公司和福州市液化气公司。

今年 3 月，转让消息一经公告，50% 股权最终会花落谁家成了众人关注的焦点。经公开竞标，华润燃气（集团）有限公司和深圳盛凯投资有限公司出资 8 亿元，从新奥（中国）投资有限公司、中国燃气控股有限公司等众多竞标者中脱颖而出，成为福州市煤气有限公司和福州市液化气有限公司 50% 股权的受让方。同时，按照转让公告的要求（申请人为境外企业法人，只能受让其中 49% 的股权，另外 1% 的股权由与其组成受让共同体的境内不具有外资成分的非关联企业法人受让），作为境外上市公司，华润燃气受让股权为 49%，深圳盛凯股权为 1%。

据悉，这是福州市国有公用事业市场化运作的首例。连国平称，这将为福州市公用事业改革提供典范。

获得特许经营权 25 年

“华润有着丰富的燃气投资、建设、经营、管理经验，不仅引进资金，而且引入良好的管理机制来提升管理效益。”福州新榕燃气投资有限公司董事长李茂水说。

据悉，新资金注入之后，福州煤气有限公司将拟更名为福州华润燃气有限公司，而福州市液化气有限公司拟更名为福州华润液化气有限公司。根据草签的《特许经营协议》，在新公司获营业执照之日起，将拥有福州市管道燃气的 25 年特许经营权。在台江区、仓山区、鼓楼区、晋安区和马尾区（但是该区域内经建设局或其他机关批准或授权已由其他管道燃气经营企业经营的区域除外），以管道输送形式向用户供应燃气，完善管道的铺设、提供管道燃气设施的安全维护，更新改造和抢建等服务并收取相关费用。

据了解，今后新公司将对以上区域其他管道燃气企业进行整合，至于什么时候完成，华润燃气投资代表许殳表示不便透露。

气价不会因此而生变数

随着市场资金的进入，公用事业步入市场化，在利益最大化的市场经济下，对福州的燃气价格会不会带来直接影响呢？对此，连国平给予了否定："虽然溢价较高，但并不以牺牲公共利益和公共安全为代价。"

据了解，燃气的价格仍由物价部门按照相关程序制定，并不因为市场资金的进入而改变。制定价格成本仅是考虑的一小部分。而福建的 LNG 气源供给因为有 25 年的合约，价格相对稳定，所以供气价格只会因为人工、运输等成本的变动而变动。

福州公交拥有三家股份公司

目前，福州公共交通集团有限公司拥有三家股份公交线路经营公司，均为引进资金形式，一是负责中巴线路运营的三山公司，国有资本占股权 52%，职工集资占 48%；二是负责合作线路运营的中外合资营达公司，国有资本占股权 35%，外资占 65%；三是由政府投资的线路从公交集团剥离，成立具有独立法人资格的子公司，股权结构为国有资本占 51%，49% 股份将转让给社会资本，即新成立的福州康驰新巴士有限责任公司。

截至 2008 年，福州市已有 2000 多辆公交车。至 2010 年，市区公共汽车总数将达到 3000 辆。

福州自来水公司或被外资收购

2008 年 11 月，福州市政府批复同意成立福州水务投资发展有限公司（即俗称的"水务集团"）。

水务集团"三水合一"，是在福州市自来水公司、福州市温泉供应公司、福州祥坂污水处理厂、福州洋里污水处理厂四家"原水、给水、污水"单位的基础上组建而成。

据悉，成立水务集团后，还将对旗下四家国企进行改制，而自来水公司将先行一步，全球水务行业巨头法国威立雅水务最有希望参股最多 49% 的股份。

12.4 福州市煤气有限公司改制　华润燃气公司 4 日揭牌

福州新闻网　李效翔　2011-07-04

4 日上午，福州华润燃气有限公司揭牌仪式在我市举行。

福州华润燃气有限公司是原福州市煤气有限公司改制而成的合资公司。目前，福州华润燃气有限公司是福州 LNG（液化天然气）项目业主，拥有福州市管道燃气 25 年特许经营权，现有福州城门、闽侯青口、福清宏路等三个天然气门站和一个鳝溪调峰站，已在我市发展居民用户 40 万多户、工商供气用户近千家。

据了解，华润集团作为国务院国资委直接管辖的特大型企业集团，一直把福州作为投资重点区域，除燃气项目外，还在我市投资地产、水泥等项目。根据今年 3 月签署的《福建省与华润集团战略合作框架协议》，“十二五”期间，华润集团将在福建省再投资 1000 亿元以上，重点在现代服务业、战略性新兴产业、城市综合开发、优势传统产业等领域与我省开展合作。

13 青岛海湾大桥BOT项目报道

13 青岛海湾大桥 BOT 项目报道

13.1 青岛海湾大桥 BOT 项目点评

大岳咨询 金永祥

中国高速公路总里程 2013 年超过了 10 万公里，超过了美国跃居世界第一，高速公路建设市场很蓬勃但投资市场比较封闭。与高速公路高速发展相伴的是一批又一批交通厅长、局长倒下，公里投资额居高不下，全社会物流成本过高，制约经济发展和人民生活水平的提高。

实际上，也不能说高速公路未向社会资本开放，只是开放的项目透明度不高，没有哪个项目有过充分竞争。本来修建高速公路时获取农民土地的成本并不高，考虑到土地是最敏感的成本因素，高速公路的投资成本控制应该容易，结果却令人失望。

青岛市在做海湾大桥之初委托了市发改委下属的工程咨询院担任顾问，这是国内各地典型的做法，肥水不流外人田，做好做坏自己干。青岛咨询院张院长是一个很有智慧的人，脑子很清楚，也很负责任，他认为应该聘请专业的机构协助其完成这项任务，于是大岳咨询作为 PPP 领域的权威机构有幸参与了这个项目。

我们共同组织了一次竞标活动，来自本省的济南高速和一家香港公司形成了激烈竞争。在设计方案时，为了提高项目吸引力，政府拟免费为项目公司提供与大桥接驳的环湾高速公路，并提供 12 宗与设施相连接的土地。由于引入了竞争机制，投资人放弃了 12 宗土地，并承诺随交通量的提高可以与政府分享过路收费以补偿接驳公路的租金。如果没有竞争，这种结果是不可想象的，或者说，如果全国的高速公路项目都这么竞争了，那么物流成本就会大幅度降低。

做这个项目遇到的问题是，由于整个高速公路行业都未充分竞争，项目推出后社会投资人的参与热情很踊跃，但却都纷纷表示愿意与政府一对一谈判。可见，一个竞争的市场是需要培育的，一个被政府养懒了的“市场”想转变为充分竞争的市场也绝非易事。

13.2　山东高速集团中标青岛海湾大桥 BOT 项目并签署特许权协议

山东国资委　2006-10-17

9 月 28 日上午，山东高速集团与青岛市交通委在青岛正式签署青岛海湾大桥特许经营权协议，成为该项目业主法人，获得该项目 25 年的特许经营权，负责青岛海湾大桥主线工程及相应的交通工程的投融资、建设和运营管理。青岛海湾大桥是国家高速公路网青岛至兰州高速公路的起点段，是山东省“五纵四横一环”公路网主框架的重要组成部分，是青岛市规划的胶州湾东西岸跨海通道“一路、一桥、一隧”中的“一桥”。大桥主线工程及相应的交通工程（即李村河口至黄岛红石崖）全长 28.047 公里（含红岛连接线 1.3 公里），主线采用双向六车道，桥梁宽度 35 米，设计行车速度 80 公里/小时。工程概算 88.29 亿元，建设期 3.5 年。特许经营期内，与胶州湾高速公路捆绑经营，山东高速集团将组建项目公司，按一定方式取得胶州湾高速公路收费经营权，同时拥有大桥的广告经营和旅游开发经营权，以及胶州湾高速公路的广告经营权。

13.3 世界最长跨海大桥“山东的桥”有望成新品牌

大众日报 齐军、薛广乾、梁旭日 2010-12-23

类似的技术创新，在青岛海湾大桥还有很多，斩获了多项科技进步奖项。建设中的青岛海湾大桥，已经被桥梁业界公认是总体规模为世界第一大桥。青岛海湾大桥本身是青岛市的市政建设项目，他们以 BOT（建设—经营—移交）方式面向世界公开招标。

12 月 22 日上午，青岛海湾大桥正式宣告主线合龙贯通。大桥总工程师，参与大桥项目 17 年的邵新鹏毫不客气地说：“这座大桥不仅在中国，就是在世界上，也是数得着的。”

负责大桥投资建设，并拥有 25 年特许经营权的山东高速集团，对此颇为自豪。确实，在获得“山东的路”这一全国性的品牌之后，我省凭借青岛跨海大桥这一项目，有望再造一个新品牌——“山东的桥”。

多年梦想正在实现

12 月 22 日，冬至，一个并不寒冷的日子，记者驱车青岛海湾大桥，一路在蓝色的海水上蜿蜒。这座举世瞩目的桥梁，一头连着青岛主城区，一头连着黄岛，与济青南线高速公路连接，中间还有一条岔道向北，直奔红岛。

对于青岛市民来说，这是多少年的梦想啊。尽管还没有正式通车，可是他们已经迫不及待了，有的老人甚至骑自行车去看桥。市民小梁告诉记者，他女朋友家在黄岛，工作在青岛市区，每天上下班都得依靠轮渡往返，感觉特别不方便。他现在担心的是：大桥通车以后会不会太堵车？

现在，这座大桥已经初步建成，设计时速 80 公里，设计使用年限 100 年。通车之后，青岛至黄岛的路程缩短约 30 公里，可以节省 20 分钟车程。同时，进一步完善青岛市东西跨海交通联系，带动青岛主城区之外的红岛、胶州、黄岛等卫星城镇的发展。青岛市民小刘说：“以后参加红岛蛤蜊节的人肯定会越来越多。”

对于邵新鹏来说，大桥在他心目中的分量非常之重。早在 1993 年，研究生毕业不久的邵新鹏，就在省交通规划设计院接触了这个项目，迄今已经和大桥结缘 17 年。据记者了解，他为了做大桥的总工程师，放弃了以前的工作，甚至薪酬都降低了一截。

大桥主线贯通之后，还会有一些施工，主要是护栏、路面、路灯等附属性的后续工程。据悉，明年上半年大桥就可以正式建成通车。

大桥主体工程 10 标段来自四川南充的工人王云说：“为了建大桥，我已经四年没有回家，这个春节可以在家过了。”

总体规模世界第一

青岛海湾大桥的技术含量，确实“拿得出手”。

青岛的海，含盐量大，冬季结冰，所以防腐蚀、防冰冻是一个很大的技术课题。底特里克 · 何慕尔先生是国际桥梁专家，作为丹麦科威国际工程咨询公司桥梁部总工程师，曾参与了我国第一座长距离跨海大桥东海大桥的前期咨询工作。他说，青岛海湾大桥的工程难度，主要在于海水含盐度高，腐蚀性强，大桥处于寒冷海域，每年结冰融冰，这都是技术难题。

我国以往建成的跨海大桥，大都是在南方地区，不存在这些问题，或者程度不那么严重。青岛海湾大桥很好地解决了这些课题。建设中在大桥的桩基上，套上一圈钢护筒，一方面作为混凝土浇筑的模板，一方面又作为结构防腐蚀的辅助措施。同时，在部分承台，采用混凝土套箱技术，在改善了混凝土浇筑环境的同时，又延长了外界侵蚀性介质进入承台的时间。这些办法就像在海水与桥体之间，设置了一层“隔离墙”，腐蚀问题就解决了。

类似的技术创新，在青岛海湾大桥还有很多，斩获了多项科技进步奖项。比如，“水下无封底混凝土套箱技术”，属于世界首创，获得了 2009 年度中国公路学会科技进步特等奖；“高精度卫星三维定位测量控制系统”，获得了山东省科技进步二等奖。

建设中的青岛海湾大桥，已经被桥梁业界公认是总体规模为世界第一大桥。就长度而言，它全长超过 41.58 公里，是世界最长的跨海大桥。就海上钻孔灌注桩而言，5127 根的数量也是世界之最。大桥的“红岛互通立交”，也是我国首座海上互通立交。

漂亮弧线背后的漂亮运作

在波光粼粼的胶州湾，海湾大桥就像一道漂亮的弧线，在天海之间划过，注定要成为青岛的标志性建筑。“漂亮弧线”的背后，是“漂亮的运作”。

青岛海湾大桥本身是青岛市的市政建设项目，他们以 BOT（建设—经营—移交）方式面向世界公开招标。最后，山东高速集团获得了这个项目，投资百亿左右进行建设，同时获取 25 年的特许经营期限。

收费结束之后，青岛将完整拥有这座大桥。显然，政府以较少的代价，完成了一项重大项目的建设。对山东高速集团来说，按照有关测算，大桥 22 年收回全部投资，除了能为国家上交 90 亿元的税收外，显然还有利可赚。他们充分开展资本运作，多渠道筹资，银行的综合授信一度达到项目建设资金的两倍。

在“BOT”大模式之下，青岛市与山东高速集团还达成相关协议。特别是，青岛的环胶州湾高速公路，与青岛海湾大桥具备天然的“竞争关系”。青岛将这一高速公路与大桥一并归属山东高速集团，两者进行捆绑经营。从市场的角度，保障投资者的利益，也是项目成功的重要前提。

13.4 世界最长跨海大桥青岛海湾大桥主线贯通

大众日报　齐军、薛广乾、梁旭日　2010-12-23

今天上午 11 时许，随着第八合同段最后一片混凝土箱梁的成功浇筑，山东高速集团采用 BOT 方式投资建设经营的青岛海湾大桥主桥实现合龙贯通。这标志着包括三个通航孔桥和两个互通立交为主的大桥一期工程主体工程基本结束，下一步主要进行桥面铺装及供配电、护栏、照明、房建、景观等项目施工，预计明年上半年建成通车。

青岛海湾大桥是国道主干线青岛至兰州高速公路的起点段和青岛规划的东西跨海通道中的“一桥”，起于青岛侧胶州湾李村河大桥北 200 米处，止于黄岛侧红石崖与新建济青高速南线顺接，大桥为双向六车道高速公路兼城市快速路八车道，设计行车速度 80 公里/时，桥梁宽度 35 米，设计基准期 100 年。它是目前世界最长跨海长桥，主桥加引桥和连接线，全长超过 41.58 公里，也是我国目前国有独资单一企业投资建设的最大规模的交通基础设施项目，从功能上分有通航孔桥、非通航孔桥、互通立交，桥型上有斜拉桥、悬索桥等，堪称我国北方冰冻海域首座特大型桥梁集群。

大桥从 2007 年 5 月全面开工建设，至今已创造多项世界或国内“第一”：全桥海上钻孔灌注桩数量为 5127 根，居世界第一；是全国首座采用低桩承台的跨海大桥；混凝土套箱无封底技术为世界首创；大桥红岛互通立交为我国第一座海上互通立交，大沽河航道桥为世界海上首座独塔自锚式悬索桥。

山东高速集团董事长孙亮表示，将按期按质把青岛海湾大桥建成百年大桥，树百年丰碑，在山东高速创造的“山东的路”全国知名品牌的基础上，再创造“山东的桥”知名品牌。

大桥建成后将成为山东半岛蓝色经济区及青岛市“环湾保护、拥湾发展”战略中的重要交通枢纽，将缩短青岛至黄岛间路程近 30 公里，节省时间 20 分钟，进一步完善青岛市东西跨海交通联系，扩大青岛市城市骨架，缩小青岛、红岛、黄岛的时空距离。

附录 发挥智库作用 推进PPP健康发展

附录　发挥智库作用　推进 PPP 健康发展

I　解密中国 PPP 典型案例

——金永祥总经理在全国财政系统 PPP 培训班上的讲座

主持人（财政部金融司五处处长阚晓西）：

现在我们开始下午培训的第一堂课，今天的主讲人是我们大岳咨询的金永祥总经理。金总在 PPP 项目里有 20 年的实践和经验，为 30 余个直辖市和计划单列城市，还有 90 个县级城市的政府，以及国内外的投资机构提供顾问服务，是我国投融资和城镇开发方面的专家。在财政部推广应用 PPP 模式的过程当中，金总等几位专家参与了相关制度的设计，包括项目的评审。今天我们结合课程的要求，专门请金总就污水处理领域 PPP 实践做一个专题讲座，下面请大家欢迎金总讲课。

金永祥总经理：

各位领导、各位专家，大家下午好。

大岳咨询公司是 1996 年成立的，成立以来基本上围绕着 BOT 在开展业务。到目前为止我们在 100 多个城市做过的项目累积大概有 500 个，这些项目很多都和 PPP 有关，有些在业内只要提起 PPP 可能就会有人知道，比方说像北京地铁 4 号线、兰州自来水股权转让、北京第十水厂、合肥的王小郢污水处理厂和大连中心城区垃圾处理，还有一些城市开发项目，像北京西红门经济适用房等一系列项目。这些项目对国内的 PPP 产生了很大的影响。另外，我们最近这一两年比较多的参加了有关政府部门的政策制定和研究工作，除了财政部，像发改委、住建部、交通部、水利部、卫生部、农业部，很多与 PPP 相关的事我们也或多或少地参加了。通过参加这些活动，使我们对 PPP 有了比较多的了解。

今天借这个机会我就结合我们做项目的一些情况、一些体会和经验，包括我们了解的情况，跟大家来分享一下有关 PPP 的知识和经验。

财政部给我的题目是《环保 PPP 项目实践方面的经验》。昨天在广东东莞，广东省委组织部搞了一个市长书记班请我去讲 PPP，我去参加了那个会，昨天没有来参加咱们第一天的培训。来这以后，我翻了一下培训指南，发现前面的演讲也有类似题目。另外，有关领导今天上午讲得也非常好。我担心讲重复了，耽误大家宝贵的时间，尤其是领导讲的有些东西已经不再需要讨论了，基本已经形成规则了。所以把我讲课的内容做些调整，我的课件已经装进了咱们这个培训的本子里面，大家可以看一看，我就不讲了。我今天重点讲一下，在实践中我们遇到的一些问题和大家提出的问题。

我注意到这次培训时间紧没有安排互动环节，我在其他课堂上的一些互动环节，其他公务人员所关心的问题，借这个机会跟大家做个交流，我相信他们关心的问题也是大家关心的问题。我今天讲三部分内容，一是谈一些案例，二是跟大家分享一些我们业内在做 PPP 项目时遇到的问题，三是谈谈目前整个 PPP 存在哪些问题，我们有什么解决建议。

今天的研讨非常非常好，有这么多领导亲自来讲，而且讲得又特别清楚，我也学到了很多东西。他们讲的内容基本就是规则，政府定下来的事就必须得按照这个东西去做。我们是中介机构，中介机构讲的内容主要还是交流性质的，对或不对供大家参考。我首先跟大家来分享几个案例。

一、案例分享

前几天央视《朝闻天下》播了一期节目，讨论的是 PPP，我也接受了采访。这个节目的背景是最近 APEC 会议涉及了 PPP，还有东盟的一个会议也提到 PPP，所以他们搞了这样一个节目。节目中提到两个案例，一个是北京第十水厂案例，另外一个是北京地铁 4 号线案例。这两个案例可能很多人或多或少都了解，但是对这个案例本身到底是怎么一回事，还有好多人不断地问。我首先把这两个案例跟大家做个分享。

1. 北京地铁 4 号线 PPP 项目

北京地铁 4 号线到现在已经经历了一个比较完整的过程，从 05 年开始，到现在差不多已经有 10 年时间了。真正在国内第一个叫 PPP 项目的是这个项目，当时为什么叫 PPP 呢？不像我们今天几位领导讲的 PPP，现在我们可以脉络非常清楚地说这个是 PPP，当时叫它 PPP 就是因为在市场里面有 BOT、有 TOT，有其它一些常见的名字，但是我们发现地铁这个项目比这些单一的项目复杂，把它归为 BOT 也不行，归为 TOT 也不行。我们那时候给狭义 PPP 的定义是什么呢？不能归为某一个简单 PPP 融资模式的项目，我们叫它 PPP，这个观点也写进了我们的书里边，北京地铁 4 号线就是因此叫 PPP 项目的。现在狭义 PPP 的概念已经发生变化了，财政部给出的思路非常好，强调政企合作，强调政府要不要出资，强调是不是有经营行为。发生了这样一个变化，当时我们叫 PPP 是出于没有办法归类，幸运的是北京地铁 4 号线叫 PPP 也符合今天财政部的想法。

北京地铁 4 号线从总投资上讲，具体的数字不是特别重要，我讲大数，它总投资是 150 个亿。作为地铁来讲，本身效益是有的，一定是有效益的，但效益基本都外溢了。对于这种外溢效益的项目怎么样做 PPP，当时是一个难题。我们进行测算，进行分析，研究它的收入，票价的收入、广告的收入，当时还考虑到像通讯、商业一些收入加起来值多少钱，大概值 50 个亿。那就意味着这个项目的资金缺口是 100 个亿。在这种情况下，政府的选择应该是什么？那就是政府为项目付出的代价最小，这就是政府的选择标准。假如政府自己投了 150 个亿进去，那能拿回一分钱吗？不可能的。如果让社会资本投进一部分，那政府就少投钱了，这是一个指导思想。

在这种情况下，我们把项目切成了两部分，一部分是能够满足社会资本回报要求的，那就是 50 个亿，另外一部分是 100 个亿。在财务上切完了以后，在物理上怎么对应呢？后来研究我们发现，洞体部分的投资大致就是 100 亿，设施部分投资大概是 50 个亿，这样正好，实现了与财务的对应。这样形成了今天大家了解的方案，北京地铁 4 号线这个方案到现在来讲，应该说还是非常不错的。这个不错在哪呢？大家都问北京地铁 4 号线带来了什么，也在讨论物有所值，讨论 VFM。地铁 4 号线，它给北京市或者给地铁行业带来了什么呢？让我看有这样几点：

第一，首先是解决资金问题。北京市政府在这个项目里面少投了 50 个亿，减轻了财政的资金压力。我们知道有好多的公益性项目，公益性项目到底怎么做 PPP？政府尽量的少投入，减少政府本身的财政负担，这是一种选择，完全甩包袱是不可能的，这是第一个。

第二，北京地铁 4 号线激活了整个北京地铁的这盘棋。这一点是我们当初并没有特别重视的，但是当我们回顾它的时候，发现这一点就非常有意义了。它是怎么激活机制的呢？4 号线投资人香港地铁进来以后，捅破了窗户纸，它是一个体制很灵活、管理很先进的一种机制，为了开展工作，它大量的从北京现有的地铁运营公司和建设公司里边招人。招人以后，原来国有企业职工为了比较好的收入会过来，但工作一段时间，他们发现这里面工作强度比较大，不能养尊处优，一部分人又回去了。人一来一往所带来的效果非常的微妙，怎么了？它捅破了一层管理的窗户纸，使地铁运营公司的管理效率提高了，使他们知道怎么样去管企业了，就是说对完善地铁运营公司的管理架构和管理制度起到了非常大的作用。

在后来北京的其他地铁线里面我们体会到了良性互动的感觉。在地铁 4

号线项目，我们为北京市政府工作了三年半的时间，后来在北京地铁 14 号线和北京地铁 16 号线的时候，我们是香港地铁的顾问。我们能够感觉到，北京地铁运营公司的成长对香港地铁又产生了反向的压力。我们在准备投标文件的时候，一旦听说那面北京地铁运营公司也去找市长了，也志在必得，港铁怎么样呢？也想拿到，双方之间形成了良性的互动，那只能优化方案降低价格。最后的价格是怎么定的？我们公司只有一个帮助算账的人才或多或少知道一点，香港地铁也只有个别人知道，假如走漏了消息，那就是他们说的，所以我都没有办法去问报价是什么。这完全符合商业规则。

看得出来，4 号线使北京地铁运营公司快速地成长起来了。我说物有所值（VFM）难以判断、难以计算，就是国企在改革之中潜力巨大，我们对国有企业的未来是很难预期的，实际上他们的这种变化是几年前我们根本就没有办法想象的，所以 4 号线为我们国有企业机制创新趟出了一条路。国有企业改革的目的是什么？并不是要取消所有的国有企业或者要整死这些国有企业，国有企业的改革是为了解决问题，是要提高整个行业的效率。

前几天有一个记者到我这采访跟我讨论 PPP 项目的时候，我说做 PPP 项目有的时候不是项目本身的事情，它是政府整个一个大盘子里边的一颗棋子，它要用这颗棋子实现它的战略目的，所以它不仅仅是一个财务数据的问题，不论这个数据它能不能准确计算，这是第二点。

第三，监管问题。对政府来说监管很难，在什么情况下监管会变得容易呢？在竞争的情况下、透明的情况下，在政府能够得到更多数据的情况下，监管就会变得很容易。在这个项目里面，今天北京财政局的领导都在，他们有体会，通过北京地铁 4 号线可以得到另外一套数据，他们通过比较地铁 4 号线的数据和地铁运营公司的数据，能得到更多的信息，甚至可以判断企业在什么地方作假了。

以前我们作为咨询公司也帮财政局去调查国有企业的数据，实际上很难做得很好。只有在透明的情况下，在竞争的情况下，监管才能够变得容易，才变得可行。

地铁 4 号线在很大程度上影响了整个中国的地铁行业。就我们所知，地铁 4 号线每个月都要接待大批的来自全国各地同行业的考察交流，包括通过我们来安排的交流。通过这种交流，行业能学到什么呢？无论是对地方政府，还是对各种各样的社会投资人，他们都能够从中汲取营养，学到很多东西，使整个行业朝着健康的方向发展。如果没有地铁 4 号线，我们就没有地方去思考很多事情，坐在家里想，坐在办公室里想是想不出来的，只有在实践中，我们才知道这个行业应该往哪个方向走。

在这个项目里面有两个问题比较重要，现在看处理基本是得当的。对交通项目，一个基本问题是交通量，对交通量的预测是很难的，水项目比较容易估，不一定准确但还可以做，交通量基本不可以估计。它难度有多大？当时可行性研究报告的交通量数据大概是每天 60 万人次。后来我们说要跟外商合作，这个数据必须得谨慎对待，我们请了一家香港的专业公司，它有国际经验，它预测的数据是多少？48 万人次。现在这个数据实际是多少？每天一百二三十万人次。如果从 48 万到一百二三十万人次，交通量风险的分配机制不健全的话，对政府来讲可能是一场灾难，这并不是说人家挣钱我们就嫉妒，而是政府会承受巨大的政治压力，凭什么这个项目会让人家挣这么多钱呢？在这个项目里，交通量的解决方案非常好，有完善的机制。一个是比预测交通量数据低了，低到一定程度，怎么处理？在国际上有一种处理办法，比方说一定期限内的低，设计一种财务补偿机制，如果长期的低可能会有回购安排，像香港有一条隧道就回购了。另外就是实际交通量高了怎么办，高了政府就要分成，甚至政府可能全拿走。在这样一种情况下，我们就解决了客流风险的分配机制问题。这个项目里，政府没有因为这个问题承受更大的压力，在市场变化这么大的情况下，我觉得得益于一种成功的设计。当然这是有大背景的，可能这个项目遇到的情况比较极端，在过去 10 年里，我国的城镇化，谁也没有想到会发展得这么快。这是第一个。

第二个基本的专业问题是票价。交通项目的票价，我们一定要想好，这种项目是跟公众利益，跟市民利益密切相关的，票价是一个非常敏感的数字。走到各地看看，市长也好，市委书记也好，有几个敢随便涨价的？很少。我们如果把制定地铁票价的权力让步给民营公司，风险是非常大的，怎么解决？我们设计了两个票价。一个是面对老百姓的政府定价，这个权利是不放的，另外有个与投资人的结算票价。在结算票价和政府定价之间有一种相应的制度安排，不损害投资人利益，这样政府能够争取主动权。

最近，北京地铁在搞调价。有记者问调价会不会让香港地铁多挣钱，我说这跟它没有关系，涨价还是跌价都跟它没有关系。跟谁有关系？跟我们传统体制企业是有关系的。这个是我们交通项目里和公用事业项目里应该注意的问题，政府控制什么，市场规则到底怎么样设计，政府跟市场之间怎么样进行结合。这是第一个案例。

2. 北京第十水厂 BOT 项目

第二个案例，讲讲北京第十水厂。这是在中国 PPP 发展史上起了标杆和支点作用的案例，并不是说这个项目有多伟大，而是就像我们今天说楼部长在推 PPP，在主导着 PPP，然后 PPP 会往大发展，那上一波是谁推的呢？是原来北京的老市长汪光焘。北京第十水厂在 1998、1999 年提出来，我已经忘记那个时候是几五规划了。按照那时的规划，北京的用水量每年每日会增加 10 万吨。第十水厂是 50 万吨的水厂，这个 50 万吨的水厂也就用五年，也就是从 1999 年大概也用到 2004、2005 年，我们必须建新的水厂了。但是城市的发展规律超出了我们的想象。在 2000 年以后，整个城市出现了一次历史性的变革，那就是工业企业外迁，外迁以后城市用水量下降，原来预测的必要性不存在了。还有社会的变化也很大，影响非常大。原来潮白河上游的河北省人民非常的友善，后来他们学会节流了，所以密云水库没水了，建设第十水厂的条件受到了限制。尽管经历了很多事件，并不影响这个项目的历史地位。

当年这个项目提出以后，按照当时的体制怎么做呢？就是由自来水公司和当时的主管部门公用局，后来转成了市政管委，还有北京的市政设院去做方案，测算水价。第一个水价拿出来是多少钱呢？一吨水 6.9 元，报到汪市长那，汪市长说不行太高，他是专家，这个事被否了。被否了以后重新做方案，重新做方案再测，再测的结果是 3.9 元，市长勉强接受了，以后按 BOT 方式运作项目才有了后面的故事。

我以前在北京市计委的咨询公司工作过，北京市 BOT 研究的课题是我担任负责人做的，所以就顺理成章地成为了这个 BOT 项目的顾问，成为汪市长的顾问。长话短说，我们规范运作公开竞标，竞标的结果是什么呢？最低的水价是每吨 1.15 元，开标的时候这个价格太刺激了。从 6.9 元、3.9 元到 1.15 元，当时汪市长就急了，他脾气比较直接，一定要求自来水公司把这个事情说清楚。

后来我们又受委托，帮助他们写报告，把 3.9 元和 6.9 元的事圆上了。这个事情就这样过去了，但引起了领导新的思考。我记得汪市长当时说的一句话，不能让你们这样再搞下去，必须改革。接着没过几天，汪市长就要对公用事业进行改革，首先是对第九水厂进行改革，要做 TOT，这个项目的方案我们也做完了，汪市长也同意了，但没等正式启动他就到住建部去当部长了。

当部长不久就开始了后来的公用事业改革。北京第十水厂历经坎坷开工日期一拖再拖，最根本的原因是什么呢？工业企业外迁，造成了北京市不缺水，后面的故事大家怎么讲，最根本的原因都是这个，如果真的缺水，北京市政府早把这个厂建起来了，之所以没建，就是因为不缺水，不缺水为什么要建。所以在这个项目里另外一个最成功的地方是什么呢？这是个国际招标项目，在国际招标项目里项目拖期没有遭到外方索赔，是因为这个项目的规则非常完善。因为北京通州要建新城，这个项目启动建设了，等南水北调的水来了，运行的条件也就具备了。

这个项目真正的意义就是它影响了一个关键的人物，就是汪光焘从汪市长到汪部长。后来住建部让我们帮助去推进公用事业改革，去制定方案，也像今天一样的，陪着司长处长们去宣讲，推动了 2003 年到 2008 年那一场规模浩大的公用事业市场化改革。那个阶段的 PPP 项目竞争是非常充分的，溢价频出，大家总在评说，但溢价背后，是市场的作用，是效率的提高，是改革效果的体现。溢价是市场行为，是放开市场后市场定位的一个过程。这是第二个案例。

3. 一个失败 PPP 项目怎么走出困境

我跟大家分享第三个案例，看看一个失败的 PPP 项目怎么走出困境。在给大家文件夹里有一本书，我们有个同事写过文章《失败的 PPP 项目怎么走出困境》，非常有现实意义，建议大家读读。在上一轮 PPP 大发展过程中，发展到 08 年的时候干不下去了。为什么干不下去了？因为项目很多，多了以后就什么事都有了，有些项目做砸了。在整个市场里，都是一种声音全支持 PPP 是不可能的，怎么可能啊？从来就没有这种情况。在这种情况下，中国供水协会，首先就对 PPP 发起了强烈的反思。当时我们在兰州自来水改制做完以后正在做西北地区另一个自来水项目，供水协会反对兰州模式，把我的名字几次写进他们的报告里，反对 PPP。

会长去当地，连续几次去吓唬市委书记，说如果要改革了会怎么样。最后这个项目以市场化改革终止告终。客观的说水协并没有造谣，他们反思应该是为这个行业负责。为什么呢？确实在国内出现一些 PPP 项目失败了，这些项目失败以后造成的后果就是这么严重，使改革没有办法再进行下去。当然，就单个失败的项目而言，对政府来讲损失是非常惨重的。

如果有项目失败了，怎么办？今天焦主任也讲到争议解决。在做 PPP 的时候，既然是三个 P，既然是合作，就一定会有争议，争议到底该怎么解决？另外如果项目前期没做好，后期该怎么办？值得我们去思考。因为有案例当地城市的政府官员在，不说具体城市的名字了。讲这个案例不是说这个项目做得不好，恰恰是说这个项目争议的解决反映出当地领导的智慧。项目是这样的，一个自来水公司与一家外商就自来水厂做 TOT，是很大的一家外国公司。合作带来了一个问题，自来水在做改革的时候，如果仅做水厂市场化改革，水厂本身一般是没有问题的。但是水厂的水要谁买呢？要自来水公司去买。自来水公司去买水的时候，如果它的下游水价改革不到位的话，那问题就大了，实际上自来水行业 PPP 项目出问题的根源在于改革的系统性不到位。水厂改了，自来水公司的售水价格没有改，价格没有到位，是一个行业的问题。我们回头说这个水厂 TOT 项目，中外合作成立了一个水厂公司以后，没有运转一两年就开始了争议。争议的焦点在哪？中方突然发现，外商每年拿走的钱相当于它投资的 1/3 左右。也就是比方说外方投资两个亿，他拿走六七千万，类似这样的回报水平，是非常非常的高。非常高以后怎么办？中方采取了粗暴的措施，就是我不给钱。每年只给外方够运营的成本钱，剩下的钱就不给了。

那作为投资人怎么办？他认为政府违约了，按照合同应该给我，为什么不给啊？在焦灼的状态下，持续了将近三年的时间，在这三年里这个城市有一个副市长，要不停地去调停这个事。外方的董事长、总经理也要来，要到政府去拜访，要抗议。项目本身不能正常地运行。我们做 PPP 的目的是干嘛？是要提高效率，在这种情况下可能提高效率吗？不可能的，效率一定是降低了。后来，这个公司的总经理，把我们找去，研究这个事到底怎么办，得找一个出路。

解决办法应该这样去想，后来我们的建议是什么？先做一个评估，政府到底是赔了还是赚了，你不能光看人家是赚多少钱。你赔赔在哪，你赚赚在哪？你不能就是简单的不给钱，这样做给中国人也丢脸，人家会说我们有没有契约精神。外方的总经理打电话给我，他说老金，你天天出去讲要规范运作、规范运作，我们这合同合不合法？问的我真是没有办法。我说什么？我说你们就要离婚了，如果我不介入的话，只有一个结果，是你丢脸，他也丢险的事情。他觉得我说的也有道理，后来我们就开始评估。评估后发现两大问题，第一个大问题就是合同是有问题的，我们说合同要公平，在这个项目里面整个合同是偏向投资人的，不是说不应该偏向，问题是对政府的保障一点都没有，所以他吃亏了也没有办法，没有理由说提出。问题出来了，你凭什么解决啊？它没有，找不到任何依据，就只有耍赖了。这是第一点，就是整个合同的公平性和完整性出了问题，没有跟市场对接。

第二个问题是回报率到底有多高。跟大家说，大概 30% 多。自来水项目，风险那么低，按照风险定价模型，研究过投资的都知道，风险和收益是应该对等的，我们不是嫉妒社会投资人赚钱，但是当他赚到 30% 多的时候，双方之间的合作怎么执行呢？政府方一算，两三年外方就把一个厂子赚回去了，这对政府来讲不仅感情上难以接受，还承受着很大的政治压力。

我们试图回过头来搞清楚当时为什么要这么签呢，好像这样做是没有道理的。政府方的人说，在谈判的时候，外方经验很多，人也多，还有顾问，他们就是董事长拿个计算器。外方一说，董事长一按计算器说行就定了。在签合同之前，政府方没有律师，投资人有律师，是他们写的合同，写完合同双方就签了。谈得很好，当时双方像兄弟一样，感觉这种友谊是非常深厚的。但是这个友谊在不久就被击破了，发生在换了一个董事长之后，如果不换董事长可能也不会击破，还会再熬一段时间，换了董事长这事就熬不下去了。

评估以后，我们找到了问题的根源，下一步怎么解决？很明显这个事情这样下去是不行的。后来我们的策略是重新谈判，当然外方是不同意谈判的，为什么要谈判？外方认为，你要让我走，那你得赔偿我，否则合同就得执行下去。在我们讨论外商的时候，在媒体上攻击外商的时候，我觉得有失公平。在这方面，我经常会问，他们违约了吗？实际上我们很少能看到人家违约，但在这种项目里政府方在吃亏的同时只能耍赖。后来，双方开始了谈判，怎么个谈法？降低外方回报率的理由是什么啊？我们提出了比较苛刻的条件，先把价码要起来，要起来以后再扯。没法谈啊，只能牺牲一个人了。前一段时间在微信里和外方总经理聊天时，我说我们派出的人很崇拜他，他说不可能吧，实际上真是这样的。棋逢对手，我们不能不崇拜外方总经理，真的能力很强。后来就这样谈，软硬兼施。一方面有人去把价码要起来，另一方面我们和他们讨论回报率水平高无法承受。我也去劝外方，说你如果谈不下来，如果捅出去被炒作，对双方压力都太大了。另外，对政府这面我们也去做工作，因为一旦双方谈判破裂被说出去之后，当地的投资环境被彻底破坏了。最后这个项目恢复到一个新的状态，回报大概降到了10%左右水平，最近几年这个项目执行得非常好。

我给大家举这个例子，因为我们今天在大规模的推 PPP，在这过程中，不出问题是不可能的，一定会出问题，出问题了怎么办？出问题一定要想解决办法，要走正道。前一段时间我们搞一次沙龙，跟中国财政学会搞 PPP 沙龙，分享了泉州刺桐大桥 PPP 项目。这老兄 20 年前用 BOT 方式建了一个大桥，用现在的词叫企业自提，自己弄出来了。以后这 20 年，就一直在争议。他解决争议采取的办法是什么？他总是到上层去找，去告状。那天他讲的时候，提到有一次自己就坐在省委书记旁边，我们一听就知道，你搞定了省委书记，没有搞定市委书记，走错方向了，所以他这 20 年都解决不了问题。像他这个事情也应该回归到重新谈判，把问题一次性解决了。不能想让上级去压下面，那样解决不了，上面压，下面是有办法的。

假如 PPP 项目万一出问题了，一定得通过评估的这种办法，通过重新谈判的这种办法来解决。当然争议解决是有程序的，可以通过法律手段来解决。但是需要注意的是比法律手段更恶劣的是什么？到媒体上去炒作，那就把双方都给炒臭了。解决问题最好的办法还是要就事论事、在商言商。这是第三个案例。

4. 兰州威立雅水务 PPP 项目

再讲一讲兰州自来水的事情。今天早晨焦主任提到了兰州自来水，前一段时间我去拜访刘健司长，在他办公室他也问起兰州自来水的事情。今天中午吃饭的时候，我们北京的领导问我，谁的回报率最低，我说法国威立雅。法国威立雅回报率最低为什么还挨骂呢？是政府脑子出问题了。兰州自来水到底发生了什么？到底给我们行业带来了哪些思考？首先兰州自来水项目是在什么情况下开始的呢？大概 2005 年，现在说 10 年了，有一次兰州自来水公司总经理孙晓霞到北京请我吃饭，讨论自来水怎么改革，然后启动了这个事。当时遇到的麻烦是什么？一个是建通往大学城的管线，没有多少钱的事，建了三年也完不成，可能等把后面的管线建成了，前面的都烂了，如果这样下去怎么行呢？这是他们面临的第一个问题。第二个，设备老化，没钱更新，没钱维护，没钱维护寿命就更短。想去跟政府要钱不可能，没有的。不像后来 4 万亿的时候，谁编个项目都可以拿到钱的，那个时候不行的，拿不到钱。所以那个时候企业是非常困难的，并不是这个企业已经好到不能再好的程度了，威立雅捡个大便宜。

在这种情况下，要进行改革，引进外资。所以你看后来的方案里面，大家能看到，它是卖掉了 4 个亿的股本，卖了 17 个亿，从这个意义上讲是高溢价了。但是整个溢价是怎么分配的呢？留在了企业 10 个亿，这 10 个亿就是瞄准当初很多的工程建不起来，半拉子工程的问题。那 10 个亿，在当时可以做 50 个亿的事，一点问题没有。05 年、06 年的 10 个亿跟今天根本不是一个概念。所以兰州自来水要改革的动因是要解决企业本身存在的问题，而且它通过改革实现了，达到了它的目的。

现在的兰州自来水处于什么状态？整个自来水行业，有哪个国有企业敢站出来说，有人已经监管我了，监管非常到位了？没有的。兰州自来水监管到不到位？到位了。从几个方面，只要兰州自来水有个风吹草动，威立雅就会挨骂。中石油的油漏了，漏进水里去了，没人骂中石油，但是有人骂威立雅。害人的没人去骂，但是被害的会被骂。如果他们有什么坏事，那就更麻烦了。从公平上讲好像不公平，但是从监管的意义上讲，这就是一种监督，一种监管。我们的政府部门跟国有企业什么时候把关系理顺过？现在兰州自来水和政府的关系是理顺的，不是某一个政府部门、某一个官员怎么样，一件事情会涉及到不同的政府部门，所有的人眼睛都瞪得亮亮的，看着威立雅水务的一举一动。政府和企业的关系理顺了，监管到位了，这是一种巨大的社会进步。

在企业内部，我们的公用事业企业是什么样？有人去监督吗？没有的。他们的采购会有人去监督吗？人员在不停的膨胀，谁去控制了？有些企业里面几万平米的门市房没有收入，谁管？没有的。在兰州自来水这个项目里面所有的问题都解决了。孙总有一次来北京跟我聊天，说现在总经理的权利是10 万块钱，超过 10 万块钱的上交董事会决定。这是什么？这是企业的机制解决了。

兰州自来水这样改革，不能得到认可是非常不公平的。我们在兰州自来水完成以后，有好多项目要做，其中有西北地区的一个项目后来被终止了，大家有机会可以去看看，不知道今天有没有当地的领导在，你们可以研究研究这个案例。当地水司把一个自来水公司分成了两部分，一套班子形成了两套班子，在两套班子基础上又构建一个大平台。这个模式是什么？是一个增加领导的模式。很明显，它不应该是改革的方向。为什么一定要增加编制，通过这个来解决什么问题呢？

改革不一定不提供机会。我们在济南有一个项目，污水处理厂。当时一个污水厂 40 个人够了，他们有 200 人。按道理来讲，可以弄几套班子给他任命官。被光大水务收购以后它变成什么呢？随着光大水务在全国扩张，这个厂为其它厂产生了很多的厂长。同样，兰州自来水也会为威立雅其他项目提供人才支持。用这种主动方式来解决问题，要比被动的去提官好的多。

当然，关于这个溢价是另外一回事。兰州溢价我是这样看，在改革之前，整个水务市场基本都是国有的，国有的市场的数据可信吗？大家都是财政系统的人，你们有几个人相信国有企业报给你们的数据呢？你们觉得自己能够把这些数据查清楚吗？基本是不可能的。所以，当我们把这些企业推向社会的时候，就是一个重新寻找定位的过程，出现过调是很正常的。我是学控制工程的，任何一个系统都会有波峰、波谷，都会出现波动。它会过调，溢价过高了或者不合理了，完全有可能，但这是属于市场行为。现在看威立雅当时报的价格并不算高，是合理的。它现在回报率有多高？就像我刚才说的，不是回报率，是利润率，现在大概 2%、3% 这样，你说合理，它为什么低啊？因为它当时预期的东西没有实现。在 05、06 年的时候预期什么呢？中国政府关于公用事业调价喊了多少年了，大家在当时都认为这个价格会调整到位的，现在兰州的水价在全国省会城市里排倒数第二、第三的样子。只要兰州的水价能够达到中游的水平，它的盈利水平就会非常好。

所以我说威立雅在这个问题上并没有作出错误的判断，我们的效率提高空间就这么大。这么大的空间会体现在哪些方面？我给大家简单的讲几个方面，第一个就是人，原来像兰州自来水公司每年增加的人大概 100 到 200 人，改革以后适当的需要大学生会进一些人，但是把人员控制了，每年可能减少 100 个人。另外一方面，自来水这个行业，人员比较老化，所以每年都要退休一部分人。这样一进一出大概每年差 200 多人，五年会多少？当然这数不一定准确，就是 1000 人。如果每个人的成本是 10 万块钱一年，1000 人一年就意味着 1 个亿，1 个亿按 10 倍的市盈率算值多少钱了？10 个亿，当然这个事情可能被我给夸大了，帐就是这样算的。

另外一个是企业管理，国内公用事业企业有几大问题，有采购问题，有些公用事业产品损失问题，比方说有的自来水公司每天 2 万吨水不知道哪去了，如果投资人自己管这个钱一定会收回来的，如果是传统体制，这种人情水就会很多。还有好多公共资产的收入，像门市房，上万平米门市房一年在帐里面可能会没有收入。还有的董事长、总经理，给自己建一个游泳池，谁都不能游泳，只能他一个人去游，他不游了，副总裁可能去游一会儿。各种各样的情况都有。在这种情况下，效率提升的空间是非常大的。在兰州这个项目里这种溢价并不过分，集中在两点，一个是市场正常的行为，政府在招商，社会投资人愿意投标，能 7 个亿买他们不会出 17 个亿的。还有项目操作的问题，大家在讨论这个项目的时候，很少有人注意到兰州本身。我第一次去兰州的时候，说实话给我的印象就是非常的深刻。为什么？那个地方草很少，我们到过的地方不长草的很少，但兰州很多地方不长草。再一个，兰州经济比较落后，在国内省会城市里边并不很发达。在我们做威立雅这个项目的时候，兰州没有一家像样的外资，说对外开放，对外开放你得有外，没有外你开放什么呢？所以在那个时候兰州这个项目是真的很多人想拿也拿不到，是整个全世界都去抢这个事情吗？不是的。在做项目的时候需要运作，如果在项目里面不造成一种竞争的氛围，价格是实现不了的。我们为什么做 PPP，说什么都没有用，市场经济没有竞争，PPP 只有垮台一件事，只有失败。在兰州自来水这个项目里面运作非常重要，跟大家说实话，这已经过去很多年了。后来业内的一些人有一段时间对我非常不满，为什么？他们认为是我操纵了这个事情，实际上不是的，完全是由于项目本身。当时我们找不到三家来参加竞标。威立雅热情高涨，第二家苏伊士，去也行不去也行，那么总得再找一家，为了这个事情我把整个圈子内的人都拜访了一圈，也没有人去。后来找到了首创，抱着捡便宜的想法，他们去参加了。顺便说，作为顾问要求投标人是正常的工作。这样形成了三家投标，而且这三家在当时都在业内影响比较大，形成了一种有效的竞争。

但是后来从报价上看，首创 2 个多亿，苏伊士报 4 个多亿，威立雅报 17 个亿，这是业内被媒体炒来炒去的几个数字。为什么会发生这种事情？这背后折射出我们兰州并没有那么大的吸引力，但是我们要把这个项目做好，就得去制造吸引力，就得造出一种竞争的氛围，只有这样，这种项目才能够成功。媒体认为两家低价，威立雅报高了，完全是不了解情况，把问题看反了。这个是我给大家分享的兰州这个项目。

5. 西红门经济适用房 PPP 项目

我再讲一个项目，案例比较多，再讲一个城市开发的。

在北京，在 2001 年的时候，有一件事情，北京南城要旧城改造，改造面临的一个问题是什么呢？南城就是原来的老崇文区和老宣武区。可能大部分人都到过北京，北京的中心是东城、西城、宣武、崇文四个区。东城、西城非富即贵，宣武、崇文历史上就是贫困区。所以这两个区的改造最大的问题就是搬迁问题，房价不能高，我们要解决这个问题。当时是谁接到这个任务呢？是北京市建设委员会，具体负责落实是房地产开发办公室。怎么样把房价降下来，当时北京经济适用房有回龙观、天通苑，它们房价大概在每平米 3000～3600 元这个样子，当时市长对西红门项目的要求是不能超过 3000。

现在说这个事情最后的解决方案也是一个 PPP。当时办公室主任是我们一起做第十水厂的副局长，叫陈永。他负责这个事情，把我叫来了，说市里面要做这样一个事，房价得控制住。那怎么办？我们建议竞标，参考第十水厂的竞标模式，从 6.9 元、3.9 元都能竞到 1.15 元，那房价竞标不可以吗？他说可以，这样就跟汪市长去说，汪市长说好，我们就开始干。我们怎么弄的？整个体量是 200 多万平方米，在北京的南四环叫西红门的地方，总投资大概在 50 个亿，当时 50 个亿不是小项目。

因为是有规划的，在这个规划的基础上我们做了投融资规划。投融资规划做什么？实际上是一个方案，我们要把经济适用房大概要多少量定死，这是我们必须要的，这个数字要控制住。除了经济适用房以外有哪些能做商品房，还有哪些可以政府用房，还有社会配套用房，都搞清楚，然后进行算账。算账以后发现做不下来，做不下来怎么办？我们再找规划局来调规划，把事情说清楚，规划局同意了，因为这是全市的事情。除了建委以外，还有规划局、发改委、土地局都会参加。在这种情况下，我们就来准备这个事情。

做完投融资规划，我们做招标方案。我们的思路是什么？我们通过竞标找一家开发商来做这个事情。给开发商的要求是必须以比较低的价格把经济适用房做下来，剩下的商业开发这一块有本事你去做高价房，做多高价是他自己的本事，但是规划条件都定了。在这样情况下以这样一个模式，我们想得很美，做方案阶段没有做市场测试。今天老焦说得比较好，要市场测试。等我们去找市场了，北京的地产商我们挨家去拜访，发现他们都对这个项目不感冒，为什么不感冒？因为在当时的条件下土地没有实行招拍挂，他们拿地都是协议价格，而且有的基本是零地价就拿到了，他能愿意做这个事吗？不可能。那怎么办？我们向市长已经承诺了，还得想辙。有一次汪市长开会的时候，我们说市长你对外开放行不行？你开放北京的房地产开发市场，我们到外地找来一家，汪市长说好，他们不干，你们就去找。

就这样我们出去找，采取什么策略？我们得用好北京这块牌。咨询公司做任何项目都得用好自己的牌，就像兰州那个，你得找到你自己的点，才可能把事做好。这个项目里面北京的牌子是什么？它有巨大的吸引力，很多人想进北京市场是进不去的。我们去找地产商，说你过来参加这个事吧，你进来以后合作伙伴有建设、有财政、有发改、有规划、有土地，等于买个路条。这个点打得很准，应者云集。外地的绿城，电广传媒，大的开发商都来了，竞标的结果完全出乎我们的意料，当时市长给的价格不能超过 3000，竞价的结果是什么？有一家最低的 2280，第二家 2480，第三家大概 2600 多，给市政府提供了非常丰富的选择。到最后是解决了整个南城搬迁的问题。所以这个项目以后，我们再讨论房价能不能控制的时候，我说控制不住纯粹是扯，一定能控制住。

开放市场以后取得了这样一个效果，开发商就在大兴，他们的商品房也赶上了一个好的时机，因为他拿到这个项目以后，没多久整个地产就红火起来了。一开始是按照我们的要求，把经济适用房先建起来，以便满足政府的拆迁要求，后做它那个商品房。本来是给它这样一个条件，是这样要求的。但是开发商命比较好，当他真正想做的时候，房地产价格起来了，这是另外一个故事，意外地造就了盈利很多的一个公司。

这是我给大家介绍的北京经济适用房这个案例，完成这个案例以后我们就把它给放大了，把投融资规划做成了一个专门的咨询产品，在很多城市，在新城新区里面去做投融资规划，去做这种模式。其中在北京最典型的是一个小城镇，是房山区长阳镇，大家有机会可以去看看，长阳开发是非常非常成功的，是落后地区实现跨越式发展的典型，基本上是西红门模式的一种翻版。所以就整个城市建设，我们国家经济的转型必须得动脑筋才可能解决。同样，我们的 PPP 也必须真正地动脑筋，需要有智慧才能解决。仅仅到国外的网站上浏览点什么，项目就能做好吗？不会的。这就需用足我们的资源，用足我们的脑子，然后我们可以把这个项目做得更好，把 PPP 做得更好，把城市建设搞得更好。

二、做 PPP 项目时遇到的问题

第二个大问题，我来讲几个问题。这段时间 PPP 比较火，我们讲课也比较多。昨天是在广东省省委组织部，把市长、市委书记叫在一起搞一个 PPP 的培训。在前一段时间中央组织部把各省会城市的市长，大概有 38 个人也找到一起，也搞一个这种培训。在武汉也搞过，我们参加过几个，因为领导的问题是不一样的。我注意到我们今天没有太多的互动，大家可能也不会给我提问题。在两个讲座的时候，他们给我提了几个问题，我觉得挺有意思，我相信有些问题可能也是我们在座的各位领导关心的，因为他们可能是我们的领导。所以跟大家来分享一下这些问题，这个问题也引起我们的一些思考。有这样几个问题，第一个问题，PPP 效率是不是提高了？这个是一个很根源性的一个问题，这是广东的常务副市长提出来的。因为他基本就判断了 PPP 效率没有提高。当时给大家讲兰州自来水这个例子，你们可以想想，如果我们人员在不停地减少，我们的采购得到了控制了，我们的人情水没有了，我们所有的用房都收上租金，效率能不提高吗？哪有这种社会资本进来这么傻的？

所以有一点是肯定的，从全社会来讲 PPP 的效率一定是提高的。我觉得不需要太多的分析，只要它边界是清晰的，只要有一定的规模，这一点基本上就是成立的。问题为什么我们能感觉到 PPP 没提高呢？实际上说效率提高那你得看是谁。如果我们把前两个 P 放在一起来考察就是提高的，如果说它没有提高，第一个 P 没感觉提高，那肯定提高这部分被第二个 P 拿走了，是分配的问题。所以效率提高这个事情，我觉得就是一个怎么样来分配的问题。我觉得做好 PPP，需要处理好合作的问题。第一个 P 和第二个 P，实际上真正的关键问题在第三个 P 上，合作。这合作的问题没有处理好，如果他解决不好，解决效率降低了，一般来讲是什么？就是说第二个 P 不仅把效率提高这部分来拿走了，另外还拿了一部分。实际上这种分配不合理，我们在做 PPP 的时候，可能要注意效率的这种安排，整个分配的这个问题。改革会有成果，那一定要改革分享这个成果。我们这样说绝不是说不让社会投资人去赚钱，而是使 PPP 这项事业能够持续地发展下去。

因为如果说所有的利益都被投资人拿走了，政府还会付出的更多，这个事情，从一个项目来讲，对投资人来讲是好的，损失也不一定大。但如果所有的项目都这样，PPP 很难推进下去。有人说 PPP 什么情况下是失败的？我觉得在这种情况下实际上 PPP 会失败，实际上这种失败不符合社会投资人的利益，不符合所有参与 PPP 项目的有关角色的利益。所以我觉得应该要共同地来解决好改革成果分配的这样一个问题。这个解决一个是说从机制上解决，在你整个制度安排上要解决，在协议里面要搞清楚。另外一个要通过监管去解决。所以效率提高这一点，我觉得应该是无疑的。但是说是不是所有的项目都会效率提高？那不一定，有的可能会效率降低。你比方说有的管网，有的新区的管网，本身市场负荷就不知道怎么发展，我们要花很大的代价，可能跟投资人把这个需求搞清楚。而现在就在这个过程中会发生很多很多的问题，每天我们都要去解决，这些因素它会降低我们的效率。

在这种情况下，我觉得不一定所有的项目都做 PPP，如果说这个事情太复杂，它管理起来太麻烦，我觉得这种项目做 PPP 的时候一定要慎重，在这种情况下可能会效率降低。这是第一个问题。

第二个问题，PPP 项目如何才能走向规范。因为我正好给他们讲规范、讲竞争，怎么样才能规范呢？我觉得今天财政部的几位领导已经讲得比较好，我们在建章立制这方面，很明显我们政府可能比以前做任何事情都有更多的思考，这本身就是一个很好的开始。但是 PPP 项目这种走向规范，应该是什么呢？我是这样觉得，对于地方政府来讲，对于投资人来讲，可能还有很长的路要走。因为我们经历过以前的这些公司，比方说以前的地方政府它们是怎么规范的，比方说首创股份，它是我们污水行业里面一个比较重要的投资人。他一开始做项目，实际上是很认真的，他有他自己的顾问团队，做几个项目以后，把自己的打法，把自己的人才培养起来。所以我们后来看他们在做项目的时候就比较顺。

另外有些地方政府做项目始终是没有认真过，所以这种地区总是有问题。但有些地区它比较规范，像北京是比较规范，所以它的项目很少出那种大的问题。所以怎么走向规范？从这个例子上我们可以看出，无论对地方政府还是对社会投资人，你肯定要注入规范的基因，它怎么可能规范呢？基因怎么注入？就是在你一开始做这个事情的时候，一定要认真。我们说这个规范里面，第一个是程序，现在程序里面出问题的太多了。第二个是文件，第三个专业问题的解决，还有这种组织上的规范。如果说我们把这些问题都给它很好地解决了，那我觉得我们对地方政府也好，对于投资人也好，可能都会容易规范。以前我们做合肥王小郢污水处理厂，后来四川地震了，地震以后主任去救灾，救灾以后他说老金我现在把王小郢那套做法搬到救灾现场，这个方法现在还是很灵，比我们原来做的那套东西好多了。我觉得这就是一种基因，应该说给 PPP 的项目注入一种基因，然后一开始就打下一个好的底子，这个非常非常重要。

第三个问题，这是一个行业的问题，公交。我不知道这个市长说的对不对，他说全国的公交 PPP 都收回了。都收回就意味着什么？就前面的失败，失败以后政府肯定代价很大，那你如果是卖出去了，如果再收回，我们不用想，中间产生的那种摩擦就会很大，这种事情就比较大。为什么会这样？当时我是这样想，刚才我讲到了地铁。一条地铁线，从资金投入上讲，它的规模要比公交大得多。它的技术水平，大家简单地想，除了红绿灯肯定没有以外，其他的都要复杂的多，它这个技术和管理。地铁能够做一个比较顺畅执行的 PPP，为什么公交不能呢？我觉得需要从整个行业来考虑。我觉得这个行业也是一样，是不是一开始有这种基因，注入了一个规范的基因。你让我观察这个行业，可能没有一个项目比较认真地把它做好，把所有的问题都解决了，你要 PPP，那我就 PPP。但这个 PPP 到底是怎么做的？它是不是规范的运作？你那个文件是不是专业的？在做的过程中，你是不是有竞争？你这整个项目边界是不是划清楚了？是不是所有你划定的范围都适合 PPP？我觉得一系列的问题值得我们这个行业思考。

但是这个问题对我们有一种警醒，因为我们现在要做 PPP，假如我们的 PPP 都像公交这样，那我们这个 PPP 就会出大篓子了。所以我们今天在推 PPP 的时候，我们应该汲取整个公交行业的教训。你让我想假如说这个公交你选出几条线来做可不可以？那天那个市长说，那个不好的谁做？不是所有的事情都要推向社会资本的，你能推的可以推，不推的可以自己做。你能够减少一部分负担不是好事吗？没有解决你的问题吗？它是解决了的。所以说任何项目都有它自己特定的这种解决方案，我们不能简单地用甩包袱的这种想法来解决问题，PPP 不是一个甩包袱的工具，PPP 它是一个提高效率的工具。

第四个，问政府在 PPP 项目中吃过哪些亏？我觉得有很多，这个实际上说我觉得首先这个吃亏就是净吃亏，投资人也没占着便宜，政府也没占着便宜，这个是一个真正的吃亏。这个亏是怎么呢？双方之间消耗了。刚才我讲那个例子基本上就是政府吃大亏，投资人也吃大亏了，他自己回去算账，他也有问题。但在实践中，还有零和游戏的，政府吃亏，被投资人拿走了，这种吃亏在这里也很常见。有一个直辖市，不说它是谁，它就是跟人谈合同，一个污水处理项目 5 万吨，谈好了之后，说你们有律师去写合同，第二天就签了。到年底结算时候，然后他说按多少汇报给人家钱，后来外方说不对啊，我们还有 10% 的利息呢。这个就是说什么？我们贪小便宜吃大亏了。你自己连律师都不聘，你就吃大亏了。还有就是我们现在整个行业里面，在整个行业，涉及到建设和运营标准，今天上午也有这个专家讲这个事情。你是不是能够把这个需求描述清楚，实际上不是描述不清楚，是能描述清楚的。在你描述清楚的时候，你是不是监管到位了，你这个设施整个建造的这种标准，是不是达到了你这种要求，在这方面吃亏的也比较多。当然还有很多，只要是市场，各种各样的现象就多，说现象容易，实际上把它归成几大类并不容易，我能看到的情况实际上是非常多的。政府可能在很多方面是要加强监管的，为了把这个项目做好是要加强监管。

最后一个是技术性的问题，怎么样设计保底量。在污水处理项目里面我们经常有这种操作，其他的也基本都有类似的安排。现在有的地区签了合同以后发现把或取或付的这个水平定高了。你比方 10 万吨的污水处理厂，或取或付水量定在 8 万吨，但执行的时候只有 6 万吨水，缺 2 万吨。所以当时主管部门就面临很大的这种压力。在这种情况下怎么办呢？实际上在做这方面工作的时候，我觉得有两点非常重要。第一，一定要做前期工作，你到底有多大的水量，你一定要说好，要想明白。你如果没有做前期工作，然后就拍脑袋说我有 8 万吨几万吨水，这个出问题可能性最大。第二，一定要偏于保守，因为我们说偏于保守，不是说政府顾问是不是以前总骗我们？不是的，因为我们为了交差。你想想，假如你承诺这个东西实现不了，你会面临多大的这种压力呢？这个本身就缺脑子，不智慧。我们在解决这个问题的时候，一定得觉得我们承诺这东西的风险基本上不会发生才可以，如果一定要发生那就不是风险了。所以应该保证我预测大概有 7 万吨，那我的整个水量保底量 6 万吨，6.5 万，这个是比较好的。如果说这个东西完全在你的预测之外，我们就自己跟自己过不去了。到最后你一定是向领导交不了差，挨骂，另外你会让老百姓骂你。所以关于保底量这个事情，一定要有这样一个保守的原则。还有一个在这个机制上，水的这个保底量，如果没达到你得交钱。

刚才我讲交通那个，很明显交通那个它很难预测。在这种情况下机制就非常重要，你的机制得完善，如果你的机制不完善。就像我说的 48 万变成了 120 万，这个你一想这个事情就会非常严重了。所以在这种情况下，我们必须得有逻辑上非常严密的机制把它解决，这个项目它才会比较好。实际上这种对双方来讲都是一种合理的安排。实际上有的时候，你让投资人挣得更多，往往政府容易违约，违约以后造成的问题也是非常大。

最后一个问题是先设计还是先招商。我们在做 PPP 项目的时候，这是指新建项目，把这个做好了，再去搞 PPP，还是找一个投资人来搞设计，再搞 PPP。这个是很技术的一个问题，实践中我们都有，是怎么处理的呢？关于设计如果我们自己做好了，可以作为招标文件发出去，发出去以后为了调动社会资本，它这种创新能力，它是有权利对这个方案进行优化的。实践中也是一样，当我们发出去以后，你会发现这几家潜在的投标人，它拿出来的文件有些东西超出了你原来的想象，突破了一点东西，这个价值是我们创新的一种表现。当然，这种创新有的时候合理，有时候不合理，有时候完全就站在自己的角度想问题。那在这种情况下不合理，我们不能接受。

另外一种，我们让投资人去招标，去找设计。那这种情况怎么办呢？我们要对我们的需求非常清楚。各种各样的技术要求，一定得搞清楚。我们做这种项目，技术顾问的一项工作就是干这个，这一般是由设计院来做的，有的时候当地的自来水公司，或者什么排水集团、燃气集团也做这个工作，但是不管怎么做这个工作，我们牵头的顾问一定得控制好这件事情。有的时候技术人员不理解我们要求是什么，那我们一定得把我们的要求先告诉专业人员，由专业人员写出来我们再看是不是我们的要求，在这种情况下再交给投资人去做他的投标文件，这样到最后的技术文件才能符合我们整个项目的要求。这是我跟大家交流的第二个问题，基本上都是比较共性的，好多人都提了。

最后还有几分钟时间，我来谈谈我们这个行业到底有几个问题，这几个问题可能是比较普遍的，这些问题解决起来实际上也不难，但是需要我们注意到。我们行业现在有这样几个问题，第一，运作的问题，我们今天听听财政部领导讲，我在从心里面感觉已经踏实了很多。但是运作是一个根子，现在我们回过头来看我们国内的七八千个 PPP 项目，这七八千项目里面失败的项目挺多，被大家传来传去，但是你去找它的问题基本都可以归结为运作不规范。所有的东西都是运作不规范所造成的，具体体现在几个方面。一个是程序的不规范，二是组织上不规范，打乱仗。就是现在谁该做什么，谁不该做什么，你该不该，你有没有权做出这个承诺，这个事情比较乱。这个部门所做出的承诺，另外一个部门不认。前两天说《朝闻天下》，我推荐第十水厂总经理去说这个事，结果记者采用的都是他批评的这个事。他说的核心的问题，你看我跟政府，跟这个部门签的东西，到另外一个部门他不认。实际上这个事情不仅仅是在一个地方、一个项目发生，它是非常非常普遍的。这个就是组织上的不规范。

还有就是不够专业，比方说这个文件，我们的文件在招标和投标双方，今天领导说不是招标，不管叫什么，双方是一种沟通。如果你在前面你做的文件不专业，对方读不懂，然后他就得来问，问完以后就得沟通，好多东西在这种情况下造成的误解会产生很多的麻烦。有的在执行的时候，大家还得猜，到底是什么意思。所以由于这个所带来的问题非常多，所以不规范是很多事情的一个根源。我们在做这个项目时，我觉得应该从规范入手来做这个事情。你看看咱们最早在 PPP 的时候，是在广西，第一个比较规范的，它给我们带来的价值是非常非常大的。那个项目我们花了 4700 万来选国际顾问公司给我们做顾问。当时我在北京市计委正在做 BOT 研究，说实话好多问题我们没有搞明白，只有跟人家是学明白了。但是那个项目留给我们 PPP 是什么，它给我们带来了知识，给我们带来了经验，给我们带来了做法，这个非常非常重要。那个规范它就这种效果，不规范的事情就比较麻烦。

第二个是竞争不充分，当然现在我们大家都有一种研究，前一段时间我们去一个省会城市，跟市长在座谈。他跟我说老金，你尽快帮我弄到钱，我判断 PPP 项目会很多，钱会越来越紧张，什么评估评价之类的，第一步赶快拿到钱。实际上这是一种战略的谋划，但本身这个也主要是反映另外一个问题。我们很可能当 PPP 供给比较大的时候，有可能高于在社会资本的承受能力，它们之间的一种失衡会有问题，这个是一个竞争不充分，但是我说的竞争不充分，是我们认为的竞争不充分。现在很多项目之所以效果不是很好，跟这个竞争是有关系的。你想想市场经济最大的特点就是竞争，你没有竞争就别想有好的效果，怎么可能呢？你说社会投资人，包括假如我是，你让我挣 10%，我能满意，假如给我机会挣 20%，我不去挣吗？不会的。假如你让我挣 30%，我也会去挣。所以这个事情作为商业的一方，在商言商，一点都没有错。但是我们作为政府的一方，你应该怎么驾驭这个事情呢？一定要有竞争，你没有竞争，这个事情它一定不会出效果的。就像我刚才讲到兰州这个案例，那个溢价它不是什么恶魔，溢价实际上它是一种效果。

我并不是在推崇溢价，我总是要不停地解释，我不是为了溢价而溢价，而是要说什么？这个市场经济就需要有竞争。未来我们 PPP 成功的关键也在于是否竞争了。

第三点是政府草率签约和随意违约的问题，这个非常普遍。现在我们地方政府在做项目的时候，因为在座的都是领导，我说这个可能有点不恭敬。协议就随便签，什么协议都敢签，甚至文本没看都敢签，就像我刚才讲个，发生在直辖市的这个事情。直辖市能发生，其他地方会不发生吗？所以政府签约非常的草率，那违约的时候呢，也非常的随意，这个随意来源于我们整个的官场文化。我说了算，我是老大。但现在这个 PPP，它改变了规则。就像他们今天介绍的，这个合同是平等的主体。所以我在这个平等主体的情况下，我觉得政府在签约的时候一定要认真，但你签约了以后也一定要履约。因为履约一定是有这种好处的，这个履约的事情带来的收益是非常大的。因为我们跟投资人打交道，有些地区他们去，有些地区他们不去，他说什么什么上黑名单了，甚至银行都有黑名单。实际上他企业自己也有哪些地区，我就是不去，这就是违约的那些城市它所付出的代价，那投资人不去以后，城市就要为这种招商引资去付出更大的代价。

比方说像北京，大家赔点钱甚至都愿意，我估计也没人赔钱，他都愿意去。但你换一个某某地方，他就不愿意去，这是什么？实际上就是一种信用。包括我们浙江，大家都说愿意去，为什么？它信用好，有些地方信用不好，付出很大的代价，但是从全局来讲这也是一个问题，实际上在今年年初我们在做指导意见的时候，实际上我提过建议。我说现在不是有主管部门吗？那谁愿意做主管部门谁就去把它解决，发改委也好、财政部也好，把它解决，那我们不要有 PPP 中心嘛，那我们 PPP 中心为什么不能给地方政府担保呢？你一旦担保了以后，你这个责任就大了，而且你担保代价很小。当然这个事情它不一定能执行，这是我们的想象。但是这个事情确实得通过上级政府对下级政府进行监管来解决问题。为什么？因为我们老百姓监督是瞎监督，说不到点上，媒体也找不着真正的信息资源，我们的人大行吗？基本上不行。所以在我们这种体制下，我觉得就是上级政府对下级政府要进行监督。当然如果能担保，我觉得担保也是一种监督，增信嘛，对吧？

第四个问题是监管，社会主体的问题。社会主体是不是也不是善茬，实际上你想想我们最成功的社会主体，在 20 年前可能只有 100 万块钱，现在可能快有 100 个亿了，高速的发展。当然我们并不嫉妒人家高速发展，但另外一方面折射出在政府普遍违约的情况下，这种高速发展是一种非常扭曲的市场现象。那就意味着什么？这个社会主体诚信很多也是存在问题的。但是我并不认为社会主体不应该去挣钱，我觉得它为了挣钱去做任何事情都是理所应该的。我想说的是什么？在这种情况下，我们一定要加强对社会主体监管，加强政府的这种监管能力。只有你监管到位了，这个事情才可以，不要说你看外国人他想挣多少钱，然后我们在那每天抱怨。实际上抱怨是没有用的，我们必须在商言商，在商言商就是政府要签好合同，做好监管的工作。

第五点是金融工具的问题，缺失。大家在讲 PPP 的时候有一个基本的概念，那就是项目融资。项目融资就是用项目本身的资产和现金流来做信用支撑，来完成融资，它对应的是企业融资，它不需要企业在里面提供担保。这一种项目融资在我们今天是非常有现实意义的，它的现实意义在哪，我们现在的问题是什么？一个是我们做 PPP 的社会主体，国有企业，特别是央企，负债率已经超过了 85%，这些大家基本上都超过了。它们现在随着整个房地产行情的变化，参加了很多新城建设，未来的形势根本就不容乐观。所以它们的融资能力一旦受了限制，我们整个资金供给方就会大大地削弱。还有地方政府现在融资平台的问题，现在不用说的，财政部出的很多文件都跟这个事情有关。在这种情况下，我在搞担保融资，使那些自身条件比较好，能够完成融资项目，去做 PPP，那就是我们的这种选择。在这种选择下是什么，就给银行带来了问题。我们的银行原来都希望绑定央企，希望绑定地方政府，这样省事，不犯错误，而且有很大的利差，每天养尊处优的，这个事情很好过。为什么它不愿意做项目融资啊？做项目融资要进行风险管理，万一出事呢？现在我觉得这个形势必须发生变化，这个金融工具得出现。

我们的金融政策必须得未来能够支撑这个项目融资，实际上我觉得在所有政策里面可能这个最重要。不是说以前没有，有的也好，以前项目融资有些公司做得比较好，像德国的这种水务国外公司，因为银行认可就可以，但是对于大部分银行来讲比较麻烦。可能是工商银行个别的分行，像上海分行，大部分都要报到总行。我说的金融工具现在并不是说不做，而是非常麻烦，所以这是一个问题。

最后一个是关于中介机构，关于我们自己，也跟各位领导倒倒苦水。中介机构在 PPP 过程中应该能够发挥重要的作用，我这样说不是为自己拉生意，因为现在在财政部门带动下，我们的机会也足够我们吃了。但是从道理上讲，应该让中介机构发挥作用，为什么？你要想把 PPP 做好，实际上最根本的东西是什么？是我们要把现在已经积累的这些经验教训在新的项目里边应用。我们现在有多少？七八千项目，七八千项目就是我们 PPP 的保障。我们所有的学费在这里边都交过了，如果我们不用这些资源，实际上是我们自己重大的失误。但是这些资源靠谁去传播？我觉得只有靠中介机构。像我们，坦率地说，我在几乎所有的中心城市都做过项目，一百多个城市，我就能够得到好多好多的信息，各种各样的做法能够在新的项目里边得到应用，所以这个项目不容易走太大的偏差。如果不能够把现有的这些经验教训用上，新的项目又重新来，别人交过的学费我再交一遍，这个 PPP 它可能做好吗？不可能的。

但是在现实中我们这些咨询公司遇到了很多问题，第一个问题就是价值的问题，低价值的问题。今天我看到政府采购，我倒主张别政府采购了，你用咨询公司用的就是它的业绩，没有业绩不要用了，不论查过什么资料，也不要用，就是要拼业绩。前一段时间在杭州他们弄个垃圾处理厂、污水处理厂，你拿来的所有业绩，我挨个查，查着发现好多业绩是假的，假的怎么办？我觉得你用咨询公司，一定强调的就是业绩，你如果不能够用到业绩，那你自己做好了。在这种情况下，一点点钱还是问题吗？不是问题了。所以好货不便宜，便宜没好货，这是我们用中介机构里边必须注意的一个问题。但是在现实中，我们有好多好多的框框，现在政府都在打破这些框框，但是我发现框框越来越多。有的地区弄一个短名单，你在短名单里，包括在北京也一样，我在北京，跟政府的关系是什么？这几个部门的人，用我们的人是不签合同的，叫过来干活，过一段时间结账，有好多都是这样的。但有一天水务局说你在我们的短名单里吗？我突然发现不知道，后来去查查，赶快去找个认识人，怎么把我这个弄进短名单去。还有其他地区短名单，要弄什么合同原件、公章。因为你想一个公司要做好多项目，背着 100 多份合同，拿着一个公章满世界跑，这有问题。昨天我在广东就有这个问题，我们公司那边要用，用什么？又有这种人要了。因为当时在我们广东分公司，在深圳，得邮寄。我作为总经理担心邮丢了怎么办？以前我为什么没拿回去？就是因为哪天过去把人给我送回来，还得邮，不邮怎么办？那这个事情符合政府的意义吗？不符合啊。还有抓阄的，说这个事情这么弄个短名单，然后弄几个人，几个公司抓阄，抓阄到谁是谁。你是想找一个适合你项目的咨询公司，还是撞大运？

这种事情非常奇怪，还有注册，说到哪个地方要注册。注册到省里注册可能还好，有的时候到地级城市注册，中国有那么多地级城市。一个公司到处都注册去，累死我们了吧？所以拜托各位领导，把这些没用的，把这些条条框框取消了，你们相信市场放开一定能选到最好的咨询公司，它能够帮你们把事情做得更好，这完全符合当地政府的利益。

II 总结 PPP 项目经验教训并应用于示范项目

i 关于当前形势下做好 PPP 工作的建议

——金永祥总经理提交给李克强总理的报告

一、我国 PPP 发展的五个阶段

从 20 世纪 80 年代到目前我国的 PPP 工作经历了五个阶段：

（1）80 年代中期 ~ 1993 年是地方自发的 PPP 探索阶段，当时国际上还没有 PPP 叫法，比较著名的项目是深圳沙角电厂 BOT 项目；

（2）1994 年 ~ 2002 年是 PPP 试点阶段，国家计委牵头完成了广西来宾电厂 BOT 项目和成都第六水厂 BOT 项目，北京第十水厂、北京西红门经济适用房等 PPP 项目是地方政府组织的，这个阶段积累了 PPP 的基本知识和做法；

（3）2003 年 ~ 2008 年是 PPP 推广阶段，在建设部推动下市政公用领域 PPP 项目大量涌现，市场竞争特征明显，北京地铁 4 号线、合肥王小郢污水厂等大多数 PPP 项目取得了成功。但由于部分 PPP 项目失败造成了负面影响，在 4 万亿计划推出后 PPP 受到了冲击；

（4）2009 年～2012 年是 PPP 反复阶段，包括民资和外资在内的社会投资主体参与的 PPP 项目份额减少，以央企为代表的国企做了大量类 PPP 项目，同时“玻璃门”“弹簧门”“旋转门”“国进民退”等新名词不断出现，央企与地方政府对接取代了竞争成为这一时期 PPP 项目运作的重要方式；

（5）2013 年十八大后 PPP 进入第五个阶段，可称为 PPP 普及阶段。PPP 受到了财政、发改、住建等多个中央政府部门以及很多地方政府的重视，各个领域都开始推行 PPP 模式，在这股热潮下保证 PPP 项目顺利实施的任务非常艰巨。

二、我国 PPP 工作存在的六个问题

PPP 不是新事务。根据大岳咨询粗略统计，经过上述五个阶段的发展，我国的 PPP 项目已经达到了 8000 个左右，世界上其它任何国家的 PPP 项目都没有超过 1000 个。我国 PPP 工作存在的基本问题是缺少市场秩序，具体有以下需要解决的问题：

（1）PPP 项目运作不规范，导致了我们的 PPP 项目数量虽多但质量和效果落后于英国等发达国家。体现在：首先，运作程序透明度不够，很多项目没有竞标；其次，运作人员不专业，负责 PPP 项目的公务人员经常变动，选择咨询机构时对相关经验重视不够；再次，商务条件设计不合理；最后，项目进度安排过紧，很多该做的前期工作没有做。

（2）PPP 项目竞争不充分，很多项目的竞争只是走过场。政府推广 PPP 的目的在于转换机制、提高效率，在准入竞争不充分甚至没有竞争的情况下，地方政府为 PPP 项目付出的代价超过了传统体制，造成了地方政府换届后对社会投资人违约，也使有些地区对 PPP 产生了怀疑，认为 PPP 的效率是低的。

（3）地方政府草率签约、随意违约现象普遍。公务人员观念转变滞后，没有商业意识也没有把自己和社会投资主体放在平等地位，为违约付出了沉重代价。政府违约一方面破坏了投资人对政府的信心，另一方面在社会投资人减少服务的情况下迟早还要支付费用。比如政府未按合同向投资人及时支付污水处理费，投资人据此减少甚至停止处理污水，最终政府总是要支付费用的，可谓赔了夫人又折兵。

（4）监管不到位，社会主体存在广泛不诚信甚至欺诈行为。从过去 10 年到 20 年的时间跨度看，在政府违约的情况下社会主体做 PPP 项目的回报水平仍然较高且公司高速发展，是非常奇怪的现象。这背后，有的社会主体拿到项目后胁迫政府提供额外条件，有的社会主体降低建设标准，有的社会主体运营过程中偷排，有的社会主体做大项目投资减少实际投资，等等。社会主体无利不起早无可厚非，只有在政府的监管之下才能把 PPP 做好。

（5）金融工具缺失。国外的 PPP 项目多是采用项目融资的方式，也就是以项目本身为信用支撑获得金融机构融资，不需要股东提供担保，债务不进入股东的资产负债表。我国的 PPP 项目基本都是在股东担保前提下完成融资的，项目融资的很少，当企业负债率较高时会限制 PPP 的发展。在我国地方政府和国企杠杆率普遍很高的情况下，这个矛盾更为突出。

（6）中介组织未能发挥应有的作用。发达国家做 PPP 项目聘请顾问是一种惯例，在聘请顾问时最重视的是他们的经验。我国为 PPP 项目聘请中介机构的做法没有普及，很多地区喜欢找些参考文件后自己学着做，医学院的学生和医生是两码事，看点参考资料甚至还达不到医学院毕业生的水平更当不了医生。这种做法好似节约了前期费用，实则造成了大量遗留问题，甚至直接导致了 PPP 项目的失败。

即使聘请了中介机构，很多地区的做法也很不科学。有的地区要求中介机构必须进入当地政府部门制定的中介机构名录系统才能为当地服务，而实际上中国这么大，很多中介机构根本不知道这个系统的存在；有的要求 PPP 的咨询机构要具备工程招标资格或其它什么资质，而这些资质与 PPP 运作没有任何关系；有的地区要求咨询机构要提前在当地进行非常复杂的注册致使很多中介机构在获得项目信息后来不及完成注册工作；有的地区要求中介机构提供各种证件和合同的原件而中介机构无法同时向两个以上地区提供，导致只能放弃一些项目；有的地区请咨询公司时在固定价格的前提下从他们自己的系统里抓阄；有的地区选择咨询公司主要看价格，结果很难聘请到经验丰富的咨询公司，等等现象不一而足。从长远看，这些做法违背市场规律，PPP 的经验教训未能被有效推广应用，重复交学费造成了很大的社会浪费，不利于转变经济发展方式的实现。

三、十点建议

（1）总结过去 PPP 项目的经验教训并推广

目前，中央政府各部门和地方政府都在做 PPP 试点或示范项目。根据大岳咨询粗略统计，我国已经完成 8000 多个 PPP 项目，各种情况都遇到过，各种问题都出现过，已完成的这些项目是一座 PPP 的宝库。重新推出 PPP 试点或示范项目，可以总结的经验教训很难比这 8000 多项目蕴含的内容多，而且新的试点需要时间。因此，在推进新的 PPP 试点或示范项目的同时，应该更重视总结以往 PPP 项目的经验教训并推广。无论是试点示范还是总结经验教训，都应该把转变公务员市场观念和提升政府机构适应市场能力作为主要目的。

（2）进一步明确主管部门

目前，国家发改委在做 PPP 的立法和试点工作，财政部在做 PPP 的培训和示范工作并成立了 PPP 中心，其它部门也都在忙 PPP。如果能够加强这些部门之间的协调，那么 PPP 的推进将会更加有效率。PPP 的复杂性决定了其推进需要不同部门参加，而我国的情况不同于欧美国家，我们既有发改委又有财政部，他们只有财政部，我们借鉴国外经验遇到的困难首先是部门如何定位。加强部门协调最重要的是要明确主管部门，把与 PPP 有关的工作统一到一个部门主管，发改或财政部门都可以，其它部门给予配合或者负责某些行业 PPP 项目的具体实施工作，这样就会比较顺畅，责任清楚、效率高，效果会更好。

（3）PPP 机构为地方政府提供履约担保或类似支持

确定 PPP 主管部门后，主管部门既要有权利也要有责任，主管部门可以设立 PPP 机构，包括国家级 PPP 机构和省级 PPP 机构。针对地方政府的违约问题，可以赋予 PPP 机构为其提供履约担保的责任，打消社会投资人的顾虑。国家 PPP 机构可以为跨地区 PPP 项目和重大 PPP 项目提供担保，省 PPP 机构为本省市县的 PPP 项目提供担保。上级政府部门为下级政府 PPP 项目提供履约担保可以对下级政府履约形成有效约束，因为上级政府有其它手段可以制约下级政府，这种履约担保的代价不大却可以降低 PPP 风险成本。上级政府部门的下属机构承担了担保责任，也会强化他们对下级政府运作项目和履行合同进行监督的意识。当然，这种担保是以商业条件为基础的，不是上级 PPP 机构的义务，尤其是对上级政府不支持的 PPP 项目，PPP 机构将不会提供担保，这样安排还可以使上级政府对下级政府的 PPP 项目起到调控和引导作用。如果担保有困难，PPP 机构可以为 PPP 项目提供支持函和安慰函之类的支持。

（4）稳定地方政府的 PPP 运作团队

地方政府是 PPP 项目具体的落实单位，现在的惯例做法是地方政府为每个 PPP 项目在市级层面成立领导小组，在某个职能部门成立工作小组或办公室负责执行。尽管 PPP 项目会聘请顾问，政府运作团队的稳定对提高 PPP 项目的质量仍然是非常重要的，无论是对项目运作还是对项目进行监管。为此，在各个与 PPP 相关的部门里，应该规定专门负责 PPP 工作的处室，以保证 PPP 的知识和运作能力能够积累和传承，为 PPP 项目的监管奠定基础。要尽量避免所有参与过 PPP 项目的人员全面同时变动的情况出现。

（5）金融部门改革要考虑项目融资因素

项目融资会增加金融部门的风险，挑战其管控风险的能力，但如果把风险都转给地方政府也会增加全社会的风险。金融部门改革应该为项目融资创造条件，减轻社会投资人资产负债表的压力，使本身条件较好的 PPP 项目能够采用项目融资方式完成融资，使地方政府在进行项目结构设计时只要满足金融部门的要求就能够在项目实施时完成项目融资，而不必提供担保。

（6）充分发挥中介机构的作用

专业化是中介机构的基本特征，按照国际惯例为 PPP 项目聘请中介机构应成为我国 PPP 项目运作的基本工作内容，地方政府应为前期工作准备必要的预算。请顾问时要强调咨询机构从事类似 PPP 项目的实际成功经验，国内机构经验不足时可以聘请国际顾问。要禁止聘请 PPP 顾问时的各种不合理要求，包括要求有工程招标资格或中央投资项目招标代理资格、在当地注册、进入当地政府的中介机构名录等。要禁止轻视经验只看咨询费价格，甚至在固定价格前提下通过抽签选顾问的做法。

中国企业走出去做 PPP 项目要充分吸取过去 20 年引进外国企业做 PPP 和国内 PPP 发展的经验教训，在相应领域经验丰富的中介机构可以为中国企业走出去出谋划策。只要把国内积累的经验教训用活用好，我国 PPP 项目走出去战略就不会出大问题。

（7）重视规范运作

要做好 PPP 工作，立法不是第一位的，以前没有专门的 PPP 法，有些 PPP 项目做得也非常好。PPP 涉及的法律有很多，不可能所有法律都为 PPP 让路。做好 PPP，最重要的是规范运作，这是我们落后于发达国家的根本原因。首先是程序规范，程序要符合实际、符合逻辑，要公开透明，不能走过场；其次是要强调竞争，要有招标或其它竞争机制，PPP 项目推出后要有推介的过程，要吸引更多的投资人参与项目竞争；第三是 PPP 项目的运作要专业化，要有专业的中介机构提供支撑，项目结构设计和文件编制要符合市场和资本市场要求。

（8）借鉴 VFM 理念但不作为决策依据

国外是用 VFM 进行 PPP 项目决策的，就是把政府在传统体制下和采用 PPP 模式这两种情况在整个项目周期付出的总代价进行数字化、货币化比较，包括要把政企关系、风险因素数字化和货币化，如果采用 PPP 的代价小于传统体制就采取 PPP 模式。这种理念非常不错，问题在于即使在国外，VFM 的计算也是很难令人信服的。而我国的政企关系更加复杂，政府和国企都在改制和不断变化之中，对传统体制的代价进行预测面临很多不确定因素要比发达国家困难得多。受限于我国市场秩序不够规范的现实，对 PPP 的代价也难以预期。VFM 的计算误差难以控制，用于决策将会导致严重失误，甚至可能会出现可批性 VFM，VFM 不适宜用于决策。在决定是否采用 PPP 模式的决策过程中可以对两种体制进行定性分析，以往的 PPP 项目也是这样做的，但重点应该是强调 PPP 项目的准入竞争，强调运作的规范，弱化不同主体之间得到政府非货币因素多和少的影响。

（9）加强监管至关重要

PPP 项目的监管分为两个方面，一是上级政府对下级政府的监管，比如对 PPP 项目运作过程的监管、对地方政府履约的监管；二是地方政府对 PPP 项目公司履约的监管。现实中谈到监管时对后者有考虑但不规范，前者基本处于缺失状态并因此出了很多问题。一般来说，讨论 PPP 监管不是指政府依照法律对各类企业都要进行的常规监管，而是 PPP 本身需要的监管，特别是依据 PPP 文件而进行的监管。

做好 PPP 项目监管，首先是信息公开，政府推出 PPP 项目的信息要公开，PPP 项目公司建设运营项目的投资和成本信息要公开，还有很多信息该公开；第二是要形成定期备案和评价制度，哪些信息要定期备案和哪些内容要定期评价需要明确规定，这是监管工作的基础；第三要有监管体系，地方政府要明确指定一个政府部门作为监管主体和监管的主要责任人，媒体和社会公众也要参加监管，他们不仅可以监管被监管者，还可以监管监管者。

（10）循序渐进控制节奏

根据大岳咨询运作 PPP 项目的统计，部分运作好且竞争充分的项目可以节约 20% 左右的建设投资和运营成本，部分运作不好或竞争不充分的 PPP 项目给政府带来了很大负担而且代价远大于传统体制，多数 PPP 项目效果不明显。运作不好的 PPP 项目对有关 PPP 各方的信心打击很大，2009 年 PPP 出现反复的根本原因是有些 PPP 项目做砸了，因此一定要重视 PPP 项目的质量。PPP 涉及面非常广泛，需要对现行体制进行深层次调整，各级政府需要一个长期的学习和适应过程，这就要求推进 PPP 必须循序渐进，控制节奏。现在有些地区连 PPP 的概念都不清楚，让他们短时间内大规模推进 PPP，风险是非常大的。即使有些地区有过 PPP 经验，由于我国的 PPP 普遍不规范，也无法保证后期 PPP 项目的质量，大量推新的 PPP 也存在很大风险。另外，投资市场也有一个承受能力问题，PPP 项目推多了也会供过于求。体制改革和政府机构及公务员能力提升都是一个渐进的过程，做 PPP 不能急于求成，否则会留下严重后患，不仅不能达到政府的目的，还可能会带来很多新的问题。

ii　国务院第 66 次常务会议的四个瞬间

中国政府网

【总理开场白："依法行政"】

十八届四中全会闭幕次日，李克强总理主持召开国务院常务第 66 次会议，开场白的主题词是"依法行政"。

"昨天闭幕的党的十八届四中全会，通过了《中共中央关于全面推进依法治国若干重大问题的决定》，这是非常重要的，各级政府、各有关部门要全面领会中央精神。我特别强调，四中全会决定明确了要坚持'依法治国'，首先是坚持'依宪治国'；坚持'依法执政'，首先是坚持'依宪执政'。"李克强说。

关于政府工作，李克强突出强调，各级政府、各部门要深入推进"依法行政"，加快建设"法治政府"。

【营造权利公平、机会公平、规则公平的投资环境】

当天的常务会研究决定创新重点领域投融资机制，为社会有效投资拓展更大空间。会上大家普遍认为，将水电、核电、基础电信企业等重点领域，向社会投资、特别民间资本敞开大门，不仅可以稳定有效投资，增加公共产品供给，也有利于打破不合理的垄断和市场壁垒，营造权利公平、机会公平、规则公平的投资环境。

“经济增速与就业、居民收入紧密相连。当前经济需求偏弱，其中在投资领域表现尤为突出，确实需要采取措施，扩大有效需求。”李克强说，“投资不能仅靠政府，而要创新重点领域投融资机制，充分吸引社会、民间投资”。

【积极推广“PPP 模式”，拓展广泛的投资空间】

李克强在会上积极鼓励推广政府与社会资本合作的“PPP 模式”。他说，要让社会投资与政府投资相辅相成。

总理说：“一些地方政府已经有过类似的探索，有关部门要注重总结其中的经验、教训，积极推广试点经验，在更大范围内拓展广泛的投资空间。”

针对“健全退出机制”的相关条目，李克强指出，项目结束后，政府不仅要妥善处理投资回收、资产处理等相关事宜，还要继续让“变现”的资金存量进入投资领域，更多进入公共服务等短板领域。

他最后强调，创新投融资机制，要加大市场化改革力度，要向改革要红利。

【确保灾区民众安全过冬】

“鲁甸震区可是高寒地区啊！灾区的棉帐篷都到位了吗?”李克强在会上首先向有关部门负责人发问。

当天的常务会还研究部署了鲁甸地震灾后恢复重建工作。会议通过的《鲁甸地震灾后恢复重建总体规划》，明确了居民住房恢复重建、公共服务和社会管理、基础设施建设、生态修复、灾害防治、特色产业发展六项重点任务，力争用三年时间，实现户户安居、家家有业、乡乡提升，使灾区基本生产生活条件和经济社会发展水平全面恢复并超过灾前水平。

针对总理开始的发问，相关部门负责人回答，灾区不仅增调了 7000 多顶棉帐篷，对原有的帐篷也增加了保温、保护措施。

李克强强调："灾区的房屋重建还需要时间，无论如何不能让灾区民众在冬天受冻受伤，要确保灾区民众安全过冬！"

iii　总理敦促总结各地 PPP 经验　社会投资有望提速扩容

中国政府网

国务院总理李克强在 10 月 24 日召开的国务院常务会议上积极鼓励推广政府与社会资本合作的"PPP 模式"，他提出要注重总结地方政府实践经验，拓展广泛的投资空间。

上述会议释放出的信息显示，今后民间资本可投资的内容将被扩展到水电、核电、电信、铁路、内河航运等项目；支持农民合作社，并吸引社会资本对教育、医疗、养老、体育健身和文化产业等方面的投资。

北京大岳咨询有限公司总经理金永祥对《每日经济新闻》记者表示，从本次国务院常务会议释放出的信息看，中央对"PPP 模式"的推广要求更加紧迫，并且中央也看到地方政府有一些成功实践，今后各地成功经验将有望被"总结和推广"。

社会投资空间扩大

上述国务院常务会议决定创新投融资机制，在更多领域向社会投资特别是民间资本敞开大门。

"经济增速与就业、居民收入紧密相连。当前经济需求偏弱，其中在投资领域表现尤为突出，确实需要采取措施，扩大有效需求。"李克强总理说，"投资不能仅靠政府，而要创新重点领域投融资机制，充分吸引社会、民间投资"。

事实上，早在今年 4 月，国务院常务会议就决定推出 80 个面向社会公开招标的示范项目，鼓励和吸引社会资本以合资、独资、特许经营等方式参与建设营运。需要说明的是，彼时的 80 个示范项目主要集中在铁路、港口等交通基础设施，新一代信息基础设施，重大水电、风电、光伏发电等清洁能源工程，油气管网及储气设施、现代煤化工和石化产业基地等方面。

此次国务院常务会议再次明确，将进一步引入社会资本参与水电、核电等项目，支持基础电信企业引入民间战略投资者，加快实施引进民间资本的铁路项目，鼓励社会资本参与港口、内河航运设施及枢纽机场、干线机场等建设，投资城镇供水供热、污水垃圾处理、公共交通等。市政基础设施可交由社会资本运营管理。

金永祥对《每日经济新闻》记者表示，“从这次国务院常务会议决定看，中央对‘PPP 模式’的推广要求更加紧迫，这将会为社会有效投资拓展更大空间，促进‘PPP 模式’增速扩容”。

上述会议成员普遍认为，“将水电、核电、基础电信企业等重点领域，向社会投资、特别民间资本敞开大门，不仅可以稳定有效投资，增加公共产品供给，也有利于打破不合理的垄断和市场壁垒，营造权利公平、机会公平、规则公平的投资环境”。

不过，国务院发展研究中心宏观经济研究部部长余斌表示，PPP 模式不仅适用于基础设施，另外很多本身具有经济效益的项目也可以通过此模式吸引民营企业和民间资本进入投资。

事实上，此次国务院常务会议也提到，除上述基础设施方面外，今后还将支持农民合作社、家庭农场等投资生态建设项目；鼓励民间资本投资运营农业、水利工程，与国有、集体投资享有同等政策待遇；推行环境污染第三方治理，推进政府向社会购买环境监测服务；落实支持政策，吸引社会资本对教育、医疗、养老、体育健身和文化设施等加大投资。

地方经验有望被推广

李克强总理在上述会议上积极鼓励推广政府与社会资本合作的“PPP 模式”。他说，要让社会投资与政府投资相辅相成。

“一些地方政府已经有过类似的探索，有关部门要注重总结其中的经验、教训，积极推广试点经验，在更大范围内拓展广泛的投资空间。”李克强说。

金永祥告诉《每日经济新闻》记者，“克强总理的这句话表明中央已经意识到地方政府有一些比较好的实践经验，这意味着今后 PPP 项目推广将更加务实”。

“过去一些地方政府主要靠经营土地、土地财政来推动城市基础设施建设，这一方式现在应当终结。”国务院发展研究中心宏观经济研究部部长余斌认为，目前地方政府通过 PPP 模式吸引民间资本投资，是一种有效的市场手段。

“地方的诸多探索经验应该被系统总结，并在今后的探索中规范运作、引入充分竞争，才能更好地推广 PPP 模式。”金永祥对记者如是说。

李克强总理对此提醒，项目结束后，政府不仅要妥善处理投资回收、资产处理等相关事宜，还要继续让“变现”的资金存量进入投资领域，更多进入公共服务等短板领域。“创新投融资机制，要加大市场化改革力度，要向改革要红利。”

III　关注 VFM

i　小议 VFM 在我国 PPP 项目中的适用问题

金永祥　财新博客

VFM 是国外决定是否采用 PPP 模式建设基础设施项目的一种决策工具，英文是 Value For Money，中文没有统一的译法，可以翻译为“资金价值”，也有翻译成“物有所值”的。它指的是一个项目采用传统体制政府要为项目付出代价总和与采用 PPP 模式政府要付出代价总和的差值，VFM > 0 则 PPP 模式在财务上可行，否则不可行。在理论上，这是一个非常不错的想法。

实践中，计算政府付出的代价不仅要考虑财务数据本身，还要考虑两种体制下政府提供不同支持条件的财务量化因素。对于传统体制，政府会为企业提供很多优惠，比如办理手续方便、给予补贴、为贷款提供信用支持或者协调银行关系等额外支出，还有不需要签合同、不需要严格监管等成本节约，如果是事业单位还有税收方面的好处。采用 PPP 方式，政府为企业的付出会少于传统体制，但监管成本会比较高。很明显，这些因素的量化是有难度的，准确度很难令人信服，在应用中必然打折扣。对于央企参与的 PPP 项目，其得到的中央和地方政府的支持也很难量化，比如银行给的授信额度、国企老总和市长在中央党校建立的私交等。

不仅如此，VFM 执行还会受到政治、文化和区域差别的影响。同样是传统体制，不同地区的效率是有差别的，同一地区的不同企业也有差别，传统体制下政府付出的额外代价很难确定。从文化上讲，你说自己好可以但不能说别人不好，你说 PPP 好可以但不能说传统体制不好，否则在开会决策时就更难圆场从而给 PPP 项目决策带来不确定因素。而深入分析两种体制差别的原因会牵扯到现行体制的方方面面，不是所有体制问题都必须为 PPP 让路的，也不是所有体制一天内就会变好的，这可能导致 VFM 形成的结论在政治上很难通得过。

我国 PPP 项目不规范也是 VFM 应用困难的原因。很多项目都比较小，很多项目结构简单，花费较大资源和精力进行 VFM 计算得不偿失，而且不能保证测算的结果比领导和咨询机构专家定性讨论更准确。

可以说 VFM 在理论上是个好工具，在实践中不符合我国现阶段的国情，也许等我国的市场体制更成熟了，VFM 可以成为 PPP 的决策工具。这样说并不是说 VFM 不可以有作为，尤其是 VFM 的思想其实是完全可以用于 PPP 项目之中的。VFM 至少在以下两个方面可以发挥作用：

第一，在决策阶段直接使用 VFM 行不通，但可以强调竞争。竞争是市场经济的基本特征，谁都不会反对。让传统企业和社会资本同台竞争，谁在竞争中获胜谁就干。当然，传统企业可能会不惜血本赢得项目（像有些光伏和风电项目里的央企一样，亏本赚吆喝），但竞争给传统企业带来的触动将是很大的，会促使他们增加竞争意识，提高效率。

第二，在后评估时使用 VFM 工具，检验一下 PPP 是否成功。在这个阶段，两种体制的信息要确定得多，以前的事情计算起来稍微容易一些，而且不遇到传统企业的反对，运作也稍微容易些。也许还是不能尽善尽美，但有一个工具可以对结果进行量化对比总比定性陈述要好。从这个意义上讲，可以根据我们的国情把 VFM 从一个决策工具变为一个后评估工具，用于检验 PPP 的实施效果。

VFM 在 PPP 项目中应用存在的问题不意味着不进行研究工作。从咨询公司自身的角度，我们期待早日将 VFM 用于决策，不仅使 PPP 更科学，也会增加我们的业务量。同时找个别规模较大而且运作规范的项目做些用 VFM 辅助决策的试点也是必要的，但在条件具备之前只能是辅助性的。

ii　弱化定量 VFM，PPP 可以少走很多弯路

金永祥　财新博客

有记者来采访要给中央写内参，问我 PPP 存在什么问题。我说用定量的 VFM 做决策是个值得关注的大问题。

就 VFM 的适用问题，我写过一篇文章，认为 VFM 量化计算不靠谱，不宜用做决策。定性的 VFM 用用是没问题的，以前做 PPP 项目时总会涉及决策问题，也就是用传统模式还是 PPP 模式，都是定性的 VFM。

传统体制全周期涉及建设运营成本及利税、转移风险的货币化、政府对国企支持条件的货币化。国企未来几十年的运营成本取决于国企改革的情况，难以预测。风险的数字化和货币化涉及很多主观判断因素。政府对国企的支持不仅说不清楚而且随着改革的深入处于变动之中。怎么计算呢？

PPP 的成本涉及建设运营成本及利税、交易及监管成本、由于市场化产生的新风险的货币化。建设运营成本稍微确定一些，PPP 模式下的利税要大

于传统体制。运作 PPP 项目和监管 PPP 项目与政府体制改革有关，涉及多级政府，核算难度很大。新增风险具有很大的不确定性，量化和货币化同样问题重重。又怎么计算呢？

VFM 是上述两个数值的差，两个不确定的数字的差会确定吗？所以说 VFM 的计算误差难以控制。实际上，上述计算方法仅仅是借鉴国外计算方法，适合我国国情的计算方法还没有出现，即使有人研究也仅仅是设想，距离实际应用还很遥远呢。我国的国情有两个特点，一是政企不分说不清，二是处于改革之中不可准确预测。

做 PPP 的主要目的是提高效率。运作好的 PPP 的效率比传统体制会高 10% ~20%。如果 VFM 的计算误差大于 20%，那么 VFM 用于决策出现失误的可能性就可想而知了。为了审批的目的，出现可批性 VFM（而不是真正意义上的 VFM）就不会是小概率事件。

政府近期的很多文件都提到了 VFM。不用 VFM 好像说不过去，那么最好的办法就是弱化定量的 VFM，代之以定性的 VFM，与既往 PPP 项目的决策方式接轨并适当规范常规的决策方法。

iii 【政策解读】：物有所值（VFM）值不值得做

金永祥　财新博客

最近大岳咨询在做 PPP 项目与客户沟通时，经常遇到做不做物有所值（VFM）评估的问题，大大增加了沟通成本，很明显地方政府对政策没有完全理解。对政府政策进行解读，帮助地方政府进行正确理解，将有助于提升 PPP 项目的操作效率和质量。

VFM 是国外决定是否采用 PPP 模式建设基础设施项目的一种决策工具，英文是 Value for Money，中文没有统一的译法，可以翻译为“资金价值”，也有翻译成“物有所值”的。应用 VFM 对某个项目进行决策，首先要计算采用传统体制政府要为项目付出的代价总和及采用 PPP 模式政府要付出的代价总和，两者的差就是 VFM，VFM＞0 意味着 PPP 模式的效率高于传统体制，PPP 模式可行，否则就不可行。在理论上，这是一个非常不错的想法。但计算政府代价不仅涉及投资和运营成本，还涉及各种风险、政府对传统体制的各种支持、各级政府对 PPP 的监管成本等因素的货币化、数量化和现值化，计算结果的可靠性非常差，尤其是对于我国这种处于改革变化的经济体而言，结果的可靠性更加值得商榷，因此 VFM 在我国 PPP 的决策过程中很难适用。

国家发改委在《关于开展政府和社会资本合作的指导意见》中规定："为提高工作效率，可会同相关部门建立 PPP 项目的联审机制，从项目建设的必要性及合规性、PPP 模式的适用性、财政承受能力以及价格的合理性等方面，对项目实施方案进行可行性评估，确保'物有所值'。审查结果作为项目决策的重要依据。"

我们在协助国家发改委起草《指导意见》时，直接向领导建议不用定量 VFM 进行决策，但可以进行定性的 VFM 分析。发改委最后发布的文本在谈到"物有所值"时，没有对应国际上 VFM 的含义，没有提到定量的 VFM，而是接近于传统意义上的可行性评估。

财政部在《政府和社会资本合作模式操作指南（试行）》中规定："财政部门（政府和社会资本合作中心）会同行业主管部门，从定性和定量两方面开展物有所值评价工作。定量评价工作由各地根据实际情况开展。"

财政部《指南（初稿）》发给我们提修改意见时，我专门就定量 VFM 分别拜访了金融司的刘司长和 PPP 中心的焦主任，建议弱化定量 VFM。在财政部的最终文本中，删除了初稿中包含的 VFM 附件并加入了一种说法——"定量评价工作由各地根据实际情况开展"，这就意味着在条件不具备的情况下定量的 VFM 可以不做。

前不久财政部在厦门国家会计学院举办了 PPP 培训班，在培训结束后的座谈会上，湖南财政厅问到如何计算定量 VFM，金融司刘健司长的回答是：

“大岳金总就 VFM 计算误差太大不宜用于决策问题找过我几次，他们建议弱化定量的 VFM，我已经接受了他的建议。”

因此，从发改委和财政部最近出台的 PPP 政策角度看，各地在开展 PPP 项目时，可以不做或者不需要做定量的 VFM。至于定性的“物有所值”评价，以前任何 PPP 项目都做，只是没有专门称为“物有所值”，在以后的 PPP 项目中只要稍加规范就可以了。实践中，前段时间财政部从地方上报的一百多个项目中筛选出 30 个 PPP 示范项目，在这些项目中只有一个提到了 VFM，但当专家问到有关 VFM 的问题时项目单位不知所云，财政部没有做进一步要求，最后就不了了之。

近期世界银行 PPP 专题业务组、英国基础设施局（IUK）国际部负责人、法国国际可持续发展研究院 PPP 专家、澳大利亚驻华使馆基础设施专家等来大岳拜访交流的过程中，我们也与国际专家交换了意见，并了解到 VFM 在国际上的项目中也未广泛采用。

应该说，VFM 在理论上是个好工具，在实践中不符合我国现阶段的国情，也许等我国的市场体制更成熟了，VFM 就可以成为 PPP 的决策工具。这样说并不是说 VFM 不可以有作为，尤其是 VFM 的思想确实是可以用于 PPP 项目之中的。VFM 至少在以下两个方面可以发挥作用：

第一，在 PPP 项目决策阶段直接使用 VFM 行不通，但可以强调竞争。竞争是市场经济的基本特征，谁都不会反对。让传统企业和社会资本同台竞争，谁在竞争中获胜谁就做项目。竞争给传统企业带来的触动将是很大的，会促使他们增加竞争意识，提高效率。

第二，在 PPP 项目后评估时使用 VFM 工具，检验一下 PPP 是否成功。在这个阶段，两种体制的信息要确定得多，评估已经发生的事情稍微容易一些，计算结果会有一定参考价值。从这个意义上讲，可以根据我们的国情把 VFM 从一个决策工具变为一个后评估工具，用于检验 PPP 的实施效果。

iv　PPP 操作指南有望月底出台　专家争议 VFM 评价

华夏时报　吴建华　2014-11-24

财政部力推的政府和社会资本合作（PPP）又有新进展。

《华夏时报》记者近日从知情人士处获悉，由财政部中国清洁发展机制基金（PPP 中心）起草的《政府与社会资本合作模式（PPP）操作指南》（以下简称《PPP 操作指南》）等重要文件有望在 11 月底正式发布，为此，财政部还将于本月底在厦门召开一次全国性的操作指南培训。

据相关人士透露，11 月 13 日、14 日财政部相关部门先后召开两次会议听取业界专家对于操作指南以及示范项目筛选的意见建议。

北京大岳咨询有限公司总经理金永祥告诉记者，操作指南中关于 PPP 项目立项的必经程序——物有所值论证（Value for Money，VFM），尚存一定的争议，由于实际操作难度大、误差不可控，因此他建议项目决策中弱化定量 VFM 评价。

操作指南等文件将出

随着地方政府性债务处置办法日益清晰，PPP 作为化解存量债务以及今后基础设施和市政公用事业建设的重要融资渠道，被各界寄予厚望。

近日，本报记者从东部某省财政厅负责 PPP 工作的人士处获悉，PPP 操作指南经过一个多月时间的征求意见，有望在 11 月底正式对外发布。

一位参加 11 月 13 日财政部座谈的专家告诉本报记者，财政部给出的对外口径是“即将发布 PPP 操作指南等重要文件”。一个“等”字说明除了操作指南，财政部还将同时发布其他配套文件。而据记者此前了解，配套文件将包括 PPP 项目合同范本。

这意味着 PPP 模式即将进入实际操作阶段，大量项目将正式开闸放水。

此前，财政部已于 9 月 23 日发出《关于推广运用政府和社会资本合作模式有关问题的通知》（〔2014〕76 号），上述专家告诉记者，操作指南延续了

76 号文的思路，是对于该文件的具体细化。

而本报记者最近看到的一份征求意见稿，从项目识别、项目准备、项目采购、项目执行、项目移交五个方面对相关实务操作给出了具体的指导意见。诸如，哪些项目可以采用 PPP 模式？立项需符合哪些条件，经过哪些程序？如何选择适合的具体运作模式？投入到项目中的政府资金来自哪里？项目中期评估、绩效评价怎么做？这些问题都可以在这本操作指南中得到解答。

据悉，操作指南仅是财政部推广 PPP 正在进行的三项主要工作之一，其他两项还包括筛选推广一批示范项目，以及启动特许经营立法工作。

关于推广示范项目，10 月 17 日，财政部组织了一次 66 个项目的推荐评估会，包括 19 个省份的 63 个项目和国家机关事务管理局的 3 个项目，主要集中于公共建筑节能改造、城市供水、污水处理、供热、供气、公共建筑地下设施（停车场）、综合管廊、新能源汽车（公共交通）、水环境治理 9 个领域。住建部、咨询机构、科研院所和高等院校的 15 位专家应邀参会。

据媒体报道，这次 PPP 项目评估将从 66 个项目中选出 10 ~ 15 个 PPP 项目推荐和示范项目，虽然中央不再提供各种资金补贴，但作为示范项目，可以在国开行等其他金融机构融资时获得便利。

金永祥则对记者表示，财政部将建立常态化的 PPP 项目库，但目前示范项目最终结果尚未确定，“示范项目不一定全部从 66 个项目中筛选，地方政府正在申报的项目也可能入选”。

争议 VFM 评价

基础设施和公用事业项目的决策一直面临着传统模式和 PPP 模式的选择问题。平台公司融资功能即将剥离，财政部力推 PPP 模式，那么地方政府会不会一哄而上呢？

近期，多个省份相继推出了千亿规模的 PPP 项目计划，其中福建公布 28 个 PPP 试点推荐项目，总投资 1478 亿元，青海推介的 80 个 PPP 总投资 1025 亿元，安徽发布 PPP 项目共 42 个，总投资达 710 亿元。

据记者了解，目前不少地方平台公司正在研究、实施战略转型，对参与PPP 也很有热情。

多位业内专家表示，并不是基础设施和公用事业领域的所有项目都可以采用 PPP 模式，PPP 模式应当符合降低项目成本、提高服务质量和运营效率，以及改善公共服务的要求。

操作指南征求意见稿显示，项目识别过程有两个非常重要的程序就是物有所值评价和财政可承受能力评估，只有通过了评估的项目才能进行项目准备。

所谓“物有所值”评价，包括定性评价和定量评价两个方面，前者主要关注 PPP 模式与政府传统采购模式相比能否增加供给、优化风险、提高效率等，后者主要是通过将项目整个周期内的政府支出的现值与传统模式下公共部门的支出进行比较，以确定一个“物有所值”量。

英国最早将 VFM 引入公共基础设施项目采购模式的比选当中，并加以完善，形成了 VFM 评估指南。目前加拿大、澳大利亚、韩国、日本也都加以采用。因此，国内也有专家呼吁在 PPP 项目中引入 VFM 评估。

北京市资略律师事务所合伙人徐向东多次参与财政部相关座谈，他对本报记者表示，“按照财政部的要求，VFM 论证会作为 PPP 项目确定之前的一项必经程序，而对于政府付费或补贴项目来说，还有财政承受力论证”。

在金永祥看来，传统体制下项目风险的货币化靠主观判断，政府对国企的支持成本也说不清楚，与传统体制相比，PPP 模式能够提高服务质量和运营效率，但也有新增成本，包括政府体制改革、项目市场化产生的新风险的货币化，以及新增的交易及监管成本，这些核算难度非常大。“定量 VFM 是上述两个数值的差，两个不确定的数字的差会确定吗？所以说 VFM 的计算误差难以控制。”金永祥说。

据他了解，很多地方官员在做项目决策时，考虑的不仅仅是单个项目本身的盈亏。“PPP 模式的好处有时还体现在激活整个市政建设体制的杠杆作用或‘鲇鱼效应’，一颗棋子能盘活一盘棋，那么这颗棋子本身的成本收益还能那么斤斤计较吗？”

徐向东同意并赞成 VFM 评估，“这是国内第一次提及并开展 VFM，建议实践看看吧，根据实践来总结经验”。

北京交通大学叶苏东教授也认为 VFM 确实有操作上的困难，他建议，对于公益性较强，需要较多政府财政资金补贴或付费的项目应当进行 VFM 评估，而具有一定收益，市场化运作比较成熟的项目，比如采取 BOT 模式操作的污水、垃圾处理项目，可以省略 VFM。

“考虑到相关领域存在，政企不分，又处于改革变动之中的国情，最好的办法就是弱化定量的 VFM，代之以定性的 VFM，与既往 PPP 项目的决策方式接轨并适当规范常规的决策方法。”金永祥说。

v　我国 PPP 运用不应照搬国外模式

中国经济导报　赵超霖　2015-01-12

PPP 模式（即公私合营）指的是公共部门通过与私人部门建立伙伴关系，共同提供公共产品或服务，是混合所有制经济呈现形式之一。PPP 模式在近几个月来受到社会各界前所未有的关注，中央相关部委政策文件力推，各地方不断有试点项目签约上马。对于这样一种至今没有统一定义，管理方法大多从国外袭来的项目运营方式，在热潮涌现之时，愈发需要我们冷静思考。

市场化运作不等于“依靠市场收回投资”

广义 PPP 的两种基本形式分为使用者付费和政府购买服务。使用者付费根据使用量的多少决定付费金额。主要包括 BOT、BOO 和 BOOT 等类型，在英国统称为特许经营的 PPP 模式。政府购买服务是指购买基本公共服务，或者难以确定使用者，只能由政府通过税收向生产者购买服务，采取私人融资计划（PFI）的 PPP 模式。社会资本负责提供公共产品，并保证质量，政府根据产品或服务的结果付费，按业绩获得补偿，政府购买公共服务。中国财政学会公私合作研究专业委员会秘书长孙洁告诉《中国经济导报》记者，政府购买服务的要点是，政府公共部门确定所需服务的数量和质量，具体服务由私人部门提供，提供价格可通过公开招标价格听证会或双方议价等方式形成。

"国外的监狱建设运营也在采取 PPP 模式，通过招标选择民营机构进行建设、管理。民营企业通过各种方法提高监狱运营机制，市场化运作改变了原来政府管理的低效率状况。这就是典型的政府购买服务，难道要向犯人收费以回收监狱的建设和运营成本?"中国国际工程咨询公司研究中心主任李开孟说道，"PPP 核心是建立双方的合作伙伴关系来提高效率，而不是政府用以躲避责任。对于公益性的基本服务政府有义务提供，作为公民纳税了就有权利享受基本服务。所以一说搞市场化运作就涨价这个理解是片面的。有些是政府该承担的就必须要承担，该购买服务就要购买服务"。物有所值（VFM）值不值得做，财政部在去年 9 月底下发的《关于推广运用政府和社会资本合作模式有关问题的通知》首次提到的积极借鉴物有所值（Value for Money，VFM）评价理念，随后在出台的《政府和社会资本合作模式操作指南（试行）》中，又接连提出了"产出说明""公共部门比较值""可行性缺口补助"等专业概念。李开孟认为，这些专业术语大多是从国外 PPP 应用的经验中翻译得来。在外来语的引进中，不应该"神秘化"，生涩专业术语的堆砌，令他这个所谓的业内人士都不知所云了。"首先，要理解其真实含义；其次，要结合中国国情，灵活应用，引进其精髓。再次，运用好 PPP，必须懂在中国项目是如何运作和管理的，这需要问国家发展改革委，这不是简单的金融问题。"李开孟说道。

而对于物有所值（Value for Money，VFM）评价体系的使用业内也存有争议。"物有所值"来源于英文 Value for Money，是西方国家决定是否采用 PPP 模式建设基础设施项目的一种决策工具。英国最早将 VFM 引入公共基础设施项目采购模式的比选当中，并加以完善，形成了 VFM 评估指南。目前加拿大、澳大利亚、韩国、日本也都加以采用。因此，国内也有专家呼吁在 PPP 项目中引入 VFM 评估，如济邦咨询的董事总经理张燎就是大力支持者之一。他告诉《中国经济导报》记者，“‘物有所值’（VFM）的评估方法是 PPP 模式精细化应用的标志，是体现 PPP 提交方式的真正价值的试金石，甚至可以说是新旧两种 PPP 的分水岭。”

所谓“物有所值”评价，包括定性评价和定量评价两个方面，前者主要关注 PPP 模式与政府传统采购模式相比能否增加供给、优化风险、提高效率等，后者主要是通过将项目整个周期内的政府支出的现值与传统模式下公共部门的支出进行比较，以确定一个“物有所值”量。

但同样长期从事 PPP 咨询工作的大岳咨询总经理金永祥却认为，物有所值（VFM）的定量分析不仅涉及投资和运营成本，还涉及各种风险、政府对传统体制的各种支持、各级政府对 PPP 的监管成本等因素的货币化、数量化和现值化，计算结果的可靠性非常差，尤其是对于我国这种处于改革变化的经济体而言，结果的可靠性更加值得商榷，因此 VFM 在我国 PPP 的决策过程中很难适用。“我们在协助国家发展改革委起草《关于开展政府和社会资本合作的指导意见》时，直接向领导建议不用定量 VFM 进行决策，但可以进行定性的 VFM 分析。国家发展改革委最后发布的文本在谈到“物有所值”时，没有对应国际上 VFM 的含义，没有提到定量的 VFM，而是接近于传统意义上的可行性评估。”金永祥告诉《中国经济导报》记者。

李开孟也认为，不能单纯地把国外的概念照搬照抄。国家发展改革委提出的是“政府和社会资本合作”，是在借鉴国际基础设施和公共服务领域建设 PPP 模式的基础上，结合我国国情进行本土化创新而提出的概念。西方国家的“公共部门和私人部门合作”（PPP）采用的是西方经济国家的话语体系。公共部门和私人部门的活动，二者划分界限清晰。但鉴于我国实行公有制为主体的国家经济基本制度，现行投融资体制并不将国家经济部门划分为

“公共部门”和“私人部门”，而是“政府”和“企业”。“定性的‘物有所值’评价，以前任何 PPP 项目都做只是没有专门称为‘物有所值’，定量的‘物有所值’评价，标准只是政府支出的减少未免过于狭隘。公共资金是否降低也应考虑在内，它不仅表现在财政资金，还包括舒适度提高的效益、减少污染的效益、节省土地的效益，等等。”李开孟说。

IV　中国 PPP 的推动者

i　何为 PPP 模式?

CCTV13《朝闻天下》　2014 年 11 月 15 日

主持人：

接下来我们就一些关键词作进一步解读。基础设施和互联互通建设是关系经济发展的基础性问题，那么如何确保基础设施建设的资金来源，PPP 模式成为了重要的解决方式之一。PPP 那其中三个以 P 开头的英文单词的缩写分别代表公共、私人以及伙伴关系。指的是政府及其公共部门与企业之间结成伙伴关系，以合同形式明确彼此的权利与义务，收益共享，风险共担，是解决政府融资的模式之一。无论是亚太经合组织第二十二次领导人非正式会议发表的北京纲领，还是刚刚结束的中美元首北京会晤所达成的主要的共识和成果，都提到了通过支持 PPP 模式来促进基础设施领域的商业投资。

PPP 模式或成基建重点融资模式

主持人：

接下来我们一起来看看用 PPP 模式建设的一个成功的项目。

记者（本台记者王楠）：

这里是北京地铁 4 号线，到今年 9 月这条线路已经正式运行了五年，五年来累计运送乘客接近 18 亿人次，但是您可能不知道这条线路也是国内轨道交通建设中第一条采用 PPP 模式建设运营的项目。

记者：

对于一个 PPP 项目，政府一方会先做方案，然后招标从众多投资人中选择一家，一旦谈判成功就签约，随后中标人在当地成立一家项目公司负责整个 PPP 项目的融资、设计、建设、经营，直到项目期结束移交给政府。

地铁项目的建设和运营费用投入巨大，对政府财政形成不小的压力，在这种情况下，北京地铁 4 号线采用 PPP 模式，由北京基础设施投资有限公司、北京首创集团公司和香港铁路有限公司达成三方合作经营协议后共同出资组建的北京京港地铁有限公司，负责日常运营。

香港铁路有限公司中国业务首席执行官易珉：

PPP 模式的引进是政府来购买服务，运行商跟政府之间达成一种最高的标准，公众又能够享受公共服务的更高的标准，（PPP）能够满足双方甚至三方不同的需求。

记者：

不过值得注意的是，目前我国对于什么是 PPP 模式还没有准确清晰的定义。

发改委宏观经济研究院经济所副所长孙学工：

我们实际上并没有一套规范的政策体系、法律法规，所以 PPP 项目在各地都是以一种特例的方式在做，是一事一议，是一件非常特殊的事情。现在可能最关键的是需要建立起来一套法律法规和政策体系，使它成为政府的一项日常性工作。

PPP 模式融资助力经济增长

主持人：

实际上 PPP 模式在西方国家尤其是发达国家，已经是做过很多探讨了，在亚太经济体当中也都各有尝试，它能够提高效率，拉动社会投资，带动经济增长。

记者：

PPP 模式最早出现在英国，在这种模式下有 80% 的工程项目按规定工期完成。80% 的工程耗资均在预算内，远远高于一般传统招标方式达成的效果。按照英国经验，公路、铁路、医院、学校等都适用于 PPP 模式，我国在 20 世纪 80 年代中期到 1993 年期间由地方最先尝试，从 1994 年开始在中央政府主导下出现了一些试点项目，2002 年到 2008 年我国 PPP 模式进入快速增长的推广阶段。

北京大岳咨询有限公司总经理　金永祥：

这个阶段项目的特点是什么呢？就是市场化的特征非常明显，基本上处于一种竞争的状态，市场竞争充分的结果，改革的效果就体现出来了。改革要什么呢？要提高效率，政府要省钱，要减少财政负担，这一系列的效果基本都出来了。

记者：

金永祥研究公私合营模式有 20 多年的时间，他说采用 PPP 模式建设运营的项目总体上效率能够提高 10%，目前我国约有七八千个 PPP 模式项目，覆盖污水处理、交通、燃气、自来水、垃圾处理等。其中大量集中在水务和交通方面。半个月前国务院常务会议明确提出积极推广政府与社会资本合作，也就是 PPP 模式，同时还明确提出市政基础设施可交由社会资本运营管理。

发改委宏观经济研究院经济所副所长　孙学工：

我们深化改革的一项重要任务就是要发展混合所有制，那么 PPP 实际上也是混合所有制的一种方式，总体上是有利于我们经济发展和提效增质的，也为民间资本提供一个更多的投资的领域和发展的空间。

PPP 模式面临多重挑战

主持人：

能够吸引社会资金、提高效率、促进经济发展，PPP 模式一旦推广开来将会产生巨大的经济效益。但是这种模式的推广仍然面临着多重挑战。

记者：

实际上在 PPP 模式下，企业的回报周期大约是 25 到 30 年，在这么长的时间里政府和社会资本双方都面临着信用压力。

北京大岳咨询有限公司总经理　金永祥：

比方说我作为一个民营的污水处理厂，按月向我付费是政府的义务。但是不能按月付费的情况非常普遍，这就影响了社会投资人工作的积极性，也影响了项目本身的效果。

发改委宏观经济研究院经济所副所长　孙学工：

需要从法律上，甚至从财政体制上面需要给社会资本一个充分的信心，一个充分的保障。比如说现在新一轮的财税体制改革也提出要做跨年度的预算，对 PPP 的项目就会有非常大的帮助。因为从社会投资者的角度看，他会知道付给他的服务费多少年的财政预算里面已经有了这笔钱在那里了，这样就会增强他的信心。

记者：

另外值得注意的是推广 PPP 模式需要警惕地方政府的投资冲动。

北京大岳咨询有限公司总经理　金永祥：

把一个 PPP 项目做好，需要地方政府对社会投资人的监管，另外还有一种监管，就是上级政府对下级政府的监管。

ii　中国 PPP 的推动者——金永祥

CCTV《影响力人物》栏目组　张波

金永祥，男，黑龙江兰西县人。1996 年创办大岳咨询。现担任大岳咨询有限公司总经理，中国财政学会 PPP 专业委员会常务委员。是著名 PPP 专家和城市开发顾问。在中国 20 多年的 PPP 发展历程中留下了金永祥深深的足迹，尤其是 2001～2002 年协助建设部制定政策使 PPP 在此后的五年时间里快速发展，在 2014 年全面参加了国家发改委和财政部出台的一系列 PPP 政策、法规和文件的制定工作。

强烈的使命感

“提高城市建设和管理效率，影响中国经济和社会发展。”这看起来散发着“先天下之忧而忧”的宏大口号，正是北京大岳咨询有限责任公司（以下简称“大岳咨询”）的使命。作为一个公司的使命就如同是我们个人肩负的责任，是值得用一辈子去追寻的，这让我不禁想起了周恩来总理“为中华之崛起而读书”的宏图壮志。

金永祥作为大岳咨询的总经理每时每刻都将这两句话放在心里，每次新员工入职的时候，他都会花上半天的时间来讲解。之所以把这两句话作为企业发展的使命，金永祥解释道，主要有两个原因。一个是为了加强研究为政府决策提供支持，减少政府决策的失误，提高政府工程的效率和质量。另一个就是中国的各级政府相比较其他国家而言，控制着更多的资源，但是由不同主管部门控制着的。所以在这个过程需要更加专业和独立的咨询机构协助进行体制机制设计，以更好地调动资源，产生协同效应。

使命的力量是无穷的。《南方周末》在 1999 年的新年献词叫做“总有一种力量让我们泪流满面”，我想这种力量更多的是使命。对于使命和理想的无限热爱和追寻可以追溯到金永祥的童年时代，当时他的父亲到哈尔滨去当工人，见了一些苏联的专家和工程师，回来以后经常会和他讲起苏联工程师的厉害，这让金永祥非常的崇拜，心里暗暗发誓以后一定要当工程师，果然后来不断地努力，考进了当时有“工程师的摇篮”之称的哈尔滨工业大学。

PPP 模式

什么是 PPP 呢？是指公共部门通过与私人部门建立伙伴关系提供公共产品或服务的一种方式。简单的说就是政府和社会组织合作做以前由政府做的事情。

诺贝尔奖获得者斯蒂格利茨曾经说过，“21 世纪，对人类影响最大的有两件事，一件是以互联网为代表的第三次科技革命，另一件就是中国的城市化运动”。那么对于中国的城市化来说，如何科学和高效的决策便成了首要问题。纵观世界城市化发展史，PPP 模式是最佳的也是最适合中国当前发展阶段的解决方案。

众所周知，美国和英国的城市化是走在世界前列的。20 世纪 80 年代，美国总统里根和英国首相撒切尔夫人摒弃了之前一直盛行的“凯恩斯主义”，更大地发挥市场的作用。鼓励和支持民间资本和其他社会资本更多地参与基础设施建设和运营，PPP 模式也正是在这个时候成熟并发挥了重大的作用。

目前中国的城市化大潮史无前例的大发展，在这个过程中必然需要科学决策。而党的十八届三中全会明确指出“市场在资源配置中起决定性作用”。这预示着未来的 PPP 发展将迎来一个黄金的发展期。回看金永祥带领的大岳咨询也印证了这一发展趋势。从成立之初的借鉴学习外国的先进经验到现在世界银行 PPP 专题组来到大岳咨询考察交流。如今金永祥几乎每周都要在全国各地跑，为各级政府和官员讲解 PPP 以及相关操作实例。

金永祥总经理接受央视《新闻直播间》采访谈池州模式

大岳咨询从 1996 年成立至今很快就 20 年了。这期间，有过孤独的坚持，也有过成功的喜悦，总而言之百味杂陈。在某种程度上，从大岳的身上我看到了万通董事长冯仑所谓的企业三境界，野蛮生长、理想丰满、行在宽处。

北京地铁 4 号线

北京地铁 4 号线全长 28 公里，总投资大概是 150 个亿。大岳咨询在这个项目里帮助政府通过 PPP 融资引进来 50 亿。金永祥向我们介绍到。但是他认为在这个过程中最重要的是社会资本带来了理念和管理。在实践中，北京的地铁运营公司在和社会资本香港地铁运营公司合作的过程中学到了更多的管理经验和竞争意识，有了成长和进步。这样更大程度地提升了对于北京市地铁的管理水平，最后受益的是北京市民、北京市政府和北京地铁运营公司，这种制度创新形成了一个多赢的局面。

而从北京地铁 4 号线这个项目采用 PPP 模式来运作，更可以窥一斑而见全豹，表明政府职能的转变。正如金永祥在接受央视记者采访时表示：在这种新的状态下，政府管理社会的行为也会发生变化，它会从原来万能的，投资、建设和运营方面全包的政府，转向服务型和监管型的政府。北京地铁 4 号线的 PPP 模式对全国也有着广泛的借鉴意义。金永祥告诉我们，PPP 模式还有助于解决地方债务这个令地方政府头疼的老大难问题。通过这种模式向社会资本筹集来资金，可以有效地缓解地方债务的增加。此外，金永祥还指出，由于社会资本的以盈利为目的的商业主体性质，使政府对社会资本的监管成为 PPP 项目成败的关键。

理念的力量

著名经济学家张维迎在其新书《理念的力量》序言中写道：理念是重要的，人的行为不仅受利益的支配，也受理念的支配；社会的变革和人类的进步基本上都是在新的理念推动下出现的，没有理念的变化就没有制度和政策的改变；中国过去 30 多年所取得的成就是理念变化的结果，中国的未来很大程度上取决于我们能否走出一些错误的理念陷阱，而没有思想市场，就很难有新的理念的出现和传播，从而整个社会就会失去变革的源泉。

金永祥同样重视理念的力量。理念的传播有两种方式，一种是直接的方式，也就是他经常会到全国各地去做巡回演讲，而受众多是各级政府官员等决策者，此外他还定期举办沙龙，向社会成员以及企业主体普及相关知识和理念。而另一种方式就是模范作用，通过一批像地铁 4 号线这样 PPP 项目的成功运营来实现示范效应。首先是对参与项目的官员影响很大，这些官员以后操作其他的项目就有了经验，决策会更加的规范和科学。其次，各地考察团来进行观摩和学习，交流过后传播更广，对整个地铁行业也有比较大的影响。这样以理念为载体，影响一个又一个行业，一个又一个区域，最终来影响经济和社会的发展。

企业的价值观和愿景

大岳咨询的价值观是合作、包容、专业、负责。可以肯定的是这些价值观是一个企业成功的必要条件。而问题的关键在于企业的文化和价值观如何落到实处，而不仅仅停留在口号的层面上。企业的文化建立和价值观的认同不是一朝一夕的事情，是长期的积淀形成的，幸运的是在这方面他们已经走过了 19 个年头。

大岳咨询的愿景是成为世界知名的中国智库机构。我想每一个愿景的实现都离不开美好价值观的强烈认同感。在这一方面金永祥拥有绝对的自信，他认为公司之所以能够吸引一批精英跟随他，就是因为共同的价值观和使命感。

在与金永祥的交谈过程中，我强烈的感受到他的责任和使命。他说，正是这种实现个人价值和为社会为国家做一些事情的情怀支撑着他们向前走。而他现在最大的梦想就是把大岳咨询打造为世界知名的智库，同时成为一个品牌和百年老店。向美国的智库那样成为对中央政府和世界级公司决策有巨大作用的重要力量。

金永祥总经理在克里姆林宫大会堂接受新华社记者采访

我突然想起了兰德公司和麦肯锡公司。随着中国经济和城市化的向前发展，未来中国一定会出现一批世界级的智库。同时我相信大岳咨询也会赫然出现在这份名单里，会有越来越多的外国人在中国区域发展政策和行业发展政策变化时想到他们的作用。

iii 央视《影响力人物》专访——中国 PPP 的推动者

金永祥　财新博客

中央电视台发现之旅频道《影响力人物》栏目为我做了一期访谈，片名叫《中国 PPP 的推动者》，（2015 年）1 月 24 日下午播出。这是一档给青年人看的励志类节目。编辑怎么定了这样一个名字呢？是不是访谈过程中我谈PPP犯了职业病？过去一年我满脑子都是PPP，张口就是PPP。

在从业时间方面我做PPP算国人中最长的了，至少是最长者之一，从1994年担任北京市计划委员会BOT研究课题组组长开始一直在从事PPP工作。在实践方面，无论是来宾B电厂、成都第六水厂、北京第十水厂，还是北京地铁4号线、兰州威立雅水务、大连垃圾、福州燃气、合肥王小郢，等等等等，几乎所有的著名案例都留下了自己的身影。2002年建设部推PPP时我是做了大量工作的，去年财政部和发改委推PPP又参加了所有政策制定工作。这些年接受数百次媒体采访谈PPP，包括七八次央视的采访，举办各种PPP讲座过百次，听众数万人。为PPP做了这么多工作，编辑把片名定为《PPP的推动者》还是可以的。

中国PPP的推动者有很多人，是一个群体，大家是从不同角度在不同时期推动PPP的。在高管方面，邹家华、汪光焘和楼继伟是前后三个时期的PPP推动者，李克强总理也应该算推动者，他在达沃斯的演讲屡次提及PPP，他是最重视PPP的高层。桑德环保的文一波和北控水务的胡小勇是PPP的推动者，老文和我一样坚守着PPP，胡总则是迅速做大PPP的经营者。政府一方的很多实干家也是PPP的推动者，北京市政管委主任陈永、首创集团总经理前京投公司总经理王灏、任职亚行的前发改委官员王洪、住建部城建司司长张悦、财政部金融司司长刘健、PPP中心焦小平和国家发改委宏观院孙学工都为PPP做出了杰出贡献。在学术界，贾康、王守清都有独到的见解。还有很多人都是PPP领域的精英。

中国水网的傅涛很多年前在他们的专家库中给我的定位是中国PPP的实践先行者，首创股份的前总经理潘文堂那时说我是PPP的孤独呐喊者，还有人说我是PPP高溢价的鼓吹者。如此长时间坚守着PPP，业内人士对我的工作做出评价是正常的，正面的、负面的，我都习惯了。个人认为，我是一个PPP实践者，做项目是实践，参与立法是实践，讲PPP时内容也是实践。有一次，在住建部开会时和章林伟司长说的一句玩笑话在很大程度上能够代表我的心声：“司长，大岳做

500 多 PPP 项目，没给你们捅篓子，是我们对政府最大的贡献。”

《中国 PPP 的推动者》这期节目重点不在 PPP，重点在于给年轻人的成长提供借鉴，但愿年轻朋友能够从我的经历中有所收获。片名只是一个符号，有片子就必须有名字，编辑有他们自己的逻辑。如果我自己能够决定片名，我希望叫《走出农村混口饭吃》，或者好听一点叫《融入城市化的历史洪流》。其实，在本质上我的经历和农民工没什么差别，假如像片中在我小学毕业面临选择的时候不是读书而是务农，我今天就是一名农民工。

V 大岳公众号选摘

大岳微信公众号于 2014 年 5 月 13 日正式创立，每天发布一期。大岳公众号设三个栏目，《大岳动态》及时传递公司的实时动态、金永祥总经理财新博客的选摘和《建设报》的大岳专栏文章，《采访新闻》发布多家主流媒体对公司领导的采访报道，《行业资讯》发布公用事业、城市建设管理等领域的最新资讯。

大岳公众号自创立以来，已成功发布 180 余期，以专业的视角、及时的资讯、便捷的沟通和广泛的覆盖面赢得了广大读者的赞赏与欢迎，订阅人数稳步攀升，迄今已逾 6000 人。大岳公众号已成为行业重要的信息渠道和权威资讯的发布阵地。

现诚挚地邀请您成为大岳公众号的读者，我们将每天提供及时权威的资讯和最新的行业资讯供您参考。

扫描上图二维码或查找公众号“大岳咨询”即可关注

i PPP 项目选择社会主体的招标是不能代理的

金永祥 财新博客 2014-12-22

PPP 项目涉及投融资、涉及体制改革、涉及几十年的合作，问题非常复杂，而且每个项目都个性鲜明，选择社会主体工作的每一步都会遇到决策问题，招标代理机构是无法代理政府（或者公共方）做决策的，所以说 PPP 项目选择社会主体的招标是不能代理的。

在国际上，发达国家的 PPP 项目都有咨询机构，但从来没有过招标代理机构。我们强调国际经验，这点是最有价值的经验。

我国的招标代理制度给经济社会发展造成了一些问题，取消招标代理制度的呼声越来越高，招标代理不应该进入 PPP 项目的社会主体选择环节。大岳咨询公司也做招标代理业务，正因如此，我们才应该以大局为重，反思招标代理制度，甚至自我否定。

ii 如何规范 PPP 具体模式的名称

金永祥 财新博客 2014-11-23

BOT（建设—运营—移交）是被广泛接受的 PPP 模式，可以作为规范其它 PPP 模式的参考。

TOT（转让—运营—移交）出现较早，已经被广泛接受，与 BOT 没有冲突，也可以作为一个参考。

规范 PPP 的具体模式，不能有太多的参考点，否则会出逻辑问题。那么其它模式怎么规范呢?

LOT（租赁—运营—移交），不同于 TOT，租赁是不影响产权的，两者的 T 具有完全不同的含义，TOT 的后一个 T 移交的是产权，LOT 移交的内容不含产权。很明显，两者用一个“T”来表述容易造成误解，建议改为其它英文字母的缩写，或者回归中文自己的叫法“租赁经营”或“委托经营”。即使选用某个英文字母的缩写，也没有必要用“T”，T 应该与资产移交有关。

ROT（改建—运营—移交），要看改建的资产归谁所有。如果归 SPV（项目公司），则可以作为 TOT 的一种类型，很多 TOT 项目在资产转让后都涉及提标改造和改扩建等工作。如果资产归政府方，则可以作为租赁经营或委托运营的一个分支，改建工作可以作为项目的一个合作条件看待。如果原来的资产归政府方，改建资产归 SPV，则 ROT 即是委托运营 + BOT。因此，ROT 很可能不是一个独立的模式，不宜与其他模式并列。

BBO（购买—建设—运营），这是一个有争议的叫法。首先，第一个 B（购买）和 TOT 的第一个 T（转让）具有相同的含义，既然 TOT 已经被接受，那么这个 B 应该用 T 来代替比较合理；第二，缩写中没有结束后的移交环节不符合我国的国情，我国的 PPP 项目都要移交，假如移交在名称中不需要出现，那么 BOT 的 T 也是不需要的，既然 BOT 有 T 是合理的，那么这里也应该有 T，叫 BBOT；第三，TOT 包含在建工程的转让，比如杭州七格污水 TOT 项目就是这样，那么 BBOT 就是 TOT 的一个分支。

PPP 还有很多模式，比如 BTO（建设—移交—运营）是一个可以和 BOT、TOT 并列的模式。

总之，在政府推广 PPP 模式的时候，规范 PPP 具体模式有利于提高沟通效率，减少不必要的争执，尤其在政府文件中更应该注意。在国外，不同的专家不同的国家都使用了自己的名称，在他们特定的环境下都是正确的，但把不同专家或不同国家的叫法拼凑到一起，就会矛盾重重。在我国确定 PPP 具体模式时，吸收国外叫法是应该的，但必须结合我国的实践和政策法律要求才能符合中国国情，而且具体模式不宜过多。

iii　上级政府对下级政府的监管

金永祥　财新博客　2014-11-05

地方政府在 PPP 项目过程中存在两个问题：一是运作不规范，造成损失；二是缺少契约精神，对社会投资人违约。

PPP 项目的运作和执行是地方事权，这是没有异议的。上述第一个问题与违约无关，可能与渎职或道德问题有一定关系，本级政府无法监管自己的行为，本级人大能监管吗？目前体制下有难度。第二个问题理论上可以通过法律手段解决，但在实践中，一种情况是社会投资人有顾虑，一般不诉诸法律而是通过私下解决，另一种是诉诸法律了但有理也会败诉。

媒体和公众能起到监督作用吗？能，也是理论上的，不一定能监管到点上。

这两个问题不解决，PPP 项目很难顺利发展，搞不好还会造成很坏的影响。

从我国国情出发，上级政府在不干涉地方事权的前提下可以加强对下级政府运作和执行 PPP 项目进行监管，减少损失和违约事件的发生。这种监管，不是审批，手段可以多种多样，比如 PPP 项目资料的备案和必要信息的公开，再比如抽查评估一些 PPP 项目，还可以调动媒体和公众的力量。如何监管可以研究讨论完善，这种监管的必要性是非常大的，是对 PPP 体制的完善。

iv　点评财政部关于推广 PPP 问题的通知

金永祥　财新博客　2014-09-26

财政部近日下发了《关于推广运用政府和社会资本合作模式有关问题的通知》。结合我们参与的一些文件起草工作，我们对通知有如下理解：

第一，财政部出台这个文件代表财政部推动 PPP 的姿态是积极的，同时通知内容反映了财政部对 PPP 的政策安排。其它部委没有参与，通知中提出的政策的权威性将受到其它部门意见的影响。

第二，财政系统为 PPP 开绿灯的内容已经明晰，以前模模糊糊的问题得到了解决。（1）利用现有专项转移资金的渠道投入示范项目，意味着会有中央财政资金直接投入 PPP 项目。（2）地方财政可以补贴示范项目，意味着会有省市资金投入 PPP 项目。（3）财政资金从“补建设”向“补运营”转变意味着政府购买服务会加强，同时有助于缓解近期财政偿债压力并为社会资本提供投资机会。（4）通过中长期财政规划考虑补贴机制，意味着预算体制将变革，以前对 PPP 不利的每年一预算的问题有望得到解决。（5）以前由融资平台做的项目可能改为 PPP 方式，融资平台的日子会更难过，将被逼迫转型。

第三，PPP 机构建设会成体系，财政部设 PPP 中心，地方财政也可能设类似机构。同时对这些机构进行能力加强以及这类机构对政府公务员的培训工作也会是长期的任务。这类机构定位应该有所限定，如果从事商业咨询，那么将不利于 PPP 的发展。其它部门是否设 PPP 机构目前还不清楚。

第四，VFM 作为一种理念是很不错的，但如果作为决策工具将会造成混乱。受制于我们的国情，把 VFM 计算误差控制在 20% 以内是很困难的，用不准确的数据来决策容易造成失误。作为咨询公司，我们要做好准备，一旦政府决定干了，我们也得干。从这个意义上讲，VFM 对我国的 PPP 不是好事，但对我们咨询机构也不算坏事。我们担心可批性 VFM 会横行，那样 VFM 就不利于 PPP 发展了。我们的很多事情都是这样在不可行的情况下推了，结果事与愿违。

第五，财政承受能力是个新说法，做 PPP 对财政承受能力作出判断是应该的，只是通知中没有说如何制定判断标准。如果真搞，只有财政自己搞，别人搞不了，信息不对称。欧盟有类似标准，大概是地方政府负债占财政收入或 GDP 的百分比达到多少就怎么样了，希腊就是因为超标出了问题。如果我们国家也参照定一个，可能多数地区都做不了需要财政补贴较多的 PPP 项目了，自身资金能够平衡的项目基本不会受影响。

v　为 PPP 项目聘请顾问应该重视的是业绩

金永祥　财新博客　2014-09-10

顾问在城镇化和 PPP 项目中发挥着非常关键的作用，在和国际专家讨论 PPP 时，他们介绍在发达国家前期工作花费的顾问费用占总投资的 3% ~ 5%，我们国家从中心城市向中小城市发展也越来越重视顾问的作用。政府也好投资人也好，他们请顾问时关注的是什么呢?

假如顾问公司没有丰富的相关经验业绩，那么就需要解决的问题而言，客户聘请咨询公司期待得到的增值服务是什么呢? 很久以前我在一篇文章中谈到了广东某项目请大学教授做顾问，结果把 BOT 做砸了，后来有其他教授读到了这篇文章提出了异议。实际上我的本义不是说大学教授不好，而是认为术业有专攻，教学、科研是他们的强项，做顾问很可能是他们的弱项。当然，对于经验丰富的大学教授，他们做顾问也会非常优秀，也确实有非常优秀的，在这种情况下不是因为他是教授而是因为他是专家。我们有病看医生总希望找位老大夫，因为老大夫经验丰富。客户有问题请顾问和有病看医生是一个道理。

也许有人说，客户凭顾问提交的咨询方案可以判断一家咨询公司的优劣。没错，但问题在于没有业绩经验支撑的方案会是好方案吗? 客户请顾问，往往是因为自己不够专业，在这种情况下对咨询方案的判断力是会打折扣的。在实践中，经常发生客户走眼的事情，被东拼西凑华而不实的东西吸引了眼球，干起活来才知道自己请的不是老师而是学生。当然，评价顾问咨询方案也有科学的方法，但从全国范围来看，有能力做到科学评价的地区不多，受时间或能力限制走过场的多。不仅中国，评估咨询方案对世行和亚行这样的国际机构同样是难题。

咨询价格重要吗？离开咨询服务质量，价格没有任何意义。有句老话，好货不便宜，便宜没好货，就是这个道理，而且对聘请咨询公司有特别的意义。咨询价值常常是有杠杆效果的，咨询费用过低，其创造的价值可能是负数，咨询费用高，则咨询增值也会成数倍增加。还有一个问题是专业性，没有任何一家中介机构是万能的，就像医生要分科一样。世行处理咨询价格和专业性的做法比较科学，就是弱化价格，确定专业，重视业绩，兼顾方案。

顾问机构的业绩有个人业绩和机构业绩之分，两者都很重要。个人业绩带有很大的随机性，发挥作用与机构支持体系和合作伙伴的协同性有关。机构业绩离不开个人业绩，是成建制的，也是可以传承的。俗话说，铁打的营盘流水的兵，经常可以发现，某些机构人员有流动但专业强项一直可以保持着优势地位。

业绩也有好坏之分，参与了都是业绩，但成功的业绩比失败的业绩价值大，完整的业绩比片段的业绩价值大。有的机构喜欢故弄玄虚，一段时期内会博得不少客户的认可，但总也做不出几个像样的项目，做砸的却不少，这样的业绩就需要认真研究对待，因此客户聘请顾问时既要重视业绩更需要对顾问机构的所有业绩进行完整性分析，包括对顾问其它业绩的成败进行分析。

vi　BT 项目出的问题不在 BT 模式本身

金永祥　财新博客　2014-08-24

BT 是 PPP 吗？有人认为是，有人认为不是。BT 是公商双方的合作是无疑的，广义讲 BT 应该属于 PPP 的范畴。BT 曾经被有关政府部门治理过，到目前还没有文件解除对 BT 项目的限制，尤其是 BT 项目不涉及运营，所以 BT 又往往被排斥在 PPP 之外。

BT 为什么被治理呢？因为很多 BT 项目出了问题，特别是形成了地方政府隐性债务。如果我们认真地调查一下 BT 项目，会发现有很多 BT 项目是非常漂亮的，比如：北京地铁奥运支线 BT 项目节约投资 20% 多，北京地铁亦庄线 BT 项目的情况也差不多。BT 模式本身并没有问题，出问题的项目都是运作的问题，是有人把好经念歪了。

解决 BT 项目出现的问题，应该针对问题本身，而不应针对模式。运作不规范是一个原因，加强对运作的监管就是了，上级政府可以监管下级政府，运作不好的可以追究责任。隐性债务不透明是原因，把 BT 债务显性就是了，没有哪个 BT 项目不在政府控制之中，显性不是问题。

如果 BT 项目出的问题解决了，BT 模式就正名了，我们的城市建设和基础设施建设就多了一个可以利用的工具。客观地讲，BT 是很受地方政府欢迎的，中央不让他们做 BT，他们会想办法做 BT 的变种，这种扭曲的 BT 不会比 BT 本身更好。如果 BT 的问题被理顺了，那么经济和社会效益是会非常显著的，毕竟地方的融资需求是多层次的，有的就需要建设阶段的融资。

今天，我们要搞 PPP，目的不是把什么圈在 PPP 之内，把什么排斥在 PPP 之外，目的还是让 PPP 在经济和社会发展过程中发挥作用。把 BT 列入 PPP 之列，会为地方发展多提供一种途径，也使 PPP 家族更丰富多彩。

vii　外资撤出中国水务市场不利于市场机制的建立

金永祥　财新博客　2014-07-25

曾几何时，外资水务公司对中国水务市场摩拳擦掌，现在看看还有几家在坚持？英国泰晤士、安格力安早已退出；法国威立雅、苏伊士以前很活跃，现在已经很少参加市政水务项目的竞标；德国柏林水务还在坚持，但每年做的项目非常有限。以前一旦项目信息发布，外资水务公司趋之若鹜，现在做多少项目都很少能见到外资公司的身影。对外资公司来讲，玻璃门正在变成玻璃长城，外资公司将不仅仅是被玻璃门挡在了门外，而是被玻璃长城挡回了国外。

十八大提出要让市场在资源配置过程中发挥决定性作用。如果没有市场机制，这个战略就没有办法落地。市场机制是什么？就是竞争，就是规范透明地竞争。由于历史原因，我国的市场主体是以国有机构为主的，这种情况在短期内很难改变。国有主体的特点是，国有机构与各级政府有着千丝万缕的关系，各级政府会把国有企业当作亲戚看待，在这种情况下，建立公开、公平的市场竞争机制非常困难，需要外力的介入。

不能否认，外资公司来中国是以盈利为目的的，但对我们来说，利用外资不是为了让外资剥削，而是要利用他们的资金发展经济，要学习外资的机制、体制以少走弯路。随着我们国力的提高，后者越来越重要。市场体制和机制的建设，不能光靠在办公室里搞“顶层设计”，要靠实践经验的总结和推广。在实践方面，发达国家搞市场经济比我们早几百年，值得我们学习的地方非常多。曾记得，当初在合肥为王小郢污水处理厂引入柏林水务时我们的期待是很高的，后来我们发现他们务实的态度才是我们应该学习的，顶层设计不会想到这么通俗的内容，实践效果才会转变我们的观念。

外资为什么要离开？有多少次，外资参加的水务项目溢价频发，引起了国人一片质疑和骂声。难道他们愿意出高价吗？拿兰州自来水股权转让来讲，4 亿多的资产威立雅出了 17 个亿，难道威立雅不知道出 5 个亿可以省 12 个亿吗？他们比我们懂，只是因为他们遵守了市场规则，他们评估的结果是只要管理好，项目就值 17 个亿。国人无法接受，外国公司把效率提高了，国有自来水公司怎么办？那不是外资的天下了吗？大家开始骂街，一拨又一拨地骂，直到骂臭骂跑外资。同时，我们自己人破坏市场规则，自己人不用重视竞争，招标走个过场就行了，重点是落实领导的想法，于是溢价等市场现象消失了，国际公司没办法按这种规则参与游戏只能选择退出。我们自己玩没有压力，就像踢足球一样，也难以出成绩。

中国在进行大规模改革，改革以后应该出现有国际竞争力的公司，改革应该降低市民负担并让市民享受更好的服务。没有规范的国内竞争，这一切可能吗？从战略的角度讲，我们需要著名国际水务公司参加我国的水务市场化改革，唯有如此，我们的水务行业才能快速进步，才能缩小与国际公司的技术和管理差距。我们应该珍惜外资公司，应该知道目前的形势不是外资控制中国水务的问题，而是我们需要外资留下来陪我们玩的问题。

viii PPP 项目的回报水平处于合理区间非常重要

金永祥 财新博客 2014-06-22

政府推动 PPP，寄予 PPP 非常高的期待。PPP 的回报水平处于合理区间非常重要，是实现政府战略意图的基石，也符合社会投资主体的利益。

大岳咨询参与了几个长期处于争议之中 PPP 项目的解决工作，解决方式都是先从商务和财务的角度对项目进行评估，然后再通过重新谈判对合同进行修改。有的项目问题彻底解决了，走入了正规，有的问题没有完全解决，无论解决与否重新谈判工作都进行得非常艰难。评估发现这些争议项目有些共同的特点，一是回报比较高，有的是非常高，二是政府方违约，有的是双方交叉违约。政府违约的原因之一是改革不配套，履行政府方义务缺少机制，这种问题重新谈判时容易解决。政府违约的另一原因是投资人回报过高，领导受到了各界的压力，这种涉及利益的违约较难解决。很明显，过高的回报造成了过大的内耗，也许投资人可以骂政府违约，但结果实质上不符合社会投资人的利益。

控制回报水平的基本手段就是在选择社会投资主体时引入市场机制，让投资人公开公平地进行竞争，由市场决定回报水平。出现争议的项目基本都不是规范竞争的，即使有的项目走过竞争程序也没有竞争的实质。在引入社会投资人期间，未充分竞争项目的公商双方处于较默契状态，争议出现在协议执行期间，尤其是协议执行机构领导更换之后。对社会投资主体来讲，不规范竞争获得的漂亮合同往往是南柯一梦，执行到底非常困难，总是处于一种不确定因素之中。

回报高的项目还有一种情况，就是政府没有开放市场，把项目通过 PPP 形式委托给当地的国企。严格意义上讲，这种项目不能叫 PPP，如果叫 PPP 也只能叫“公公合作”，前两个 P 都是 Public。政府必须为“公公合作”项目付出较高的代价，好处是地方国企不会像社会主体那样提起争议，但很难实现提高效率的目的。既然不想开放市场，政府没有必要走 PPP 的形式，只要实行特许经营制度就够了，厘清政府和下属企业之间的边界，照样可以在一定程度上改善企业的经营状况。

当然，PPP 项目的回报水平过低也是不合理的。这种情况一般不会出现，社会投资主体参与 PPP 项目是有选择权的，政府给予项目的回报过低，投资人可以用脚投票。有一种现象应该引起注意，个别社会投资主体先以较低的回报水平拿到项目，然后再找机会讹政府一把，把回报水平再提起来。如果政府让步就继续执行合同，如果政府不同意就耗着政府。为了避免这种情况，政府在选择社会投资主体时就一定要控制好低成本报价问题，明白便宜没好货、好货不便宜的道理。

当我国走过高速发展阶段之后，收益稳定的基础设施 PPP 项目一定会受到社会投资主体的欢迎。PPP 合作的公商双方都有义务使项目回报水平处于合理区间，只有这样 PPP 才能走得更稳。

ix 特许经营与 PPP

金永祥 财新博客 2014-06-05

国家发改委在推动特许经营立法，财政部在推动 PPP（政府与社会资本合作或公商合作）。很多人认为特许经营就是 PPP，国家发改委和财政部在做同一件事。其实不然，特许经营和 PPP 有重叠的区域，但两者差别是很大的。

特许经营是独家经营某一垄断性基础设施的权利，一定包含经营的因素。PPP 是通过公商合作完成某一基础设施或城市建设项目的融资、建设或者运营工作或全部工作。特许经营者既有包含商业机构的 PPP 项目公司，也有政府下属的国有企业。PPP 项目既有包含运营的项目（如 BOT 项目、委托经营项目），也有不包含运营的项目（如 BT 项目）。PPP 和特许经营有交集的项目也不意味着两者相同，PPP 强调的是主体之间的合作，特许经营强调的是经营行为是垄断的，因此会有“特许经营的 PPP 项目”之类的说法。

搞清楚了这两个概念，推动特许经营立法和推动 PPP 项目就会少走弯路。比如，特许经营法草案中提出的特许经营范围包括水土保持、农田水利、煤炭开发等，这些工作可以用 PPP 方式来运作，但实行特许经营可能会比较麻烦，甚至根本没有必要考虑特许经营因素。在国外有民间资金促进法，这类法律是用来推动和规范 PPP 项目的，但不能等同于特许经营法。

需要搞清楚的概念还有很多，比如特许经营与行政许可的区别，煤炭开发需要行政许可但不需要特许经营。学界在这方面可以有所作为。

x　地方政府在 PPP 项目中违约的得与失

金永祥　财新博客　2014-06-04

每当讨论 PPP 项目，人们总是要提到地方政府的违约问题。地方政府违约确实是普遍存在的，但与此普遍存在的现象同时存在的是投资人飞蛾扑火一样对 PPP 项目初衷不改，这种现象看起来非常矛盾。是投资人高涨的参与热情让地方政府有恃无恐地违约，还是有其它什么原因对投资人形成了吸引力呢？政府怎么做才最好呢？

从投资人的角度看，尽管地方政府不停违约，在过去 10 到 20 年时间里，参与 PPP 项目的公司总体回报水平是不低的。从投资人的报表看不出真实的回报水平，用同一家公司目前的净资产规模与 10 年前或 20 年前做比较，能够比较真实地反应出他们的发展速度，我估计年回报在 15% 以上的占大多数。另外，尽管政府经常违约，但除个别情况外有两点地方政府是把握住了：第一，不让投资人赔钱；第二，延期付款但不是不支付。由此可以看出，PPP 变成了高风险高回报的领域，这种现象扭曲了 PPP 低风险低回报的本质。

假如地方政府以目前的 PPP 合同条款严格履约，那么可以想象投资人的回报水平还会进一步提高。这就说明，目前的合同条款对政府有不公平之处，或者目前的很多项目竞争不够充分。

在人们抱怨政府违约的同时，人们忽视了投资人违约普遍存在的问题，政府由于所有者缺位没有人关注呼吁这种事。政府吃的亏，有时比投资人违约事件还严重，经常是被欺骗了。由于体制原因，政府为了家丑不外扬，打掉牙咽进肚子里，有苦只有自己知道。

总体上讲，地方政府在 PPP 项目中的违约是赔了夫人又折兵，信誉受损，财务也受损。改变这种情况只有一个办法，就是规范运作，亲兄弟明算账，一切按市场规则办，该交保函交保函，该竞争就竞争。上一级政府监管下一级政府，在关注地方政府违约行为的同时，不能仅仅要求他们履约，还要监督他们运作项目的规范性，要公平、公开、透明、充分竞争。

xi　中国有多少 PPP 项目?

金永祥　财新博客　2014-05-02

世界银行说中国有 1000 个 PPP 项目。我很纳闷，他们是怎么知道的呢?做全面统计对我们来说是不现实的，我组织大岳咨询公司的同事根据我们全国各地的客户信息作了初步分析，我们判断中国目前有 PPP 项目 7000 ~ 8000 个。具体构成如下：

1. 燃气行业 PPP 项目 1000 个以上，其中，昆仑、华润每家在 200 个以上，港华燃气、新奥、中国燃气每家都在 100 个以上，很多小燃气公司都有项目，另外昆仑能源 LNG 码头还有数百个。

2. 污水处理 PPP 项目在 2000 个以上，中国污水处理厂总数超过 3000 个，据管理部门估计，约三分之二是 PPP 项目，我们了解的情况应该在三分之二以上。

3. 市政道路 PPP 项目 3000 ~ 4000 个，总体上讲市政道路 BT 数超过污水厂总数，有些开发区或新城一个区内就有 10 多个道路 BT 项目，有些没有污水处理厂的小城市也有市政道路 BT 项目。

4. 垃圾处理、城市供水、轨道交通、高速公路以及电厂、通讯、学校和医院领域都有 PPP 项目。

需要说明的是，国际上项目融资是规范 PPP 项目的典型特征，属于项目融资的 PPP 项目在我国非常少，应该不超过七八十个，也就是不超过 PPP 项目的 1%。大岳咨询公司完成的 PPP 相关项目超过 400 个，目前进行中的 PPP 咨询项目约 100 个，这些项目分布在 120 个城市，其中包括 30 多个省会和副省级城市。

图书在版编目（CIP）数据

中国 PPP 示范项目报道／金永祥编著．--北京：经济日报出版社，2015.5

ISBN 978-7-80257-805-0

Ⅰ.①中… Ⅱ.①金… Ⅲ.①政府投资-合作-社会资本-公用事业-基础设施建设-概况-中国 Ⅳ.①F299.24

中国版本图书馆 CIP 数据核字（2015）第 090594 号

中国 PPP 示范项目报道

编　　著	金永祥
责任编辑	郑　玮
责任校对	孙　楠
出版发行	经济日报出版社
地　　址	北京市西城区右安门内大街 65 号（邮政编码：100054）
电　　话	010-63567960（编辑部）63516959（发行部）
网　　址	www.edpbook.com.cn
E-mail	edpbook@126.com
经　　销	全国新华书店
印　　刷	北京鑫瑞兴印刷有限公司
开　　本	1/16
印　　张	27
字　　数	360 千字
版　　次	2015 年 5 月第一版
印　　次	2015 年 5 月第一次印刷
书　　号	ISBN 978-7-80257-805-0
定　　价	60.00 元